KB129761

우리 시대
청소년들에게
Message for young generations in our times

전하는 메시지

문승호

메시지를 궁구하며
Looking for a message

이 책은 남과 차별되는 경쟁력을 갖추기 위한 처세술을 담고 있다. 길을 찾는 이들에게 어디로 가야 할 것인가를 이야기한다. 여기에 동서고금東西古今을 통한 현인賢人, 철학자 그리고 지식인들이 던진 꽉 찬 비판적, 창조적 지식과 지혜를 녹아들게 하여 '나'를 깊게 깨우치고 변화시키며, 그것이 내 인생길에 하나의 터닝포인트가 될 수도 있을 것이다.

이 책의 또 다른 특별한 메시지로서, 전 인류의 현세 앞에 다가온 위기이자 재앙이 될 지구온난화, 대기질의 악화, 전쟁과 핵무기, 식량 불안 등 현대 명사들이 예견하는 끔찍한 미래 예측과 세기 말 지구와 인류의 종말이라는 믿고 싶지 않은 과학이론, 우주 저 너머 '화성'에 식민지를 건설하는 미지의 끝없는 세계, 우주 이야기 등을 함께 담아내었다. 세상을 제대로 살아가려면 모든 원리와 이치를 알아야 자유롭게 살 수 있기 때문이다.

다만 한 가지, 본서에서 다룬 주제마다 그 해석이 너무 광범위하여 지면상 핵심 부분만 간추려 정리하다 보니 깊이 있게 다루지 못한 점이 못내 아쉬움으로 남는다. 아무쪼록 이 책을 통하여 청소년들이 갈망하는 바른 지혜의 길이 발견할 수 있기를 기대하며, 본서를 집필하는 데 좋은 자료를 제공해주신 일간신문을 비롯하여 동서고금을 통한 참고문헌 저자분들께 지면을 통해 감사의 말씀과 함께 정중히 경의를 표하며, 본서의 발행을 맡아주신 도서출판 하움 문현광 대표와 편집부 여러분에게 그간의 노고를 진정 어린 감사의 마음으로 갈음하고자 한다.

끝으로 본서의 발간을 위해 응원하고 조언을 아끼지 않으신 김용석 박사님과 본서의 발간에 디딤돌을 놓아주신 작가 이형준 님께도 심심한 감사의 말씀을 전하며, 본서의 집필 발단의 중추인 우리 문초윤, 문정후, 문채운과 오랜 세월 보살피고, 지켜보아준 우리 가족에게 이 책이 다소나마 작은 위로가 되었으면 좋겠다.

2022년 11월

아차산峨嵯山 서실에서

문승호

목차
contents

당부의 말
Entreaty

이 나라의 미래이자 희망이며 등불인 우리 시대 청소년들에게 무엇보다 먼저 전해야 할 것이 '삶에 대한 당부의 말'이 아닐까 싶다. 무한생존경쟁의 거센 바람이 휘몰아치는 각박하고 불안정한 탁류濁流 속에서 고생 한 번 해보지 않고 그저 쉽게 얻는 길만 걸어온 저들의 미래 때문이다. 다가올 그 미래가 자칫 내 삶의 주도권을 빼앗고 힘들게 할 수도 있기 때문이다.

이를 커버하기 위해서는 오로지 지식 배양이 답이다. 오늘날처럼 승자 독식의 사회구조 속에서는 그 누구도 넘볼 수 없는 '탁월한 능력'의 소유자만이 생존력을 갖는다. 그래야 사회가 필요로 하는 주요 대상으로서 그 위치를 확고히 할 것이며, 자연스레 빛나는 명성까지 얻을 수 있기 때문이다. 승부의 세계에서 평범함으로는 그 누구에게도 인정받지 못한다. 세상 사람들은 1등은 기억하지만 2등은 기억하지 않는다. 자신의 재능을 끊임없이 갈고 다듬어야 하는 이유다. 녹슨 머리로는 새로운 도약을 할 수 없다. 따라서 어느 한순간도 정지란 있을 수 없다. 인간이란 성장하는 한限에서만 존재하는 것이다.

◈ '강자'의 길

인생이란 남이 나를 대신 살아줄 수 없고, 고통과 고난을 대신해줄 수도 없다. 오로지 나 자신을 등불로 하고 나를 의지하며 살아가야만 한다. 부모님도, 친구도, 선생님도 그 누구도 나의 등불이 되어주지 못한다. 믿을 것은 아무도 없다. 오직 나 자신뿐이다.

자기 자신이야말로 신이며 진리라는 것을 믿고 살아가야만 하는 것이다. 내 운명은 내가 개척하고, 내 미래는 내가 창조하는 것이다. 그러자면 나 스스로 최고의 강자強者가 되는 수밖에 없다. 그 길은 나의 지식과 지혜와 땀뿐이다. 그것이 최고의 강자가 되는 방법이다. 태산泰山과 북두北斗처럼 우러러보는 존재로…….

거기에 세상을 포효하는 강인한 정신력, 용기와 극기심, 인내력으로 내 몸을 무장한다면 내 인생길에 불가능이란 결코 존재하지 않을 것이다. 아무리 거친 폭풍일지라도 끄덕하지 않는 석탑石塔처럼 꿋꿋하고 의연한 사람으로 우뚝 서 있을 것이다.

◆ 건강

건강은 내 인생 제1의 명제다. 내가 남의 생명을 살아줄 수 없고 남이 내 생명을 살아줄 수 없다. 생명은 인간의 가치 중의 최고의 가치요, 인간의 목적 중 최고의 목적이다. 세상의 모든 부와 권력을 가진들 건강이 없으면 무용지물無用之物이다. 몸이 허약하면 남에게 폐를 끼치고 인생의 대업을 이루지 못하며, 인간으로서의 본분과 책무를 다하지 못한다. 따라서 건강은 인생의 기본 가치요, 제일의 자본이요, 중요한 재산임을 잠시도 잊어서는 안 된다. 건강을 유지하기 위해서는 술, 담배를 멀리하고, 음식을 골고루 먹되 근본은 소식小食이다. 거기에다 내 몸에 정기적인 운동을 선사하면 된다.

◆ 자립

오늘날의 청소년들은 대부분이 부모님의 지극한 보살핌으로 행복하게 살아왔다. 그러나 대학을 들어간 20대 이후의 청년기부터는 누구나 서서히 자립自立해야 한다. 자신의 힘으로 운명을 개척하고 자신의 활로를 타개하는 자력갱생自力更生의 철학이 있어야 한다. 부모님의 뒷바라지 없이 홀로서기를 하는 것이다.

매주 주말이나 방학 때면 아르바이트도 하고 때로는 거친 일을 하면서 학비를 마련하고 여행을 하며 공부를 해야 한다.

자신의 목표를 향해 희망으로 끊임없이 나아가는 것, 그것이 삶의 주인공으로 만드는 힘이다. 사람은 반드시 제 이름값을 하고 살아야 한다. 남에게 도움을 받는 것은 좋지만, 남에게 의존하는 것은 노예나 다름없음을 잊어서는 안 된다. 남의 힘을 믿고 살아간다는 것만큼 부끄러운 일은 없다. 자립은 나에게 주어진 의무다.

◈ 시련은 약이다

오늘날의 청소년들은 옛날의 청소년과는 판이하게 심약하고 허약하다. 그래서 험한 세상을 건너가야 하는 이들을 한 그루 교목喬木처럼 실팍하고 굳세게 길러야 하는데도, 정이 깊어 차고 맵게 키우질 못한다. 추위에 떨어본 사람만이 태양의 따뜻함을 알고, 배고파서 울어본 사람만이 밥 한술의 고마움을 느낀다는 교훈을 잊은 것이다.

부모의 과보호 속에서 성장한 아이, 정부의 지원 속에 성장한 기업은 온실 속에서 자란 화초와도 같다. 반대로 거센 세파를 헤치고 자란 사람이나 기업은 폭풍우가 몰아쳐도 끄떡없는 법이다. 역경과 시련, 풀뿌리의 쓴맛을 맛본 사람은 거침없이 못 할 일이 없기 때문이다.

지금 14억 인구의 중국 부모들 사이에도 남성성을 일깨우는 "대장부 캠프"가 인기라고 한다. 그들이 거친 사회에 나가기 전에 모질고 풍진風塵 세상의 어려움을 경험해보기 위해서다. 그런 혹독한 시련은 나를 강하게 만든다. 그 경험은 용기와 자신감 그리고 강인한 정신력과 함께 가슴 가득히 웅지를 품게 할 것이다. 사서라도 고생을 해봐야 한다. 고생한 만큼 성장하기 때문이다. 고행은 모름지기 세상을 우뚝하게 살아가는 대장부답게 담대하고 호연한 기상을 길러줄 것이다. 그래서 인간에게 역경은 값으로 매길 수 없는 보배다. 힘들고 벅찬 고통이 내 인생의 위대한 교사가 되는 것이다.

◈ 독서

내 삶의 가닥을 잡아주는 마지막 보루이자 나를 더 나은 인간으로 만들기 위해 읽어야 한다. 학교에서 배워 익혀 치르는 객관식 시험은 사회에서 큰 쓸모가 없다. 혼다 소이치로 말대로 "졸업장 따위는 영화표만큼이나 가치도 없다" 오로지 다방면의 풍부한 독서를 통한 공부가 나의 강인한 동인이자 강력한 엔진이 될 것이다.

사람은 불완전하기에 배우고 익히면서 깨닫고 조금씩 나아가는 것이다. 세상을 보는 독서, 나를 변화시키는 독서. '펼치기만 해도 이익이 있다'는 책을 늘 곁에 두고 읽어야 한다. 매시每時 매분每分이 보석과도 같다. 젊은 시절의 황금 같은 시간을 탕진하면 늙어 이룸 없이 뒤늦은 후회만 남을 것이다. 인간으로 태어나 최고의 지혜를 향해 나아간다는 것은 내 삶의 절대적 명제가 아닐 수 없다. 읽고 사색하고 글 쓰는 능력까지 길러둬야 한다. 모든 공부는 글쓰기로 완성된다. 유념할 일이다.

◈ 나의 진로

우리 사회는 대학의 진로를 모색할 때 부모님이나 선생님이 학과를 정해주는 경우가 많다. 수능 점수에 맞춰 합격 커트라인에 들 만한 곳을 고르거나 성적에 맞추어갈 수밖에 없는 대학 제도 때문이기도 하다. 그러다 보니 그 길이 내 길이 아닌 경우 욕망도 집중력도 생기지 않아 진퇴양난進退兩難이 되기 십상이며, 거기에서 자신의 욕망이 좌절되기도 한다.

그러나 대학에서 학과를 선택할 때, 졸업 후 직업을 선택할 때도 망설이고 주저할 것 없다. 처음부터 내가 좋아하는 일을, '내 가슴 뛰는 일'을 찾아 그 분야에 일로매진一路邁進하면 된다. "내 적성에 맞지 않은 일을 하는 것은 바구니에 국물을 담는 것과 같다." 이탈리아 격언이다. 사람은 각자 재능이 있는 곳에 마음을 쏠게 마련이기 때문이다. 전문가, 학자도 모두가 미래는 한결같이 내 심장이 울리는 쪽으로 걸어가면 된다고 가르친다. 자신이 하고 싶고 잘하는 일이 적성에 맞는 일이다.

노벨 생리의학상 수상자인 영국 케임브리지대 교수, 존 거든은 이튼스쿨에 다니던 시절 생물生物 과목에서 꼴찌를 받을 만큼 성적이 엉망이었고 한다. 아인슈타인도 학교에서는 낙제에 가까운 점수를 받았고, 대학도 재수 끝에 겨우 들어갈 수 있었다. 성적이 나빠 교수들에게 큰 기대를 받은 적도 없지만, 두 사람 모두 본인이 좋아하는 수학과 과학, 자연에 대한 호기심만은 잃지 않았다. 그들은 자신이 잘하고 싶고 좋아할 만한 것들을 꾸준히 공부하여 마침내 세계적인 결과를 얻은 것이다.

꿈을 가진 사람은 긍정적 감정을 일으켜 어려움도 당연한 것으로 받아들인다. 고통도 참을 수 있고 인내심도 높아진다. 현자들이 한결같이 자신이 원하는 삶을 살라고 말하는 이유다.

· 내 가슴 뛰게 하는 일

나는 장차 어떤 일을 해야 하며, 어떤 사람이 되어야 하는가? 내가 진정 원하는 것은 무엇인가? 그것은 먼저 나는 어떤 일을 좋아하며, 어떤 일을 할 때 행복을 느끼는가를 아는 것이 순서다. 그것이 바로 나의 꿈이요 목표 지점이 될 것이기 때문이다.

자신에게 투자하라는 미국 하버드대학 졸업식에서 "내가 무엇을 싫어하고 무엇을 좋아하는지, 무엇이 나를 화나게 하고 겁나게 하고 영감을 주고 기쁘게 하는지 알아야 한다."라는 연설 내용과 같은 맥락이다.

· 적성 검사도 한 방법

내 가슴 뛰게 하는 일을 찾기 위해 고교생에게 자신의 성격·적성 검사를 해보게 하는 것도 한 방법이다. 나는 어떤 유형의 사람일까? 사람의 성격을 E-외향형, I-내향형, S-감각형, N-직관형, T-사고형, F-감정형, J-판단형, P-인식형의 8가지로 구분한다. 나는 어떤 능력이 있을까? 자기조절력, 자기동기력, 대인관계력, 감정 조절, 과제 지속력, 긍정성, 내재동기, 자율성, 유능감, 관계성, 공감 능력, 표현 능력 등 12가지 능력을 측정한다. 자신의 성격을 이해하면 본인에게 더 편한 방법의 공부법과 힘든 방법의 공부법도 파악할 수 있다.

또 내 성격에 맞는 직업은 뭘까? 열성적인가, 창의적이고 풍부한 상상력과 영감이 있는가. 한 번쯤 검사해보자. 그러나 검사 결과는 참고용이다. 자신에 대한 이해를 도모하는 데 목적을 두어야지, 무조건 따르는 것은 좋지 않다. 자신에 대한 심리 유형이 자신을 모두 설명할 수는 없기 때문이다.

· **불가피한 선택**

반대로 대학 갈 때 학과 선택도 깊이 고민한 적도 없이 그냥 괜찮다 싶은 학과에 지원했고, 그리고는 자신의 재능이 어디에 있는지도 특별히 모르면서 지금 전공하는 과목이 나와 맞는다고 생각하는 학생도 있다. 그는 학교생활에도 잘 적응하고 미래의 진로에 대해서도 고민하지 않으면서 "잘되겠지" 하는 낙천적인 학생이다. 인생에서 어려움이 있다고 해도, 미래에 대한 부담이나 두려움이 거의 없는 사람도 있다.

물론 세상살이가 자신이 원한다고 해서 그대로 이루어지는 것은 아니다. 만약 내가 지금 좋아하는 일을 찾을 수 없어 불가피하게 직업을 선택했다면 지금 하는 일에 집중해보는 것도 한 방법이다. 첫눈에 반하는 만남이 아닐지라도 조금씩 조금씩 서서히 빠져드는 것도 좋은 현상이기 때문이다. 싫증이 나고 마음이 내키지 않는, 그러나 하지 않으면 안 되는 일에도 과감히 뛰어드는 각오도 있어야 하는 것이다. 그 분야에 열정과 투지를 불태워 '그 사람이 아니면 안 된다'는 소리를 듣는 사람이면 된다. 그리하면 그 미래는 활짝 열려 있을 것이다. 생존을 위한 '건축'이란 직업에서 그 가치를 찾은 나 역시 같은 케이스였다.

◆ 늘 지녀야 할 마음가짐

다시 강조하는바, 인생에서 지나칠 수 없는 것이 공부다. 공부는 지식을 늘리는 것이고 다른 하나는 자신을 갈고닦는 것이다. 세상을 바로 보는 눈을 깨치고 자신을 반성하고 말과 행동을 똑바로 하며 인격을 높이는 것이 공부다. 따라서 공부하지 않은 자는 결국, 다른 사람의 지배를 받으며 살아야 한다. 그저 시류에 편승하고, 이리저리 휘둘리는 주관이 없는 노예의 삶을 살게 되는 것이다.

자기 생각이 없으니 주관을 갖고 살아가기 어렵고, 다른 사람의 생각에 쉽게 영향을 받는 것이다. 어떤 논리를 내세워야 할지 몰라 타인의 주장에도 반박하지 못한다. 공부가 필요한 이유다. 마음의 평화와 안정감 그리고 지혜와 통찰력을 갖는 공부가 몸에 배도록 자신을 담금질해나가기를 바란다. 그래야 세상을 포효하며 살아갈 수 있다. 배움은 불변의 진리다. 세상을 통찰하는 안목, 탁월한 능력은 청소년 모두의 몫이다.

· 검약

남보다 알뜰하게 잘 사는 방법은 오로지 검약儉約하는 방법밖에 없다. 아무리 많은 재산을 가진들 절약하지 않으면 오래가지 못한다. 검약하는데 가난한 사람은 없다. 그래서 극기와 절제는 우리의 삶에 절실한 덕목인 것이다.

다산茶山 선생 역시 두 아들에게 "삶을 넉넉히 하고 가난을 구제할 수 있는 신령한 부적符籍을 너희들에게 줄 터인즉, 하나는 부지런할 근勤이요, 또 하나는 검소할 검儉이다. 이 두 글자는 좋은 전답보다도 낫고 평생 써도 다 쓰지 못할 재산이다"라고 가르치셨다. 아무리 많은 전답을 물려주어도 낭비하면 금방 탕진하고 말지만, 근검은 쓰면 쓸수록 더 부유해질 수 있다는 말씀이다.

옛 속담에 "빚이 많으면 뼈도 녹는다"라고 했다. 빚이 많으면 견디지 못한다. 빚이 많은 사람에게 무서운 것이 바로 써서는 안 될 돈, 검은돈 사채다. 원금 300만 원이 1년 반 만에 6,700만 원으로 불어나는 것이 사채다. 사채는 돈의 마성과 인간의 잔인성이 합쳐진 무자비한 돈이다.

사채 대출은 인간의 피를 빠는 대출이다. 바로 이 사채업자들이 잔인한 흡혈귀吸血鬼다. 이를 두고 오늘날의 사회가 법과 원칙을 강조하지만, 그들에겐 그 법이 무용지물無用之物이다. 그들은 인간을 사지로 몰고 간다. 그들의 협박에 굴복하지 않을 수 없게 만든다. 그래서 세상은 "병 없고 빚 없으면 산다"라고 한 것이다. 그 처방이 바로 검약이다.

· 과언무환

사람이 한번 내뱉으면 주워 담을 수 없는 것이 바로 말言이다. 머릿속에 든 지식이 아무리 깊고 높다 하더라도 언행이 가벼우면 뭇사람에게 신뢰와 존경을 받지 못한다. 그래서 과언무환寡言無患! 말이 적으면 근심이 없고, 말을 삼가면 허물이 없다고 한 것이다. 혀를 함부로 놀리는 것은 자기 발등을 도끼로 찍는 것과 같다.

내가 부리는 종 앞이라도 말을 함부로 해서는 안 되는 이유다. 천 마디 옳은 말이라도 침묵만 못 하다. 상대의 말을 경청하는 것이 존경받는 일이다. 침묵의 예술을 배워야 한다. 침묵은 지혜다.

· 효의 실천

이 나라가 오랜 세월 극한 환경을 감내하면서 얻어낸 물질적 풍요는 어느 정도 달성했다지만, 인간의 존엄성과 도덕성이 무너지고 정의는 고통을 당하고 공도公道는 행해지지 않는 세상으로 변모해버렸다. 정상적이던 인간관계까지 극단으로 치닫는 사회로 내달리고 있다. 노부모까지 버리고 학대하는 세상, 장유유서長幼有序 문화가 뿌리 깊은 사회에서 효심이 지극한 사람은 이제 이 세상 어디에서도 찾아볼 길이 없다.

부모가 연로하면 은혜에 보답하는 것은 인지상정人之常情이다. 이 효의 실천이 인간에게 으뜸가는 양식이며, 덕목이다. 이를 거역하는 것은 인간이기를 포기하는 것과 다름없기 때문이다.

어린 자식에게 효를 숭상하는 산교육의 표본은 자신의 부모가 거동이 불편한 늙은 조부모에게 효를 실천하는 것보다 더 큰 교육은 없다. 자식에게 이보다 더 강력하게 겸양의 느낌을 키워주는 방법은 없을 것이다. 여기에 거부할 수 없는 불멸의 교훈이 담겨 있기 때문이다.

· **교만**

세상에 부귀하면서 교만한 자, 가난하면서도 게으른 자, 힘 좀 있다고 으스대는 것처럼 미운 것이 없다. 그중에서도 교만한 자가 으뜸이다. 오만을 이기는 가장 강력한 무기가 겸손이다. 자신에게 엄격하고 다른 사람에게 자비慈悲로우면, 세상 그 어디에도 적이 없는 법이다.

· **나락의 길, 몰락의 길**

한 인간에게 나락의 길, 몰락의 길은 어떤 것인가? 그것은 허황된 꿈속에서 어떤 유혹에 이끌려 대박 꿈을 꾸는 도박이나, 마약痲藥, 주색잡기를 밝히는 일이다. 인생을 놀이로 착각한 도박, 마약 등의 방종한 생활은 자신이 가고 있는 인생의 종착역이 어딘지 모르고 가고 있는 것이다. 그 길은 영혼을 팔아 인생을 포기해버린, 더는 갈데없는 사지로 몰아가는 길이다.

쾌락을 추구한 결과는 가정을 파탄 내고 행복과 건강을 송두리째 잃어 생사의 갈림길에 놓인다. 이것이 나락那落의 길이요, 몰락沒落의 길이다. 자신의 분수와 처지를 알고 있는 사람은 결코 오락에 빠져 몸과 인생을 망치는 일은 없다. 품위 있는 자는 적어도 악덕을 모범으로 삼거나, 악에 물드는 일은 없다.

· 인내

사람이 다투는 일보다 수모를 견뎌낸다는 것이 더더욱 참아내기 어려운 일일 것이다. 그러나 살다 보면 남에게 경멸과 아무 근거 없는 비난의 대상이 되거나, 모욕을 당했을 때 이를 겸허하게 받아들이는 마음의 준비도 필요하다. 화가 난다고 돌을 발로 차면 결국, 아픈 건 자신의 발가락이다. 감정을 다스리는 비결은 불평하지 않고, 화내지 않고, 이성을 잃지 않으려는 노력이 곧 비결이다. 포용력, 바다처럼 넓은 가슴을 가져야 한다. 그것이 대장부의 처신이다.

중국 한나라 초대 황제인 유방을 도운 백전백승百戰百勝의 명장 한신韓信이 젊었을 적에, 동네 건달들이 '내 가랑이 밑을 지나가라'며 일부로 시비를 걸었다. 그냥 한칼에 해치울 수도 있는 상대였지만, 지금 큰일을 도모하고 있는데 이런 사소한 일에 마음을 쓸 필요가 없다고 판단한 그는 엎드려서 가랑이 밑을 지나갔다고 한다. 그것이 사내대장부다.

인내忍耐는 쓰다. 그러나 그 열매는 달다는 교훈을 잊지 말 일이다. 부끄러움을 가슴에 품고 참는 것이 남자다. 그래야만 평화가 깃들 수 있다.

제1과

삶이란 무엇인가?
What is life?

삶이란 무엇인가? 인간이란 무엇인가? 인류 역사를 통해 삶과 인생에 대한 성찰이 철학의 핵심적 주제였으나 그것을 설명하기가 쉽지 않다. 사람이 산다는 것은 무엇인가? 우리는 어떻게 살아가야 할까? 이 진지한 물음에도 아무도 합리적인 해석과 현명한 대답을 제시해주지 않는다.

그러나 그 길을 누가 가르쳐주고 인도해주지 않아도 곡예사와 같다는 인생행로人生行路를 거쳐 가야만 하는 것이 인생이다. 그 길은 누구도 벗어날 수가 없다. 시간과 운명의 무거운 짐, 고독과 절망의 거대한 파도가 덮치고 숨쉬기조차 버거워지는 삶이 우리 앞을 가로막을지라도 용기백배 일어서서 가야만 한다. 거친 풍랑이 휘몰아치는 광활한 바다일지라도 멈출 수가 없다. 생의 온갖 고뇌를 양어깨에 짊어지고 역사의 한가운데를 거쳐 가야만 하는 것이 인생이기 때문이다.

다만 그 길이 도처에 함정이 깔린 모험의 길이기에 탁월한 지성과 날카로운 통찰력 그리고 명확한 판단력을 가진 초탈한 지혜를 지녀야만 한다. 버트런드 러셀의 말대로 "훌륭한 삶이란, 사랑으로 힘을 얻고 지식으로 길잡이로 삼는 것"이다. 그래야 그나마 자신이 추구하는 목표를 이루며 살아갈 수 있기 때문이다.

인간이란 지적이며 지혜로운 존재다. 인간에게 극복할 수 없고 뛰어넘을 수 없는 장애물은 없다. 무형의 것을 새로운 형태로 조형해내는 것은 신을 닮은 인간만이 이룰 수 있는 업적이다. 지난 역사 속에서 고난과 시련을 이겨낸 지혜로운 현자賢者들이 살아온 삶이 그러했다. 그 삶이 바로 만고불변萬古不變의 진리를 향한 삶이다.

　인생이란, 이렇게 버거운 삶을 살아가야 하는 나날의 연속이다. 어떤 삶이 최선의 삶인지 장고가 필요하다. 나는 지금 어디로 가고 있는가? 나는 무엇을 위해 살 것인가? 무엇에서 인생의 보람을 찾으며 어떻게 살아가야 진정 지혜로운 삶인가? 그 삶의 여정을 조망해본다.

◈　현대인의 삶

　현대는 과거 생존이 절박했던 시대를 벗어나 다행히 풍요로운 삶을 구가하고 있다. 그러나 물질만능주의가 지배하는 산업 사회에서 정신적 공허와 소외 의식 그리고 불안감을 지닌 채 살아간다. '삶 속에서 생기는 고민의 90%는 돈이라더니' 일의 중심은 경제, 최대한 많은 돈을 모으는 강박적 물질적인 욕구 때문일까? 허황된 물질에 얽매어 중노동 하듯 수동적인 삶을 영위하고 있을 뿐이다. 이런 생활을 정상이라고 느끼며 살고 있는 것이다. 오늘날 현대인의 삶이 그렇다.

·　소유를 향하는 삶

　현대는 배타적으로 소유해야만 행복해하는 사회다. 소유를 위해서 현재를 희생하고 현재의 행복을 계속해서 미루는 삶, 이것이 오늘날 우리의 처절한 모습이다. 돈에 혈안이 되어 사는 삶은 힘들고 버겁다. 마르크스Marx도 돈에 대한 집착이 인간의 삶을 불행하게 한다고 보았다. 인간이 돈이 주체가 되는 것이 아니라 오히려 돈의 노예가 되어버린다고 본 것이다. 그것이 오늘날의 자본주의 사회다.

　전 세계 17개 선진국을 대상으로 삶에서 가장 가치 있게 생각하는 것이 무엇이냐는 질문에, 각국의 응답자 평균은 '가족' '직업' '물질적 행복' 순이었다. 그런데 한국만이 유일하게 '물질적 행복'을 1위로 꼽았다. 오로지 돈만이 질 좋은 삶이자 행복으로 여긴 것이다.

· 집착을 등에 지고 사는 삶

사람이면 너나 할 것 없이 언젠가는 평온하고 안정된 삶을 살 수 있을 거라고 꿈꾸며 살아간다. 오늘보다 내일과 내년, 심지어 수십 년 후까지 바라보며 "장차 많은 돈을 벌어 고대광실에서 더 편안하게 살 방안"만을 꿈꾼다. 그 꿈을 위하여 자신의 이익은 최대한으로 늘리고 손해는 최소한으로 줄이는 것을 목표로 행동한다. 무엇이든 가지기만을 원할 뿐 버리고 포기하는 것은 생각하지 않는다.

그러나 헛된 집착을 등에 지고 사는 것은 고달프고 힘든 삶이다. 세상은 자신이 원하는 대로 흘러가지 않는다. 포기하는 법을 배워야, 비로소 내면의 평정과 행복을 얻을 수 있다. 포기는 일종의 지혜다. 가지고 싶은 것을 모두 가질 수 없는 것이 인간이기 때문이다. 그래야 행복한 삶을 영위할 수 있는 것이다.

· 이웃이 없는 삶

토머스 풀러가 "우리는 친구 없이도 살아갈 수 있다. 그러나 이웃 없이는 살 수 없다"라고 했는데, 현대자본주의 사회에 '이웃'이란 존재하지 않는다. 오래전에 그렇게 정이 넘치고 보듬어주고 따뜻했던 이웃이 사라지고 없다. 옆집, 아랫집, 윗집만 있을 뿐 '이웃'은 없다.

낮은 울타리 너머로 인정을 나누던 이웃의 모습은 이제 전설이 되고 말았다. 서로 보듬어 줄 이웃이 먼 나라의 이방인이 된 지 오래다.

그들과 함께 세상을 일궈가야 하는데, 편견과 차별을 딛고 다정다감하게 다가가보지만 쉽지 않은 일이다.

· 현명한 삶

쫓기듯 살아가는 현대인의 삶, 세상이 마음먹은 대로 되는 것이 없다며 인생길이 계획한 대로 흘러가지 않는다고 한탄하지 말라. 오늘의 삶 속에서 권위, 명분, 당위, 원칙, 의무 같은 것을 조금씩 줄여가며, 세상의 흐름에 맡겨두면 세상은 아늑해질 것이다. 그렇게 사는 삶이 현명한 삶이다. 하는 일이 장해를 만나 잘 풀리지 않을 때도, 일단 멈추거나 후퇴해서 세상이 자연스럽게 흘러가도록 내버려두고, 그 흐름 속으로 들어가면 마음이 편안해질 것이다. 그것이 지혜롭게 살아가는 방법이다.

생각할수록 물질의 삶은 궁핍했으나, 정신만은 넉넉하고 풍요로웠던 옛 선인先人들의 채취가 그리운 세상이다.

◈ 금기의 삶

마호메트는 "삶에는 파괴적인 것이 세 가지가 있다. 화, 탐욕 그리고 자만이 그것"이라고 통찰했다. 그중에서 화나 자만보다 탐욕이 무서운 병이다. 야수野獸와 같이 돈과 명예와 지위, 물질적인 풍요에만 연연한 자는 일생을 노예처럼 고통받으며 살아가야 할 것이다. 그리고 이런 사람들은 끝내 남을 파탄에 빠트리거나 스스로 파멸로 치닫는다. 그런데도 지금 우리 사회에는 한평생을 면면히 물질적 만족만을 추구하는 사람 혹은 권세와 명예만을 위해 허둥대는 사람들이 넘쳐난다.

야망이나 탐욕이 지나쳐 인간관계 등을 해치는 삶은 분명 '금기 禁忌'

의 삶이다. 이스라엘 금언에 "이 세상에서 가장 부유한 사람이 누구냐. 자기가 가진 것으로 만족하는 사람"이라고 했다. 사람이라면 적은 것에 만족할 줄 알고, 적게 가지고도 만족스러운 삶을 살아야 한다. 어느 사회나 자기 분수를 알고 이미 가지고 있는 것에 만족할 수 있다면, 그 사회는 안정적이고 천하는 태평할 것이다.

모두가 행복하게 잘 사는 세상, 이상 사회, 지상낙원, 지상의 천국은 물질의 추구로는 결코 올 수가 없다. 제도적 장치나 규율을 통한 조절도 궁극적인 방법이 아니다. 모두가 '뜬구름'인 욕심을 버리고 사람의 고귀한 본마음을 회복할 때 가능한 것이다. 여기에 다른 길은 없다. 세상이 나아지기 위해서는 권력이나 소유가 결코 '뜬구름'과 같은 허상이라는 것을 진정 아는 일로부터 시작된다. "인간이 자신의 사랑과 노동에 만족하면 그 사람의 삶은 완성된 것이다." 프로이트 Freud 의 말이다.

◈ 실패한 삶

작가 베르나르 베르베르는 "실패한 인생이란 자기 자신이 아닌 다른 사람들만을 만족시키다가 끝나는 삶"이라고 했다. 어릴 적엔 부모님의 말만 듣고, 학교에서는 선생님 만족에만 따르며, 사회에 나와서는 상사에게 잘 보이려고 하고, 결혼한 후에는 배우자와 자녀들에게 맞춰 사는 삶… 이런 것이 실패한 삶이라는 것이다. 그렇게 살아온 삶인지라 사는 보람을 느낄 정도로 목청껏 소리 지르고 손뼉 치고 싶은 감격스러운 별난 충동을 느껴본 적도 없다.

현대인 대부분은 직장의 당면 업무로 기계의 부속품처럼 반복해서 소화해내고는 지친 몸을 이끌고 돌아와 먹고 마시고 지쳐 침대로 간다. 이것이 산업화시대 직장인들의 전형적인 일상이다. 동물원에 사는 야성을 잃은 동물과 다를 바 없는 신세다. 정작 자신이 하고자 하는 삶은 모조리 놓치며 사는 것이다. 자존감 없는 영혼 없는 삶, 즉 남의 인생을 살아가는 최악의 선택을 하며 살아가는 것이다. 그렇게 무기력하고 의지가 약하고 삶에 대한 도전 의식이 부족한 자세로는 하루하루가 무의미한 삶일 수밖에 없다.

환경을 탓할 것이 아니다. 내가 처한 상황을 적극적으로 바꾸려는 의욕이 없음이다. 물질적인 만족보다 자기 소질에 맞는 적합한 일을 하거나, 내 적성에 맞는 '내 가슴 뛰는 일'에 몰두하는 주도적인 삶을 사는 것이다. 거기에서 생의 의미와 행복과 보람과 가치를 찾을 수 있기 때문이다. 자신의 삶이 주어지는 것이 아니라 만들어 간다는 생각으로 주도적인 삶을 살아갈 수 있는 태도의 전환이 필요한 것이다. 내가 하는 일에 지혜와 성의와 정열을 다하고, 전력투구하는 인생이 보람 있는 인생이요, 감격하고 행복한 인생이다. 그 만족은 '나중'이 아니라 바로 '지금'이다.

◈ 불굴의 삶

인류 역사에서 베토벤Beethoven을 일컬어 매우 특이한 점을 지닌 흔치 않은 세계적인 음악가로 평가한다. 베토벤은 매우 가족적이었으며, 음악으로 돈을 벌어 삶의 질을 높이려던 직업인이었다. 그러나 그는 항상 가난에 시달려야만 했고, 크고 작은 가족사에서 아픔도 많이 겪었다. 성장해서는 진정한 사랑을 갈망했으며 또 그렇게 사랑하며 살기 위해 결혼을 간절히 원했으나 끝내 가정을 이루지도 못했다.

그뿐이 아니다. 그는 어려서부터 천식 증상, 호흡기 증상을 비롯하여 성장해서는 복부 이상증으로 탈수, 피로, 식욕부진, 복통 등 온갖 병들을 호소했다. 그보다 더 치명적인 것은 30대 후반에 음악가로서 청각 장애라는 고통을 겪어야만 했으며, 거기에다 류머티즘, 흉부 통증, 안구 통증까지 베토벤이 겪은 수많은 병적 증상은 당시 의학 수준으로 명확하게 설명되지 못했다. 그가 남긴 글에서도 청각聽覺 문제가 생기지 않았다면 자신이 정말 행복한 사람이었을 것이라는 절규가 종종 나타난 것을 보면 가여울 뿐이다.

물론 장애는 인간이라면 누구에게나 다양하게 다가온다. 순풍만 부는 바다가 존재하지 않듯이 이 세상에 수난자는 많이 있다. 그러나 그 고통이 세계적인 음악가에게 다가올 줄이야! 하지만 그는 자신의 장애를 인식하며 끝내 처절한 고통과 절망적 운명을 수용하고 설정한다. 그가 쓴 편지 한 대목에 "나는 운명에 복수할 것이다. 그것은 나를 결코 쓰러뜨리지 못한다"라고 기록돼 있다. 그리고 그는 운명을 거부했다. 그것을 투쟁의 대상으로 삼으며, 처절하게 운명과의 전쟁을 치른다. 곧 자기 자신과 싸움을 벌인 것이다.

신도 자신이 해야 할 일에 열정을 가진 그를 쓰러지도록 내버려두지 않았다. 그는 더욱 철저하게 자신에게 주어진 일을 수행해갔다. 이러한 구도求道의 창작 활동으로 다가오는 운명적 절망을 끝내 운명적 환희로 바꾸었다. 그렇게 심한 고통 속에서도 꺾이지 않았던 것은 불타는 열정을 가진 그의 창작욕 때문이었을 것이다. 결국, 베토벤에게 운명은 그의 적수가 되지 못했고, 그에게 결코 절망을 안기지 못했다. 삶에 대한, 예술에 대한 베토벤의 '뜨거운 열정'이 있었기 때문에 가능했던 것이다.

인간은 목적을 가진 삶을 살아야 한다는 점을 베토벤의 삶에서 분명하게 보여준다. 그의 삶은 한마디로 '불굴 不屈'이다. 우리가 베토벤을 존경하는 것은 수난에 굴복하지 않았던 자였기 때문이다. 베토벤은 귀가 먹어 소리를 듣지 못하던 말년에 피아노의 가장자리에 자尺를 올려놓고 그 끄트머리를 입에 문 채 작곡을 했다고 한다. 그럼으로써 그는 몸으로 음을 느꼈던 것이다. 이렇게 끝없는 절망을 환희로 바꾼 승리자 베토벤에게 박수를 보낼 만하다. 이 세계적인 음악가 베토벤의 보편적 고난이 우리에게는 삶의 교과서가 되고 있다. 그가 왜 불굴의 의지를 상징하는지 이해할 수 있는 이유다. 그는 비록 음音을 다루는 음악가였지만 음악으로 철학을 행했다는 표현이 더 적절해 보인다.

◆ 이상적인 삶

예부터 사람은 드넓은 창공을 날아다니며 늙지도, 병들지도, 죽지도 않는 삶을 꿈꾸어왔다. 이른바 '신선神仙'은 바로 그런 소망이 빚어낸 '꿈'이다. 그러나 인간이 갈망하는 불로장생不老長生이나 불사不死를 향한 열망은 인간의 상상 속에서만 존재할 뿐이다.

현실에는 존재하지 않는 세계, 낙원은 없다. 그것은 모든 것이 완벽한 꿈의 세계이다. 그래도 언젠가는 나에게도 행운이 찾아오거나, 다른 누군가가 나타나 어떻게 해주기를 기다리는 동화 속 해피엔딩Happy Ending을 믿는 허황된 공상에 사로잡혀 사는 사람들이 많다. 모세Moses의 기적을 바라는 마음일까. 그러나 그런 생각은 영원한 공상일 뿐이다.

사람이 살다 보면 뜻대로 되지 않은 일이 수도 없이 많다. 오늘도 치열한 생존경쟁으로 적잖은 사람들이 잠을 설친다. 그렇지만 대다수는 재물이 없어도 대체로 단조롭고 평범하게 잘 살아간다. '구름 떠가듯, 물 흐르듯' 그렇게 정신적으로 얽매이지 않고 자유로운 삶을 사는 '운수雲水'의 생활 태도가 이상적인 삶이다.

"청산은 나를 보고 말없이 살라 하고, 창공蒼空은 나를 보고 티 없이 살라 하네" 이렇게 살기 위해서는 엄격한 자기 수양을 게을리하지 않고 열심히 일하여 빚 지지 않으며, 벼락부자와 같은 허황됨을 멀리한다. 즉, 한탕주의를 경계하고 성실하게 일해 부족하나마 조금씩 나아지는 삶을 살고자 한다. 어쩌면 이것이 훌륭한 삶을 사는 방법인지도 모른다.

◆ 불변의 진리를 향하는 삶

마틴 루터 킹Martin Luther King은 "오늘 나는 다른 사람을 위해 무엇을 했나?"라고 자문하며 하루를 마무리했다고 한다. 그런데 오늘날 우리 사회에 과연 그런 사람이 존재할까? 나를 포함하여 일반인들은 물론 정치인, 종교인, 경제인, 사회 지도자 중 진정으로 남의 아픔을 나의 아픔으로 여기고 '함께 아파하는 마음'을 지닌 이들이 과연 몇이나 될까?

우리가 풍족한 식탁에 앉아 포식을 즐기고 있을 때 세계 곳곳에서는 한 조각의 빵과 한 평의 누울 자리를 구하는 사람들이 부지기수不知其數다. 삶이라는 무대에서 허물어진 모든 이에게 소소한 기쁨을 주고 수심이 가득한 이마의 주름을 펴주는 일, 어두운 길에 불을 밝혀주는 일이야말로 가엾은 인류에게 신성한 역할이다. 배고픈 자에게 양식을, 목마른 자에게 물을 건네는 삶을 사는 것이다.

가진 돈을 기부하거나, 나의 재능 기부 또는 지식 기부도, 사회봉사도 적선이요, 남에게 칭찬과 격려도 적선이다. 남에게 따뜻한 말을 전하고 밝은 웃음을 선사하는 것도 자선을 베푸는 삶이다. 아픈 곳을 감싸주고, 눈물을 닦아주고, 고통을 가라앉혀주고, 아픈 가슴을 달래

주고, 용서하고 화해시키는 일, 모든 행위가 포함된다. 이 모든 것이 고답적이고 추상적인 이상이라고 생각할지 모르지만, 사람이 사람답게 살기 위해서 이보다 더 시급한 과업은 없을 것이다. 선행의 삶은 불변의 진리를 향하는 삶이다. 다만 그 선행에는 지극한 정성과 측은지심惻隱之心이 담겨 있어야만 한다.

◆ **내 삶에 두려움이란 없다**

사람들의 소망이란 대체로 단란한 가정에서 건강하게, 내가 좋아하는 일을 하며, 근심 걱정 없이 행복하게 사는 것이다.

그런 삶을 간절히 갈망하면서도 그 힘든 삶을 탈출하기 위한 긴 시간의 노동이나, 장거리 통근, 역겨운 작업, 극단으로 치닫는 기업 문화를 기꺼이 감수하려 들지 않는다. 보상은 원하면서 투쟁은 원하지 않는 것이다. 오직 승리만을 사랑하는 것이다. 말이 쉽지 그런 삶은 세상천지 어디에도 존재하지 않는다.

요즘 젊은 세대가 원하는 멋진 몸매도 마찬가지다. 심한 운동으로 인한 고통과 육체적 스트레스를 견디지 않는 한, 식단을 세심하게 짜고 식사 때마다 양 조절을 하지 않는 한, 그런 몸매는 얻을 수 없다. 인생의 진정한 의미와 성취감은 자신만의 투쟁을 선택해 감내함으로써 얻어지는 것이다.

인간인 이상 그 누구도 고통을 피할 수가 없다. 고통은 삶이라는 천에 얽히고설켜 있는 실오라기다. 삶에서 고통을 떼어낸다는 것 자체가 아예 불가능하다. 오로지 그 삶 속에서 끊임없이 던지는 엄청난 고난들을 순탄하게 받아들일 때, 그 사람은 비로소 천하무적天下無敵이 될 것이다.

삶에 대한 강한 의지가 생을 연장하듯 고생 없이 얻을 수 있는 것은 아무것도 없다. 빈곤은 우리에게 지혜, 인내 그리고 위대한 철학을 가르쳐준다. 고통을 탓해서는 안 된다. 도망쳐서도 안 된다. 두려워해서도 안 된다. 사랑하지 않으면 안 된다. 고통에 거역하지 말고 고통에서 도피하지 말라. 고통의 밑바닥이 얼마나 감미로운가를 맛보라. 헤세Hesse의 일기에 나온 문장이다. 결코 내 삶에 두려움이란 없다.

◆ 삶의 성찰

마키아 벨리는 "세상에서 가장 무서운 것은 빈곤도, 걱정도, 질병도, 슬픔도 아니다. 그것은 삶에 대한 권태倦怠"라고 말했다. 삶의 권태는 갈망과 염원이 없는 삶 때문이다.

따라서 내 삶이 무기력하고 의지가 약하고 삶에 대한 도전 의식이 부족하다면 하루하루가 무의미한 삶이 될 수밖에 없는 것이다. 그래서 사람이라면 꿈을 가져야 한다. 나의 원대한 꿈은 이상이자 비전Vision이요, 미래의 청사진이다. 내가 꿈이 있을 때 고난을 이기는 용기가 생기고, 절망을 박차고 넘어서는 기백이 생긴다. 꿈을 잃어버릴 때 감격과 보람도 없이 무사안일 속에서 허송세월한다.

저서 《인생수업》은 삶의 비극은 '정말 중요한 것이 무엇인가를 너무 늦게 깨닫는 것'에서 비롯된다는 사실을 지적해주었다. 맹목의 삶은 곧 무지의 삶임을 일깨워준 것이다. 아직도 삶에 지치고 인생의 좌표를 세우지 못해 방황한다면 알찬 나만의 미래 리스트List를 작성해보라. 지금이라도 하고 싶은 일, 해야 할 일의 목록을 작성하고, 실천하다 보면 진정한 꿈과 행복을 향해 질주하는 풍요로운 삶을 되찾을 수 있을 것이다.

제2과
학문과 지식
Learning and knowledge

학문의 사전적 정의는 "어떤 분야를 체계적으로 배워 익힘"이라고 적고 있다. 그 배움은 바로 인간에게 필요한 지혜의 소산이다. 인간은 무지無知로 태어나기 때문에 체계가 선 지식을 배워 익히지 않으면 살아갈 수 없다. 따라서 공부란 인생에 부과된 숙제로 봐야 한다. 내가 익힌 박학다식博學多識한 지식은 일평생 자신의 무기이자 도약의 기반이 되기 때문이다.

나의 지적知的 능력의 함양은 '책상 위의 지식'과 인생을 통하여 경험한 '산지식'이 있다. 그 지식에는 새로운 길을 열어가는 '백과사전형 지식'과 부가가치를 창출해내기 위한 '전문가형 지식'이 대표적이며, 지식 체계는 얕지만 넓게 아는 것과 깊지만 좁게 아는 두 가지 유형을 생각해볼 수 있다.

◆ 학문의 자세

모든 공부는 배우고 묻고 생각하고 판단하는 과정을 거쳐서 완성된다. 이 과정의 무한 순환이다. 다만 한꺼번에 많은 양의 글을 보는 것보다 오히려 적은 양을 읽고 그것을 곱씹어 사색하며, 하나를 알더라도 정확히 알고 그것을 자기 것으로 만드는 것이 중요하다. 공자의 말이다.

· 금쪽같이 귀한 시간

책을 읽기에도 시간이 아깝다고 노래했던 작가 김동리의 시처럼,

공부는 이런 마음에서 출발하지 않으면 안 된다. 마지못해 공부하거나 남들이 놀 때 똑같이 놀면서 이룰 수 있는 큰일은 어디에도 없다. 새벽 네 시, 하버드대 도서관은 환하게 불이 켜져 있고 앉을 자리 없이 학생들로 가득하다고 한다.

"지금 자면 꿈을 꿀 수 있지만, 공부를 하면 꿈을 이룰 수 있다" "배움의 고통은 잠깐이지만, 배우지 못한 고통은 평생이다" 하버드대에 전해 내려오는 격언이란다. 그들은 하루 평균 수면이 다섯 시간이 채 되지 않을 정도로 공부만 해야 한다. 그들의 시간표에는 놀고 즐기는 여유 시간이 없다. 그래서 공부하는 사람에게 젊은 날의 시간은 금쪽보다 귀하다고 한 것이다. 젊은 날의 쏜살같은 세월이 시간을 빼앗아 가기 때문이다. 오늘 놀고 내일이 있다고 말하지 말라.

· 노벨상 공부

노벨상을 받은 사람은 처음부터 그에 상응하는 대단한 공부를 했을까? 물론 아니다. 처음에는 기초적인 학문을 거쳐 점차 전문 분야의 공부를 하나하나 빈틈없이 해나갔을 것이다. 그렇게 오랜 시간 동안의 피나는 노력이 종국에는 커다란 과업에까지 이르게 된 것일 테다. 어쩌다 갑자기 머리를 스치고 지나간 영감靈感을 준 생각 하나가, 때로는 동료나 스승으로부터 가슴 울리는 작은 가르침 하나가 내 인생을 바꿔놓은 것이다. 물론 각고刻苦의 노력 없는 성취란 있을 수 없다.

◈ 신화를 일으키는 공부법

신화를 일으키는 특유의 공부법은 선생님에게 질문하기 혹은 혼자 공부하고 난 후 스스로에게 질문을 던지고 답을 찾는 과정이 '신화'를 일으키는 공부법으로 일컫는다. 보통 문제를 읽고 답을 찾는 방식의 공부만 했을 때는 보이지 않던 원리나 핵심을 스스로 찾아낼 수 있으며, 그날 배운 것들이 금세 잊히지 않고 오래 기억된다는 것이다. 질문이 생겼다는 것은 내 안에 관심과 호기심이 작동했다는 뜻이다.

"묻기를 두려워하는 것은 곧 배우기를 두려워하는 것이다" 네덜란드 속담이다. 가르침에 의문이 생기면 묻고 찾아서 문제를 석연하게 풀어야지, '내가 그저 잘 몰라서 그런 걸 거야' 하고 엉뚱한 짐작으로 넘어가는 태도는 공부를 망치고 발전을 막는다. 의심과 질문이 새로운 지식을 낳고 지혜를 낳기 때문이다.

◈ 대학

대학은 학문을 통해서 우리 사회에 '진리'의 존재와 불멸의 가치를 알려주는 지성의 산실이다. 따라서 그곳에서는 다른 영역까지 넘나드는 풍부한 지식을 탐닉해야 하는 강한 열정을 가져야 하며, 나의 목표와 나의 인생관과 가치관, 나의 천분天分과 재능이 어디에 있는지 탐구하며, 폭넓은 독서와 진지한 사색으로 나의 진정한 자아도 발견해야 한다. 수업 시간이 끝나기만을 기다리거나, 그 공부가 학점 따는 용도 이상으로서의 가치가 없다면 의미가 없다.

· 한국의 대학

그런데 오늘날 한국의 대학은 그저 돈 잘 벌어 출세해서 부자로 사는 길을 찾기에만 바쁘단다. 미래를 논하고, 역사를 논하지 않으며, '학문의 전당'이란 말은 무색해진 지 오래라는 얘기다. 그러나 제도 탓만 하고, 대학 탓만 하는 것이 능사는 아니다. 대학은 누구에게나 무제한의 자유를 허락한다. 내가 대학에서 방황할 것인지 아니면 자신의 길을 찾을 것인지는 전적으로 자신에게 달려 있다.

새 목표를 잘 세워야 삶에서 제 길을 찾기 쉽다. 내 길을 찾았다면 밤늦게까지 찬별을 보며 열심히 공부해야 한다. "학문 탐구는 인간 존재의 숙명이요, 인간 삶의 과정 그 자체다" 대충, 하는 둥 마는 둥 시늉만 하면 발전이 없다. 백절불굴百折不屈의 정신으로 오로지 최선을 다하는 자만이 주인공으로 우뚝 서 있을 것이다.

· 하버드대

하버드대 학생들은 낮과 밤이 따로 없다. 깊은 밤에도 하버드 캠퍼스는 불이 켜져 있다고 한다. 도서관뿐 아니라 학생 식당, 강의실, 심지어 보건실에서도 학구열學究熱은 식지 않는다. 캠퍼스 구석구석 발을 딛는 곳들이 곧 '움직이는 도서관'이라 해도 무방하다. 그들은 촌음의 귀중함을 안다. 20대 청년들이 성공하는 삶을 살기 위해 지녀야 할 살아 있는 나침반이다.

하버드에서 박사 전 과정을 밟은 학생들은 사흘마다 5cm에 가까운 두꺼운 책을 한 권씩 정독하고 수만 단어 분량의 리뷰Review를 쓴다고 한다. 인간이 가진 지능이나 능력의 차이는 거의 없거나 크지 않다. 다만 그들이 쏟는 노력의 차이일 뿐이다. 아인슈타인도 "인생의 차이는 여가 시간에 달렸다"는 말을 했다. 인생을 바꾸고 싶다면 남들보다 더 많이 노력해야 한다. 남들이 유흥이나 데이트를 즐길 때 끊임없이 스스로를 계발하는 데 애써야 한다.

'내가 특별히 재능이 없는 것도 아니고, 남들보다 노력했는데 어째서 성공을 거두지 못하는 걸까?' 하면서 한탄하는 자는 모두 다 여가만 즐겼을 뿐, 인생에 치열한 적이 없었을 것이다.

· **대학이 아닌 길**

　대학의 길을 누구나 거쳐야 할 필요는 없다. 대학이 아니라도 공부할 방법은 얼마든지 있기 때문이다. 오로지 나의 의지와 신념 그리고 끈기와 결단력이 문제일 뿐이다. 유럽의 작은 나라 스위스는 많은 노벨상 수상자를 배출한 나라지만 대학 진학률은 30%다. 그런데 우리는 81.3%대다.

◆ **지식이 재산인 시대**

　인류 역사상 다양한 분야의 축적된 지식이 인류에 지대한 공헌을 한 것은 사실이다. 전신기電信機에 대한 지식, 경제에 대한 지식, 위생에 대한 지식, 지적 능력의 법칙에 대한 지식 등이 그것이다. 이렇게 사회 구조가 박학한 지식만이 힘을 발휘할 수밖에 없도록 바뀌면서, 새로운 지식을 습득하지 않으면 후퇴할 수밖에 없는 세상으로 변모해가고 있다.

　미래학자들도 한결같이 새로운 시대의 권력은 자본이 아니라 '지식'과 '정보'라고 입을 모은다. 그래서일까? 지금 직장인들 사이에서도 샐러던트Saladent란 말이 유행하고 있다. 직장에 다니면서 배우는 일이 열풍인 것이다. 그 배움이 철학자인 아리스토텔레스와 소크라테스처럼 지식의 선두에 선 만능한 천재가 되기 위해서가 아니라, 날로 급변하는 세상에서 배우지 않으면 순식간에 잉여인간으로 전락해버리기 때문이다.

· 지식의 가치

책을 벗 삼아 폭넓은 지식을 쌓길 원하는 것은 그것이 인생을 바꿀 수 있는 최고의 재산으로 인식하기 때문이다. 기업 역시 미래의 이윤을 담보하기 위해 재교육에 투자하는 것도 다 그 지식의 가치 때문이다.

· 지식은 끝이 없다

지식은 끝이 없다. 젊은 시절에 굉장히 유명했던 한 교수가 학계로부터 인정받았고 학생들도 그의 강의를 듣고 싶어 했다. 그러던 교수가 세월이 흘러 늙어가기 시작하던 어느 날, 강의 도중에 학생의 질문을 받은 교수는 깜짝 놀랐다. 자신이 쌓아 두었던 이론理論이 이미 바뀌어버린 것이다. 낡은 지식이 자신의 발목을 잡으리라 생각지 못한 교수는 그날로부터 새로운 지식을 배우기 시작했다. 그렇게 매일 공부하던 교수가 어느새 새로운 책까지 펴내는 것을 본 젊은 학자들은, 그 나이에도 쉼 없이 공부하고 연구하는 교수의 투철한 정신에 깊은 감명을 받았다.

시간이 없어서 공부하기 어렵다는 것은 핑계일 뿐이다. 실패자들은 자신만의 세계에 갇혀 이 정도 지식이면 충분하다고 생각한다. 자신의 지식이 아주 보잘것없다는 사실을 꿈에도 생각지 못한다. 배워야 할 지식은 수도 없이 많다.

◆ 시대가 요구하는 지식

미국 대통령 존 f. 케네디는 "이 시대는 창의력과 혁신, 상상력 그리고 결단력을 요구한다"라는 메시지를 남겼다. 이는 반세기가 지난 오늘날에도 동서고금을 막론하고 세계적인 CEO나 경영학자, 지도

자 모두 한결같이 이를 강조하는 부분이다. 창의력Ingenuity을 시대가 요구하는 지식으로서 꼽는 것이다.

창조성이라는 능력은 유연성, 독창성, 유창성으로 이루어져 있다고 본다. 이 세 가지를 종합한 능력을 바탕으로 행동할 수 있는 사람이 창조력이 풍부한 사람이다.

◈ 지식 습득의 한계

이 세상에서 모든 것을 다 아는 사람은 아무도 없다. 소크라테스도 잘 알지 못하면서 알고 있는 것처럼 스스로 착각하는 것만큼 어리석은 일은 없다고 했고, 《논어》의 위정爲政 편에도 "아는 것은 안다 하고, 모르는 것을 모른다 하는 것, 이것이 아는 것"이라고 한 구절이 있다. 공자께서도 '태양'에 관한 어린아이들의 질문에 대해 한마디로 모른다고 답변했다. 모든 것을 다 아는 자는 존재하지 않는다. 단지 그 한계를 넓히기 위해 노력할 뿐이다.

제아무리 역량이 뛰어난 자라도 모든 지식을 배우기란 불가능하다. 그러기에 모든 분야의 엘리트Elite가 될 수 있는 사람은 없다. 칼 마르크스도 "만족은 없다. 공부를 많이 할수록 나의 지식이 부족하다는 생각이 든다"라고 했다. 아는 게 많을수록 모르는 게 얼마나 더 많은지를 깨닫는 지혜가 필요하다는 얘기다.

뇌 과학자들이 사람의 뇌에 저장할 수 있는 정보량이 최대 5억 권 분량의 책으로서 인간의 대뇌는 무한한 잠재력을 지니고 있다지만, 지식 습득의 한계는 불가피해 보인다.

◈ 지식 부재

현대 사회가 지식인이라고 자타가 인정하는 사람 중에는 깊은 지식과 높은 교양으로 존경받는 사람도 더러 있지만, 통찰력이나 하찮은 세상 지식도 없는 사람도 적지 않다. 반쪽짜리 학식을 가진 사람들이 박식을 뽐내고, 현학을 자랑하고, 거만을 떠는 것은 어설픈 지식이 그 사람을 안하무인眼下無人으로 만들어버렸기 때문이다.

학식이 풍부한 사람 역시 지식에 자신이 있는 나머지, 남의 의견에 귀를 기울이지 않거나 무시하는 경우가 많다는 것도 문제다. 상대에게 일방적으로 자기 판단을 강요하거나 멋대로 단정 짓는 경우도 많기 때문이다. 그렇게 하면 억압을 당한 사람은 모욕감과 자존심 때문에 순순히 따르기만 하지는 않을 것이다. 분노하고 반항할 것이다. 심한 경우에는 물리적인 수단을 강구하는 사태가 일어날지도 모른다. 지식 부재에서 오는 현상이다.

사람이 대단치 않은 지식으로 무엇이든 알고 있는 것처럼 행세하는 것보다, 스스로 자신의 무지를 자각하는 사람이 훨씬 더 우월한 법이다. 진정 머릿속이 학식으로 가득한 사람은 겸손하게 자세를 낮춘다. 지식의 양이 늘수록 겸손해지는 법이다. 그래서 폭넓은 지식과 덕망이 있고 기품과 겸손한 태도를 몸에 지닌 사람은 참으로 훌륭하다 하겠다. 내가 가진 지식은 분량이 아니라 그 질質이다.

◈ 오늘은 두 번 다시 오지 않는다

《레미제라블》을 쓴 프랑스 작가 빅토르 위고Victor Hugo는 글을 쓸 때면 하인에게 자신이 입은 옷을 몽땅 벗어주고 해가 진 다음에 가져오도록 했다고 한다. 놀고 싶은 유혹을 차단해 글을 쓸 수밖에 없도록 자신을 속박하기 위해서다. 강렬한 유혹도 뿌리치고 집필에만 온 정력을 쏟아 대작大作을 탄생시킨 작가이다. 세상은 속일 수 있지만 나 자신은 결코 속일 수 없듯, 나 스스로를 만족시키는 독한 공부가 필요했던 것이다.

30대에서 50대의 성인들을 상대로 "인생에서 가장 후회되는 것이 무엇인가?"라는 여론조사에서 1위를 차지한 대답도 "공부 좀 할걸"이란다. 그때 공부 좀 더 많이 잘했더라면, 지금보다 더 나은 삶을 영위할 수 있었을 것이라는 기대감 때문일 것이다. 한 단계 더 도약하고 싶은 직장인, 새로운 미래를 그리는 사회인, 졸업을 앞둔 대학생까지 경쟁이 치열한 사회에서 자신의 꿈을 이루고자 오늘도 공부에 열중이다.

그러나 공부란 자기를 온전히 잊는 몰두가 없이 남들 하는 대로 해서는 희망이 없다. 무엇이든 남보다 빛나겠다는 각오로 끊임없이 노력해야만 이룰 수 있다. 최치원崔致遠은 공부할 때 "졸음을 쫓기 위해 상투를 매달고 가시로 살을 찌르며 남들이 백을 하면 나는 천을 하였다"라고 말했다. 그 정신으로 몰입해야 하는 것이 공부다. 시간을 헛되이 알면 백 세의 나이에도 아무것도 이루지 못한다. 시간을 낭비하는 사람은 고통의 눈물과 끝없는 후회만 남길 뿐이다. 오늘은 두 번 다시 오지 않는다.

◈ 공부는 평생 계속해야만 하는가

"교육은 학교 교육으로 끝나는 것이 아니다. 살아 있는 동안 계속되는 것이다" 프랑수아 라블레의 말이다. 노벨 물리학상의 고시바 마사토시 교수도 일본 도쿄대 졸업식에서 "나는 물리학과를 꼴찌로 졸업했다"라며 "졸업 후에 어떻게 능동적으로 움직이느냐에 따라 인생이 달라진다"라고 역설했다. 모두 평생교육을 강조한 것이다.

인류가 생겨난 이래 이토록 다양한 지식이 있었던 적이 없었다. 그러나 현대는 기술혁신이 눈부시게 일진월보日進月步하기 때문에 배우지 않고서는 시대에 뒤떨어질 수밖에 없는 세상이다. 물론 공부한다고 그 누구도 '만물박사'가 될 수 없으며, 배운 지식을 평생 활용할 수 있으리라는 보장도 없다. 그러나 배움은 평생 그쳐서는 안 된다.

★ 학문적 열정

옛 선비들은 끼니를 잇기 힘들 정도로 가난해서 반딧불이를 잡아다가 바구니에 넣어 그 빛으로 공부했다. 그마저 여의치 않으면 소나무의 관솔불을 밝히거나 부엌에서 떼는 군불의 불빛에 비추어 글을 읽었으며, 겨울이면 하늘에서 내린 하얀 눈빛에 책을 비추어 공부했다. 그분들의 학문적 열정을 본받아야 한다.

한여름 삼복三伏의 살인적인 더위와 싸워가며 오늘도 책과 씨름하는 분들은 젊었을 적 못 배웠던 한을 풀고 있는 만학도晚學徒들이다. 성공하든 실패하든 그 일에 도전해서 정면 돌파하는 것, 결과와 상관없이 그 사람은 한 뼘 성장해져 있을 것이다.

◆ 지식을 주도하는 책

우리는 지금 포털Portal 뉴스나 블로그, UCC 등을 통해 전 세계의 모든 정보를 거의 실시간으로 보고 듣는 세상에 살고 있다. 현대는 지천에 널린 지식과 정보의 홍수 속에 빠져 있는 것이다. 다만 허접한 정보들은 버리고 검증된 정보만을 소중히 해야 한다는 어려움이 따른다. 훌륭한 재목은 깎고 다듬지 않으면 가시나무와 다를 바 없기 때문이다. 따라서 정보를 여과, 축출, 정제, 체계화, 평가, 판단하고 제어하는 능력이 절실히 요구되고 있다. 검증된 정보만을 자신의 삶에 체현하도록 해야 하기 때문이다.

이를 위한 최상의 결과를 얻기 위해서는 변함없이 더 많은 독서와 사유가 필요하다. 정보화 시대일수록 여전히 책이 주목받는 이유다. 책은 깊이나 정확성을 담고 있기 때문이다. 보다 지적인 사고와 지식을 업그레이드하는 데 빠트릴 수 없는 책은 그래서 우리에게 풍요로운 양분이 되는 것이다.

• 주목받는 책

책은 전문지식을 깨치는 책, 나의 인격과 정신을 정화하는 책, 나의 사명과 본분을 깊이 깨닫게 하는 책, 내 마음의 눈을 활짝 뜨게 하는 책이라야 한다. 음탕한 소설이나 불륜과 선정으로 가득 찬 저속한 문학은 마음을 더럽고 흐리게 만들 뿐이다. 위대한 책 속에는 정신의 보석이 빛나는 지혜로운 교훈이 있고 감격의 원천이 있다.

① **자기계발서**Appellative Texts: 내가 이루고 싶은 꿈, 성공, 더 나은 삶을 배울 수 있는 책이다. 또한, 실패를 딛고 당당히 성공한 인생을 모델로 삼고 용기와 지혜를 배울 수 있다. 의욕이 없는 사람, 슬럼프Slump에 빠져 있는 사람, 어떤 자극이 필요한 사람들에게 적합한 책이다.

② **경영서**經營書: 경영 전략은 물론 조직 관리와 고객 관리 등 경영 전반에 해법을 담고 있다. 마케팅, 전략 등의 시장과 기업 업무 분담 등 전문화된 능력을 키워준다.

③ **인문교양서**人文敎養書: '문文, 사史, 철哲'은 인생의 길을 가르쳐주는 나침반이다. 인문학은 인간의 삶을 풍요롭게 만들고 내가 어떻게

살아가야 하는지를 말해준다. 심리학은 사람의 마음을 이해하는 실마리를 찾는 데 도움을 주며, 사회과학도서는 사회문제에 있어 깊이 있는 지식을 전달하고 자신만의 시각을 갖고 행동할 수 있도록 돕는다. 교양서는 학문, 지식, 문화에 대한 폭넓은 지식을 읽을 수 있으며, 철학은 인간에게 깊이와 정서와 진리를 깨닫게 해주고 번뜩이는 지성의 지혜를 생산하게 해준다. 역사는 올바른 판단력과 분석력을 기르기 위한 최고의 교재이다.

④ **문학**Literature: 시·소설·희곡·수필·평론 등 사상이나 감정을 언어로 표현한 작품을 통해 감수성을 기르고 상상력을 길러준다. 시는 신의 언어라고 일컬으며, 소설은 허구를 통해 삶의 진실을 캐는 예술 장르Genre다.

⑤ **고전**Classic: 평생 반려로 삼아 읽고 또 읽어야 할 책이다. '고전'은 과거로부터 누적되어 쌓인 삶의 지혜이기 때문에 마르지 않는 샘물처럼 우리에게 새로운 정신을 주는 원천이 된다.

⑥ **전문 분야**one's field: 전문 도서는 원하는 분야의 전체상을 정확히 전해준다. 기초 개념, 기초적 방법론 등이 알기 쉽게 깔끔하게 정리된 입문서와 자신의 기호, 직감 등에 입각하여 양서라는 정평이 있는 중급서가 필요하다. 이들 초급서와 중급서를 완독한 것만으로도 웬만한 전문가 수준에까지 이를 수 있다.

⑦ **기타**: 정치, 종교, 과학, 물리학, 천문학, 예술, 환경, 윤리, 도덕 등에 이르기까지 넘나드는 폭넓은 지식의 습득은 글로벌 경쟁 시대에 살아남기 위한 필수 과정이라는 점 잊지 말라. 동서고금東西古今의 폭넓은 독서로 균형 있는 감각과 사고를 키워야 한다.

· 가치 없는 책

  어렵게 구매한 책일지라도 읽을 때부터 읽을 가치가 없는 시원찮은 책이라는 것을 알게 되면 바로 읽기를 중단하고 버려야 한다. 전문 분야의 책이라면 더 그렇다. 고전적 명저니까 이해 안 되는 것은 내 머리가 나쁜 탓이라고 지레짐작하지 말아야 한다. 미련 없이 버려라. 혼돈만 자처할 뿐이다.

제3과

종교
Religion

우리에게 종교란 과연 무엇인가? 종교를 일컬어 신성하고 거룩하고 영적이며, 신적인 것과 인간과의 관계를 말하고 있는데, 철학자 칸트는 종교를 모든 사람이 쉽게 이해할 수 있는 철학이라고 표현했고, 엘리아데는 '거룩함에 대한 경험'으로 보았으며, 위대한 신학자 폴 틸리히Paul Tillich는 '궁극적 관심Ultimate Concern'으로, 종교학에서는 "호모 렐리기오수스Homo Religiosus"라고 정의했다. 그것은 인류의 역사가 시작된 이래 지금까지 종교적 활동이 멈춘 적이 없다는 관찰에 의거한 판단일 것이다.

오늘날 공식적으로 확인된 종교만 하더라도 각 지역의 민속 종교까지 포함하여 전 세계에 약 800여 개가 존재한다고 한다. 아직도 초자연적인 절대자를 신봉하는 그 종교가 무한으로 확산되어 세력을 떨치고 있는 것이다. 공산주의자들마저도 근절하지 못한 종교…. 칼 마르크스의 표현대로 종교는 "아편"인가? 톨스토이 말대로 인간은 오로지 신의 뜻, 하늘의 뜻에 의지하는 길밖에 없기 때문일까? 그 해석은 자유일 수밖에 없다.

◈ 저 너머의 세상

신은 어디에 계실까? 불가사의한 능력을 지니고 신앙의 대상이 되어온 초월적인 존재시며, 인간 삶의 허무와 불안에 대한 위로와 희망을 준다는 궁극적, 절대적 실재로 불리는 그 신神은 지금 어디에 계실까? 이에 대해 "신의 나라는 눈으로 볼 수 있는 것이 아니고 설명할 수 있는 것도 아니다. 신의 나라는 여기에 있고 거기에 있으며 우리들 마음속에 있다"라고 톨스토이는 설파했다. 성경 중 〈신약〉에도 사람이 하나님이 계시는 성전이며, 하나님의 성령은 우리 안에 계신다고 했으며, 작가 헤르만 헤세Hermann Hesse도, 철학자 피히테도 모든 사람의 마음속에 있다고 피력했다. 신은 우리의 의식 가장 깊은 곳에 존재한다는 것이다.

하지만 아직까지 인간의 역사에서 신의 존재에 대한 절대적인 답은 없다. 신의 섭리도, 전생의 업보도 없다고 단언하는 지식인들도 부지기수다. 그 세계를 명확히 설명할 길이 없다.

· 신의 정의

신은 정의상 절대적 존재이기 때문에 그 역시 정의를 내릴 수 없다고 한다. 신은 정령이며, 무無이자 공空이고, 볼 수도, 들을 수도, 만질 수도 없는 존재라는 얘기다. 신은 궁극적으로 감각이나 의식의 영역에도 있지 않다는 해석이다. 오로지 보이지 않는 에너지로 존재할 뿐이라는 것이다. 이처럼 종교는 예외 없는 의문들에 대한 질문과 해석 모두를 만족스럽게 대답해주지 못한다.

· 신의 존재

우주는 왜 만들어졌을까? 신은 과연 존재하는가? 나폴레옹의 질문에 수학자 피에르 시몽 라플라스Pierre-Simon Laplace는 만물의 역학을 설명하는데 "신이라는 가설은 불필요하다"라고 했다. 이처럼 신의 존재 여부에 대해서는 오래전부터 논쟁이 있어왔다. 버트런드 러셀도 이 질문에 거대하고도 심각한 질문이라고 말한다. 우리가 거주하는 이 물리적인 세계 너머에 초월론적超越論的 실재가 어떤 형태로든 반드시 있을 것이라고 믿고 있는데, 이런 믿음은 전 세계 종교의 다채로운 창조 신화에서도 선명하게 드러난다. 그러나 하나님은 존재할 수 없다고 말한다. 심층 종교에서도 절대자를 '비존재'라고 말한다. 도교에서는 무, 불교에서는 공이라고 한다. 거기에 대해서는 말을 할 수가 없다는 뜻이다.

말을 하면 그 말로 인해 절대자의 존재가 한정되기 때문이다. 도덕경에 "도를 도라고 말해버리면 진짜 도가 아니다"라는 것과 같다. 하나님도 존재하신다고 한다면 그것은 진짜 하나님이 아니다. 그래서 하나님이 계신다고 할 수도 없고 계시지 않는다고 할 수도 없다. 그래서 어쩔 수 없이 종교는 역설적逆說的이라고 하는 것인지도 모른다. 존재라는 것은 어쩔 수 없이 시간과 공간의 제약을 받기 때문이다.

· 과학이 완성될 즈음에

일반적인 견해에 따르면, 신이 존재한다는 증거는 없다. 리처드 도킨스도 《만들어진 신》에서 "어떻게 생각해도 신이 이 세상을 지켜준다고 믿을 만한 합리적인 이유는 없다"고 갈파한 것처럼, 현대 과학도 신의 부재를 전혀 입증하지 못하고 있다. 단지 과학이 완성될 때, 그 가능성에 이를 것이라고 한다.

◆ 종교의 탄생

지구상에 처음 등장한 태초의 인류에게 세상은 두렵고 신비스러웠을 것이다. 그 신비스러운 것들에게 우주니, 천둥이니, 신이니, 영혼이니, 죽음이니, 하늘이니…. 이렇게 검증도 불가능한 주어진 이름들을 부르며 애걸하고 갈구했을 것이다. 죽음을 두려워하고, 사랑하고, 삶의 의미를 찾는 인류에게 간절한 소망이었던 것이다. 그 소망의 바탕이 헤겔Hegel의 말처럼 처음 원시적인 자연 종교를 비롯하여 자기 민족을 지켜주는 민족 종교, 우주 자연의 창조자는 오직 하나님 한 분이라는 계시 종교 기독교의 순서로 발전했다고 보여진다.

오늘날의 세계에는 어떤 종교들이 있는가? 한국에는 유교와 불교 그리고 그리스도교가, 중국은 불교, 유교, 도교, 기독교가, 일본은 토착 종교인 신도가, 이슬람교는 중동지역과 말레이시아, 인도네시아에서, 힌두교는 인도에서, 그리스도교는 유럽과 북남미 그리고 일부 아프리카에서 영향력을 발휘하고 있다. 이처럼 우리가 사는 세계는 그리스도교, 불교, 이슬람교, 힌두교 등에 의해 역사와 문화, 정치와 경제 등이 좌지우지되고 있는 것이다. 종교의 세계를 들여다본다.

● 유일신 종교
① 유대교

유대교 Judea敎 는 이 세상에 존재하는 모든 것들을 유일신이 만들었다고 보는 종교다. 약 3,800년 전에 시작된 세계에서 가장 오래된 종교이자 민족 종교이며, 그의 역사는 종교의 역사이면서 한 민족의 역사이기도 하다. 종교사에서도 아주 중요한 위치를 차지하고 있다. 나라를 등지고 2,000여 년의 긴 유랑생활에서 호된 시련의 역사를 통해 형성되어온 유대교는 역사적인 맥락과 분리해서 이해할 수 없다.

유대교는 오직 야훼만을 유일신으로 간주한다. 그리고 선민 사상과 계약 사상을 배경으로 집단적 역사 의식을 강조한다. 또 형이상학적이기보다는 현세 지향적인 행위를 강조하며, 지상에서 거룩한 삶 구현하기를 중요한 종교적 목표로 간주한다.

유대교의 중요한 가르침은 "하나님은 한 분분이며, 힘이 있으며, 이 세상 모든 것을 만드셨고, 우리의 기도를 귀 기울이시며, 우리가 죽으면 우리 영혼을 하늘나라로 받아주시는 분이다" 이러한 가르침은 유대교에서 그리스도교와 이슬람교로 이어졌다. 즉, 그리스도교와 이슬람교의 근원은 유대교에서 따라왔기 때문이다. 따라서 전 세계 유대교 신자들은 1,500~2,000만 명 정도에 불과하지만, 유대교는 매우 중요한 위치를 차지한다.

유대교의 가장 중대 요점은 "어떻게 하면 하나님과 맺은 계약을 지킬 수 있는가?"로 집약된다. 유대교인들은 하나님에게 약속을 하였는데, 그것은 "게미루트 하사딤"이라고 불리며, 그 내용은 선행을 하겠다는 약속이다. 즉, 하나님이 자신들을 사랑한 것처럼 자신들도 서로 사랑하겠다는 약속이다.

유대교인에게는 히브리Hebrew 성경과 탈무드라는 거룩한 책이 있다. 히브리 성경은 약 2,300년 전에 완성되었고, 탈무드Talmud는 약 1,500년 전에 완성된 책이다.

② 그리스도교

그리스도교Kristos敎는 예수의 삶과 가르침 그리고 죽음과 부활에 기초한 종교다. 그리스도교의 중심은 예수 그리스도이다. 따라서 예수는 그리스도교의 창시자라고 해야 한다. 모든 예배 역시 예수 그리스도를 경배하고 찬양하기에, 모든 그리스도인은 예수 그리스도 없이 그들의 신앙을 확인할 길이 없다. 여기서 그리스도는 '모시아흐'

로 발음되는 히브리말, 즉 메시아Messiah를 그리스 말로 바꾼 것이다. 예수는 히브리어로 '여호수아'의 약어이다.

메시아란 '하나님의 메신저'라는 의미의 유대식 명칭이다. 예수의 제자들은 예수가 바로 메시아라고 믿었다. 그리스도인들도 예수가 메시아라는 것을 믿는다. 그래서 예수를 예수 그리스도라고 부른 것이다. 베들레헴에서 탄생한 예수는 30세에 세례요한으로부터 세례를 받고 이후 하나님이 자신을 특별하게 만들었다는 사실을 알고 광야에서 방황했던 붓다Buddha와 모세Moses처럼 광야廣野로 나가 40일간 금식과 기도로 보내며, 사탄으로부터 시험을 받았지만 모두 물리치고 인류의 구세주로 거듭난다.

그리고 예수는 열두 제자를 두고 그들을 가르치고 많은 기적을 행하였다. 가나의 혼인 잔치에서 물을 포도주로 만드는 이적부터 시작해서 하나님이 원하시는 방법으로 3년이란 기간 동안 하나님 나라를 선포하면서 수많은 병자를 고쳐주고 귀신을 쫓아내는 등 여러 이적을 행하였다. 그가 행하는 기적은 많은 사람의 호응과 추종을 받게 된다.

예수가 전한 주된 가르침은 사랑과 자비였다. 하나님이 곧 사랑임을 가르쳤다. 그 사랑은 부모나 친구뿐만 아니라, 원수까지도 사랑하라고 가르친다. 오른뺨을 치거든 왼뺨도 돌려 대라는 가르침, 자신을 해하려는 자가 있어도 원망하지 말고 오히려 친절하게 대하라는 가르침을 주고 있다. 원수까지 사랑하고 너희를 박해하는 자를 위하여 기도하라고 가르쳤다. 실제로 예수는 자신을 믿는 사람들에게 배신당하고 학대받고 고난을 겪었지만, 그 누구도 미워하지 않았다. 오히려 하나님에게 그들의 죄를 용서해 달라고 빌었다. 그러나 많은 신자는 그 사랑을 결코 이해하지 못한다. 이웃을 사랑하는 일은 아주 어려운 일이 아닐 수 없기 때문이다.

그리스도인들에게 거룩한 책은 《구약 성경》과 《신약 성경》이다. 그리스도인들은 이 두 성경이 하나님으로부터 비롯되었다고 믿는다. 다만 유대교인들이 성경에 대해 이야기할 때는 히브리 성경만 의미하는 것이고, 그리스도인들은 신약 성경과 구약 성경 모두를 의미한다. 어쨌든 유대교, 기독교, 이슬람교의 세 종교의 뿌리는 《구약》이다. 그리스도교 역시 유일신교로 간주한다.

③ 이슬람교

이슬람교Islam敎는 가브리엘 천사를 통해 알라신의 가르침을 계시받은 무함마드Muhammad가 7세기 초 창시한 종교이다. 이슬람이라는 말은 "신에게 귀의한다"라는 뜻을 가졌으며, 이슬람교인에게 알라는 유일신으로 세상과 인간을 창조한 신이다. 따라서 이슬람교는 '알라Allah'라는 신에게 자신을 바치는 종교다. 무슬림의 '알라'는 유대교인들이 '아도나이', 그리스도인들이 '하나님'이라고 부르는 정확하게 같은 신이다. 따라서 이슬람교 역시 유일신교로 간주한다.

이슬람교인에게 중대 요점은 "어떻게 해야 내 삶을 신께 바칠 수 있는가?"로 집약된다. 그들 종교의 이름은 '평화롭게 신께 생명을 바친다는 것'을 의미한다. 이슬람교도들은 하루에 다섯 번씩 성지인 메카Mecca를 향해 절을 하며 기도한다. 그리고 성지인 메카를 일생에 한 번은 순례해야 한다. 또 '라마단'이라는 성스러운 기간에는 가난한 사람들에게 자비를 베풀어야 하고, 낮에는 음식을 먹지 말아야 한다.

이슬람교와 기독교의 교의적인 차이는 그리스도를 신의 아들로 인정하느냐 아니냐 하는 데 있다. 그리스도는 신의 아들이 아니라 모세처럼 성서에 등장하는 여러 예언자 가운데 하나이고, 무함마드가 최후이자 최고의 예언자라고 주장하는 것이 이슬람교이다. 따라서 무함마드는 이슬람교의 중심이다. 그리스도인들은 예수가 신이라고 믿지만, 무슬림은 무함마드가 신의 예언자인 인간이라고 믿는다. 무함마드는 약 1,400년 전에 살았던 인물이다.

이슬람교도 오늘날 그리스도교, 불교와 함께 세계 3대 종교로 일컬어지고 있다. 다만 이 종교는 세계인에게 부정적인 인식이 강한데, 인식의 배후에는 강압적인 포교와 테러를 일삼는 행태가 자리하고 있기 때문이다.

● 다신론 종교

① 힌두교Hindu敎

힌두교는 창시자가 만들어낸 것이 아니라 오랜 세월을 거쳐 인도의 여러 종교와 문화가 동화되고 결합되면서 생겨난 종교다. 힌두교 안에는 원시적인 각종 물신 숭배 및 정령 숭배로부터 시작하여 각종 주술과 제식, 다신교와 일신교, 고행주의와 신비주의 그리고 사변적 체계에 이르기까지 거의 모든 종교 형태가 발전되었다고 본다. 힌두교는 인도India에 사는 사람들 열 명 중 아홉 명은 힌두교 신자로서, 국가와 종교를 분리할 수 없는 그런 종교이다.

힌두교는 '아트만Atman'이라고 부르는 영혼이 다른 생명으로 다시 태어나 새로운 삶을 살게 된다고 믿는 '윤회輪廻'가 바로 중요 포인트다. 윤회란, 사람이 죽으면 새 생명을 얻어 이 세상 어디에선가 다시 태어남으로써, 그 태어남이 거듭된다는 것을 말한다. 따라서 힌두교에서 가장 중대 요점은 "어떻게 하면 이 세상에서 거듭 태어나는 것에서 벗어날 수 있는가?"로 집약된다.

다시 태어난 후에 새로운 몸으로 살게 되는 삶은, 그전에 살았던 삶이 얼마나 선善했느냐에 따라 달라진다고 가르친다. 이 가르침을 '업보業報', 즉 '카르마Karma'라고 말한다. 카르마는 "콩 심은 데 콩 나고 팥 심은 데 팥 난다"라는 의미의 인도식 사고이다. 지금의 삶에서 선행을 많이 했다면 좋은 업을 쌓는 것이고, 나쁜 업을 쌓는다면 더 낮은 단계의 생명체로 다시 태어날 것이라고 가르친다. 이 같은 인과설因果說은 일반인들에게는 좋게 들릴 수도 있지만, 힌두교인에게는 무섭기 짝이 없는 이론이다. 반복해서 태어난다는 관념은 힌두교인에게 견디기 힘든 것이다.

따라서 그들에게 한 가지 희망은 다시 태어나는 속박에서 벗어나는 것, 즉 '목샤Moksha'에 이르는 것이다. 이 세상에 다시 태어나지 않는 것이다. 인생은 그 자체가 괴로움이기 때문이다. 따라서 힌두교의 궁극적인 목표는 자유, 해방, 해탈을 얻는 것이다. 이는 비극적 윤회의 굴레에서 벗어나는 것으로 이것이 바로 종교의 궁극목표이기도 하다. 그래서 "어떻게 목샤에 도달할 것인가?" 하는 물음은 힌두교를 대표하는 가장 강력한 물음이다. 따라서 그들이 마지막으로 안착하려는 목적지는 '니르바나열반'이다.

힌두교인은 세상을 창조한 신 '브라흐마Brahma' 그리고 브라흐마가 창조한 만물을 혼란으로부터 보호하는 신 '비슈누Vishnu' 그리고 이와 대립하여 파괴하고 죽이는 괴기佛畸한 '시바Shiva'라는 신과 함께 다른 수많은 신을 믿는다. 오늘날 힌두교도는 대부분 시바나 비슈누를 숭배하는 박티적인 일반 대중이다. 이처럼 여러 신을 믿는 힌두교는 '부족 종교'다. 부족 종교의 단점이라면 종교를 자유롭게 선택할 수 없다는 점이다. 힌두교는 오늘날에도 여전히 인도인들의 삶을 지배하고 있다.

② 신도

신도神道는 일본인들의 전통 신앙으로 그들의 정체성과 정신의 뿌리가 되는 토착 종교다. 신도는 경외감과 신성함을 일으킬 수 있는 모든 대상을 신神 즉 '가미'로 믿는다. 산천이나 바위, 거목, 강과 바다, 대지, 억울하게 전사한 군인들, 심지어 부러진 '바늘'까지도 신으로 여겨 절하기도 한다. 따라서 신도는 무려 800만에 이른다고 할 정도로 많은 신이 존재한다. 이런 면에서 신도는 정령 숭배精靈崇拜, Animism를 기반으로 하는 종교라 할 수 있다. 그들은 후지산을 오를 때도 그 자체를 하나의 신비적인 체험으로 여기고 산에 오르기 전에 목욕재계하기도 한다.

신도에는 경전이 없다. 그러나 일본인들은 최고 역사서《고사기古事記》와《일본서기日本書記》이 두 권을 신도의 거룩한 책으로 여기고 있다. 오늘날의 신도는 국가가 직접 주관하는 신사 신도, 특정한 교조들 중심으로 한 교파 신도, 가정에서 행하는 민속 신도로 구분된다.

● 비유일신 종교

① 불교

인도에서 시작된 불교Buddhism는 아시아지역을 석권할 정도로 파급력이 큰 종교로서, 그리스도교, 이슬람교와 함께 세계 3대 종교를 이루고 있다. 불교가 이렇게 파급력이 큰 것은 불교 교리의 보편적 요소 때문이라고 할 수 있다. 불교의 모태인 브라만교는 예수 그리스도 이전 약 600년 전에 고타마 싯다르타에 의해서 태동되었다. 붓다Budda, 불타佛陀라는 말은 '깨달은 사람', '각성된 사람'을 의미하며, 보살Bodhisattva, 菩薩이나 아라한Arhat, 阿羅漢이라고도 하며, 산스크리트어로 보통명사 또는 존칭이다. 사람들이 붓다에게 "당신은 신이냐, 천사냐, 성인이냐?"라고 물었을 때, "아니요, 나는 깨달은 사람이오."라고 대답하여 그 대답이 이름이 된 것이다.

불교는 약 2,500년 전에 힌두교에서 발전된 종교로서 불교의 가장 중대 요점들이 힌두교의 것과 비슷하다. 다만 불교의 요체는 "어떻게 하면 생로병사로 대표되는 구체적인 삶의 고통으로부터 해방될 수 있을 것인가"의 문제로서, 곧 깨달음으로 연결된다. 불교에서 중시하는 깨달음은 힌두교의 '목샤'와 같은 맥락이다. 다만, 힌두교에서는 우리 안에 영혼이라는 것이 존재하는데, 그것이 자유를 얻음으로써 목샤에 이른다고 보는 점과, 불교에서는 우리의 영혼을 포함하여 실제로 존재하는 것은 아무것도 없으며, 오로지 깨달음으로써 '니르바나'에 이른다고 보는 것이 상호 간의 차이가 있을 뿐이다.

따라서 불교에서 가장 중대한 물음은 "어떻게 해야 깨달음을 얻을 수 있는가?"로 집약된다. 세상으로부터 자유로워지는 길, 자신을 얽어매는 세상, 모든 것에서부터 벗어나는 것을 '깨달음'이라고 가르치며, 이 세상에 있는 그 어떤 것도 실재하지 않는다는 사실을 깨달을 때 진정으로 자유로워지고 행복해지고 평화로워진다고 가르친다. 모든 것이 실재하지 않는다는 것을 한마디로 '공空', 깨달음을 통해 깊은 행복과 진정한 평화로움에 이른 상태를 '니르바나Nirvana', 즉 열반이라고 한다.

이렇게 불교에서 그 어떤 것도 진정 실재하지 않는다는 불교의 사고思考를 이해하기란 그리 쉽진 않지만, 이해하기 위해 노력할 만한 충분한 가치를 지니고 있다. 존재의 무상함과 자아의 무실체성을 강조하는 불교 사상은 인간에게 양약이 되기 때문이다. 불교는 평화를 추구한다. 그 어떤 이유에서건 살생殺生을 해서는 안 된다고 가르친다. 그리고 불교는 이 세상에 신이 존재하지 않는다고 가르친다.

② 유교

유교儒敎는 중국에서 가장 오래된 종교지만, 공산화를 거치면서 유교를 중도 포기한 적도 있었으나, 한국에서는 근 500여 년을 거쳐 지배적인 종교로 남아 있다. 우리나라는 자연신과 미신, 불교, 유교 그리고 낯설지 않은 도교가 문화의 이면에서 그 영향력을 확대하며 우리의 무의식을 지배해왔다. 다만 우리가 유교를 언급할 때, 유교가 종교인가 아니면 삶의 윤리인가 하는 문제가 있다. 따라서 유교를 종교라기보다 하나의 학문 체계나 윤리로 간주하는 이들도 없지 않다. 그래서 "유교란 무엇인가?"라는 물음에 한 마디로 대답하기는 대단히 어려운 문제이다.

그러나 중국의 석학 임어당林語堂은 유교는 땅 위에 관한 것이고 땅에서 난 종교로 보았다. 왜냐하면, 유교의 초월적 차원은 하늘과 땅에 대한 이해에서 찾아볼 수 있기 때문이란다. 하늘에 거주하는 이들은 주로 조상들이며, 최상의 조상인 상제上帝는 하늘에서 자연현상을 관장하고 인간의 생사화복에 영향을 미친다고 보았다. 이런 개념과 더불어 유교는 위대한 조상을 신上帝으로 모시고 그에게 제사를 지내는 것을 추구한 것이다.

유교의 창시자인 공자는 불교의 붓다와 동시대 인물로 약 2,550년 전에 춘추 전국 시대 노魯 나라에서 태어났다. 유교에서 중대 요점은 "어떻게 하면 하늘이 가르쳐 주는 길을 따라 살 수 있는가?"로 집약된다. 이 힘의 권능을 존중하면 좋은 삶을 살 것이고, 그 힘을 거스르려 하면 악한 삶을 살 것이다. 그런 유교가 한국에서 점차 사라질 가능성이 크다고 보고 있다. 그러나 유교의 가치관과 윤리 규범은 아직도 사라지지 않고 우리 사회 여러 영역에서 많은 영향을 끼치고 있다.

③ 도교

도교道敎는 중국인들 사이에서 자연적으로 성립된 자연 종교다. 도교는 도道를 지고신으로 하고 그것을 하늘天, 상제上帝로 삼는 종교다. 도가라는 이름에다 신선도, 천사도를 혼합하고, 거기에 민간신앙을 포함해서 불교와 유교의 교의와 의식을 융합시킨 것이다.

도교는 기원전 약 6세기경에 출생한 노자老子에 의해서 시작된 것으로 알려져 있다. 노자가 문명 세계에 내려와 3일 동안에 쓴 오천 자로 된 《도덕경道德經》이라는 책 한 권이 오늘날까지 도교의 경전으로 도가 사상의 기본을 담고 있으며, 도교 전통을 이해하는 데 가장 핵심적인 문헌이 되었다는 것이다.

도교의 중대 요점은 "어떻게 하면 도道를 따라 살아갈 수 있는가?"로 집약되는데, 그 도는 유교에서 말하는 하늘의 길과 비슷하다. 한국에 도교가 처음 들어온 것은 고구려 영류왕 때인 624년로 알려져 있다.

◈ 한국에서 태동한 종교

증산교와 원불교, 천도교가 한국에서 태동한 종교다. 증산교는 1901년 증산甑山 강일순姜一淳이 창시한 종교로 높은 도덕성과 난해한 주술적 사고에 중점을 둔 종교로서, 오늘날에는 증산교의 한 교단 중 하나인 '대순진리회'가 있다.

원불교는 1916년 소태산少太山 박중빈朴重彬이 깨달음을 얻으면서 창시한 종교다. 소태산은 자신의 깨달음이 불교와 유사하다고 믿고 불교적 노선을 따랐지만, 불교의 전통을 그대로 따른 것이 아니라, 불교를 개혁하여 매우 합리적인 가르침을 표방하였다. 개혁성의 하나로 승려들의 결혼을 수용하고, 원불교의 교단을 산이 아닌 마을이나 도시에 두고, 한국어로 된 불교 경전을 사용하는 것들이다. 그리고 불상과 같은 것을 섬기지 않고 원圓을 상징으로 내세웠다.

천도교는 19세기 중반 수운水雲 최제우崔濟愚가 유교를 개혁하여 민중이 쉽게 접근할 수 있도록 만든 종교다. 그러나 당시 조선 정부는 사학으로 규정하여 최제우를 사형시켰다. 현대에 이르러 천도교의 활동은 사람들의 의식에서 잊혀가고 있다.

· 한국인의 기복신앙

한국인은 예부터 무교巫敎가 종교적 바탕이었다. 한국인의 국민성과 세계관에 가장 결정적인 영향을 끼친 것은 역시 무속 종교라는 것이 일반적인 견해. 무교가 외래 종교와 혼합해 변형하면서 역사 속을 흘러왔다. 거의 모든 한국인은 조상신과 자연신의 신령님에게 길흉화복吉凶禍福을 빌며, 불교사원 참배, 굿, 집안에 설치한 각종 주물부적, 새끼줄, 헝겊, 짚 등을 통해 기복祈福을 했다.

일제 강점기 이후 한국인은 강제 이주, 강제 동원, 한국전쟁기의 전사나 부상, 실종, 학살, 가족 파괴 등의 대참변을 겪으면서 불교, 기독교, 샤머니즘의 기복신앙화는 더욱 두드러졌다는 것이다.

◈ 기적을 일으키는 믿음

우리는 종교를 거룩하고 신성하며, 숭고함이 있고 초월적超越的이 며, 궁극적인 것, 가장 깊고 가장 높고 가장 참되고 가장 먼 것, 이렇 게 전반적으로 최상급인 모든 것이 있는 곳으로 인식한다. 그러한 종 교를 믿는 이유는 인간은 무엇을 믿든 믿지 않고서는 살 수 없는 존 재이기 때문이다. 그 누구도 종교 없이는 살 수 없다는, 심지어 무신 론자無神論者도 나름대로 '무신론'이라는 강한 종교적 신념을 가지고 있다는 것이다.

지난 인류의 역사를 통해 보더라도 거의 모든 인간은 유일신이나 또 다른 여러 신을 믿어 왔다. 신의 존재를 반신반의하면서도 종교적 신앙이 배제된 문명은 존재하지 않았다. 종교에 대한 사전적 의미를 보더라도 알 수 있다. 그러나 신앙은 그 어떤 증거도 명확한 대답도 하지 않는다.

・ 믿어지는 믿음

그러나 종교는 억지로 믿어야 할 필요는 없다. 믿음이 생겨서 믿는 다면 다행이겠지만, 그렇지 않은데도 믿어야 한다고 생각하는 것은 믿음이 아닌 맹신이고 광신狂信이다. 따라서 종교는 언제나 끝을 열 어두고 마음이 가는 것을 믿는 것이다. 억지로 믿는 것이 아니다. 그 래서 그 종교는 인간답게 해주는 종교, 참 나를 찾게 해주는 종교라 야 한다.

프란치스코 교황도 "종교를 믿지 않는다면 스스로의 양심에 따라 살면 된다"라고 했다. 시대의 명언이다.

• 표층 종교와 심층 종교

우리는 지금 다양한 종교가 어깨를 비비며 이웃하고 살면서도 어떤 종교가 참된 종교인지 모른다. 늦었지만 이제라도 종교에 대한 새로운 인식이 필요할 때라고 본다. 종교는 소수 종교냐 다수 종교냐가 중요하지 않다. 물에 빠진 사람이 지푸라기를 잡으려는 집념을 버리게 하고 확고한 '생명줄'을 던져 귀중한 인명을 구하는 종교가 참된 종교다. 사막에서 오아시스Oasis를 찾을 때 저 멀리 신기루를, 그 허상을 보게 하는 닫힌 종교여서는 안 된다는 뜻이다. 따라서 중요한 것은 '믿고자 하는 종교 안에 심층이 있는지 없는지를 반드시 분간'할 줄 알아야 한다.

표층 종교란 닫힌 종교다. 내 종교가 아니면 안 된다는 사람들이 모여 있다. 마녀魔女사냥이나 십자군 전쟁을 일으킨 종교가 표층 종교다. 그런데 우리 주위에는 궁극적이지 않은 것을 마치 궁극적인 것처럼 믿게 하고, 그것을 미끼로 우리를 마음대로 주무르려는 닫힌 종교의 사람들이 많음을 볼 수 있다. 그것이 그 무엇이든 간에 무조건 절대적으로 진실되고 참되다고 주장하며, 거기에 절대적인 충성과 정열을 바치라고 강요한다면 이것은 모두 닫친 종교이며, 이 종교는 '우상 숭배'를 가르치는 것으로 봐도 무방하다.

세계 모든 종교에는 표층이 있고 심층이 있다. 표층 불교와 심층 불교, 표층 기독교와 심층 기독교, 표층 유교와 심층 유교 모두 다 같이 가지고 있다고 보아 틀릴 것이 없다. 그러나 보통 사람들은 그런 판단 능력이 없기 때문에 위험한 것이다.

심층 차원의 종교는 지금의 나에게서 벗어나 새로운 나로 거듭나는 것, 변화되는 것, 새로운 나를 발견하는 것을 목표로 한다. 궁극적인 것에만 궁극 관심을 쏟는 것이 진정한 의미의 열린 종교요 자유의 길이다. 모든 종교가 신도에게 표층적 차원에서 심층적 차원으로 넘어가라고 가르치고, 그 길을 구체적으로 이야기해주어야 한다. 자기를 없애는 것, 자기를 비우는 것, 자기를 잊는 것, 자기를 부정하는 것, 무아無我 등으로 표현되는 '자아에서의 해방'이 종교적 기본 태도가 되어야 한다는 것이다. 그것이 곧 기적을 일으키는 믿음이다.

◈ 그리스도교와 불교의 본질

동양 불교의 붓다와 서구 기독교 예수 그리스도는 인간인 동시에 신으로 추앙받는 역사적 존재다. 두 성인聖人은 방랑과 고행 속에서 설교하는 삶이 같은데, 불교와 그리스도의 윤리가 전반적으로 비슷한 이유가 두 종교의 내세적인 자세가 닮았다는 데 있다. 불교와 기독교는 현재 한국 인구의 절반 정도를 그 신도로 가지고 있는 한국 최대의 종교들이다.

· 그리스도교

기독교는 신의 가르침에 의지하는 종교이다. 지난 역사를 보면 동양의 종교와 달리 유럽의 종교에는 신의 개념이 확고했다. 17세기까지 서구西歐에서는 기독교 성경이 절대적 진리로 군림했다. 어떠한 주장이나 목소리도 용납되지 않았고, 자칫 이단異端으로 몰려 가혹한 처벌까지 받았다. 특히 성경에서 벗어나면 마녀사냥을 당했으며 화형火刑에 처해지기도 했다. 그들에게 신은 세계와 인간을 창조했고 인간의 사후에 심판을 내리는 절대자였다.

이처럼 그리스도교의 성경을 자세히 정독하면 그 믿음은 삶과 죽음을 넘어서는 경지로 들어가야 한다고 가르친다. 성경을 문자 그대로 믿는 사람들은, 모세가 시나이Sinai 산에서 받았다는 '십계명'이 신이 직접 내린 것, 즉 계시라고 믿어 의심치 않는다. 그러나 과학적으로는 그 사실을 증명할 수 없는 이상, 계시는 하나의 믿음이요, 허구에 불과하다는 것이 과학자들의 주장이다. 종교는 '믿음'의 차원이요, 과학은 '사실'의 차원이기 때문이다.

그러나 십계명은 초월적인 존재가 내린 계시이다. 그러므로 계시는 신이 내린 것으로 절대적인 진리라는 것이 종교의 주장이다. 이 주장대로라면 누가, 언제, 어떻게, 어떤 방법으로 계시를 주었느냐고 묻는 것은 신에 대한 모독으로 간주된다. 신께서 내린 것이므로 응당 믿어야 한다는 것이다. 그 믿음이 곧 그리스도교이다.

· 불교

불교에서 신이란 찾아볼 수 없다. 불교는 무신론의 종교다. 붓다는 기도도 찬양도 가르치지 않았고, 구원과 천국은 물론 심판과 지옥도 제시하지 않았다.

인간이 무명無名과 갈애渴愛, 탐진치貪瞋癡를 떠나면 대자유와 대평안의 해탈과 열반에 이룰 수 있다고 가르친다. 물건에 집착하는 탐욕의 마음, 평정을 깨뜨리는 분노, 판단을 흐리는 어리석음이 그것이다. 따라서 불교에서 구원에 이르는 길은 첫째 아라한통찰을 얻어 열반에 도달한 사람, 둘째는 명상을 통해 깨달음을 얻은 사람, 셋째는 사회 속에서 이타심을 발휘한 사람이다.

보통 사람들은 삶이 일상의 고뇌와 번민, 희로애락喜怒哀樂에서 자유로울 수 없으며, 온갖 욕망과 잡다한 생각으로 가득 차 있고 감정적으로 불안정하다. 게다가 끊임없이 고통과 갈등과 좌절과 실패를 거듭하는 삶을 살아간다. 그와 반대로 깨달은 자는 사랑과 자비심, 기쁨과 평정심을 가져 고뇌와 번민, 집착을 넘어서고 어떤 경우에도 평정심平靜心을 잃는 법이 없다.

평정심은 관념과 이원론적 사고로부터 자유로우며, 고통과 행복을 초월한 마음을 말한다. 불교가 말하는 진정한 무아無我의 삶이다. 무아는 무욕無慾으로 실현되는 것을 말한다. 다른 하나는 타력 신앙他力信仰에 기대지 않는 자기수행의 길이다. 이처럼 불교의 가르침은 신적인 존재, 초월적인 존재의 마술적 구원의 길을 이야기하지 않는다. 여기에 반한 러셀Russell은 역사상 위대한 종교들 가운데 불교를 좋아한다. 그것이 박해의 요소를 가장 적게 가지고 있기 때문이라고 선호했던 것이다. 불교에는 개인의 깨달음을 중시하는 소승 불교인도차이나 반도 등과 보살에 의한 중생의 구제를 교의에 포함한 대승 불교중국, 한국, 일본로 나뉜다.

◈ 종교의 경전과 율법

경전이란, 수천 년 동안 수억 명의 사람들에게 신과 세상과 서로에 관해 가르쳐 온 거룩한 책, 그 종교의 중심적 교설敎說을 기록으로서 남긴 것이다. 그것은 신에 관한 지식을 전해주고, 둘째로 스승들의 지혜를 통하여 신을 만날 수 있게 한다.

유대교의 경전은 히브리 성서인 《타나크Tanakh》, 《토라Torah》와 19권의 예언서, 그리고 11권의 성문서로 구성되어 있으며, 그리스도인들에게 거룩한 책은 〈구약 성경〉과 〈신약 성경〉이 있다. 무슬림은 《코란Koran, 꾸란, 쿠란》을 경전으로 갖고 있으며, 힌두교의 주요 경전으로는 《베다Veda》, 《우파니샤드》, 《바가바드기타》, 《마누법도론》을 꼽을 수 있다.

불교의 경전은 '경, 율, 론'의 세 부분을 갖추었기에 '세 개의 바구니'라는 뜻의 《트리피타가Tripitaka》라 하고 이를 한문으로 《삼장三藏》이라고 한다. 유교는 공자의 말을 경전으로 삼는다. 이처럼 모든 종교는 신앙과 행동의 지침이 되는 교리를 가르치는 경전들을 가지고 있으며, 이들을 하나의 공동체로 묶어주는 조직 또는 교단을 구성하여 종교적 삶을 살게 한다.

종교에 귀의한 신도들은 종교가 요구하는 도덕적 계율을 충족시키고자 노력한다. 〈십계〉나 〈오계〉 등 신이 내린 율법律法과 계율戒律을 지키는 것은 종교생활에서 중요한 부분을 차지하기 때문이다. 그 명령들을 보면, "다른 신들을 섬기지 말라" "우상 숭배하지 말라" "부모를 공경하라" "살인하지 말라" "간음하지 말라" "도둑질하지 말라" 등이 있다. 또 십계명十誡命에서 "이웃 여자를 탐하거나 불륜을 저지르지 말라" 등을 설파한다. 그것이 신의 이름으로 규정한 규범이다.

◇ **기도와 명상**

종교에서 기도祈禱란 무엇인가? 기도는 마음속에 있는 말을 하는 것, 내 마음속에 가득 찬 경이로움이 신에 대한 감사의 말로 터져 나오는 것이다. 그 기도는 소리 내어 할 수도 있고, 침묵 중에 할 수도 있으며, 한 장의 종이 위에 적을 수도 있는, 진정 마음에서 우러나오는 찬미讚美의 노래이다.

따라서 기도는 하늘을 향해 겸허히, 신이나 이 세상을 지배하는 거대한 힘을 가진 그 대상에게 자신을 바친다는 마음에 젖어서 하는 자기성찰自己省察이다. 예수는 "구하라, 그러면 얻을 것이다"라고 말하면서 항상 기도할 것을 강조했고, 특히 기도할 때는 골방에 들어가서 하라고 말했다. 골방은 자신의 정당한 개인적 욕구를 구체적으로 솔직하게 토로할 수 있기 때문일 것이다.

그렇다면 명상이란 무엇인가? 고요히 눈을 감고 깊이 생각하는 것이다. 명상은 '이상의 영역을 초월하는 깊은 차원의 의식' 상태로 들어가는 훈련이다. 온갖 생각과 관념을 씻어내는 정신적 청소다. 그 깊은 명상에서 온갖 껍데기가 다 벗겨져 나간 '본마음' '마음의 고향'을 찾는 것이다.

◆ 역천자를 묵과하는 신

신이시여! 신이 전지전능全知全能하시고 자애로운 존재라면 많은 사람이 왜 그토록 고통을 받고 있을까! 그리고 세상이 갈수록 혼란스럽고 불안해지기만 할까? 누구나 이런 질문을 던질 수 있을 것이다. 하늘은 왜 선인에게 복을 내리고, 악인에게 재앙을 내리지 않는지, 평화를 오래 주지 않는지, 세상 만물을 평등하게 하지 못하는지 하늘에 묻는다. 신이 존재한다면 세상의 모든 악을 가만히 놔두지 않을 것이며, 범죄를 반드시 처벌할 것이다. 역천자는 망하고 순천자順天者는 흥한다는 인과율의 공식에 대해 아직까지 해답을 얻지 못한 한결같은 질문을 한다.

우리는 불의不義한 자가 망하지 않고 오히려 의로운 자가 고난을 받으며, 의義로운 자가 흥하지 않고 오히려 불의한 자가 흥하는 경우를 얼마든지 볼 수 있다. 현실적으로 이 세계에는 엄청난 불의가 존재하고 있는 것이다.

이런 의문에 대해 불교의 인과응보 사상에 의하면 선한 원인은 선한 결과를, 악한 원인은 악한 결과를 낳는다고 가르쳐왔다. 이런 모순점에 대해서 근시안적近視眼的으로 보지 말고 긴 안목으로 보아야 한다고 설파한다. 단지 빠르고 늦음의 차이가 있을 뿐, 이 인과응보의 법칙이 어긋나는 일은 없다. 선행은 그 선행善行에 대한 보응을 받게 되고, 악행은 반드시 처벌을 받게 된다는 것이다.

"저서《실버 버치의 영훈》에도 인과응보를 의심하는 사람도 있으리라. 하지만 내가 살아 있던 시절부터 여러분이 살고 있는 현세現世를 보면 한 치의 차이도 없이 원인대로 결과가 나오고 있다"라고 기술하고 있다.

◈ 종교는 왜 갈라졌는가?

종교는 하나로 묶여 있는 것 같지만 그렇지 않다. 그 뿌리는 같지만 하나의 종교 안에서 수많은 분파가 생겨나고 또 사라진다. 어느 종교이든 그 종교에 대해 자신만이 진정한 가르침을 가장 잘 알고 있다는 생각에서부터 분열이 시작되었다. 이 상황이 악화되면 새로운 종교가 생기게 된다. 그리스도교가 유대교에서 분리되었을 때도 그랬다. 예수가 메시아Messiah인지 아닌지에 관한 생각의 차이로 분열로 이어진 것이다. 혹은 종교 안에서 작은 분열이 생기기도 하는데, 바로 종교 내부에 교파教派가 생기는 것이다. 일부 작은 종교들도 그러했다고 한다.

유대교Judea教, 그리스도교Kristos教, 불교Buddhism, 이슬람교Islam教, 힌두교Hindu教 모두 여러 유형의 교파가 있다.

◈ 종교의 갈등

종교의 갈등이 심각하다. 타 종교에 대한 혐오가 도를 넘었다. 세계적으로 기독교 문명권에 속한 사람들은 이슬람Islam 혐오증이 심한 유린적 강박관념에 가깝다. 두 종교는 역사적으로도 전쟁을 해온 터라 기독교 문명은 이슬람교를 의도적으로 폄하貶下해온 게 사실이다.

그러나 이슬람교는 다른 종교에 대해 비폭력적이며 관대했다. 역사적으로 살펴보더라도 기독교보다 상대적으로 관용적이고 평화 지향적이었다. 전쟁에서 이베리아Iberia반도를 점령했을 때도 그들은 기독교를 탄압해서 쫓아내지 않았고 공존共存하는 방식을 택했다. 다만 현대에 와서 일부가 이슬람을 팔아 세계의 테러Terror 중심에 있는 종교로 타락했을 뿐이다.

· **종교적 갈등의 씨앗**

종교인마다 각자가 자신의 종교를 우주적 시간과 공간을 관통하는 최고의 종교로 믿고 있다. 자신의 종교적 신념에 도전하는 것을 결코 용납하지 않는다. 이는 타 종교에 대한 적대적 시선이 날카로워지는 원인이 된다. 이 때문에 종교적 갈등은 회복하기가 불가능에 가까운 것이다.

· **기독교의 잔혹성**

1095년 중세 우르바노 2세 로마 교황은 기독교 교리를 함부로 오용하면서, 이단異端의 대학살과 폭압을 저질렀다고 한다. 1184년 교황 이노센트 3세 역시 종교재판소를 만들어 교황의 명을 따르지 않는 자들을 1백만 이상 살해했으며,《성경》의 가르침을 어긴 자까지 처형했다고 한다.

종교재판소에서는 이단을 매달아놓고 굶기며 뾰쪽한 대송곳으로 사정없이 온몸을 찌르는 고문까지 자행했다고 한다. 더욱이 마녀로 몰려 화형을 당한 여성들이 몇백만 명이 넘는다는 사실이다. 그 당시 프랑스의 애국 소녀 '잔 다르크'가 처형된 것도 마녀라는 이유에서란다. 결국 이런 잔인함과 핍박 때문에 기독교가 끝내 가톨릭, 개신교, 그리스정교로 갈리게 됐다는 것인데, 이런 잔인한 박해迫害는 어느 곳보다 기독교 국가들에서 더욱 흔하게 이루어졌다는 사실이다.

　제국주의적 침략의 희생양이 된 잉카Inca제국의 최후를 기록한 도미니크파의 신부이자 수도사修道士인 라스 카사스는 '인디오Indio'에 대한 기독교도의 잔혹성에 대해 이렇게 기록했다. "극악무도極惡無道하고 피도 눈물도 없는 사람들로부터 도망친 인디오들은 산에 틀어박히거나 산 깊숙이 도망쳐 몸을 피했다. 그러자 기독교인들은 그들을 잡아내는 사냥개를 더욱 사나운 개로 훈련했다. 개는 인디오를 발견하면 잔인하게 물어뜯어 순식간에 갈기갈기 찢어버렸다"라고, 처절하게 부르짖었다.

　어느 시대건 종교가 강고해지고 독단적인 신앙이 깊어질수록, 그 사회의 잔인성은 더욱 커졌고 상황은 한층 악화되었다. 하지만 불교는 단 한 번도 박해의 종교인 적이 없다.

★ 성직자의 청빈과 청청

　청전 스님이 스승인 달라이 라마에게 "종교의 폐단이 많다. 종교가 필요 없는 것 아닌가"라고 당돌하게 물었다. 대답은 다음과 같이 돌아왔다. "아기들이 급할 때 '엄마!'라고 찾지 않는가. 그게 종교다." 즉, 진리를 추구하지만 오류도 있다는 뜻이다. 어떤 종교든 성직자의 향기는 청빈과 청청淸淸이다. 이탈리아 시인 페트라르카는 "많은 이들을 돕고 구원하는 일만큼 행복하고 인간에게 어울리며 신을 닮은 일도 없다"라고 역설했다. 종교인에게 던지는 메시지이다.

◆ 종교의 비판

종교가 인간을 구원할 수 있는가? 종교가 인간을 행복하게 할 수 있는가? 이 세상 모든 사람이 종교의 가르침에 따라 산다면 이 사회는 유토피아Utopia가 될 것이 분명하다. 그러나 현실은 그렇지 않다. 지구촌 각처에서 전쟁과 살육과 테러가 자행되고 있다. 이를 두고 극단적으로 "종교가 뭔데?"라고 신랄하게 비판한다. 한편에서는 개인과 집단의 번영을 위한 수단으로 전락하였으며, 폐쇄적인 신앙이라고 비판하기도 한다.

· 종교의 부정

종교가 인류의 생활에 무의미하다고 주장한 사람 중 주목할 만한 사람은 프로이트와 마르크스일 것이다. 이들은 종교를 불합리한 시대의 유물이라고 생각하며, 종교를 '보편적 강박 노이로제'나 인민들의 현실적 고통이 해소되거나 없는 것처럼 느끼게 만드는 '아편'이라고 규정했다. 그러면서 인류가 확실한 행복을 쟁취하기 위해서는 종교에서 탈피해야 한다고 주장했다. 버트런드 러셀도 본인이 기독교인이 아닌 이유를 신의 존재와 영혼의 불멸성을 믿지 않는 이유이며, 그리스도를 믿는 인간들 가운데 가장 선하고 현명한 존재라고 생각하지 않는 이유라고 말했다.

내게는 진리 이외의 다른 신은 없다는 마하트마 간디, 심리학자이자 실용주의 철학자인 제임스도 "신이 존재한다고 믿는 것이 내게 유용有用하면 신은 존재하는 것이고, 신이 없다고 믿는 것이 내게 유용하면 신은 존재하지 않는다"는 극단적인 실용주의 입장을 대변하고 있다.

많이 배우고 과학적 훈련을 쌓은 현대인에게도 종교는 무의미하게 받아들이는 경우가 많다. 어떤 경우는 종교의 언어까지 온통 무의미하다고 주장하고 있다. 대다수 현대 철학자들 역시 신이 우주의 최초 원인 또는 설계자임을 철학적으로 논증하려는 이른바 우주론적 증명과 목적론적 증명에 동의하지 않는다.

· 철학자의 견해

독일의 시인이자 철학자이며 목사의 아들인 니체Nietzsche는 신과 종교는 인간이 창조해낸 망상에 불과하다고 혹평했다. 신의 나라는 어제도, 내일 이후도 없다. 그것은 천년이 지나도 오지 않는다고 했다. '우주에는 신이 없다'는 데이비드 밀스, '인간은 죽지 않기 위해 신을 만들어냈다'는 도스토옙스키도, 여기에 철학자 제논Zenon은 모든 것은 이미 결정해져 있다. 날 때부터 운명이 이미 정해져 있는 일이란 것이다.

영국의 진화생물학자이자 옥스퍼드대학 교수인 리처드 도킨스 Richard Dawkins 역시 《신은 망상》에서 주류 종교에서 주장하는 '전지전능한 신' 개념은 착각이라고 말한다. 그는 초자연적 창조자는 거의 확실히 존재하지 않으며, 종교적인 신앙은 굳어진 착각에 불과하다고 주장했다. 포이에르바하 역시 《기독교의 본질》에서 "신이 인간을 창조한 것이 아니라 인간이 신을 창조했다"고 단언했다. 인간은 '상상력'과 '욕망' 그리고 '이기심'을 가진 존재이기 때문이라는 것이다. "신은 왜 악惡의 존재를 허락했는지 신자들은 설명할 수 있는가"라는 로버트 노직Robert Nozick의 물음도 같은 맥락이다.

· 탈종교 현상

20세기 이후 종교는 종말을 선고받은 듯하다는 신문 머리기사다. 전 세계적인 탈종교 현상 때문이라고 한다. 2015년 통계에 의하면 종교가 없다고 대답한 무종교인이 우리나라 전체 인구의 56.1%를 차지했다. 그 이후에도 지속해서 감소하고 있고, 지금 무종교 인구가 종교 인구를 훌쩍 넘어섰다는 얘기다. 주목할 점은 이 현상이 10~40대의 젊은 층 그리고 교육을 많이 받은 사람들에게서 더욱 두드러진다는 사실이다.

역사의 밑바닥에 흐르는 거대한 물길이자, 오랫동안 인류의 뿌리와 같은 역할을 해온 종교의 위상이 이렇게 된 이유는 무엇일까?

◆ 종교의 광란

· 종교 광신자들

살육殺戮을 일삼는 북아일랜드의 가톨릭 신자들과 개신교도들, 생명을 빼앗는 이스라엘의 유대인들과 무슬림들, 보스니아의 무슬림들과 정교회 신자들, 르완다의 후투족과 투치족들, 인도의 힌두교인들과 무슬림들의 광신자들 간의 갈등을 자주 듣게 된다. 사람들을 해치고, 폭탄을 터뜨리고, 무고한 양민을 살상하는 것이 종교의 가르침이라고 여기는 광신자들의 행태를 어떻게 바라보아야 하는가?

· 무서운 사교 집단

진정한 종교는 신도에게 종교의 교리라면 무엇이든 스스로 판단할 수 있도록 가르치는 것이 원칙이다. 그것을 철저히 무시하고 사교邪敎 지도자가 말하는 대로 따른다면 신자들의 두뇌는 마비될 수밖에 없다. 그들은 사람들을 로봇으로 만들고 바보 멍청이로 만들기 때문이다. 그들은 그 집단에서 도저히 헤어날 수 없게 만들어버린다. 사교가 특히 위험한 것은 그 종교에 속한 많은 사람이 세뇌洗腦 당하고 있다는 사실을 자각하지 못하기 때문이다.

만약 누군가가 사교에 속해 있다면, 그 종교를 떠나서 몇 달 동안 부모와 친구들에게 돌아올 수 있는지 시도해 봐야 한다. 만약 그럴 수 있다면 그 사람은 사교와의 끈을 끊을 수 있고, 사교가 매우 위험하다는 것을 실감하게 될 것이다. 사교보다 더 무서운 집단은 없다. 세상에서 가장 위험한 곳이다. 사교에 몸담았다는 것은 인생의 끝을 향한 길임을 깨달아야 한다. 천벌을 면치 못할 사기 집단이다.

· 헌금 강요

종교에서 헌금獻金을 강요하는 것도 명백한 사기이다. 그런 행태는 돈을 훔치는 것과 다름없다. 적은 액수일지라도 그것이 모여 큰 액수가 된다. 그렇지 않아도 돈의 쓰임새를 알 수 없어 큰 문제가 되는 것이 헌금이다. 교회의 헌금함에 혹은 절의 시주함에 시주할 때는 그 돈에 관심을 가지고 지켜보지만, 그 돈은 어디에 사용되는지 전혀 알 수가 없다.

◈ 믿는다는 것

심리학자 에릭 프롬Fromm이 많은 사람을 상대로 '마음의 변화' 없이 오로지 '교회에만 종속'되어 사는 이유가 어디에 있는지를 조사했다. 그 이유 중 하나가, 예수님을 믿는 것을 일종의 편리를 위한 도구道具쯤으로 생각한다는 것이다. 세상살이 여러 가지로 골치 아픈데 일주일에 하루쯤이라도 교회에 나가 푹 쉬어볼 수 있다는 생각과 교회에 나감으로써 목사님이나 여러 교우 간의 유대, 그들과 필요 정보의 교환 등으로 견문을 넓히는 등 지적·교양적 유익을 얻을 수 있다는 이유 때문이란다.

개중에는 복 받기 위해 교회에 다닌다는 사람들도 전도를 열심히 하면 재물, 무병, 출세 등 복이 붙어 남보란 듯 잘살아보자고 하는 마음을 가진 사람들도 많다는 것이다. 또 다른 이들은 무슨 뚜렷한 이유나 목적이 있어서가 아니라, 모두 간다니 어영부영 다니고, 모두 잘 될 수 있다고 해서 건성으로나마 그러겠지 하며 다니는 여러 부류의 사람들이 있다는 것이다.

특히 예수를 믿는다는 그들은 그저 끊임없이 '예수님의 공로功勞' '예수님의 은혜'만 찾고, "그저 믿습니다"만 연발하면 되는 줄로 안다. '값싼 은혜'만 좋아한 것이다. 십자가를 '지고 간다'는 생각은 꿈에도 없고 오로지 '타고 가겠다'는 생각뿐이다. 예수를 믿는 믿음의 원칙은 궁극적으로 '예수님에 관한 믿음'이 아니라 '예수님의 믿음'을 우리도 그대로 받아들여야 하는 것이다. 진정한 신자라면 예수님과 더불어 믿는 것, 예수님을 따라 믿는 것, 예수님처럼 믿는 것, 예수님과 같은 믿음을 갖는 것이 포인트Point일진데…. 오로지 타고 가겠다는 일념一念뿐이라는 것이다. 이 모든 것들이 교회에만 종속되어 사는 이유로 조사됐다.

◈ 건전한 종교

"어느 종교가 좋은 종교냐?"라는 물음에 어느 종교학자는 "지금 당신이 믿고 있는 게 최고의 종교"라고 답변했다. 과연 훌륭한 종교란 어떤 것인가? 이에 대해 샤를 와그너Wagner는 그 종교가 생기 있고 활동적이라면, 또한 우리에게 존재의 무한한 가치와 믿음, 희망, 선량함의 느낌을 함양한다면 훌륭한 것이라고 피력했다. 그렇다. 우리가 지향해야 할 종교는 허상을 버리고 실상實相을 찾도록 인도하는 열린 종교라야 한다. 그 종교가 우리를 다른 사람들보다 우월하다고 여기게 하거나, 성서의 구절에 대해 궤변을 늘어놓아 인상을 찌푸리게 하거나, 우리의 의식을 속박시키거나, 어떤 종교적인 형식을 숭배하게 하거나 한다면, 우리가 내세우는 인물이 부처든, 모세든, 마호메트든, 그리스도든 상관없이 우리를 인간과 신에게서 갈라놓는 그런 종교는 아무런 가치도 없다. 이제 옛날식 제도로서의 종교, 인습적이고 관습적으로 따르는 종교는 별 의미가 없다. 그 종교가 오로지 서로 사랑하라고 인도하고 평화를 만들고 모든 사람을 존경심으로 대하도록 가르친다면, 그것들은 분명 신에게서 온 생각이라고 할 수 있을 것이다.

· **초월적인 이데아**

인간은 여러 가지 이상들을 '신'이라는 존재를 통하여 구현시켜 도움과 위안을 받으려고 한다. 따라서 종교는 중심을 잃고, 자신을 잃고, 열등감을 가진 현대인에게 달관達觀, 정적, 야심의 억제, 마음속에서 우러러 나오는 자신감, 그리고 병들지 않은 양심을 제공해야 한다. 내가 힘들고 어려울 때 스스로의 한계를 넘어설 수 있도록 내적 초월의 힘을 보여주고, 사소한 욕망이나 집착에서 벗어나 자유로워질 수 있도록 도와야 한다. 그것이 종교다.

인간을 황홀하게 혹은 광신狂信하게 하는 것이 아니라 인간이 이성적으로 돌아가게 하는 종교라야 한다. 허상을 버리고 실상을 찾도록 인도하는 열린 종교로서 '길'의 종교, '진리'의 종교, '생명'의 종교라야 한다. 덮어놓고 교리를 강요하고 사색을 의심으로 매도하고, 그저 맹종을 요구하는 것은 인간의 자유 의지와 사고를 마비시킬 따름이다. 인간 본연의 가치를 인식하고, 실천하게 하며, 인간의 교만을 타이르고, 근원적인 가치를 실현하도록 도와야 한다. 그것이 건전한 종교다.

· 종교의 선택

내가 종교를 선택하는 것은 자유다. 그러나 그 믿음에서 종교의 가르침을 비판 없이 받아들여서는 안 된다. 종교가 제시하는 해답들이 타당한지, 아닌지, 우리의 이성으로 스스로 판단하고 결정해야 한다. 사상가 헉슬리Huxley교수의 말처럼 종교는 "인간의 마음속에 진실과 정의와 순수한 삶에 대한 이상을 심어주는 것이어야 한다. 일상의 무거운 짐을 지고 있는 사람들에게 가능한 한 더 고귀한 삶을 묵상黙想할 수 있는 마음의 휴식처가 되어야 하기 때문이다"

따라서 인간의 영혼을 충만하게 하고 심장을 따뜻하게 감싸 안아야 한다. 진정한 종교는 불안과 두려움을 심어주지 않는다. 진정한 신앙이란 항상 모든 사람을 사랑하고 두려움을 없애주고 삶의 진실과 아름다움을 깨닫게 해야 한다. 그런 종교라야 한다.

● 아미타불의 굉장한 약속

대승불교의 유명한 성인인 '무한한 빛'이라는 이름을 가진 '아미타불'은 낙원인 정토淨土[1]에 사시는데, 깨달음을 얻기 전에 다음과 같

---

1) 부처나 보살이 사는, 번뇌의 굴레를 벗어난 아주 깨끗한 세상

이 맹세했다고 한다. "깨달음을 얻고 난 뒤에 나는 믿음의 정신으로, 내 이름을 부르는 모든 사람을 도울 것이다. 그들은 정토에서 다시 태어날 것이다" 이것은 굉장한 약속이다.

사람들은 아미타불에게 "나무아미타불南舞阿彌陀佛"이라는 특별한 기도문까지 바친다. 이 기도문은 오로지 사람들을 아미타불의 보호 아래 있게 해달라는 기원이다. 경건한 마음을 한데 모아 진정으로 '아미타불' '나무아미타불'에게 빌어본다.

제4과

건강과 생명
Health and Life

　인간은 하나밖에 없는 생명, 단 한 번밖에 없는 목숨을 가지고 살아가야 한다. 따라서 건강이야말로 유일무이唯一無二한 내 인생 제1의 명제이자, 모든 것의 기초이며 성공과 행복의 토대가 되는 것이다. 석가께서 남긴 "천상천하 유아독존天上天下 唯我獨尊"이란 말씀도, 건강과 모든 생명의 존엄성을 설파하는 의미로 해석된다. 건강의 필요조건들이란 노동, 검소한 식사, 절제, 금욕 등을 내포하고 있다.

◈ 지나침의 폐단

　우리의 몸은 마음과 재능, 인격을 담는 그릇이요 영혼의 안식처다. 그러한 몸이 언젠가 병들고 고장 나는 미완未完의 생명체라는 점이다. 우리의 몸은 약 100조 1014개의 세포로 이루어져 있고, 세포는 평균적으로 약 100조 개의 원자로 이루어진 복잡한 구조체라고 한다. 그 세포는 뼈와 피부, 내장, 신경 등 약 200종류나 된단다. 세포 하나에 들어 있는 분자의 종류만 해도 DNA, RNA, 각종 단백질, 아미노산, 당류, 지방질, 기타 여러 가지 대사의 산물들을 포함해서 수천 가지가 넘는다니 놀라울 따름이다.

　또한, 우리 몸 안에는 1만 종이 넘는 미생물이 존재한다고 한다. 정말 신비하고 경이롭기까지 하다. 그런 인간의 몸을 지혜롭게 관리하면 절대로 병에 걸리지 않게 되어 있다지만, 한편 생각하면 단순한 구조가 아니기에 건강에 유의해야 할 것들이 너무 많아서 문제다.

◆ 국가적 재앙, 질병

모든 인간은 태어나면서부터 많은 질병과 싸우며 살아가야 하는 운명이다. 인간에게 고통을 주는 질병들은 헤아릴 수 없이 많고, 지구온난화를 생각하면 앞으로는 더 많은 신종 질병들이 활개를 칠 것이다.

지구촌을 휩쓴 코로나19 창궐을 겪어보았다. 지금 인간이 할 수 있는 최선의 길은 질병이 창궐猖獗할 시기에 맞춰 예방접종하고, 마스크하고 손 씻기, 음식물을 골고루 섭취하여 면역력을 키우고, 운동하는 것 외에는 별다른 대안이 없다. 건강을 유지하기 위한 대안들을 면밀히 살펴보자.

◆ 건강 유지법

인간의 몸은 근육, 지방, 뼈와 기타 내장기관, 신경조직 등으로 구성되어 있단다. 성분으로 보면 수분, 단백질, 지방, 무기질 등으로 이루어져 있다는데, 건강하게 오래 살려면 체성분體成分 분석표를 통해 내 몸의 어떤 부분이 부족한지 파악하고 장기적 계획을 세워 부족한 부분을 표준 수치로 개선해나가야 한다.

보통 남성은 근육 45%, 지방 15%, 뼈 15%, 기타 25% 정도면 균형 잡힌 몸이라 할 수 있으며, 여성의 경우는 근육 36%, 지방 27%, 뼈 12%, 기타 25%의 비율이 좋단다. 성분 비율 면에서는 수분 60~65%, 지방 15~20%, 단백질 15~20%, 무기질 5~7%일 때 가장 안정적인 건강 상태를 유지할 수 있다고 한다.

● 내 몸을 지키는 면역력 강화

  면역기능이 약화되면 각종 질병의 원인이 된다. 따라서 외부의 공
격으로부터 인체를 건강하게 유지하려면 면역 방어망이 필요하다.
면역력은 우리 몸을 보호하고 건강한 상태를 유지하도록 돕는 가장
중요한 체계이기 때문이다. 면역력 강화 1순위가 장 건강腸健康이다.
우리 몸의 면역력은 장이 70%를 담당하고 있기 때문이다. 따라서 장
건강에는 유익균이 많이 든 김치, 된장, 청국장 등을 섭취하고, 채소
와 과일 등을 통해 섬유질과 유산균을 꾸준히 섭취하기를 권장한다.
  장 건강 필수품으로 프리바이오틱스, 포스트바이오틱스, LGG유산
균 등을 권장한다. 이들 유산균을 하루도 걸러서는 안 된다는 것이다.
  또 하나 대표적 영양소인 비타민 D 합성을 돕는 햇빛이 필요하다.
비타민 D가 부족하면 면역계가 통제 기능을 상실할 수 있기 때문인
데, 이는 백혈구의 균형 잡힌 활동을 지원하는 매우 중요한 영양소이
기 때문이다. 여기에 스트레스 조절, 충분한 운동과 수면 등도 필수
다. 뇌 건강에도 좋다는 장이 활발한 사람은 가스가 많이 발생하여
방귀를 잘 뀌게 된다니 지켜볼 일이다.

● 심정기화

예부터 건강한 정신이 건강한 몸을 만든다고 했다. 실제로 환자의 80%는 정신적인 원인으로 발병한다고 한다. 솔로몬 왕의 잠언 중에 강한 정신력Mental Power만 있으면 그 어떤 병도 이겨낼 수 있지만 포기한다면, 그 무엇으로도 낫게 할 수 없다는 것과 같은 맥락이다. 정신을 먼저 치료해야만 육체를 치료할 수 있다는 해석이다. 모든 생로병사가 자신의 마음에 있다는 진리, 건강의 근본이 마음가짐에서 귀결되므로 '심정기화'가 곧 건강의 비결인 셈이다.

'병이 낫기 위해서는 육체의 상처를 치료하는 것도 중요하지만 살고 싶다는 마음을 갖는 것이 더욱 중요하다'고 한다. 환자의 마음을 치료하는 데 심혈을 기울인 영원한 '백의의 천사' 나이팅게일이 남긴 말이다. 정신적인 건강과 신체적인 건강은 떼려야 뗄 수 없는 관계이다. 그래서 '마음과 육신'이 다 튼튼해야 건강하다는 이야기가 된다. 마음을 혹사하면 울화가 쌓여 병이 되기 때문이다. 고로 긍정적인 마음과 기쁨으로 충만한 생활이 건강과 장수의 비결이라는 점, 잊지 말아야 한다.

중국 격언에 "한 가지 기쁨이 백 가지 근심을 몰아낸다"라고 했다. 기쁨은 어둠 속에서 점화되는 빛과 같은 것이다.

● 음식

건강의 유지 조건에는 영양소를 골고루 섭취하되, 소식小食이 그 답이다. 통계청 조사 결과 장수 비결 1위가 소식으로 밝혀졌다. 소식이 건강의 모토Motto다. 이들은 평생 술, 담배를 가까이하지 않았다는 공통점도 있다.

건강을 해치는 주원인은 내 몸에 채울 과음, 과식, 내 몸의 과로, 과육 過肉 , 과색 過色 , 과유 過遊 때문이란다. 재물도 몸을 빠뜨리는 함정이며, 여색 女色 도 제 몸을 망치는 도끼란 이야기다. 이것들이 건강을 해치고 정신을 시들게 하는 것이다. 따라서 건강은 습관과 식생활이 큰 비중을 차지한다는 점에 유념할 필요가 있다. 서양 의학의 선구자, 히포크라테스는 샘물만 마시고 일찍 잠자리에 들었으며, 음식을 적게 먹고 매춘을 하지 않았으며, 기름진 음식은 먹지 않았다고 한다.

● 좋은 물

우리 몸은 성인을 기준으로 70%가 물로 구성되어 있다. 뇌의 85%, 혈액의 82%, 근육의 75%가 물이고, 심지어 뼈의 25%가 물로 이루어져 있단다. 이처럼 물은 건강을 지키는 데 핵심적인 영양소이자 식품이다. 우리 몸에 물이 조금만 부족해도 피로 · 두통 · 어지럼증 · 피부트러블 · 우울감 등이 발생하고, 체내 총수분의 20%가 부족하면 생명에까지 영향을 끼친단다.

좋은 물은 곧 약을 먹는 셈이다. 그렇다면 건강에 좋은 물이란 어떤 물인가? '인체에 해로운 병원균이 없는 깨끗한 물'이다. 물은 식전 1시간 이전에 또 식후 2시간이 경과한 후에 마셔야 한다. 마실 물의 양은 소변 색色이 하얗도록 하루 8컵 정도를 권유한다.

다만 유의할 것은 청소년들이 많이 섭취하는 시중의 콜라, 사이다 등 탄산음료炭酸飲料는 노화를 촉진한다고 한다. 특히 하루 한 번 이상 콜라나 과일 주스 등 가당 음료를 마시면, 고혈압에 걸릴 위험이 약 11배 높아진다는 연구 결과도 있다. 따라서 고카페인 섭취는 대단히 위험하다는 결론이다.

● 스트레스

사람이 스트레스를 받으면 목 주변 근육 굳음, 두통, 가슴 통증, 어지러움 등의 신체 증상이 나타난다고 한다. 소화기가 약한 사람은 소화불량으로 복통, 변비, 설사 등이 나타날 수 있고, 심하면 면역력이 떨어져서 감기, 천식, 비염에 걸릴 수도 있단다. 또 스트레스로 인해 짜증 나거나 화나는 경우도, 또 잠을 지나치게 많이 자거나 불면증을 호소하는 경우도 있다니 살펴보는 것이 좋다.

10~20대 중반에 스트레스를 너무 많이 받으면 학습 담당 뇌세포 수가 절반으로 줄어들고, 스트레스를 계속 받으면 뇌 속 신경세포의 상당 부분이 죽어 사라지며, 나이 들었을 때 기억력의 약화 및 뇌세포 노화 과정에도 깊이 관련된다는 연구 결과도 있다.

과한 스트레스는 좋을 리가 없다. 스트레스를 받거든 생각에 생각을 거듭하면 안 된다. 그 생각이 현실이 되기 때문이다. 이를 과감하게 부딪쳐 떨쳐버려야 한다. 사람은 드라마나 영화를 보며 소맷자락으로 눈물을 훔칠 때가 있다. 슬퍼 흐르는 눈물은 마음을 씻어주고 울고 난 후 시원한 카타르시스Catharsis를 느끼게 한다. 심한 질책으로 스트레스를 받았을 때, 일이 잘 안 풀릴 때 울고 싶을 때는 소리 내어 울어라. 슬픔은 때로 유치하게 느껴지지만 삶에 꼭 필요한 감정이란다. 다만 지나친 슬픔은 비관과 절망을 낳을 수 있다는 점 간과해서는 안 된다. 명상이나 요가, 운동 등이 스트레스 해소에 약이란다.

● 술

"와인 Wine 은 손을 떨게 하고 눈을 풀리게 하며, 밤을 고요하지 못하게 하며, 사나운 꿈을 꾸게 만들고, 아침이면 입에서 지독한 냄새가 나게 하며 지난 일을 까맣게 잊어버리게 한다" 플리니 Pliny 의 말이다.

술은 오장五臟에 독이 되는 약이자 광약狂藥이다. 술을 오래 마시면 병들어 몸을 망치고 분별력을 잃는다. 행복으로 다가가는 구체적인 길에서 점점 더 멀어지기만 한다. 모든 재앙과 질병이 잘못된 습관에서 비롯된다는 점, 전문가들의 한결같은 조언이다. 건강한 노년을 원한다면, 술은 매일 한 잔 이하로 마시는 게 안전하단다.

마약 같은 술, 잠시의 황홀한 기분을 위해 백 년 근심을 만들지 말라는 가르침을 잊지 말자. 술에 만취하는 것은 일시적인 자살이다. 그것이 가져다주는 행복은 부정적일 뿐이다.

● 육체 피로

J.A. 하터휠트는 《힘의 심리》에서 인간의 괴로움인 피곤은 대부분 정신적인 원인에서 온다고 서술했다. 몸이 피곤하면 질병에 대한 신체의 저항력을 약하게 하고, 또한 피로가 쌓이면 사람이 쉽게 늙는다고 한다. 가능한 한 빨리 탈출해야 젊음을 오래 지속할 수 있다는 얘기가 된다.

"눈꺼풀을 이기는 장사 없다"고 몸과 마음이 지치면 일이고 뭐고 다 귀찮다. 자칫 건강을 해쳐 막상 일에 박차를 가해야 할 시점에서 주저앉게 된다. 그 상태에서 제대로 된 아이디어나 전략이 나올 수 없다. 잘 쉬어야 일도 잘한다. 쉬어가며 피로를 콘트롤Control하는 지혜가 필요하다.

처칠 수상이나 거대한 재산가 존 록펠러는 하루 30분씩 낮잠을 즐겨 장수한 사람들이다. 5분간의 낮잠도 피로를 예방하는 데 도움이 된다고 저서《피로의 원인》은 적고 있다. 격심한 일에서 오는 피곤은 충분한 수면과 휴식에서 회복된다. 숙면은 하찮은 호사好事가 아니다. 공기나 음식처럼 우리 몸에 필수적인 요건이다.

● 근심 걱정은 만병의 근원

근심과 걱정은 일종의 질병이다. 걱정은 마음을 갉아먹는 벌레와 같다. 근심 걱정은 여자의 얼굴을 쭈그려 뜨려 주름살이 잡히게 하고, 영원히 찌그러진 얼굴 모습을 만들며, 각종 피부병과 여드름과 부스럼이 솟아나게 할 수도 있단다. 사람을 밤낮으로 괴롭혀서 결국 지옥으로 몰아넣는다는 얘기다.

우리를 불안하게 하는 수많은 걱정은 쓸데없는 기우杞憂이거나 우리가 걱정해도 어쩔 수 없는 걱정이란다. "그러므로 내일 일은 걱정하지 말아라. 내일 걱정은 내일에 맡겨라. 하루의 괴로움은 그날에 겪은 것만으로 족하다"〈마태복음〉의 성경 구절이다. 완벽한 처방법은 근심 걱정할 여가가 없이 바쁘게 뛰는 것이다. 또 다른 치료법으로는 내 마음을 고쳐먹으면 된다. 걱정을 해봤자 소득이 없기 때문이다.

그래도 걱정이 앞서거든 ① 나는 무엇을 걱정하고 있는가와 문제가 생기게 된 원인은 무엇인가를 노트에 기록한다. ② 걱정되는 원인을 분석하고 그 문제에 대해 해결 방법은 무엇인가 고민한다. ③ 그 결단을 즉시 실천에 옮긴다. 그리하면 걱정은 해결될 것이다. 영원할 것 같은, 쇳덩어리 같은 이 근심 걱정도 결국 연기처럼 그림자처럼 사라질 것이다.

● 불면증

사람이 잠 못 이루는 것이 불면증이다. 수면에 관한 세계적 권위자인 시카고 대학 다니엘 크라이트만 박사는 밤잠을 잘 자기 위한 제일의 필수 조건은 마음의 안정에 있다고 말한다. 취침할 때 근육이 긴장하여 있을 때 베개 하나를 엉덩이에 괴고, 다른 조그마한 베개 한 개는 팔 밑에 넣는다. 그리고 목과 눈과 팔과 다리를 향하여 차례차례 자자는 말을 계속해보라. 그러면 자기도 모르게 잠이 들게 될 것이란다. 이는 링크 박사가 추천한 방법이다.

불면증을 고치는 또 다른 방법 중 하나는 수영, 테니스, 골프, 스키 또는 여러 가지 노동으로 육체를 피곤하게 하는 것이다. 심리학자 링크 박사는 불면증 때문에 자살하고 싶어 하는 한 환자에게 "자살할 바에는 한번 이 거리를 힘껏 달음질쳐서 죽을 때까지 계속해보라"고 권하였다. 환자는 그 말대로 실행해 본 결과 사흘 밤이 되자 육체적으로 너무 피곤하여 나무토막처럼 쓰러져서 잠자기 시작했단다. 그 후 그 환자는 달리기가 직업이 되어 여러 경기에서 우승한 선수가 되었다.

★ 15분의 기적

스페인은 오랜 세월 낮잠을 잔 나라다. 지금 프랑스 정부도 국민에게 15분 정도의 낮잠을 권장하고 있다. 낮잠을 통해 업무의 효율을 높이고 건강을 증진할 수 있다는 것이 그들의 판단이다. 15분의 낮잠은 졸음운전을 방지하고 비만이나

우울증 감소 효과의 극대화를 불러온다는 것이다. 지금 세계는 낮잠을 권유하는 움직임을 보이고 있다. 영국의 멍큰시튼 스쿨, 미국의 최고 명문인 세인트조지 하이스쿨도 등교 시간을 늦춰줌으로써, 대입 시험 성적이 오르고 수업 시간에 집중력 향상 및 우울증 개선 등 성공적인 학습 능력 향상을 가져왔다고 한다.

● 우울증

4명의 여성 중 한 명, 6명의 남성 중 한 명이 일생에 한 번은 치료가 필요한 심각한 우울증으로 고통을 겪는다고 한다. 나른하고 슬프고 희망이 사라지며 살 가치를 잃어버리는 어둡고 부정적인 이미지를 풍기는 것이 우울증이다. 위대한 미국의 대통령 링컨, 위대한 영국의 수상인 처칠이 평생 지독한 우울증에 시달린 우울증 환자였다는 사실이다.

그러나 그들은 우울증을 가만히 내버려두지 않았다. 우울증의 원인이 되는 살 가치, 콤플렉스, 나른함에서 벗어나려 끊임없이 노력했고, 그 결과 세상에서 가장 위대한 지도자가 되었다. 현대는 다행히 본인의 노력 여하에 따라 좋은 결과를 낳을 수 있다고 한다. 마음을 치료하는 명상 등이 좋은 효과를 낳고 있는 것이다.

● 눈 관리

몸값이 천 냥이면 눈은 구백 냥이란 말처럼 눈은 인간에게 보배다. 사물을 보는 밝은 눈은 행복지수 최상급이란 뜻일 게다. 그 눈은 우리 몸에서 신경 에너지의 4분의 1을 소비하고 있는 곳, 그렇게 귀중한 곳이다. 눈의 노화는 7살부터 시작된다고 한다.

① 눈이 시리고 뻑뻑해지는 '안구건조증'은 컴퓨터나 스마트폰 때문에 악화된다고 한다. 적절한 치료 없이 오래 지속되면 각막염, 각막궤양, 시력 저하 등의 합병증이 올 확률이 크단다. 핸드폰을 멀리해라, 눈을 깜박여라, 그것은 눈 보호를 위한 하나의 처방전이다.

② 65세 이상 노인의 실명 원인 1위인 '황반변성'은 망막이 노랗게 변하는 현상인데, 발병 원인은 자외선, 또 서구화된 식습관, 흡연, 스트레스를 원인으로 지목한다. 황반변성의 치료는 진행을 억제할 뿐, 시력을 되돌릴 수 없으므로 예방이 최선이라는 것이다. 자외선은 우리의 피부를 건강한 구릿빛으로 만들어주며, 우리 몸이 비타민D를 생산할 수 있도록 돕는데, 눈과 피부에 영향을 끼친다는 것이 문제다. 그래서 누구나 자외선 차단 안경은 필수다. 또 눈을 보호하기 위한 금기 사항이 술, 담배라는 것, 잊어서는 안 된다.

③ 시신경이 손상되는 '녹내장'은 시신경이 서서히 손상돼 실명에 이르는 무서운 질환이다. 예방하려면 매년 꾸준히 검진을 받는 것이 급선무다.

④ 기타 '눈꺼풀 염증, 안검염 등도 소홀히 해서는 안 되는 질환들이다. 눈을 보호하기 위해서는 황반에 좋은 루테인Lutein을 복용하는 것이 좋다고 알려져 있다. 밥상에는 깻잎이 으뜸이란다. 산양의 젖도 효과가 크다. 또한 달걀, 브로콜리, 시금치가 있으며, 메리골드꽃금잔화 차와 사과, 마늘, 당근, 블루베리도 보배다. 그다음은 마음속에 번뇌를 털어버리는 것이 중요하다. 가슴에 뭉쳐 있는 것들을 토해내지 않으면 눈에 해를 입는다. 전술한 바와 같이 '심정기화'가 보배라는 이야기다.

평상시에 눈알을 자주 굴리면 시력과 기억력을 향상한다는 점도 지혜다. 지금 우리가 하루 한 잔씩 잊지 않고 보약처럼 마시고 있는 것이 눈 관리 메리골드 차다.

● 치아 관리

사람에게 음식물을 씹게 하는 치아齒牙는 오복 중의 하나다. 그만큼 치아의 건강이 인체에 유익하다는 뜻이다. 치아에 이상이 생기면 갖가지 병까지 유발한다. 특히 뇌와 혈관에도 영향을 끼치므로, 매우 중요 기관이라는 점 잊어서는 안 된다. 치아에 해롭다는 커피나 단 음식은 삼가고, 특히 딱딱한 것에 유의해야 한다. 나는 성한 이가 없을 만큼 젊었을 적 치아 관리의 소홀로 음식물을 씹을 수 없을 정도로 힘든 치도곤治盜棍을 당하고 있다. 치아 관리 방법은?

① 양치는 하루 3회, 식후 3분 이내, 양치 시간도 3분. 더 완벽한 것은 뭔가를 먹을 때마다 바로 양치해야 한다는 사실이다. 특히 당糖이 많은 음식을 섭취했다면 잊지 말고 바로 양치해야 한다. 이때 혀의 돌기에 남아 있는 백태에는 수많은 세균이 부착되어 입냄새의 원인이 되므로 양치할 때 혀를 닦는 것은 필수이며, 사용하는 칫솔은 1~2개월 주기로 교체하는 것이 적합하다.

② 충치나 구취, 잇몸 질환이 잘 생기는 경우는 더 자주적으로 양치해야 한다고 한다.

③ 가글은 양치 후 바로 하면 오히려 독이 되므로, 양치 30분 이후에 하는 것이 좋다고 한다. 또한, 잦은 가글 역시 입안의 유익균을 죽이므로 자제해야 하며, 오히려 양치 후 소금물로 입을 헹구는 것이 감기 바이러스까지 예방하므로 더 효과적이란다.

④ 입안 세균은 자는 동안 폭발적으로 증식하므로, 기상 후에는 반

드시 양치로 입안을 깨끗이 한 뒤 물을 마셔야 한다. 기상 후 바로 마시는 물은 세균을 마시는 것과 같기 때문이다. 물론 취침 전에 도 마찬가지다

⑤ 양치 후 치간 치실이나 치간 칫솔이 플라그 제거에 효과적. 치실로 플라그를 제대로 제거하고 치아와 치아 사이의 청결을 유지할 때 전신질환까지 막을 수 있다고 한다.

⑥ 또 아무리 치아 관리를 양호하게 하더라도 1년에 1번 이상 스케일링은 필수. 이를 방치하면 염증이 치아를 타고 뿌리 쪽으로 치주염을 일으킬 수 있다.

⑦ 치아 관리상 치은염잇몸염, 치주염 약도 좋은 처방.

● 허리 관리

척추脊椎동물인 인간에게 허리는 생명이다. 어려서부터, 학교나 도서실에서, 집에서도 허리를 곧장 세워 앉는 습관을 들여야 한다. 물론 직장에서도, 교통편을 이용할 때도 마찬가지다. 편하다고 비스듬히 앉는 자세는 치명적. 허리가 허약하면 앉거나, 서거나, 걷거나, 구부리거나 하물며 물건 하나 들어 올릴 수가 없다. 생활을 영위할 수 없을 정도다. 모든 힘이 허리에서 나오기 때문이다. 만약 허리가 연약하여 통증을 유발하면 견디지 못한다. 본인뿐 아니라 주위 사람에게까지 피해를 준다는 점 잊어서는 안 된다.

가족이 허리로 고생한 것 겪어보았을 것이다. 허리를 강화하는 데는 바른 자세, 허리 강화 운동이 약이다.

● 뇌와 심혈관 관리

인간의 뇌腦는 신체 각 부분을 통솔하는 최고의 중추中樞다. 뇌의 건강은 우리 몸의 장 건강과도 직결된다고 한다. 뇌 건강에는 구기자 가루 한 스푼도 좋고, 인도네시아산 부아메라도 좋다고 알려져 있다. 의사들이 권장하는 어류의 콜라겐은 혈액순환, 피부, 관절에 도움이 되고 남극의 크릴 오일 또한 효험이 있다. 또 심혈관에 좋다는 사탕수수의 폴리코사놀은 뇌졸중을 예방하는 데 좋고, 셀레늄과 새싹보리, 모링가는 혈관 청소부로서 만성 염증에 좋다. 근래에는 rTG 오메가-3를, 또 피를 만들고 뇌의 기능 보강 및 근육과 뼈와 면역력를 강화한다는 녹용, 혈행 염증에 좋고 면역력 강화, 비염, 축농증, 천식에까지 효험이 있다는 그린 프로폴리스도 인기다.

의사들이 권장하는 좋은 음식으로는 첫째가 물이다. 다음으로는 양파, 미역, 깨, 돼지고기를 권장하며, 사과, 블로콜리, 고구마, 감자, 민들레, 콩, 굴 등도 좋다. 또 호두, 잣, 땅콩 등 견과류도 있으며, 참기름 혹은 들기름을 하루 반 컵 정도 섭취하는 것도 효과적이란다.

추천하는 운동법으로는 가슴과 허리를 펴고 빠르게 걷기, 달리기, 수영, 등산 등 유산소운동이다. 집안에서는 발바닥 밀어내기, 종아리 밀기, 발가락 움직이기, 발뒤꿈치 들기 등의 운동이 있으며, 혀 내밀기, 혀 돌리기, 혀 물기 운동도 뇌 건강에 이롭다고 한다.

★ 혈류 운동

소설 《노인과 바다》로 유명한 헤밍웨이는 서서 원고를 썼단다. 철학자 칸트와 니체는 혈류를 좋게 해서 머리 회전을 빠르게 하기 위해 빠른 걸음으로 산책하면서 생각하는 습관을 들였다고 한다.

● 심장 관리

'심장' 역시 뇌와 같이 중추 장기臟器다. 심장이 활기차게 움직여줘야 다른 모든 장기와 조직에 피를 보냄으로써, 산소와 영양소를 공급해 생명을 유지할 수 있기 때문이다. 심장이 그만큼 목숨과 직결되는 부위이기 때문에 중요한 것이다.

심장에 혈액을 공급하는 혈관을 관상동맥冠狀動脈이라고 한다. 이 동맥이 막혀 산소공급이 차단되면 가슴에 통증을 느끼게 된다. 이것이 바로 '협심증狹心症'이며, 또 혈액을 공급받지 못한 심장 근육이 죽기 시작하면서 생기는 '심근경색心筋梗塞'도 무서운 병이다. 그리고 심장이 너무 빨리 뛰거나 천천히 뛰는 등 뛰는 속도가 불규칙한 '부정맥不整脈' 역시 심장이 혈액을 제대로 보내지 못해 혈압이 떨어지고 심하면 실신할 수도 있는 증상이다.

이렇게 인간에게 가장 치명적인 심장질환은 피를 보내는 혈관이 막혀 일어나므로 평소 혈액순환이 잘되도록 철저히 관리해야 하는 것이다. 심장, 혈관과 관련된 질병은 고혈압 환자나 노화와도 연관이 높으므로 평상시 적절한 운동과 식습관으로 꾸준히 관리해야만 한다.

① 증상

심장이 아플 때는 가슴 외에 목이나 명치, 팔 안쪽에 통증이 올 수도 있다고 한다. 통증이 가슴 중앙 또는 왼쪽에서 발생해 목이나 왼팔로 뻗친다면 심장이 원인이라는 것. 이때 휴식을 취하면 가라앉고 몸을 움직이면 다시 아프면 '협심증'이 의심되고, 가슴 통증과 함께 호흡곤란, 구토, 현기증 등이 나타날 때는 '심근경색'이 의심되며, 한 쪽 마비, 갑자기 언어장애 및 시각장애, 어지럼증, 심한 두통 등은

'뇌졸증' 조기 증상이라고 한다. 참으로 끔찍하고 무서운 병들이다.

② 위험인자

심장질환이 유전일 때, 흡연자이거나 고혈압일 때 또 당뇨병심장발작 2배 이상 증가일 때, 술을 좋아하거나 비만일 때, 콜레스테롤 cholesterol 수치가 높을 때, 여지없이 철저한 관리가 필요하다고 한다.

③ 심장병과의 싸움에서 이기는 최선의 무기

- 운동: 빨리 걷기 혹은 조깅이나 가볍게 뛰기, 수영, 에어로빅 체조, 계단 오르기 등을 권장한다. 시간은 일주일에 3~5회, 30~60분이 적합. 근육 운동은 일주일에 2~3회 정도.

- 식단: 건강한 식습관을 유지하면 심장병 발병률을 낮추고, 식습관을 바꾸기만 해도 만성질환을 예방할 수 있다.

  » 하루에 과일과 채소를 다섯 번씩 매일 먹으면 심장 질환에 걸릴 확률이 낮아진다고 한다. 심장병, 뇌졸중은 물론 비만과 당뇨병까지 예방한단다. 과일과 채소에는 항산화 물질이 풍부하기 때문이다. 토마토, 당근, 레몬, 브로콜리, 블루베리, 가지 등이 좋다.

  » 견과류로는 땅콩, 호두, 아몬드 등과 아보카도, 올리브유에 있는 단불포화지방산이 콜레스테롤 수치를 낮추고, 염증을 완화한단다. 또 해산물과 생선, 옥수수유, 해바라기씨유 등에 풍부한 불포화지방산은 가장 좋은 지방으로 콜레스테롤 수치를 낮추고 항염 작용을 한다는 것. 특히 연어나 고등어, 정어리, 꽁치 등 기름기 많은 등 푸른 생선을 통해 섭취할 수 있는 오메가 3가 항염 작용이 가장 좋다고 한다.

- 이탈리아에서 100만 명 이상을 상대로 18년간 추적 관찰한 연구 결과를 보면 ⓐ 과일과 채소, 빵, 기타 곡류, 감자, 콩류, 견과류, 씨앗 등의 섭취 ⓑ 사용하는 지방은 올리브유 ⓒ 유제품과 생선, 가금류는 적당히 섭취하되, 붉은 살코기는 거의 먹지 않는다. ⓓ 달걀은 일주일에 4번 정도 먹되, 하루에 하나 이상 먹지 않는다. ⓔ 와인은 남성은 하루 두 잔, 여성은 한 잔 정도 권장.

● 당뇨 관리

당뇨병은 랑게르한스섬의 베타 세포에서 나오는 인슐린이라는 호르몬이 선천적으로 부족하거나, 비만 또는 그 밖의 원인에 의해 인슐린이 부족해져 생기는 병이란다. 한마디로 당질탄수화물의 대사 과정에 이상이 생긴 것이다. 이 병은 현대인처럼 생활이 기계화, 도시화될수록 걸리기 쉽고, 40~50대에서 가장 많으며 만성 합병증을 일으키기 쉽다는 점과 유전 확률이 높다고 한다. 이 병의 무서운 것은 역시 합병증이다.

① 위험 인자

당뇨병은 나이가 많을수록40~50대, 특히 비만인 경우 발병 확률이 높다고 한다. 감염증에 걸린 사람, 사업 부진, 극심한 심경 변화, 가정 내 불화 등으로 정서적 과로가 장기간 계속된 경우, 또 병이 잦은 환자로서 인슐린 분비가 부족한 사람이 위험하다고 한다.

② 운동 요법

확진을 받은 사람은 반드시 식사 요법과 운동 요법을 해야 한다. 과

격한 스포츠가 아닌, 식사 요법과 마찬가지로 매일 습관적으로 몸을 움직이는 활동을 요구한다. 그중에서도 걷기 운동이 다리 근육을 강화하고 혈액순환을 좋게 만들며, 또 한편 호흡과도 관련이 있기 때문에 횡격막과 내장을 움직이게 하는 등 효과가 크다는 것이다. 운동량은 하루 1~3시간 정도, 시간대는 식후 30분 후 혈당치가 상승할 무렵이 좋다고 한다. 다만 공복空腹 시의 운동은 피해야 하며, 동시에 지나치면 안 된다는 점이다. 심한 운동은 증상이 악화되기도 하기 때문이다.

이처럼 당뇨병에 운동이 필수라는 점은 당뇨병이 육체 노동자보다 몸을 별로 움직이지 않는 정신 노동자에게서 많이 나타난다는 점 때문이다. 그래서 건강할수록 운동은 필수라는 사실을 잊어서는 안 된다. 그리고 현대는 식생활이 풍부해진 시대다. 포식飽食을 즐겨 비만해져서는 안 된다는 각오도 필요하다.

● 고혈압 관리

혈압의 상승은 모세혈관毛細血管의 노화에 의해 생긴다. 노화된 모세혈관은 더욱 가늘어져서 탄력까지 떨어지기 때문에 콜레스테롤 등의 찌꺼기가 차서 피가 잘 통하지 않게 된다. 그래서 노화가 혈압을 상승시키는 원인이 되는 것이다. 반대로 젊은 10~20대가 고혈압이 되면 병적 현상이라고 한다. 이 경우가 더 좋지 않다는 것이다. 세계보건기구WHO는 160mmHg 이상을 고혈압, 140mmHg 이하를 정상 혈압, 그리고 이 중간의 140~160mmHg를 경계역 혈압이라고 정의했다.

① 위험 인자

고혈압이 있다고 해도 동맥경화만 일어나지 않는다면 두려워할 병이 아니지만, 혈압이 높으면 혈관이 손상되기 때문에 위험하다는 것이다. 심장의 관상동맥과 뇌동맥은 특히 동맥경화가 일어나기 쉬운 부위로, 이 두 동맥은 생명에 직접적으로 관계되는 만큼 대단히 중요하다는 것이다. 동맥경화를 일으키기 쉬운 질환에는 고혈압과 비만증으로 보고 있다.

② 생활환경에 좌우되는 고혈압

장기간의 분쟁, 가정 불화, 이웃과의 다툼 등 정신적 스트레스는 고혈압의 적이다. 따라서 매사 정신적으로 동요하지 않는 습관이 바람직하다고 한다.

건강한 사람도 하루에 식염食鹽을 30g 이상 섭취하면 혈압은 자동적으로 올라가기 때문에 쌀밥과 함께 식염이 많이 들어간 반찬된장국, 건어물, 채소절임, 생선조림 등의 짠 음식의 과잉 섭취는 반드시 피해야 한다. 육식肉食이라고 해서 고혈압과 크게 영향이 없고, 오히려 인간에게 필요한 단백질적정량이어서 필수로 여긴다. 다만 동물성 지방이 적고 비타민이 풍부한 식사가 바람직하다고 한다.

고혈압 환자에게 추운 날, 특히 바람이 강하게 부는 날에는 혈압이 올라가므로 방한복은 필수다. 소식과 운동으로 체중 조절이 필요하며, 잠을 충분히 자고 대변을 잘 보는 것도 고혈압 예방에 좋다고 한다. 다만 고혈압 환자는 무조건, 무조건 금연해야 한다. 또 단것을 지나치게 먹어서는 안 된다. 이뇨 강압제 복용은 필수다.

③ 대한고혈압협회 지침: 가정 혈압 관리

고혈압에는 아침 고혈압, 야간 고혈압 진단 분류가 있다. 아침에 일어나서 1시간 이내, 잠자기 전 1시간 이내, 하루 두 번 재는 게 좋다고 한다.

꾸준히 측정된 가정 혈압은 진료실 혈압보다 심혈관 질환 발생이나 사망률 예측에 더 정확한 것으로 조사됐다는 사실을 보더라도 가정에서 측정이 훨씬 효과적이란 사실이다. <u>스스로 측정하는 행동 자체가 건강 수명을 늘린다</u>는 것이다.

● 목 관리

현대인은 만성피로를 비롯해 두통, 불면증, 어지럼증, 소화불량, 수면 장애 등을 호소하는데, 병원에서도 '신경성'이란 이름으로 진단받는 난치성 질환의 원인이 곧 목이라는 사실이다. 보통 심장에서 나온 동맥혈은 목을 거쳐 뇌로 가고 뇌에 신선한 영양소와 산소를 공급한 정맥혈은 목을 통해 전신으로 빠져나가는데, 목 근육이 굳고 목뼈가 비틀어져 혈관을 압박하면 뇌는 신선한 혈액을 공급받을 수 없어 뇌 혼미나 건망증이 생길 뿐 아니라 안구 건조, 안구 피로, 시력 저하, 충혈이 나타나기도 한다는 것이다.

또, 목 뭉침으로 미주신경이 손상되면 심장 박동수나 혈압이 급격하게 낮아지고 뇌 혈류가 감소해 의식을 잃고 쓰러지기도 한단다. 이를 미주신경 실신이라고 하는데, 이때는 반드시 목을 잘 풀어서 미주신경을 활성화해야 한단다. 따라서 거북목은 내 몸이 무너지고 있다는 첫 신호이다. 몸의 균형을 무너뜨려 골절 위험이 정상인보다 1.7배 높고, 노인 사망률이 1.4배 높다고 한다.

특히 목을 쭉 뺀 거북목 자세가 지속되면 목 관절에 염증이 발생하고 호흡에도 지장을 준단다. 그것이 오래 진행되면 등도 굽고 허리에도 무리가 간다는 것. 또 손 저림, 오십견, 무릎관절염의 원인이 되기도 하며, 미주신경을 압박해 소화 장애, 두통, 어지럼증, 시력 저하, 턱 장애 등 많은 난치성 질환의 출발점이 된다고 한다.

① 목 관리 방법

《아픈 사람의 99%는 목이 뭉쳐 있다》의 저자 백정흠, 이동관 원장 역시 병원을 찾는 환자의 굳은 목을 풀어 두통, 어지럼증, 불면, 소화 불량, 안면 비대칭, 자율신경실조증, 공황장애, 과민성대장증후군, 우울증 등을 치료한다고 한다. 목뼈를 바로 잡고 목 근육을 풀어주면 뇌가 온몸을 치료하기 시작한다는 것이다.

일본의 물리치료사인 나가이 다카시는 '목 펌핑'을 제안했다. 일본에서 선풍적인 인기를 끈 이 운동은 '리듬 운동과 늘리고 이완하기'를 통해 목의 뻣뻣함을 해소하고 혈류를 촉진해 피를 전신으로 보내는 원리를 바탕으로 하고 있다.

② 목 건강을 지키는 생활습관

- 목 건강을 해치는 최악의 자세: 누워서 TV 보기, 높은 베개 베고 자기, 고개 숙여 스마트폰 보기, 오랫동안 한 자세로 있기 등이다.
- 앉을 때는 엉덩이를 의자 깊숙이 넣어 허리를 등받이에 붙이고, 머리를 누군가 잡아당기는 기분으로 앉아야 턱이 당겨지고 척추가 곧게 펴진다.
- 목과 어깨를 풀어주는 마사지기에는 저주파 마사지기와 휴대용 마사지기가 있다.

● 근육 관리

나이가 들어 기운이 없는 건 근육이 약해졌기 때문이라고 한다. 우리 몸에 근육량이 빠르게, 심하게 감소하는 현상을 일컬어 '근감소증'이라고 한다. 이는 근육량이 떨어지면서 신체기능이 떨어지는 상태란 얘기다. 한국인은 대개 65세 이상에서 20%, 80세 이상에서 50% 근감소증을 보인다는 것이다.

이렇게 근육이 줄면 당뇨병, 고지혈증이 악화되고, 심혈관질환 발생 위험이 3~5배 증가하며, 치매 위험도 커진다는 것이다. '근감소증'은 운동보다 영양부족으로 발생하기 때문에, 영양보충에 중요한 열량, 둘째 탄수화물, 셋째가 단백질인데, 일반 식사만으로는 충분한 열량과 탄수화물, 단백질을 섭취하기 어려우므로 이럴 때 좋은 대안이 성장기 아이들이 먹는 '분유'가 노인들에게 필요한 영양분이 충분히 들어 있다고 권유한다. 여기에다 고구마 섭취를 권장하며, 근력운동을 생활화하라고 강조한다.

● 운동

장수하는 사람은 체내에 지방질이 적은 사람이다. 체내 지방질을 제거하는 방법이 곧 근육을 튼튼하게 하는 것이다. 튼튼한 근육 속에서 지방을 태워버리기 때문이다. "생명은 운동에 달려 있다" 중국 격언이다. 역시 사람은 운동하지 않고서는 건강을 유지할 수 없다. 어쩌면 건강의 제일의 필수 조건인지도 모른다.

그러나 제 몸 아파보지 않은 사람한테 건강이니, 운동이니 아무리 강조해도 나 몰라라 하기 십상이다. 그러나 한 번 아파본 사람은 그것을 두 번 다시 경험하지 않으려고 열심히 운동하고 심신을 단련하고자 피나는 노력을 한다. 손가락 하나 삐끗해도, 이빨이 욱신욱신 쑤셔도 전체의 극히 작은 일부분이지만 몸 전체로 파급되어 견디기 힘들다. 기계도 부품 하나에 문제가 생기면 작동을 멈춘다. 세상일 그렇지 않은 것이 없다. 그래서 건강은 건강할 때 지켜야 한다. 지극히 단순한 말이지만 진리다.

사람은 대부분 50~60대가 돼서야 체력 관리에 소홀히 했던 것을 후회한다. 따라서 30대에 장기전을 대비할 시기다. 이 시기에 관리하지 않으면 힘든 상황이 올 수도 있다. 운동장이 아닌 동네 한 바퀴도 운동의 활동 무대가 된다. 지금이라도 많이 먹기보다 영양가 있는 음식을 섭취하고 내 몸에 운동을 선물해야 한다. 운동이 더 젊은 인생을 만들기 때문이다. 튼튼한 팔다리가 맏아들보다 낫다는 말 잊어서는 안 된다. 열심히 운동한 다음날, 근육의 욱신거림은 운동하는 목표를 달성하고 난 뒤에 찾아오는 만족감이다.

· 걷기 운동

꾸준한 걷기는 고혈압을 낮춘다. 하루 20분 정도의 걷기는 심장병 위험을 30%까지 줄인다는 연구 결과도 있다. 세계보건기구도 우울증을 개선하는 데 햇볕을 쬐며 걷기를 약물 치료 버금가는 것으로 추천한다. 특히 현대인은 많은 시간을 앉아만 지내는 '의자병'이 담배나 과음보다 해로운 것으로 조사된 만큼, 틈날 때마다 걷기를 습관으로 삼아야 한다고 강조한다. 하루 1만 보보다 하루 30분 정도 땀이 날 정도로 빠르게 걷고 근력 운동을 하는 것이 더 효과적이라고 한다. 미국 의학협회 저널 네트워크 연구 결과다.

살 빼려고 걷기를 한다면 시속 6~7km로 빠르게 걷는다. 약속 시간에 늦어 서둘러 갈 때의 속도다.

체력 증진이 목적이라면 '천천히'와 '빠르게'를 반복하는 인터벌 Interval 걷기를 권한다. 3분은 중간 속도로 걷고, 3분은 속보로 걷고, 이를 계속 반복하는 식이다. 유의할 것은 걷기 전에, 걷고 난 후 스트레칭이 중요하다. 종아리 근육을 위해 의자나 벽을 잡고 한 발을 뒤로 빼서 종아리 근육을 정치한 채 쭉 펴주는 자세30초 혹은 같은 자세에서 무릎을 굽혀 발바닥을 펴주는 스트레칭을 말한다.

다만 미세먼지 나쁨 단계에서 운동은 금물. 미세먼지가 '나쁨' 수준인 날 야외에서 1시간 동안 숨을 쉬는 것은 밀폐된 공간에서 1시간 40분 동안 담배 연기를 마시는 것과 같다고 한다. 또 자동차가 많이 다니는 도시에서의 조깅은 뇌 건강에 나쁘다[2]는 연구 결과도 있다. 쾌적한 실내 운동으로 바꿔야 한다.

★ 심장 강화 걷기 운동

《미친 듯이 20초》를 쓴 마이클 모슬리 박사 팀의 실험 결과, 하루 1만보약 8km 정도, 2시간 소요를 걷는 사람이 순수 운동량은 앞섰지만, 하루 10분씩 3회 빨리 걷기거리 약 2.4km, 3,000보 정도가 1만 보를 걷는 것보다 강도 높은 신체 활동을 더 많이 한 것으로 나타났다고 발표했다.

● 관절 관리

사람이 걷고 서고 움직이는 모든 것이 관절과 연관된다. 관절염을 일

---

2) 브뤼셀브리예대학, 영국 에든버러대학 연구

컬어 "통증과 기능성 장애를 유발하는 데 그치지 않고 일상생활에 지장을 주면서 우울감, 무력감, 소외감 등 육체적·정신적 문제를 유발하는 병"이라고 정의한다. 관절염이 생기면 삶의 질을 떨어뜨리고 일상이 괴로울 수밖에 없는 큰 질병이다. 그렇게 중요한 부위가 관절이다.

관절염에는 '퇴행성관절염'과 '류머티즘성관절염', '통풍성관절염' 등이 주를 이루는데, 퇴행성관절염은 노화로 인해 나타나며, 뼈 사이에서 완충 작용을 하는 연골판과 뼈를 감싸고 있는 연골이 손상되거나 닳아 없어져 생긴다. 뼈끼리 맞부딪쳐 극심한 통증을 유발한다. 그중에서도 사람이 걸을 수 없는 지경으로 발전하는 골다공증骨多孔症은 더 무서운 병이다.

류머티즘성관절염은 원인 불명의 염증성 질환으로, 주로 아침에 일어나면 주먹을 쥐기 힘들 정도로 손이 뻣뻣하고 손가락 마디가 아프다면 류머티즘성관절염으로 본다. 바람만 스쳐도 통증이 느껴진다는 '통풍'은 주로 엄지발가락 뿌리, 발목 관절, 뒤꿈치, 손목, 손가락 등에 극심한 통증을 유발하며, 40대 남성에게 많이 발생한단다.

이처럼 관절은 좌식생활 문화로 양반다리나 쪼그려 앉기 등 잘못된 생활습관이나 노화 등에 의해 망가지기 쉽다. 따라서 '무릎'의 경우 절대 피해야 할 자세는 쪼그려 앉기, 과체중, 같은 자세로 오랜 시간 앉아 있기, 무리하게 계단 오르기, 테니스, 에어로빅, 108배 등은 반드시 피할 것을 강조한다.

그리고 관절을 보완하기 위해서는 햇빛을 많이 쐬고 걷기운동은 필수. 정기적인 골다공증 검사도 필요하며, 골다공증과 관절연골을 보호하기 위해 오메가-3 지방산이 함유된 등 푸른 생선과 칼슘이 많은 깻잎, 우유, 멸치 외에 당근/두부/시금치/견과류 등을 추천하며,

산양유 단백질과 보스웰리아 제품 등 건강기능식품을 권장하기도 한다. 관절에 술, 담배는 금물이다.

● 코골이 관리

코골이는 잠자는 동안 호흡하는 공기가 드나드는 길, 즉 상기도숨길가 좁아져서 생기는데, 좁아진 상기도를 지나느라 공기저항이 커지고, 이것이 상기도 주변 구조물을 진동시켜 소리가 나는 현상이란다. 코에서 나는 소리가 아니라 목에서 나는 소리라는 얘기다. 이때 상기도가 아주 심하게 좁아져 막히면 공기가 드나들지 못해 잠깐씩 반복해서 숨을 멈추는 '수면무호흡증'까지 생긴다는 것이다. '코골이와 수면무호흡증 환자'는 대체로 과체중에 목이 굵고 짧다는데, 반대로 정상 체중을 밑도는 마른 체중이나 목이 굵지 않은 사람들도 많다고 한다.

치료 방법은 진단에 따라 병원 치료와 '양압기'를 쓰는 방법이 있다. 양압기는 잠자는 동안 적당한 압력과 습도의 공기를 기도로 불어넣어 기도를 넓히기 때문에 호흡이 원활해진다는 것. 양압기는 수축기 혈압을 5~7mmHg 낮추고, 뇌졸중 위험률 56%, 심근경색증 위험률 37%가량 낮춘다고 한다.

단, 양압기는 플라스틱 마스크처럼 생겨서 밤새 쓰고 자는 게 쉽지는 않다는 점이다. 양압기 처방을 받은 환자도 잠들기 어렵다고 호소한다. 그러나 경험자에 따르면 1~2주만 견뎌보면 바로 적응하면서 잠을 푹 잘 수 있어 아침에 몸이 훨씬 가볍고 개운하다고 자랑한다. 또한, 활력과 집중력이 좋아지고, 고혈압도 호전돼 복용하는 약이 절반 이하로 줄었다는 것이다. 효과적인 처방인 셈이다.

● 미소

  쇼펜하우어와 노먼 카슨스는 "많이 웃는 자는 행복하고 많이 우는 자는 불행하다" "웃음은 인류의 방탄조끼다" "하루에 15번 웃는 사람은 의사를 멀리할 수 있고, 하루에 세 번 웃으면 아침에 조깅한 것과 같다"고 설파했다. 노벨평화상을 수상한 슈바이처 박사는 '이 세상에 해야 할 일이 있다는 자각과 미소 감각이 조화를 이루면 모든 병을 물리치는 약이 된다'는 신념을 전파했다. 그는 늘 유머러스함을 강조했으며 식탁에서도 유머Humor로 주변 사람들을 미소 짓게 만들기로 유명했던 분이다. 미소는 만물의 영장인 사람만이 가진 표현법이다. 히포크라테스 말처럼 최고의 운동은 걷기이고 최고의 명약은 웃음이란 것이다.

  웃음은 장수의 비법이다. 웃을 때마다 면역력이 생기고, 엔도르핀 같은 호르몬이 분비돼 우울감과 통증까지 줄어든다는 연구 결과가 수없이 많다. 하루 15초만 웃어도 수명이 연장된다니 웃어볼 일이다. 남을 매혹하게 하는 미소를 주어서 손해 보는 법은 절대 없다. 이처럼 웃음은 불치병도 극복하는 힘을 준다. 그러나 웃을 일이 없는 세상에서 먼저 웃음을 유지하는 비법을 찾아보는 것이 우선일 것 같다.

● 성 관리

  인간에게 성性은 생물학적 욕구이며, 본능이다. 창피하게 생각할 필요 없다. 건강한 성욕은 삶의 에너지로서 영성의 원천이며, 그것은 감각으로, 활기로, 삶의 즐거움과 생산력과 창조력으로 변해간다. 만약 정력이 소모되었다면 허벅지 강화 운동이 좋다. 그리고 앉은 자리에서 하는 괄약근 강화 운동이 효과적이다. 항문 조임, 괄약근-요도 및 괄약근 강화에 특효인 케겔Kegel 운동은 배뇨 장해, 절박뇨, 요실금 치료에서 정력까지 강화해준다.

케겔 운동은 항문을 오므렸다 폈다를 반복하면 된다. 남모르게 할 수 있는 유일한 운동법이다. 최소한 하루 30분 이상이 좋다. 나이가 들어 전립선에도 효과적인 필수항목 운동법이다. 의사들의 권장 사항이다. 여기에다 산수유를 차로 마시거나, 한약재로서 녹용도 효과가 크다. 다만, 비아그라Viagra는 인체에 해를 끼치는 위험한 약이다. 복용해선 안 된다.

● 명상

명상은 전 세계 거의 모든 곳에서 실천되어온 자기계발과 자아실현의 방법으로 알려져 있다. 명상의 효과는 이미 수많은 실험을 통해 과학적으로 입증되었고, 서구에서 명상은 상식으로 통한다. 명상 열풍이 일고 있다. 미국과 유럽의 많은 다국적 기업에서 필수 도입 프로그램으로 자리 잡았다. 세기적 변화의 최전방에서 시작된 명상의 바람은 한국에도 예외는 아니다.

마음을 안정시키고 건강을 회복해주는 데 그치지 않는다. 신체를 단련하듯 명상을 통해 뇌를 단련하고 정신을 훈련함으로써, 건강과 스트레스 해소, 감정 조절, 집중력 강화와 창의력, 자기성찰 등 다양한 효과들을 입증하고 있다. 처음 인도의 힌두교, 불교에서 유래한 명상은 '마음을 안으로 몰입시켜 내면의 자아를 확립'하고, 점차 깊어질수록 의식 회로는 잠재의식의 층을 돌파해 초의식의 영역에 진입한다는 것. 과거와 미래가 바로 눈앞에 펼쳐진다.

● 초미세먼지

한 보고서에 따르면 건강을 유지하기 위한 최상위 조건으로 식사도 운동도 아닌 공기와 물이라는 결과까지 나왔다. "오염된 공기에 장기간 노출되면 폐 질환뿐 아니라 심장 질환, 뇌졸중, 당뇨 등 각종 질환에 걸리고 수명 단축 위험성이 커지는 것으로 나타났다"라고 밝혔다. 미국심장학회가 발행하는 국제 학술지 《순환기학》에 발표된 것들이다.

인간의 몸에서 심장은 생명의 중심이다. 심장은 끊임없이 박동하며 인간의 생명을 유지하게 한다. 그런데 그 해가 되는 한국의 미세먼지가 OECD 국가 중 2위라는 사실에 주목해야 한다. 공기가 가장 좋은 곳이 무성한 나무숲의 해발 700m라는 말은 이제 전설이 되었다.

● 생활 강령

- 사람이 40분 이상 한자리에 오래 앉아 있어서는 안 된다. 최소한 1시간 이내에 기지개를 켜며 자리에서 일어나 2~3분 만이라도 몸을 움직여줘야 한다.
- 코피가 났을 때는 코를 틀어막겠다는 생각을 버리고 5~10분간 콧잔등을 가볍게 눌러주면 피가 멎는다. 의사의 조언이다.
- 자다가 다리에 쥐가 날 때는 손으로 주무르는 것보다 일어나서 걷는 게 낫다. 쥐가 잦으면 혈액순환 기관용 약을 복용하는 것도 한 방법이다.

제5과

마음 성찰
Introspect Mind

소동파 蘇東坡 는 인간을 향해 "창해의 좁쌀 한 톨처럼 보잘것없다"라
고 노래했다. 그저 무력하고 갈대처럼 약한 동물이요, 특별할 것 없는
좁쌀 한 톨의 존재란 얘기다. 그러나 인간이 한 가지 자연과 다른 것
은 생각하는 갈대와 같다는 점이다. 비록 갈대처럼 흔들리기 쉽고 또
연약하지만 생각하는 힘을 가지고 있기에 고귀하고 위대하다는 것이
다. 수학자 파스칼 Pascal 의 《팡세》의 서두에 나오는 유명한 말이다.

인간이 비록 지구상의 어떤 동물보다 뛰어나고 우월하다고 할 수는
없지만, 단 하나 정신력으로 무장한다면 그 어떤 한계도 뛰어넘을 수
있다는 점을 비유한 것이다. 그 정신력에 강한 신념까지 더한다면 기
적에 가까운 대업을 이루고, 무 無 에서 유 有 를 창조할 수도 있음을 표
현한 것이다. 천지가 텅 빈 혼돈 속에서 태어난 벌거벗은 태초의 원시
인이 비록 미력하고 왜소한 몸을 가졌지만, 정신력 하나만으로 처절했
던 혹독한 환경을 이겨내어 오늘날과 같은 문명 세계를 이룩해놓지 않
았는가? 그 인간을 바로 정신과 신체로 구분한다. 그중에서도 인간의
이성을 관장하는 정신을 곧 진정한 나의 모습으로 보는 것이다.

◈ **정신이란 무엇인가?**

정신이란 사물을 느끼고 생각하며 판단하는 능력이라는 것이 사전
적 의미다. 그 정신에 대해 소포클레스는 "정신精神은 자유"라고 했
고, 탈무드에는 "인간은 정신의 촛대"라고 적고 있다. 인간의 본질이

정신이란 얘기다. 마음속에 깃든 정신이 움직이고, 느끼고, 기억하고, 예견하며, 지배하며 나의 나약한 육체를 이끌어 나아가고 있다는 것이다.

◈ 마음이란 무엇인가?

그렇다면 '마음'은 무엇일까? 마음의 사전적 의미는 "사람이 본래부터 지닌 성격이나 품성, 사람의 생각, 감정, 기억 따위가 생기거나 자리 잡는 공간이나 위치"라고 적고 있다. 그 마음이 사람의 뇌와 상호 작용한다고 한다. 우리 마음에서 일어나는 일에 영향을 끼치는 것은 내가 책을 보고 책을 좋아하거나 싫어하는 등의 이유가 눈으로 들어오는 빛이 뇌에서 그런 일들을 일어나게 하기 때문이란다. 이렇게 몸과 마음은 상호작용한다. 그렇다면 뇌가 곧 마음일까? 어쩌면 '우리 마음은 뇌와 같은' 것일지도 모른다.

그러나 심리학자와 과학자들의 의견은 다르다. 심리학자들은 두뇌와 신체가 합쳐진 것이 바로 마음이라고 했다. 즉 '두뇌+신체= 마음'이라는 것이다. 반면 뇌공학자들은 '뇌가 마음Brain is mind'이라고 주장하고, 신경과학자들은 마음이란 두뇌가 활동하는 것이라고 주장한다. 두뇌와 행동 그리고 인지認知가 통합된 전체가 바로 마음이라는 것이다.

◈ 내 마음의 작용

파스칼은 "인간은 생각하는 갈대"라고 했다. 인간의 마음은 끊임없이 움직이고 느끼고 생각한다. 우리가 감각을 통해서 느끼고, 생각하고, 인식하고, 기억하고, 감정이 나오고, 의지가 확고하게 일어나도록 하는 모든 내적인 정신적 행위들이 마음의 영역에서 나오는 마음의 기능이란 것이다. 이러한 마음 작용을 하는 기능은 누구나 똑같이 가지고 있는데, 사람마다 그 마음을 내는 결과에 서로 다른 질적인 차이가 있을 뿐이라는 것이다.

즉, 상대방의 충고에 감사하다는 반응을 하는 사람이 있는가 하면, 기분 나빠 하는 사람도 있다고 한다. 이렇게 서로 다른 감정과 감각을 내는 결과는 마음의 심층적인 구성 토대가 사람마다 다르기 때문이라는 것이다.

· 마음은 정신적 작용의 총체

철학자 피론Pyrrhon은 알렉산드로스와 동방 원정에 함께 할 때, 인도印度에서 타오르는 장작더미에서 자세 한번 흩트리지 않고 평온한 모습으로 '분신焚身' 하는 수도승을 목격하게 되면서, 그 장면에 충격을 받은 피론은 모든 것이 마음의 문제라고 확신하게 된다. 사람의 마음이 세상을 규정 짓고 결국 삶의 모양까지 결정한다고 보았다. 이처럼 마음은 투명한 거울로서, 모든 것이 되고 안 되는 문제가 사람의 마음에 달려 있다는 것이다.

사람은 기분이 고양되면 기운이 나는 존재다. 마음과 신체가 이어져 있기 때문이다. 그래서 마음을 정신적 작용의 총체라고 한 것이다. 자신이 그렇다고 생각하면 그런 것이요, 아니라고 생각하면 아닌 것이다. 저 사람이 밉다고 생각하면 미운 것이고, 예쁘다고 생각하면 예쁜 것이다. 자신이 힘들다고 생각하면 힘든 것이요, 견딜만 하다고 생각하면 힘들지 않은 것이다. 그래서 행복한 인생을 살지 불행한 인생을 살지는, 오로지 일과 사물을 대하는 내 마음가짐에 달려 있다는 해석. 그래서 나를 구원해 주는 동아줄과 같은 강한 정신력이 동반해야 하는 것이다.

· 부정적인 생각과 의식

심리학자 섀드 헴스테터에 의하면, 인간은 한 시간에 약 2,500가지, 1분에 약 42가지 생각을 한다고 한다. 그런데 중요한 것은 이들 생각의 대부분에 해당하는 85%가 부정적인 생각이라는 점이다. 생각은 자신을 점유하고 지배하는 것인데, 대부분의 생각이 부정적이라는 것은 자신을 부정적으로 의식하고 지배하고 있다는 의미이다. 따라서 생각이 부정적인 사람은 덩달아 의식이 부정적이고 행동이 부정적이며, 습관과 삶까지 부정적으로 된다는 데 문제의 심각성이 있다.

· 내 마음, 나도 모른다

그런 내 마음을 나도 모른다는 것이다. 영국의 물리학자 아이작 뉴턴이 "천체天體의 운동은 얼마든지 계산할 수 있지만, 사람의 마음은 계산할 수 없다"라는 것과 같다. 유행가 가사처럼 "내가 나를 모르는데 넌들 나를 알겠느냐" 하는 것이다. 사람이면 내가 무엇을 하고 싶은지, 무엇을 해야 행복할지 모른다. 그래서 노자老子가 "남을 아는 자는 똑똑하다고 하고 자기를 아는 자는 현명하다"라고 한 것이다. 달마達磨도 "마음, 마음이여! 알 수가 없구나. 너그러울 때는 온 세상을 받아들이다가도 한번 옹졸해지면 바늘 하나 꽂을 자리가 없구나"라고 탄식하지 않았던가.

밤낮을 가리지 않고 평생 쉬지 않고 움직이는 것이 마음이다. 그 생각들이 어떤 것은 이롭고 긍정적인 행동을 부추기지만, 어떤 것은 부정적인 행동을 유발한다는 데 크나큰 문제점을 안고 있다.

◈ 내 마음의 밭을 갈고닦는 일

오늘날 우리 사회는 팽창적이고 압축적인 경제 성장 및 가파른 과학의 발전으로 개인적, 가정적, 사회적으로 급격한 변화를 가져왔다. 그 변화에 따른 불안, 우울, 고독, 관계의 단절, 중독 그리고 자살 등의 마음 건강이 우리 사회에서 뜨거운 감자로 자리 잡게 되면서 내본마음을 찾는 것보다 더 중요한 궁극적인 목적은 없다는 생각이 든다. 인간에게 마음은 보이지 않지만 내 삶에 크나큰 영향을 미치고있는 인생 파트너Partner이기 때문이다. 그래서 시선을 내 마음으로 돌려보는데, 몸은 마음대로 부릴 수가 있지만 마음은 그렇게 쉽게 부릴 수가 없다는 점이 문제다.

생각하지 않으려 해도 떠오르는 천만 가지 잡다한 생각들이 끊임없이 흐르는 물처럼 평온하게, 때로는 물결을 일으키며, 때로는 거칠게 용솟음친다. 이 생각들이 마음의 적敵으로 변한다. 이를 가만 놔두면 생각이 괴물처럼 커져서 마침내 나를 잡아먹고 내 영혼을 질식시킨다. 그러한 생각들이 지금 이 중요 순간에도 나를 온전히 집중하지 못하게 하고, 그것들은 두려움이나 슬픔, 수치심 등의 격렬한 감정의 원인이 될 뿐이다.

그렇다면 어떻게 내 마음의 밭을 갈고 닦아야 할까? 어떻게 하면 보람 있고, 감격스럽고, 행복하고, 영광되고 후회 없는 인생을 살 수 있을까? 그것은 오로지 마음공부밖에 없다. 자신의 마음에 관심을 보일 때 위로받고 힘을 얻어 그 보답으로 긍정, 창조, 공감 등의 에너지를 선사할 것이다. 갖가지 욕망으로 '흐려진' 마음이 수많은 번민과 괴로움, 고통을 지어내는 것과 달리 맑은 마음은 깊은 샘의 깨끗하고 시원한 물처럼 삶의 희열을 누리게 해줄 것이기 때문이다.

● 마음공부

마음공부란 내 안의 어두운 인식들을 닦아내는 것이다. 내가 나하고 부단히 싸우고 수양할 때 비로소 진실한 인간이 될 수 있다. 그렇게 공부해서 만약 내 마음을 조정할 수 있다면 비록 재산이 없더라도 무엇 하나 걱정할 것이 없다. 만약에 자기 자신을 지배할 수 있다면 인생에서 더 큰 승리는 없을 것이다. 진실로 가치 있는 재산은 내 마음에 있기 때문이다. 플라톤 역시 인간 최대의 승리는 내가 나를 이기는 것이라고 했고, 《성경》에도 "마음을 이겨낼 수 있는 사람은 한 고을을 지배하는 사람보다 강하다"라고 했다.

마음을 조정하는 의지의 힘을 써서 마음을 조정할 수 있느냐 없느냐는 자기훈련과 습관에 의해 결정된다. 내 마음이 맑고 조용할 때란 바로 자신의 내부에 그 어떤 잡다한 표류물이 없는 상태를 말한다. 원효대사의 깨달음에서 우리가 배울 수 있는 것은 마음이 텅 빈 허공과 같아야 한다는 것이다. "내 마음이 우주이며 우주가 내 마음"이라는 범아일여梵我一如의 경지에 도달한 것이다. 그 길이 바로 마음공부다. 오늘날 모든 성공학 이론, 자기계발서를 보더라도 한결같이 '마음'을 키워드로 삼고 있는 이유가 바로 거기에 있다.

날뛰는 마음은 비워서 가라앉히고, 들레는 마음은 추슬러 진정시킨다. 아무리 밖이 소란해도 내 마음이 한가하면, 그 시끄러움이 내 마음을 흔들지 못한다. 생각은 마음이 짓기 때문이다. 텅 비고 고요하니 분노가 일어날 일이 없고, 다툼이 없다. 마음공부를 살펴보자.

· 의식을 전환하는 공부

사람이 어떤 일을 앞두고 불길한 일이 생기면 그것에 연연해 계속 안 좋은 일이 생길 것이라고 불안해한다. 그런데 그것을 부정적으로 생각하면 정말 상황이 악화된다. 무의식일 경우 더욱 그러하다. 반대로 불길한 일이 있더라도 좋은 징조로 받아들이면 반드시 좋은 결과를 얻는다.

바보 같은 생각이라고 생각할지 모르지만 사실이다. 현실은 마음 먹기에 따라서 백이 흑이 되고 흑黑이 백白이 될 수도 있다. 생각이 현실을 바꾸는 것이다. 따라서 긍정적인 생각으로 긍정적인 삶을 영위할 수 있는 환경을 만들어 가는 것이 시급하다는 결론이다. 그러나 긍정적 사고의 습관화는 한순간에 이루어지는 것이 아니라는 점이 문제다. 그것도 지속적인 반복과 연습을 통해서만 가능해진다.

· 명상 공부

마음항상성[3]을 증진하기 위해 중요한 것이 자기성찰인데, 이를 위해 행하는 것이 명상冥想이다. 마음의 '작용'이라는 자신의 참 자아自我를 느끼며 깨어있는 영적靈的인 의식, 이것은 명상이 깊어지면 들어갈 수 있는 영역이다. 그 최상의 단계가 곧 성스러운 마음이다. 이는 마음이 번다煩多하지 않고 다른 곳으로 흐르지 않도록 일심一心을 지속하는 것이다.

오늘날 명상 캠프가 대성황이다. 남녀노소 할 것 없이 명상을 통해

---

3) 생리적 환경에서 마음이 일정한 범위에서 조절되는 현상

나를 돌아보는 성찰의 시간을 갖는다. 내 마음을 털어내고 미움과 원망, 슬픔, 비교, 경쟁, 위선 등 나를 힘들게 하는 거짓 마음을 다 버리면 새로운 사람으로 거듭나는 것이다. 벼르다가 명상을 통해 나를 돌아보는 성찰의 시간을 가졌더니, 힘들었던 마음이 씻은 듯 후련해졌다고 모두가 환호성이다. 《사피엔스》의 저자 유발 하라리도 1년에 한두 번 휴지기를 갖는다고 한다.

명상 방법에는 '집중 명상'과 '관찰 명상'이 있다. 단전호흡은 불교계에서 흔히 행하는 명상으로서 가부좌跏趺坐하거나 허리를 편안한 자세로 곧추세워 앉아 배로 숨 쉬는 복식 호흡법을 말한다. 유대교의 카발라는 머리를 맑게 하기 위한 명상법이다.

· 종교인의 마음공부

불교에서는 참선參禪을 한다. 참선은 제단 앞에 혼자 앉아 무념무상無念無想이 목표다. 탐심욕심내는 마음, 진심성내는 마음, 치심잘난 줄 아는 마음의 가르침을 얻어 밝게 깨어 있기를 실천하도록 한다. 좌선을 통해 무無가 되는 것을 극치로 삼는다. 무를 바꿔 말하면 '무아', 즉 자신을 없앤다는 뜻이며, '무심', 즉 마음을 없앤다는 것이다. 이것이 나의 설 자리요, 이것이 나의 갈 길이다.

도가道家에서는 수신守神을 한다. 나를 잊고 세계를 잊어야만 외물外物에 흔들리지 않고 평정심을 얻을 수 있다. 유교에서는 구방심求放心 공부를 한다. 마음을 놓지 않는 공부다. 그리스도교에서도 명상을 한다. 이렇듯 좌선과 수신과 구방심, 명상과 묵상은 모두 마음을 텅 비워 생각을 잠재우자는 것이다.

· **독서**

여러 생각이 떠돌거든 책을 읽어내는 공부. 육신은 밥을 먹어 생명을 유지하고, 마음은 책을 먹고 생기生氣를 지켜가는 것이다. 그리고 사색思索한다. 사색의 시간은 우리의 마음을 심화시킨다. 이것이 내 본래 마음을 찾는 공부다.

이처럼 마음공부 방법은 각양각색各樣各色이다. 마음을 다스리는 법이 천차만별千差萬別, 헤아릴 수 없이 많다. 그중 어떤 것이 정답이라고 콕 짚어 설명할 수 없다. 다만, 명상을 하나의 시작으로 출발하는 것이 무난할 것이다. 그렇다고 깊이 있게 들어설 필요는 없다.

● 마음 치유

사람이 어른으로 성장한 이후에도 어린 시절 무섭고 힘든 과거의 감정에 머물러 있으면서, 아직도 그 시점으로 현재를 다루려는 현대인이 많다고 한다. 한 중년 남성이 어린 시절 아무도 없는 방에서 밤 늦게야 돌아온 어머니를 기다리는 게 너무 무서웠다고 한다. 그것이 어른이 된 후로도 주위가 어두워지려고 하면 반사적으로 가슴이 뛰기 시작하고 불안감이 밀려온다고 한다. 그 때문에 성년이 되어서도 오래도록 과거와 싸우느라 마음이 지치고 그런 자신에 대한 자포자기적 무력감도 깊어 트라우마에서 좀처럼 벗어나지 못하고 있다는 것이다.
어린 과거의 감정에 머물러 모든 것을 현재 시점에서 처리하지 못하고 아직도 과거의 감정을 달래는 쪽으로만 행동함으로써 그것을 해결하지 못하고 있는 것이다. 이때는 오로지 단호한 결단이 필요하다고 조언한다. 어린 시절의 과거로 끌려 들어가지 말고 현재에서 과

거의 매듭을 풀어야만 해결되기 때문이다. 그러기 위해서는 심리학에서 말하는 '지금 여기'의 상황이 중심이 되어야 한다. 그것이 지혜이고 자기 자신과의 진정한 맞대면이다. 이처럼 마음과 정신이 그토록 무서운 것이다.

● 뇌의 휴식

인간의 뇌는 끊임없이 광범위한 정보를 받아들이고, 끊임없이 사고하며, 끊임없이 느끼고 메모리하고 움직이고 있다. 이렇게 혹사당하는 뇌를 억지로라도 음악을 듣고, 시를 읽고, 여러 취미 활동으로 뇌에 대한 애정을 가져야 한다고 한다. 그럼으로써 뇌는 조금씩이나마 활력을 되찾을 것이기 때문이다.

뇌 전문의의 말에 따르면, 우리의 뇌를 잘 활용하기 위해서는 첫째 독서를 많이 하고, 둘째 적절한 취미를 통해 뇌를 휴식시키며, 셋째 '반뇌 교육'을 '전뇌前腦 교육'으로 바꾸어야 한다고 강조한다. 그중에서도 독서는 뇌 전체를 균형 있게 쓰는 가장 좋은 방법이라고 한다. 특히 읽고, 쓰고, 말하는 것을 동시에 하는 것이야말로 뇌를 균형있게 쓰는 가장 좋은 방법이란 것이다. 여기에 충분한 '수면'도 필수불가결하다는 당부도 잊지 않는다.

제6과

직업
Occupation

직업은 인생의 의의와 가치를 부여하는 사회적 활동이자, 생계를 유지하기 위한 경제적 활동이다. "직업은 인생의 등뼈와 같다"는 철학자 니체의 말대로 직업은 단순히 돈을 버는 수단일 뿐만이 아니라, 그 일에서 사는 의미와 행복과 보람을 찾으며 살아가기 때문일 것이다. 그 직업이 곧 삶을 영위해 가기 위한 기본 수단이자 자아실현의 수단인 셈이다.

그렇게 귀중한 직업 때문에 오늘날 많은 젊은이가 방황하고 있다. 그러나 기회를 만나지 못했다면 망설이지 말고 그 길을 스스로 찾아나서야 한다. 다만, 파격적인 스카우트Scout 제의를 받을 만큼 자신의 능력과 자질을 인정받지 못하면 어렵다는 점이 문제다. 회사는 앞을 내다볼 줄 아는 사람만을 찾기 때문이다. '기업이 원하는 궁극의 인재는 회사에 이익이 되는 사원'이다. 회사는 이익 창출을 위해 모인 곳이기 때문이다.

◆ 취업이 침체 일로다

유엔에서 발표한 〈미래보고서〉에는 세계가 AI 인공지능 로 인해 현존하는 직업의 70%가 사라지고, 로봇 혁명으로 전체 직업 중 3분의 1이 사라질 것이라는 예측이다. 이미 사회 전반에 무인화가 진행되면서 인간과 기계와의 전쟁이 진행된 지 오래다. 이처럼 천군만마 千軍萬馬 가 외나무다리를 건너듯 경쟁이 치열한 세상에 살고 있는 것이다.

그러나 취업 일선에서는 여전히 대기업만을 선호한다. 미래의 중소, 중견업체는 인력난이라는 아이러니Irony한 현상이 지속되고 있다. 이것이 오늘날 우리 사회의 현주소다. 한 취업자가 한 말이다. "취업 문은 좁아도 갈 곳은 많은데, 구직자가 가지 않을 뿐"이라고 한다. 남들이 선호하는 것만 도전하다 보면 몇 번 실패한 이후 스스로 크게 위축되고 초라해질 뿐이다. 자원이 한정된 지구상에서 경쟁이란 불가피한 일이다. 정말 뛰어난 재능을 지니고도 경박한 저울질에 밀려 존재조차 드러내지 못하고 스러진 젊은이가 얼마나 많은가?

· 생각 바꾸기

이름만 들어도 알 만한 성공한 사람들도 첫 직장을 조수부터 시작했다. 마트 트웨인은 "진심으로 하고 싶은 일이 있다면 무보수로 일하라"라고 충고했다. 마크 맨슨도 《신경 끄기의 기술》에서 저성장시대에 성공하려면 "난 특별하다"라는 생각을 버리라고 일침—針을 가했다. 우리의 미래는 어떻게 바뀔지 예측 자체가 불가능하다.

대기업에 취업한다고 미래가 보장된다는 생각은 버려야 한다. 대기업만 바라보며 헛된 꿈을 꾸는 것은 어리석은 생각이다. 가까운 미래에 소리 없이 사라질 직업도 많을 것이다. 이미 인공지능의 발달로 전문직이 하던 일마저도 기계가 대신하는 시대다.

이런 복잡한 세상에서 살아남기 위해서는 나만의 특기나 재능을 발휘할 수 있는 직업을 찾아야 한다. "이젠 어떠한 일을 내 평생의 업으로 삼을 것인가?"를 찾아야 한다. 내가 좋아하는 일, 내게 가치 있는 일, 내가 잘할 수 있는 일을 찾는 것이 직업을 선택하는 출발점이다. 나의 능력과 적성을 분석하여 그 일을 찾아내는 것이다. 대기업이든 중소기업이든 외면할 이유가 없다.

평생 직장이 사라진 이 시대에 우리에게 필요한 것은 평생 직업이다. 남들에게 내세우기 위해 보란 듯이 직장을 찾는 것은 시대에 뒤떨어진 생각이다. 역사상 변화가 가장 빠른 시대다. 생각을 바꾸어야 한다.

· **행복한 임금**

대기업이냐 중소기업이냐를 놓고 생각해보자. 남들이 임금으로 1억 원을 받을 때, 내가 5,000만 원을 받을 것인가? 아니면 남들은 1,000만 원을 받는데, 내가 2,000만 원을 받는 것을 선택할 것인가? 하버드Harvard대 졸업생들은 후자後者를 선택했다. 당연히 절대 액수는 5,000만 원을 받는 것이 크지만, 상대적으로 박탈감을 느끼게 되어 오히려 불행하다고 생각하기 때문이다. 2,000만 원을 받을 경우, 절대 액수는 적지만 남들보다는 더 많이 받기 때문에 우월감에 의해 행복감을 더 느낀다는 것이다. 이처럼 경제적 행복이란 것은 상대적인 것이다.

◈ **21세기 인재 채용 방식**

세계적인 기업, 구글Google은 문제해결 능력과 협력적 리더십을 갖춘 인재를 뽑는다. 출신 학교나 성적 같은 외형적 지표로 사람을 뽑지 않는다. 이제 국내 기업에서도 경력 사원을 채용하거나 뛰어난 인재를 스카우트할 때 출신 학교나 학위를 중시하지 않는다. 학력이나 자격증 등 정확도가 떨어지는 측정 수단에 의존할 이유가 없어진 것이다. 오로지 개인별 업무 능력과 성취 수준을 평가하는 다양한 방법을 출현시키고 있다.

• 창의성 평가

어느 대기업의 채용 절차를 엿보았더니 직무 적합성 평가→직무 적성 검사→실무 면접→창의성 면접→임원 면접 5단계를 도입, 그중 눈길을 끄는 것이 '창의성 면접'이었다. 과거에는 학점, 어학 능력 등 스펙이 채용에 결정적으로 작용했지만, 이제 창의성이 중요 역량이 된 것이다.

갈수록 미래를 예측하는 게 불가능해지는 불확실성의 시대를 헤쳐 나가려면 창의성이 필수이기 때문이다. 창의성이 필요 없는 반복적 인 업무들은 속속 자동화 기술과 로봇으로 대체되고 있다. 앞으로 창 의성은 예술가, 학자, 연구개발 전문가 등 특정한 전문직뿐만 아니 라, 일하는 모든 사람에게 필수적인 능력이 될 것이다.

• 인성 평가

또 취업면접에서 전공보다는 인성人性을 평가하는 기업이 늘고 있 다. 그 사람의 전문적인 능력보다는 '인간 됨됨이'에 더 큰 비중을 두 는 것이다. 인성에 중점을 두고 있는 것은 사람이 사회생활을 원만하 게 하기 위해서는 집단 구성원으로서 지켜야 할 최소한의 예의와 범 절, 도리를 실천해야 하기 때문이다.

미국의 모 대학 MBA 과정에서 기업 CEO들을 대상으로 "당신의 성공에 가장 큰 영향을 준 요인이 무엇인가?"를 조사한 결과 93%가 대인관계에서의 '예절'을 꼽았으며, 나머지 7%만이 '실력'이라고 대 답했을 정도로 대인관계의 예절을 하나의 능력이라고 보고 있다. 이 제 나라를 불문하고 '예절'이 필수 요소로 자리 잡았다. 부드럽고 밝 은 표정, 적극적인 인사, 바른 자세, 공손한 말씨, 단정한 용모와 복장 등은 직장인이 갖추어야 할 매너Manner가 된 것이다.

◈ 직업의 선택

인생에는 세 가지의 중요한 선택이 있는데, 그 첫째가 직업의 선택이요, 둘째가 배우자의 선택이요, 셋째가 인생관과 가치관의 선택이라고 했다. 그중에서 직업은 자신의 노력으로 이마에 땀 흘리며 살길을 개척해나가는 길이다. 그 길이 건전한 삶의 길이요, 떳떳한 생이다. 인간에게 노동만큼 고귀하게 하는 것이 없기 때문이다.

· 욕망의 직업

세상에는 다양한 직업이 있다. 그중에서도 자기 천성에 맞는 직업을 선택한 사람은 늘 행복하다고들 말하는데, 인생의 지향과 의미를 찾아내는 일이 결코 쉽지만은 않다. '내 가슴 뛰는 일'은 내가 원하는 일이고, 내 적성에 맞는 일이고, 그 일이 가치 있는 일이기 때문이다. 그 일이 정신적인 일이든 육체적인 일이든 기쁨과 만족을 느끼고, 그 분야의 발전에도 크게 기여할 수 있다. 아인슈타인이 물리物理에 미쳐 위대한 위인이 된 것처럼, 빌 게이츠가 컴퓨터에 빠져 세계 제일의 부호가 된 것처럼 말이다. 사람은 저마다 천직이 있다. 그래서 자신의 흥미와 취미, 장단점, 능력을 알고, 어떤 직종을 좋아하는지를 알아야 한다. 바로 취미를 발전시켜 창업한 하비프러너Hobby-Preneur처럼….

· 소망하지 않았던 직업

그러나 소망하지 않았던 직업도 많다. 우리 주위에서 이따금 '생활의 달인'을 목격한다. 이들은 지금 하는 일이 처음부터 자신의 천직이라고 인식했거나 간절하게 소망하지 않았던 직업이었다. 이들은 이 직업을 우연히 하게 된 일이기도 하고, 어쩔 수 없이 생업 차원에서 종사하게 된 일이기도 하다. 이 일을 다른 사람들은 지루하다고 무시하거나 편법을 동원하지만, 달인은 스스로 그 일을 사랑하고 연구하고 끊임없이 발전시켜 달인의 결과물로 나타낸 것이다. 그들은 자신만의 가치와 기준을 세우고 노력하면 자연스레 범접하기 어려운 성취와 보람에 이른다는 교훈을 남겼다.

처음 취업에 성공한 그 일이 내 적성에 적합하지 않다고 해서 실망하거나 포기할 일이 아니다. 사람의 능력은 고정된 것이 아니라 교육이나 훈련으로 변하기 때문이다.

◈ 미래의 직업

미래에는 평생 직장, 평생 직업은 아예 존재하지 않는다. 인공지능이 연주는 물론 작곡을 하고, 소설을 쓰고 그림까지 그리는 세상이니, 예술마저 무풍지대無風地帶가 아니다. 뛰어난 기술과 인력을 보유한 유수 기업도 변화에 대응하지 못하고 사라지는데, 개인이 평생 안정적인 직장이나 직업을 가질 수 없다. 2030년쯤 범용 인공지능AI이 출현하면 일자리에 미치는 충격은 엄청날 것이라고 경고한다.

데이터Data도 스스로 만드는 AI, 진화 속도가 광속이란다. 인간처럼 스스로 학습 설계하고 학습 결과 타 분야 응용까지 한다고 한다. 사람처럼 보고 듣고 말하는 자아를 가진 복합 인공지능까지 눈앞이라니, 이제는 '기계와의 경쟁에서 살아남는 법'의 근본적인 해법은 기계가 대신할 수 없는 창의력을 키우며, 평생 제1, 제3의 직업을 가질 수 있는 경쟁력을 길러야 한다는 것이 전문가들의 공통된 조언이다.

미래를 향한 위기Crisis 직업·뜨는Float 직업을 분석하기에는 쉽지 않은 일이지만 사물인터넷, 인공지능, 가상현실, 3D프린팅, 드론, 생명공학, 정보보호, 응용소프트웨어 개발, 로봇공학 등이 가장 안정적이고 손꼽히는 직업이라고 굳게 믿어서는 안 된다고 말한다. 그것이 미래에 더 불안정한 직업이 될 수도 있다는 결론 때문이다. 미래학자들도 한결같이 미래는 알 수 없기 때문에 예측이 불가능하다는 평이다.

· **자기계발**

어떤 직업을 선택하든 끝없이 새로운 '배움'을 추구하는 학습 태도가 중요하다고 강조한다. 지속적으로 자기계발을 멈추지 않는 자는 임원CEO이 될 것이라고 조언한다. 자격증과 울타리에 안주하는 전문가의 지위는 위태롭지만, 끊임없이 자신의 직무를 연구하고 개선하는 본질에 집중한다면 미래는 더욱 밝다는 것이다.

옛말에 "교토유삼굴 근득면기사이狡兔有三窟 僅得免其蓑而"라고 했다. 영리한 토끼는 숨을 굴을 세 개나 갖고 있다는 고사성어다. 하물며 인간도 살아가기 위해서는 피나는 노력과 자기계발 없이는 경쟁에서 도태될 수밖에 없는 세상이 되었다. 삶이 참 공포스럽다. 그래도 예측하고 앞서가야 한다. 경영학의 대부 피터 드러커도 직장생활을 하며 특정 주제를 정해서 3년씩 통계학, 중세 역사, 미술, 경제학 등 공부하는 삶을 산 것으로 유명하다. 창의적이고 감성적인 아이디어가 곧 높은 부가가치를 낳기 때문이다.

· **대비하면 된다**

결과적으로 인간이 컴퓨터와 로봇에 밀려나 인공지능과 협업하는 소수만 살아남는 세상이 된다는 판단인데, 끔찍하지만 그렇다고 비관만 할 것만은 아니라고 본다. 단순 공정의 일자리는 줄어드는 대신 인간 창조력이 필요한 기술과 전문 분야 서비스 및 미디어Media 분야 일자리는 새로이 생길 것이라는 전망이 우세하다. 현재 한국의 직업 수는 1만 5천여 개 정도, 미국은 3만 7백여 개로 그 숫자가 더 많다.

　어차피 세상은 변화가 시작됐다. AI 시대를 우울해할 필요 없이 미리를 대비하면 된다며 일각에서는 오히려 실업자가 사라지는 '슈퍼 고용 시대'가 올 수도 있다고 전망한다. 무인자동차, 사물인터넷, 3D프린팅, 인공지능, 가상현실 등에서 엄청난 일자리가 창출될 것이라며, 급속한 기술발달로 상상할 수 없는 성취도 이룰 수 있게 될 것이라고 기대한다. 다만 한 우물만 파다가 구멍이 막히면 낭패가 크므로 여러 가능성을 열어두고 다양한 관심을 개발할 것을 권한다. 도쿄대 강상중 교수의 말이다.

◈ 비즈니스맨의 기본 요건

　자본주의 사회는 싸움터와 다름없는 무서운 세상이다. 자의건 타의건 일단 선택한 직업에 대하여는 애정과 긍지를 갖고 온갖 정성을 쏟아야 한다. 애정도 긍지도 없이 무성실, 무책임한 태도로 대하는 것은 '직업인'으로서 부끄러운 일이 아닐 수 없다. 하는 일에 애정이 없다면 내게 더 힘든 나날이 될 뿐이다. 내가 하는 일에 최고의 권위자가 되고 전문가가 되어야 한다. 타의 추종을 불허하는 일인자가 되어야 한다. 그렇게 되려면 늘 연구하고 끊임없이 공부해야 한다. 녹슨 머리로는 미래를 보장할 수 없다. 백련천마百鍊千摩의 피눈물 나는 노력이 뒤따라야 한다.

• 안주해선 안 된다

손에서 책을 놓지 않은 사람은 무궁한 발전으로 이어질 것이며, 규칙적인 운동을 하는 사람은 자신의 건강을 유지하게 해줄 것이다. 반대로 일어날 시간에 다시 이불을 뒤집어쓴 사람, 퇴근하자마자 책을 멀리하고 술자리를 만든 사람의 장래는 어두워질 수밖에 없다. 사람은 지금의 어려움을 참고 이겨내며 필요한 행동을 하게 되는 것은, 그것이 장기적인 목표 성취를 가져올 것이라는 믿음 때문에 행하는 것이다.

사회가 전문화·정보화되어 가면서 대학 졸업장보다 줄기찬 학습에 따른 능력이 중요한 사회가 됐다. 도전을 멈춘 사람은 살아남지 못한다. 지금도 20대 때와 같은 열정으로 열심히 일하고 공부하고 있는지 자신에게 물어봐야 한다. 재주는 하늘이 주되 그것을 갈고 닦는 것은 사람의 몫이다. 자신의 작은 재능을 최고의 능력으로 키워내기 위해서는 내 실력을 능가할 사람이 없도록 해야 한다. 자기계발은 필수다.

◈ 잡 노마드 시대

성공 공식이라고 하는 명문대를 나오고 자격증을 가져도 일자리를 구하지 못하면서 해외 취업이 선택이 아닌 필수가 되고 있다. 지금 한국인이 지구촌 곳곳으로 뻗어 나가고 있다. 지구상에 한국인이 없는 곳이 없다. 인터넷과 글로벌 문화를 접하고 자란 밀레니엄 Millennium 세대들은 세계의 국경이 점점 낮아지는 만큼 개인의 취향, 선호에 따라 해외 직장의 매력에 끌리고 있다. 작금의 세계 경제가 처한 현실을 반영한 것 같다. 산업인력공단의 통계에 따르면 IT 전문가, 의료 기사, 재무, 회계 등 사무직의 해외 취업이 다양해지고 일자리의 질도 좋아졌단다.

지원국은 미국, 일본, 중국, 호주, 캐나다, 네덜란드, 싱가포르 등 기술선진국과 인도, 베트남 등 개발도상국, 세네갈 등 아프리카 국가도 있다. 다행인 것은 나라마다 한국 국적이 장점이며, 특히 한국 IT 기업에서 일한 경험을 높게 평가한다는 점이다. 세계 노동 시장에서 국적에 따라 인간의 가치가 달라진다는 것은 이미 잘 알려진 사실이다.

"잡 노마드"란 세계화 흐름과 자신의 의지에 따라 자유롭게 직업을 옮겨 다니는 사람들을 뜻한다. 21세기를 노마드Nomad, 유목민 시대라고 한다. 평생 한 직장, 한 지역, 한 업종에 매여 살지 않는다. 글로벌 사회에서는 거미처럼 각자 자신의 네트워크를 갖고 자기의 생존 전략을 고민하며 사는 것이다. 홀로 살아가는 경쟁 사회에서는 오직 네트워크Network만이 생존의 해답이 되기 때문이다.

· 맞춤 전략

다만 잡 노마드에 도전하려면 나라별 맞춤 전략이 필요하다. 국가마다 다른 취업 시장, 취업 방식, 회사 문화 등을 꿰뚫고 있어야 좋은 일자리를 구할 수 있다. 나라마다 중요 포인트가 있다. 미국에서 취업을 위해서는 이력서 작성이 포인트이며, 예절을 중시하는 일본에서는 면접 시 입장에서 퇴장까지 모든 행동을 조심해야 한다. 이슬람권에서는 구두 바닥을 보여서는 안 된다는 유의 사항도 있다. 필요 자료들은 KOTRA의 정보 포털에서 제공한다.

반대로 유의할 점도 많다. 해당 국가의 ① 취업 비자 발급 여부 ② 급여 등 근로계약서 명시 여부 ③ 언어 장벽 ④ 해당 국가 치안治安

⑤ 현지 문화 확인 등이 체크포인트Check Point다. 무턱대고 갔다간 후회한다. 연봉 조건만 보는 것도 금물이며, 차별 대접 등 맘고생도 각오해야 한다. 언어는 영어 또는 불어에 능통하고, 기타 유엔 공용어, 러시아어, 중국어, 스페인어, 아랍어 등을 구사할 줄 알면 우대받는다.

국제기구에서는 출신 대학보다 전공과 학위 여부가 더 중요시된다. 정치, 경제, 경영, 금융 등 사회과학·상경 계열 전공은 국제기구 업무와 연관이 있기 때문에 진출 범위가 넓다. 또 넓은 경험이 요구되기 때문에 지원 분야 업무와 관련된 민간, 정부, 공기업 등에서 경력을 쌓으면 유리하다.

· **국경의 소멸**

세계가 좁아지고 있다. 일일생활권의 지구, 이미 전 세계를 잇는 국가와 국가를 연결하는 교통망이 만들어지고 있다. 세계 최대 벤처 재단 엑스프라이즈는 '첨단기술이 국경을 용해시킨다'는 글로벌 시민론을 주장했다. 국경의 소멸이 이미 와 있거나 10년 안에 우리에게 급속히 다가온다고 말한다. 텔레프레존스Telepresence[4] 기술을 통해 지구촌 어디에서도 일할 수 있다는 것이다. 언어가 다르더라도 번역기의 발달로 모든 언어를 동시에 사용할 수 있게 된다. 오로지 함께 일하는 데 적절한 능력을 갖추었느냐가 중요하며, 어디에 살고 어떤 언어를 사용하느냐는 중요하지 않다는 것이다.

국경은 언어나 화폐 그리고 지리적인 이유로 나뉘어 있으나, 교통

---

4) 참가자가 같은 방에 있는 것처럼 느낄 수 있는 가상 화상 회의 시스템

이 발달하고 모든 언어로 대화할 수 있으며, 한 가지 화폐를 사용하게 되는 미래에는 국경이 무의미해질 것이란다. 모든 사람이 곧 실시간으로 모든 언어를 구사할 수 있는 도구도 얻게 될 것이라면서, 다만 세계 공통어의 구사력만은 경쟁력이라고 말한다. 세계는 갈수록 작아지고 있다는 느낌이다. 그러나 그 시점이 언제쯤인지는 판단이 쉽지 않다.

◈ 조직 사회의 교훈

조직 사회에서는 지켜야 할 매너가 많다. 직업인으로서 유의할 사항들을 간추려본다.

· 감정 관리

사내에서는 가능한 감정의 일렁임을 드러내지 말아야 한다. 가볍게 발끈하거나 입 한번 잘못 놀려 크나큰 재앙을 부를 수도 있기 때문이다. 잠시의 분노로 큰일을 그르치지 말고, 교만하거나 경거망동 輕擧妄動하지 않는 것, 이 모두가 인간 사회를 무난하게 건너가는 지혜다. 항상 태연하고 침착하며 묵언의 자세가 바람직하다.

· 거절하는 용기

사람을 사귈 때 골치 아픈 것 중 하나가 상대방의 부탁을 거절해야 하는 경우다. 대부분 그 부탁을 딱 잘라 거절할 수 없는 것은 마음이 약한 탓도 있고 상대방에게 '좋은 인상을 주고 싶다'는 마음도 깔려 있기 때문이다. 그래서 매정하게 거절할 수 없어 받아들이고 만다.

그러나 한참 지나 그 부탁이 무리라는 것을 깨닫고 그때 가서야 거절하게 되면 난처하다. 어차피 거절할 바에는 처음에 거절하는 것이 좋았을 텐데, 마음이 약한 탓으로 몇 배가 되는 대가를 치르는 것이다. 그러면 부탁받았을 때 어떻게 대처해야 좋을까. 어차피 할 수 없는 일은 못 하는 것이다. 단번에 거절하는 것은 결코 부끄러운 일도, 체면도 손상되는 일도 아니다. 오히려 받아줄 수 없는 사정을 분명히 말하고, 상대방의 오해를 풀어주는 편이 좋다.

• 겸손

언제 어디서든 겸손해야 한다. 겸허함이 몸에 배야 한다. 교만하고 오만불손한 사람은 적이 많고 사회에서 배척의 대상이 되며, 불행한 사람이다.

• 자기성찰

사람이란 승승장구乘勝長驅로 마냥 발전만 할 수만은 없는 법, 한 걸음 나아갈 때는 언제나 한 걸음 물러설 것을 염두에 두어야 이러지도 저러지도 못하는 걱정 따위는 안 하게 될 것이다. 세상사가 다 그렇다.

• 일찍 깨어 있는 새

성공한 사람들 대부분은 새벽 4~5시에 하루를 시작하는 아침형 인간이다. "아침에 한 시간은 낮의 세 시간"이다. 아침은 태양의 에너지가 대지를 일깨우면서 생명의 에너지가 분출한다. 인간의 뇌세포 신경도 깨어난다. 늦어도 밤 9시 30분 이전에 취침, 새벽 5시 기상이 바람직해 보인다. 일찍 깨어 있는 새가 더 많은 먹이를 차지하는 법이다.

· 조직 내의 불상사

▶ 사내 충돌

사내에서 자기도 모르는 사이에 사용한 말이나 행위가 원인이 되어 오해를 사고 시기나 질투, 또는 중상모략中傷謀略과 같은 감정을 끌어내는 경우가 있다. 비즈니스 사회에서 '모난 돌이 정 맞는' 경우이다. 이 경우 상대방의 착각에 기인하여 생긴 오해라고 판단되면, 제삼자에게 개입할 틈을 주지 말고 당사자와 직접 얼굴을 맞대고 대화를 나누어야 한다. 숨김없이 전후 사정을 설명하고, 그 오해를 가능한 한 빨리 풀어버리는 것이다. 그렇게 하지 않으면 인간관계에 잡초가 번식할 염려가 있다.

그러나 중요하게 사귀어 온 사람이 아닌 어떻게 되든 상관없는 사람에 대해서는 내버려두는 것이 바람직하다. '시간'이라는 훌륭한 약효에 의해 오해가 풍화될 때까지 참고 기다리는 것이 이런 경우 최고의 처방전이다.

▶ 상사와 충돌

싸움에도 지혜가 필요하다. 상사와의 충돌은 그 회사를 그만둘 생각이 없는 한 화해하지 않을 수 없다. 중요한 것은 싸우는 태도가 아니라, 지는 태도다. 그 핵심은 타이밍Timing을 잘 맞추어 머리를 숙이는 것이다.

"평소 과장님으로부터 많은 가르침을 받아 늘 감사하게 생각하고 있었는데, 과장님답지 않은 말씀을 하시길래 그만 울컥했습니다" 하는 식으로 말해본다. 그 말에 상사는 직감적으로 알아채고 두 번 다시 같은 행위를 하지 않을 것이다. 그러나 때로는 조리 있게 자기의 주장을 내세우며 싸움에 이기는 것도 필요하다. 그 당당함이 자신의 아이덴티티Identity를 사내에 과시하는 것이 된다.

▶ 사내의 갑질

조직 사회에서도 학교처럼 동료 간에 괴롭힘, 집단 따돌림, 직장 상사의 갑질이 만연하다. 직장인 10명 중 7명이 경험했다는 조사 결과도 있다. 그 갑질의 원인이 무엇이든 혹여 내게 잘못이 있다면 수용해야 한다. 그렇지 않다면 묵묵히 내가 맡은 업무에 충실하면서 의연하게 대처하라. 예나 지금이나 윗사람이 나를 능멸하고, 아랫것들이 농간을 부리는 일이 비일비재하다. 그것은 내가 그들에게 만만하게 보였기 때문이다.

그들이 나를 업신여기는데도 먹고사는 문제에 붙들려 그 자리에 전전긍긍戰戰兢兢한다면 오래 지킬 수가 없다. 내게 범접할 수 없는 늠연凜然한 기상이 있어 지위에 연연하지 않음을 보이면 나를 감히 도발하지 못한다. 무례하게 굴 수 없을 것이다. 벌떡 일어나 툴툴 털고 떠나면 그뿐이라는 배짱을 지녀라. 세상사 그저 앞으로만 나아가려 하지 말고 때로는 한 걸음 물러나 나를 뒤돌아보고 세상을 바라보는 여유도 필요하다. 이제 '갑질'은 법과 사회가 용서하지 않는다.

· 직장 부적응

정작 어렵게 입사한 후에도 부적응이 심각하다. 특히 신세대들은 집이나 학교에서 꾸중을 들은 경험이 없다 보니 '입사 후 상사에게 혼나 정신적으로 힘들다'고 하소연한 게 계기가 되어 근래에는 기업은 물론 대학에서까지 '야단맞는 법' 강의가 한창이란다. 일본에서도 마찬가지다. 아이러니하게도 '혼나는 법과 혼내는 법을 모두 배워야 하는 시대'가 됐다.

직장생활을 할 때는 마음에 들지 않은 사람들이나, 마음이 맞지 않는 부하 또는 주는 것 없이 미운 상사와도 함께 일하지 않으면 안 된다. 이 세상에 자기와 딱 맞는 사람은 하나도 없다. 그러나 조금만 지혜를 발휘하면 서로의 마음을 열 수 있고, 커뮤니케이션 Communication도 잘 이루어져 생동감 넘치는 생활을 할 수 있다. 현실에서 도망치면 도망칠수록 자신의 이미지만 깎여 내려간다. 적극적인 태도로 매사에 임하고, 싫은 기분은 마음 한구석에 밀쳐둬야 한다. 사내에서 활동 무대를 넓히려는 노력이 필요하다. 그것이 조직 사회의 교훈이다.

★ **이직**

업무 능력을 통해 자신의 시장가치를 높이고 싶은 직장인들이 많다. 그러나 이직에 관한 보고서를 보더라도 자신의 이직을 '성공적'이라고 평가한 직장인은 3명 중 1명에 불과하다. "실패했다"라는 응답이 더 크다. 이직은 잘못하면 배신, 잘하면 능력을 인정받아 직급과 연봉이 상향되는 계기가 된다.

상향되는 계기는 본인의 경쟁력이다. 결국, 능력이 모든 것을 대변하기 때문이다. '출중하다'의 기준은 라이벌 Rival 이 100일 때 내가 300의 스코어를 기록해야 한다. 그런데 대부분이 자신의 실력에 대해 자신감이 없는 사람들이 적지 않다. 대부분 공부하지 않은 부류들이다. 손에서 책을 놓아서는 미래를 장담할 수 없다.

◈ 이상적인 리더

직장에서 상사의 꾸지람이나 질책만큼 직원의 의욕을 말살시키는 것은 없다. 그것은 상사의 자세가 아니다. 상사는 부하들의 능력을 키워주는 '변압기變壓器'와 같은 존재다. 직원들의 잠재력을 최대한 발휘하기 위해서는 바로 칭찬과 격려가 필요하다. 세상의 모든 사람은 누군가에게 칭찬을 받으면 그 기대를 저버리지 않고 명예를 지키기 위해 최선을 다하기 마련이다. 사기를 진작시키기 위해 진심 어린 칭찬, 그것이 회사를 위해서도, 또한 상사의 바른 자세다. 그것이 리더의 할 일이다.

또 아랫사람의 잘못을 보았을 때도 그 자리에서 야단치지 않고 스스로 깨달을 때까지 기다릴 줄도 알아야 한다. 그 즉시 터져 나오는 불같은 노여움보다 침묵의 일깨움이 더 무섭다. 불같은 노여움은 앞에서만 굽신대는 면종복배面從腹背를 불러오지만, 침묵의 일깨움은 두려움과 공경심으로 아랫사람이 마음으로 복종하게 한다.

존경하는 이상적인 상사가 되기 위해서는 항상 정열적이고 자신 있는 태도를 보이며, 분별력 있게 행동하고 경거망동하지 않아야 한다.

◈ **삶의 해악**

직장인이라면 누구나 회사의 이익 창출을 위해 자신의 지식과 기능을 발휘하며 온갖 아이디어를 짜내고 컴퓨터와 씨름하며 하루를 보낸다. 하는 일마다 잘하기 위해 자기 자신을 혹사하고, 과중한 업무에 시달린다. 시간이 쌓여갈수록 피곤하고 여유가 없고 불안하다. 인생을 이렇게 살아도 괜찮은 것일까?

이토록 과중한 업무 때문에 심신이 지쳐 괴롭고 나른해지면 사고력과 관찰력이 마비되며 건강까지 해친다. 이는 위험하다. 워커홀릭 Workaholic, 일에 대한 비중이 지나치게 높아지면 일 중독증에 빠지게 된다. 자신을 혹사하는 업무 습관은 과로사나 과로 자살의 원인이 된다. 자기 능력의 한계를 넘었을 때는 멈춰야 한다.

　일이란 항상 떠가는 구름과 물처럼 유유히 자유롭게 해야 한다. 나를 위한 시간을 갖지 않으면 주체적으로 삶을 엮어나갈 수 없듯이 여가가 없이는 창조적인 삶이 만들어질 수 없다. 나를 위한 시간을 가져야 한다.

　규칙적인 운동, 충분한 수면을 갖도록 하며, 되도록 일주일에 하루쯤 일에서 벗어나 반드시 휴식을 취하는 습관이 뒤따라야 한다. 79년대에 학술 보고된 번아웃Burnout이 최근 들어 다시 익숙하게 사용되고 있다. 재충전이 필요하다고 마음이 보낸 메시지가 번아웃 현상이다.

◈ 퇴직 후 도전할 명제

　신입에서 퇴직까지 숱한 풍파를 겪으며 으르렁대는 도시의 절대적인 광기와 황당한 혼잡함 속에 낚아채고, 움켜쥐고, 내어주고, 한숨지으며 날마다 다람쥐 쳇바퀴 돌 듯 살다가 이제 일상에서 벗어났다. 푹 쉬어가며 천천히 도전할 명제를 찾아보는 것도 좋은 방법이다. 결코 서둘 필요는 없다.

　퇴직 준비에서 가장 우선시할 것은 내가 좋아하고 가장 잘할 수 있는 일을 찾는 것이다. 가능하면 돈을 들이지 않고 할 수 있는 일을 해야 하는데 현실적으로 쉬운 일이 아니라는 점이 문제다. 다만 재취업하는 회사가 갈수록 늘고 있어서 희망은 있다.

　혹여 재취업이 어렵다고 하찮은 권위의식 權威意識 때문에 보란 듯이 사업을 벌이면 실패할 우려가 배로 불어나므로 절대 삼가야 한다. 퇴직금을 고금리 상품에 투자하거나, 다단계에 다 갖다 바치거나, 믿었던 친구에게 사기를 당한다. 이렇게 한 번만 삐끗하면 회복 불능이다. 퇴직자가 명심해야 할 것은 퇴직금이나 힘들게 모아둔 예금에는 단 한 푼이라도 손대면 안 된다. 이런 세태에서 살아남으려면 통찰력이 절대적 무기다. 이 지구상에 고수익 상품이란 존재하지 않는다. 어쩌다 혹해서 넘어가면 이미 늦었다. 생각을 똑바로 하고 살아야 한다.

내가 하고 싶은 사업이 있다면 그 분야에서 3~4년 동안 풍부한 실무 경험을 쌓으며, 틈틈이 그 분야의 공부도 잊지 말아야 한다. 사업 단계에서는 돌다리도 두드려 보듯, 치밀하게 사업 계획을 세운다. 그리고 그 사업이 수익성이 없을 때를 대비한 대책도 함께 강구해야 할 것이다. 만약 그 사업이 장차 발전 가능성이 희박하다고 판단되면 미련 없이 접는 것도 지혜이다.

● 창업

취업이 어려워 실업자 신세라는 난감한 상황에서 벗어나기 위해, 어렵고 힘든 '창업'이라는 길을 선택하기도 하는데, 창업이란 그렇게 단순하고 순조로운 일이 아니다. 창업에는 어중간한 성공이나 작은 성공, 어중간한 실패나 작은 실패는 존재하지 않는다. 대성공 혹은 대실패만이 있을 뿐이다. 사람이면 누구나 미래에 대해 원대한 포부와 아름다운 이상을 품지만 그게 어디 쉬운 일이던가.

창업은 반드시 창의력과 기발한 아이디어에서 비롯되어야 한다. 그 아이디어는 적어도 진입하고자 하는 업계나 그 분야에서 참신斬新한 것이어야 하며, 특별함으로써 시장을 선점할 수 있고, 부가가치를 창출해 많은 이윤을 얻을 수 있는 획기적인 것이어야 한다. 그렇지 않으면 창업은 불가능하다. 경영능력과 전략적 두뇌를 가졌다고 사업에 성공하는 것이 아니다. 물론 우물쭈물하는 사람에게 기회는 그대로 지나쳐버린다. 속도가 지배하는 21세기에 살면서 타이밍을 놓쳤다면 훌륭한 제안이라도 쓰레기에 불과할 수도 있다. 그렇다고 미래지향적 아이디어가 아니라면 기회가 아니다.

· 창업 기준
① 자본금이 낮고 투자 대비 수익성이 좋아야 한다.
② 시장 수요가 많고 사람들이 모두 필요로 해야 한다.
③ 원활하게 사업을 유지할 수 있는 자생력이 있어야 한다.
④ 자신의 천부적 재능과 열정을 십분 발휘할 자신만의 무대가 있어 야 한다.
⑤ 끊임없이 다른 사람의 인정을 받고, 또 수요가 있어야 한다. 고정 고객의 수요가 필요하다.

　이처럼 '남다름' 이것이 바로 성공인 창업 모델이다. 또한, 창업자 는 충분한 자본과 업계의 경험, 기술 혁신, 경영 능력 등의 조건을 갖 춰야 한다. 한마디로 고단하고 책임이 막중하다.

제7과

실패와 성공
Failure and Success

취업이 어렵다고 손 놓고 방황만 하거나 공허함만 느끼며 허송세월虛送歲月을 보낼 수만은 없다. 이제 세상은 오대양 육대주를 누비며 웅비雄飛하며 도약할 때에 살고 있다. 우선 내가 가장 가까이할 수 있는 일부터, 하는 일이 재미있는 일부터 전심전력을 다 해봐야 한다. 자신이 좋아하는 일, 잘하는 일에 열중하다 보면 그것이 정상에 올려놓는 가장 확실한 방법이 될 수도 있기 때문이다. 그렇게 불변의 태도로 쉬지 않고 걷는 사람만이 더 빨리 정상에 도달할 것이다.

◈ 성공의 전제조건

성공의 전제조건은 내 마음의 작용에서 비롯된다. 인간은 마음에 그리고 의식한 것에 따라 자신의 상태도 변화시킬 수 있다고 한다. 다만 그 마음이 본능과 이성을 뛰어넘는 강렬하면서 간절한 마음이 있어야만 비로소 현상으로 나타난다는 것이다.

"재난을 당하는 것도, 행운을 만드는 것도, 모든 것은 마음먹기에 달렸으며, 마음의 환경은 만들어지는 것이다" 종교 서적에 나오는 글이다. 모든 것이 마음의 힘 하나로 거친 항해일지라도 쉽게 헤쳐 나아갈 수 있다는 교훈이다. 이것이 바로 성공의 전제조건이다.

· 내 마음의 통치

보통 사람들은 새로운 일을 실행하기도 전에 과거를 생각하고, 경험을 생각하고, 성공과 실패를 생각하고, 돈을 생각하다 결국 한숨만 쉬며 포기한다고 한다. 이처럼 인간에게 있어 제일 무서운 적은 결코 외부에 있는 것이 아니라, 내면에 있는 자기 마음, 바로 정신력이란 점이다. 자기 자신에 대한 불신이 가장 무서운 적이 되는 것이다. 그래서 자신을 지배할 수 있다면 모든 것을 지배할 수 있다는 말이 된다.

· '할 수 있다'는 태도

"할 수 있다고 믿는다면 하지 못할 것은 아무것도 없다" 하버드대 에머슨 교수의 말이다. 무슨 일이든 '나는 할 수 있다. 나는 강하다'라는 태도만으로 성공을 위한 필수 조건이 만들어진다고 한다. "난 못해"라는 말을 입 밖으로 내는 순간, 잠재의식이 작용하기 때문에 정말 아무것도 할 수 없기 때문이다.

따라서 모든 것은 마음이 결정하니, 내가 이긴다고 생각하면 승리할 것이요, 내가 진정으로 원한다면 그대로 될 것이다.

◈ 실패의 교훈

실패는 누구에게나 고통과 실망감 그리고 환멸감을 남긴다. 그래서 사업이나 공부, 어떠한 새로운 도전을 선뜻 시작하지 못하는 이유가 바로 거기에 있다. 물론 인간의 삶에서 예상할 수 없는 장애와 난관은 없는 적이 없다. 그렇다고 도망치거나 절망에 빠져 주저앉으면 아무것도 할 수 없다. 성공하고 싶다면 실패를 두려워하지 말아야 한다. 성공은 무수히 많은 실패를 경험하고, 그 속에서 교훈을 얻어낸 것들이다. 그러기에 우리에게 필요한 것은 실패라는 사기꾼에게 현혹되지 않는 영민英敏한 지혜가 필요할 뿐이다.

• 패배자

보통 사람들은 모두 성공을 원하면서도 목표 달성에 의지가 부족하고 실천을 위한 고통을 극복해내지 못한다. 그리고 무엇보다 한국 사람은 열의熱意가 없다. 있다가도 금방 식어버린다. 무엇을 해보다가도 안 되면, 금방 단념하고 사회의 방관자가 되고 만다. 작심삼일作心三日, 용두사미龍頭蛇尾, 흐지부지, 적당주의. 이것은 우리 민족이 가진 가장 크나큰 병폐다. 계획은 세우지만 행동으로 옮기기 전에 결과를 예측하고, 조금이라도 어려움이 예상되면 처음부터 포기해버린다. 성공을 막는 가장 무서운 병은 쉽게 절망하는 버릇이라는 키에르케고르의 말이 생각난다. 그저 막연히 성공한 인생과 높은 지위만을 꿈꿀 뿐이다.

그런 사람은 가능성이 없다. 이미 패배자라고 단언할 수밖에 없다. 자기의 소신을, 자기의 원칙을 고수하는 사람, 자기의 주의를 관철하는 끈기 있는 사람, 변함없이 한결같은 사람, 백절불굴百折不屈의 정신을 가진 사람만이 인생의 구원이 있고 행복이 있으며 자신이 원하는 성공을 쟁취할 것이다. 가장 위대한 승리는 쓰러지지 않는 것이 아니라, 쓰러질 때마다 다시 일어나는 것이다.

• 승자의 길

악운이란 어디까지나 자신의 역량 부족, 준비 부족, 서툰 사업 계획, 판단력 부족에 의해 생긴 착각에 지나지 않는다. 따라서 주도면밀한 사업 계획, 부단한 노력, 탁월한 판단력이 있다면 어느 정도 시간은 걸릴지 몰라도 성공은 따 놓은 당상이다. 성공은 오로지 '단념하는 사나이'에서 '한번 달려들면 놓치지 않는 끈질긴 사나이'로 변신하는 일이다. 그것이 승자의 길이다.

◆ 성공을 위한 필요조건

사람 중에는 부모님의 음덕蔭德 덕분에 탄탄대로를 걷는 사람, 환경은 좋지 않지만 그릇이 큰 사람, 불우한 환경에 매몰돼 작아져버린 사람도 있다. 누구는 속수무책으로 좌절의 나락에 떨어지기도 하고, 반대로 매몰된 절망 속에서 희망을 길어 올리고, 위기를 기회로 바꾸는 큰 인물도 있다.

인간은 스스로 믿는 만큼만 이뤄낼 수 있는 존재다. 테렌티우스 Terentius는 이런 말을 했다. "정녕 네 것이 될 수 없다면 일찍 포기하는 용기를 배우고, 만일 네 것이 될 수 있다면 멈추지 않는 열정과 희망을 지니며, 가는 길이 험하다면 지팡이라도 짚어서 가라!" 가능하다고 판단되면 아무리 어렵더라도 내게 닥친 일에 무릎 꿇지 않겠다는 오기傲氣, 기필코 일어서고 말겠다는 강한 집념이 있어야 한다. 사람이 한마음 한뜻으로 나아갈 때 어떤 장애물도 뚫고 만물도 굴복시킬 수 있기 때문이다. 내가 지켜야 할 성공의 필요조건들을 적어본다.

● 변하지 않는 목표

"성공의 비결은 절대로 변하지 않는 목표에 있다" 스마일스 말이다. 목표가 있는 사람은 자기가 어디로 향하고 있는지, 지금 해야 할 일이 무엇인지, 길이 보이므로 그 길을 걸어간다. 반대로 목표가 없는 사람은 언제나 우왕좌왕, 지금 자신이 해야 할 일도 잘 모른다. 그래서 목표를 갖는다는 말은 자신의 성장에 필요한 것을 끌어들이는 지식을 갖는다는 뜻이기도 하다.

● 성공한 사람들은 모두 독서가였다

"성공하고 싶은가? 그러면 당장 공부하라!" 하버드대 격언이다. 빌 게이츠가 워런버핏으로부터 존 부룩스의《비즈니스 어드벤처》라는 책을 빌려 보고 아직 돌려주지 않았다고 해서 화제가 된 유명한 예가 이를 증명한다. 역사상 길이 남을 성공한 과학자, 작가, 정치가, 경제 인 모두가 일 중독자이며, 최고의 독서가였다는 것은 잘 알려진 사실 이다. 성공하는 데 책은 왜 꼭 필요한가? 성공 자체가 풍부한 지식과 경험을 요구하기 때문이다.

학교에서 시험 공부보다 독서에 몰두해 꼴찌로 졸업한 모 금융 그 룹 회장은 "현상 너머 본질을 보라, 책 속에 답이 있다"라고 했다. 몸에 밴 독서 습관이 그를 입지적立志的인 인물로 키워냈다. 지금도 그는 책을 손에서 놓지 않고 있다. 최소한 하루 1시간 이상 아무것 도 하지 않는 혼자만의 여유를 갖고, 한가할 때나 조용할 때 더욱 자기성찰에 힘쓰며, 독서와 수양 등의 자기계발에도 소홀히 하지 않는다.

· 성공한 CEO들의 공부

역사상 가장 위대한 펀드 매니저인 피터 린치Peter Lynch는 "지금 돌 이켜보니 통계학 공부보다 역사나 철학 공부가 나의 주식 투자에 훨 씬 도움이 되었다" 세계 거부인 마크 파버Marc Faber는 "황무지에서 금맥을 캐내려면 돈의 흐름을 꿰뚫어 볼 수 있는 능력을 갖춰야 한 다. 그러려면 무엇보다 먼저 철학, 역사, 지리 공부를 해야 한다"라고 강조했다.

　정보에 민감한 세계 굴지의 경영인들은 경제나 경영학뿐만 아니라 신학, 철학, 역사와 같은 인문 고전을 접함으로써, 그 기틀이 더욱 다져진다고 본 것이다. 그들은 부자가 된 다음에도 여전히 책을 사서 공부를 계속하고 있다. 이것이 부자의 비결이다.

· 직장인의 공부

　포털사이트에서 직장인 500명을 대상으로 설문 조사한 결과 응답자 25%가량이 현재 직장과 대학원을 병행 중이라고 답했다. 나머지 65% 역시 같은 이유로 대학원 진학을 계획하고 있다고 한다. 그 이유를 자기계발, 불안한 미래, 이적移積 대비 등으로 꼽았다. 자신이 더 발전하고, 가치를 더 높일 수 있으며, 도태되지 않기 위해서다. 그런데 국민 대다수는 학교를 졸업하고 나면 공부할 필요가 없다는 고정관념의 노예로 전락해버린다. 그것이 문제다.

· 백련천마

　다만 공부란, "남이 한 번 하면 나는 이것을 백 번 하고, 남이 열 번 하면 나는 이것을 천 번 한다人一能之, 己百之, 人十能之, 己千之"《중용中庸》에 나오는 말이다. 백 번 연습하고 천 번 갈고 닦는 데서 명작이 나오고, 명인이 탄생하는 법이다. 즉, 백련천마百鍊千磨란 뜻이다. 성공은 결코 우연의 산물이 아니다. 요행의 결과가 아니다. 성공은 고통의 대가이다.

● 내가 잘할 수 있는 일

《행복한 부자》를 집필한 혼다켄은 "내가 좋아하고, 내가 잘할 수 있는 일을 하라. 그러면서 다른 사람을 기쁘게 하는 일을 하라. 그것이 부자가 되는 가장 빠른 길이다"라고 역설했다. 회사에서 일을 잘하고 재미있게 일했던 사람도 성공한다고 했다. 회사 다닐 때 신나게 일하지 못한 사람들은 자기 사업을 해도 성공하지 못한다는 것이다. 따라서 비록 아르바이트Arbeit에서 접시를 닦더라도 열심인 사람이 본업에서도 성공하게 된다는 가르침이다.

● 일인자가 되려고 노력하는 것

강철왕 카네기Carnegie에게 성공의 비결이 무엇이냐는 물음에 "무슨 직업이든 언제나 일인자가 되려고 노력하는 것"이라고 말했다. 그는 초등학교 4학년 밖에 못 다녔다. 그러나 그는 무슨 일을 하든 세계에서 제일가는 사람이 되겠다고 결심하고 언제나 하는 일마다 실제 전심전력을 다한 사람이다. 그가 처음 창립한 기관차 제조소 앞에 "최고의 제품 이외에는 아무것도 만들지 않는다"라고 붙여놓은 표어를 보더라도 알 수 있다.

● 자기혁신

성공하기 위해서는 반드시 다음과 같은 자기혁신이 필요하다.

· 긍정적인 마음

전술한 바와 같이 성공은 내 마음에 달려 있다. 내가 즐거운 생각을 하면 즐거워질 것이고, 불행한 생각을 하면 불행해질 것이며, 무서운 생각을 하면 무서워질 것이다. 실패를 생각하면 성공하지 못할 것이며, 자기연민에 빠지면 모든 사람이 나를 피하며 멀리할 것이다. 이렇게 모든 결과는 정신적 현상이라는 과학적 확증을 믿어야 한다. 항상 긍정적인 생각, 밝은 얼굴은 역경을 극복하게 해주고 성공을 가져다주는 복덩어리가 될 것이다.

· 신중함과 자신감

사업을 벌이려고 하는 사람에게 가장 요구되는 덕목은 신중함과 자신감이다. 신중함만 있다면 실패 확률을 줄이고 성공을 향해 한 걸음 더 나아갈 수 있다. 자신감이 넘친 사람은 눈에 빛이 난다. "자신감이 있는 사람은 산도 옮길 수 있다" 나폴레온 힐Napoleon Hill의 말이다.

자신감은 마음속에 '불가능'이 설 자리를 없도록 만들어버린다. 열등감이 들어설 자리가 없다. 자신감이란 지식과 경험을 바탕으로 형성되는 것이다.

· 광적인 열정

"사람에게 '열정'은 무슨 일을 하든지 반드시 필요한 자질이다. 열정이 있어야 몸과 마음을 다하여 일을 더욱 빠르고 잘 해낼 수 있기 때문이다. 성공한 사람들은 공통적으로 열정을 갖고 있다." 하버드대 마드 교수의 말이다. 광적인 열정은 무엇이든 해낼 수 있다. 열정이 없는 삶은 바람 부는 대로 이리저리 흔들리며 살아가는 허수아비와 같다. 열정은 마음에서 우러나오는 아드레날린Adrenaline이다. 그 열정이 내 인생의 대업을 성취하게 할 것이다. 맥아더Macarthur 장군의 말처럼 "열정을 잃으면 영혼이 시든다"

· **더 큰 용기와 끈기**

성공에 필요한 조건은? 남보다 더 큰 '용기'와 자신감이다. 세르반 테스 돈키호테의 말처럼 "용기는 악운을 처부수기 때문이다"

처음부터 뜻대로 되는 일은 없다. 그래도 짧게는 몇 년에서 길게는 몇십 년까지 심혈을 기울이면 아무리 바보라도 그 일에 통달할 것이다. 그때야 비로소 성공의 문이 열리는 것이다. 그 정신이 끈기다. 한 번 목표를 정하면 시종일관 비가 오나 눈이 오나 한결같이 분투하고 노력한 결과다.

· **가장 빠른 전략, 성실**

세상이 아무리 급변해도 속임수를 일삼는 사람, 신용이 없는 사람은 절대 성공의 소망을 달성할 수 없다. 성실은 성공을 위해 반드시 치러야 할 대가다. '정직은 어디서나 통용되는 유일한 화폐'라는 중국의 지혜가 있다. 한동안은 거짓말이 통할지 모르나 신용을 잃어버리면 결국엔 쇠퇴해서 실패에 이르게 된다. 세상이 아무리 험악하여 사람을 믿지 못한다고 할지라도 성실한 태도로 살아가면 주변 사람들이 알아서 인정해준다. 성실함은 자기 뜻을 이루기 위한 가장 좋은, 가장 빠른 전략이다!

· **자신을 향한 채찍질**

빌 게이츠가 기업인을 상대로 한 연설에서 "게으름은 한 사람의 영혼을 집어삼킨다. 아무리 단단한 강철이라도 먼지처럼 다가가서는 결국 녹이 슬게 만든다. 게으름은 모든 악의 근원이다. 그것은 한 사람뿐만 아니라 심지어 한 민족 전체를 무너뜨릴 수도 있다"라고 역설했다. 게으름은 바이러스Virus와 같아서 그 누구도 벗어나기가 쉽지 않다. 특히 만성화된 게으름은 쉽사리 고쳐지기도 어렵다.

자신이 이루고자 하는 목표가 있고, 이에 대한 성취 욕구가 있다면 자기를 채찍질해야 한다. 게으름을 극복하려는 굳은 의지가 있다면, 게으름은 다시 설 곳이 없어질 것이다. 편안함의 추구는 인생을 갉아먹는다.

· 난인능인

성공한 사람들에게는 공통점이 하나 있다. 화가 울컥 치밀어 오를 때에 그 자리에서 맞서지 않는다는 점이다. 성공하지 못하는 사람들은 그 자리에서 곧장 속내를 털어내 스트레스를 해소하는 경향이 있다. 당장은 속은 시원할지 모르지만, 그에게는 아무런 동기도 남아 있지 않게 된다. 원효 스님의 말처럼 '난인능인難忍能忍'이 되어야 한다. 즉, 참기 어려운 것도 참을 줄 알아야 한다는 것이다.

· 자만심의 억제

아이작 뉴턴이 3대 운동법칙을 정리했을 때, 사람들은 그를 역학의 아버지요, 역학의 대가라고 칭송했다. 그러나 어마어마한 성공 앞에서도 그는 전혀 자만하지 않고 연구에 몰두한 결과 또다시 "만유인력萬有引力의 법칙"을 발견, 역사적인 거룩한 성과를 이룩했다. 작은 성공으로 의기양양해지면 방탕과 자만에 빠져 자신의 처지를 모르고 분별력이 사라지게 되어 재난을 자초하기도 한다.

《운명과 입명》에서도 '오직 겸손만이 복을 받는다'라는 말로 교만함이 얼마나 나쁜지를 세상의 리더Leader들에게 설명한다. 동서고금

東西古今을 막론하고 겸손은 최고의 덕목이다.

· **자제력**

자제력은 자신을 통제하는 힘이다. 자신의 생각이나 말투, 행동에 대해 자신을 억제하는 것이다. 자제력은 자아실현自我實現을 위해 반드시 갖춰야 할 덕목이다. 성공한 인사들을 보면 자제력이 강하지 않은 사람이 없다. 자신을 통제할 줄 알아야 다른 사람을 통제할 자격이 생긴다.

이상과 같이 성공하기 위해서는 수많은 자기혁신이 필요하다. 이 모든 것을 갖췄다면 성공은 결코 어려운 일이 아닐 것이다.

◆ 리스크 관리

사람이면 누구나 나의 목표와 전략을 세워 원하는 인생을 만들어 나가고자 할 때, 중요한 시험에 낙방하는 등 미처 예상치 못한 위험들이 곳곳에 도사리고 있다. 그래서 인생은 실패에 미리 대비하는 '리스크 관리'가 필요하다. 모든 자산을 나누어 분산, 투자함으로써 실패에 대비하는 경우이다. 축구에서 스트라이커Striker의 부상을 대비해 대응 선수를 기용하는 감독과 같다. 그렇게 대비책이 있는 한 절대 실패하는 일은 없을 것이다.

요즘 세상은 실력을 갖춘 인재가 자신을 알아주는 직장을 찾아 자유롭게 옮겨 다니는 '신유목민 사회'다. 이제 회사를 다녀도 항상 그만둘 준비를 하면서 일해야 한다. 회사 역시 언제고 필요 없는 사원은 해고하기 때문이다. 자기 자신은 걸어 다니는 상품이다. 좋은 상품이라야 시장에서 높은 가격에 팔릴 수 있듯이, '나'라는 상품을 고

급화해서 기업과 다른 사람의 관심을 끌 수 있도록 끊임없이 노력해야 한다. 전문성을 갖춘 인재는 명예퇴직을 당하더라도 쉽게 다음 직장을 찾을 수 있다. 다만 그 분야에서 '최고'인 사람과 비교할 정도라야 한다.

◈ 성공한 삶

성공 자체가 인생의 목적은 아니지만, 과연 어떤 사람이 성공한 인생일까! 돈 잘 버는 의사가 되고 권력을 가진 판검사가 되어야 성공한 인생인가? 권력과 명예, 인기와 지위인가? 아니면 많은 돈을 축적하는 것인가! 모두가 바라는 바이지만 아닐 것이다. 돈과 권력과 지위와 명성으로 이뤄진 세속적인 성공은 가치가 없기 때문이다. 이는 결코 인생의 유토피아Utopia는 아닐 것이다.

그렇다면 어떤 것이 성공인가? 모름지기 진정한 성공이란 자기 일에 열정을 느끼고 그 일이 항상 즐겁고 보람을 느끼는 사람이 성공한 사람이 아닐까. 자신이 일한 분야에서 스스로도 제어하지 못하는 광기와 열정과 나를 온전히 잊는 몰두 속에서 장인匠人으로서 놀라운 업적을 남길 수 있다면, 그래서 후대에 번영과 희망을 안겨줄 수 있을 때 올바른 가치관을 갖춘 성공한 삶이라 할 것이다. 비록 자랑거리가 없는 인생, 대접받지 못하는 인생일지라도, 내게 주어진 작은 일에 대해 허술하지 않게, 남이 보건 안 보건 속이거나 숨기지 않으며, 실패했다 하더라도 나태하거나 거칠어지지 않는 사람이야말로 인생의 승리자요 진정한 영웅이라 할 것이다.

세상은 돈을 많이 벌고 적게 버는 것으로 성공을 판단한다. 그러나 비록 월급은 많이 받아 부유하지만 치열한 삶에 지쳐 있고 항상 공허한 삶은 성공한 삶이 아니다. 월마트의 창업자인 샘 월튼은 "나의 삶은 충만하고 재미있고 도전적이었고 보람찬 것이었다. 다시 태어나더라도 같은 길을 걸을 것이다"라고 회고했다. 이것이 성공한 삶의 표본이다.

◈ 성공 사례

사람은 누구나 일생을 살면서 몇 번의 기회와 운運을 맞게 된다고 한다. 그러나 그 운을 잡아 성공한 사람은 많지 않다. 성공하기 위해서는 철저한 준비와 노력 그리고 연구가 뒤따라야 한다. 자신에게 운이 다가올 때를 미리 준비하고 기다리는 자만이 그것을 놓치지 않고 잡을 수 있기 때문이다. 성공은 운이 아니라 질적인 능력에 의해 이루어진다. 성공 사례를 살펴보자.

• 아인슈타인

세계적인 물리학자 아인슈타인Einstein은 어린 시절 학교 성적표에 "이 아이는 어떤 일에도 성공할 가능성이 희박하다"라고 기록되었다고 한다. 유사한 아이들을 교육해본 교사의 확률적 판단이었을 것이다. 그러나 그의 어머니는 반대로 "넌 할 수 있어"라고 끊임없이 독려했다. 이 믿음은 부모의 소망으로 붙든 믿음이며, 확률적 객관성 면에서 옳은 판단이었는지도 모른다. 결국, 너무 사랑하기에 포기하지 못한 그 의지의 믿음이 끝내 고귀한 가치를 잉태孕胎시킨 것이다.

• 빌 게이츠

세계 최대의 부호 빌 게이츠Bill Gates는 사춘기 시절부터 남는 시간이라곤 없었다. 그는 컴퓨터 앞에 앉았다 하면 열 시간은 기본이었고, 식사도 겨우 햄버거 하나로 때우는 식이었다. 도저히 견딜 수 없을 때야 컴퓨터 앞에서 잠깐 단잠을 자는 정도였다. 그는 컴퓨터를 만지는 것만으로도 재미있어서 남에게 공짜로 프로그램Program을 만들어주기도 했다고 한다.

그 열정으로 열아홉 살 되던 해에 마이크로소프트사를 설립했다. 설립 후에도 넘치는 열정 덕분에 차고車庫와 같은 사무실에 틀어박혀서 밤낮없이 프로그램을 만들면서도 피곤함이라거나 과로라는 단어조차 모를 정도였다. 그러면서도 즐거운 일을 하고 있기에 스스로 만족했다. 몇 년 후 회사 운영이 안정권에 접어든 후에도 게이츠는 여전히 매주 60시간씩 일했다. 매년 2주의 휴가를 낼 수 있었지만, 그 시간까지도 소프트웨어Software를 들여다보며 경쟁자들에게 뒤처지지 않으려 애썼다.

그렇게 승승장구한 것처럼 보인 게이츠도 회사를 세운 후 고통과 좌절을 수없이 겪었다. 그럴 때마다 자기를 도와주었던 것이 자기통제력이었다. 자기통제를 통해서 너무 자만하지도, 너무 감상에 빠지지도 않고 객관적으로 상황을 인식했다. 그는 "사업을 일으키려면 자기에게 너무 관대해서는 안 되며, 자기 자신을 통제해야 성공할 수 있다"라고 말했다. 타고난 재능이 아무리 뛰어나도 자기통제력이 부족하면 자신의 잠재력을 최대한 발휘할 수 없기 때문이었을 것이다.

· **에디슨**

"세상에 순조롭게 되는 일이 하나도 없다"는 푸념에 에디슨Edison은 말했다. "참 비논리적이고 자기중심적인 생각이다. 생각에 따라 똑같은 세상이 지옥이 될 수도, 천국이 될 수도 있다" 일이 순조롭게 풀리지 않는다고 해서 이에 비관하거나 하늘을 원망하는가? 간단해 보이는 전등電燈 하나를 만들기 위해 에디슨은 무려 5만 번가량 실험을 진행했고, 그에 관한 실험 기록 노트도 150여 권에 달했다.

이런 와중에 에디슨은 실험실이 모두 불타 반평생의 노력이 한순간에 무너져 내린 비운까지 겪어야만 했다. 그러나 그는 조수에게 태연하게 "이게 꼭 나쁜 일만은 아니군, 실패도 함께 날려버렸으니까, 이제 처음부터 다시 시작하세" 대개가 노력은 하지 않고 운 탓만 하는 현대인에게 큰 교훈을 남겼다. 그는 다시 끊임없이 노력하여 인생을 대성공으로 이끈, 자아를 실현한 위대한 위인이다.

• 오히라 마쓰요

일본 호스티스 출신 변호사 오히라 마쓰요의 얘기다. 그녀는 중학교 때 집단 따돌림으로 할복 자살까지 기도할 정도로 심각해 자퇴하고 비행 청소년이 됐다. 16세 어린 나이에 야쿠자 보스Boss와 결혼하고 등에 문신까지 새겼다. 그러다 22세 때 이혼하고 유흥업소에 호스티스Hostess로 일하며 폭음으로 나날을 보내다가 어느 날, 아버지의 친구로부터 심한 꾸지람을 듣고 감동하여 참회하고 독서와 함께 공부를 다시 시작하였다.

그는 공부에 모든 열정을 쏟았다. 생활비가 없어 하루 한 끼만 먹고 허기진 배를 부여잡고 공부에 몰입해 공인중개사 시험에 합격한 후, 긴키대에 입학, 법학부 3학년 때 사법 시험에까지 합격했다. 공부로 호스티스에서 변호사로 인생을 바꾼 것이다. 그가 저술한 이 책은 시궁창 같은 생활에서 새로운 인생으로 발돋움한 과정을 엮은 실화다.

그는 이 책을 읽는 순간이 바로 새로운 미래의 시작이고, 책을 넘기는 순간순간이 또 다른 미래의 시작점이라고 했다. 인생에는 하나의 길만 있는 것이 아니다. 수천수만 가지의 길이 있다. 조금씩 집착을 버리고 눈을 돌려보면 희망의 길이 보일 것이다. 상황이 아무리 어렵고 힘들더라도 두려워하거나 불안해하지 마라. 그런다고 상황이 나아지지 않는다. 상황이 어려울수록 밝고 긍정적인 마음으로 주위 사람들과 더 자주 만나라. 두려움과 불안에 떨며 홀로 지내면 더욱더 위축되고, 주변의 우호적인 사람들마저 멀어져 간다. 그러니 "운명아, 길 비켜라. 내가 간다" 우렁찬 목소리로 외치며 나아가라. 그러면 안 되는 일도 풀리고 운도 트일 것이다.

· 다양한 사례

① 월마트 창업주인 샘 월튼은 '싸게 사고 높이 쌓아 비용을 줄여 싸게 파는' 아주 단순한 전략으로 대성공을 이룬 회사다. 사업 초점을 인간은 뭔가를 비교하며 구매한다는 사실에 맞춘 것이다. 유니클로 회장도 얇고 가벼우며 보온성이 좋은 방한복을 싸게 팔아 대성공한 케이스이며, 스페인의 자라, 미국의 갭 등도 모두 가격대비 품질이 우수한 상품으로 대성공을 이룬 장본인들이다.

② 한 젊은이가 대기업 입사시험에서 최고의 성적을 거두고 합격을 믿고 있었지만, 결과는 낙방이었다. 그 이유는 구겨진 이력서 때문이었다. 회사는 이력서 하나도 잘못 관리하는 사람에게 일을 맡길 수 없다고 불합격시킨 것이다.

③ 소련이 발사한 최초의 유인 우주선 우주비행사 후보자들에게 우주선에 탑승할 기회가 주어졌는데, 그 중의 후보자 한 사람인 '가

가린'은 조용히 신발을 벗고 우주선에 올랐다. 그것을 목격한 선발 책임자는 합격 이유로 "우주선을 얼마나 소중하게 여기는지 알 수 있었고 믿음이 갔다"라고 회고했다.

④ 길에서 소나기를 만난 노부인老婦人이 비를 피하려고 백화점에 들어섰다. 누구도 관심을 보이지 않는데 한 젊은이가 의자를 가져와 "비가 그칠 때까지 앉아 계세요"라고 했다. 노부인은 '강철왕' 카네기의 어머니였다. 며칠 뒤 "귀 백화점과 구매계약을 체결하고 싶습니다. 단, 패리 씨가 모든 계약을 담당해야 합니다"라는 조건이다. 그 백화점 전체의 2년 매출액에 해당하는 주문서였다. 22세의 말단未端 직원 패리는 그 백화점의 파트너가 되었다. 이렇게 어른에게 예의바르고 공경심을 갖는 정신 때문에 뜻밖의 대행운을 얻은 것이다.

⑤ "우리 회사의 최우선 순위는 '직원'들이다. 그다음이 고객이다" "우리 회사의 핵심 가치를 임직원의 행복에 두고 직원들을 수단이 아닌 목적으로 대한 것이 성공의 비결"이라고 말한다. 직원을 소중히 여기지 않는 기업은 곧 무너진다. 직원이 행복하면 고객도 행복해진다는 것이다. 직원들을 주인처럼 대우하는 것이 곧 성공 비결이라는 회사의 예다.

⑥ 초등학교도 졸업하지 못한 시골 청년이 자그마한 회사를 설립하여 세계적인 기업으로 성장시킨 창업자 마쓰시다 고노스케는 비록 학력은 밑바닥이지만, 그의 인생 철학이 돋보였다. 그는 자신이 만든 제품을 상대방의 시각에서 바라보는 지극히 간단한 '진리'를 깨닫는 순간 그는 성공을 예감했고 큰 행복감을 느꼈다. 모든 것을 '상대방의 시각에서 문제'를 바라보면, 상대방의 마음속

에 들어가 "그가 생각하는 것, 원하는 것, 꺼리는 것을 모두 알 수 있기 때문이다"

그렇게 된다면 그 어떤 사람과 어떤 형태로 교류하든 자신의 감정을 조절할 수 있다. 상대방이 동조와 도움의 손길을 내밀든, 치명적인 공격을 가해오든 주도권은 항상 자신이 쥘 수 있기 때문이다. 이 인생 철학은 《손자병법》에서 "나를 알고 적을 알면 백전백승百戰百勝"이라는 말을 현대적으로 바꾸어 표현한 것과 같다.

◈ 성격에 따른 성공담

어떻게 해야 성공할 수 있을까요? 이 질문에 로저 앤드슨은 "성격性格에 맞는 직업만 제대로 선택한다면 누구든 성공의 가능성은 열려 있다. 실제로 성공한 사람 중 98%가 바로 이러한 이유로 성공을 거머쥐었다"라고 역설했다. 그러나 사람의 성격에 따른 성공담이 반드시 정답이라고 할 수는 없다.

그러나 내 성격을 알아볼 필요는 있다. '나'를 제대로 파악하면 앞으로 나아갈 방향을 알 수 있고, 성공한 인생으로 향하는 길이 보일 수도 있기 때문이다. 사람의 성격은 크게 '사교형社交型' '신중형愼重型' '주도형主導型' '안정형安定型'의 네 가지로 나눠볼 수 있단다. 그 성격에 따른 성공담을 따라가본다.

· 사교형

매우 명랑하고 밝은 성격에 매사 긍정적이고 적극적이며, 어떤 일에 관심이 생기면 금세 몰두하는 편이다. 말도, 웃음도 많고, 활동적이다. 실패하더라도 마음에 담아두지 않는다. 하지만 사물이나 상황에 세세細細하게 주의를 기울이지 못하고, 침착하고 차분하게 처리해야 하는 일에 취약하다. 일반적으로 활발하고 외형적이며 새로운 사물을 쉽게 받아들이는 '사교형'은 직업 선택의 폭이 비교적 넓은 편인데, 그중에서도 세일즈맨, 여행가이드, MC, 강사, 배우 등의 직업에 적합하다.

· 신중형

매사에 완벽을 추구하는 성격으로, 일을 처리할 때나 사람과의 교류에 신중하며 까다로운 안목을 지니고 있다. 단, 매사에 기준이 너무 높아 타인에게 부담을 안기며, 자신 역시 피곤함에 자주 울화가 치민다. 비관적이고 소극적이며 의기소침意氣銷沈한 유형이지만, 특유의 꼼꼼함과 주도면밀周到綿密함으로 무슨 일이든 계획대로 착실히 처리한다. 조직적이고 논리적이어서 끝까지 완벽을 추구한다. 이러한 성격의 소유자는 적당한 자기계발로 쉽게 두각을 나타낸다. 치밀함은 성공한 인사들이 갖추고 있는 기본적 덕목 중 하나이다. '신중형'은 성실함과 치밀한 사고력이 요구되는 재무관리사, 의사, 변호사, 작가 등이 잘 맞다.

· 주도형

언제나 자신감이 넘치고 저돌적인 성격으로 1등을 목표로 하는 타고난 지도자형이다. 무엇보다 일을 중시하고 독립적이며, 제때 목표를 실현하고 임무를 완수해야 직성이 풀리는 전형적인 워커홀릭Workaholic이기도 하다. 일반적으로 주관이 뚜렷해 중요한 순간에 빠른 의사결정을 내릴 줄 알며, 행동으로 옮길 때도 주저하는 법이 없다. 그리고 오히려 좌절을 겪을수록 더 용감해지는 편이다. 직설적이고 비판적이다. '주도형'은 선천적으로 타고난 업무 능력을 펼칠 고급 엔지니어, 프로덕트 매니저, 기업 간부 등 지도자형 역할에 적합하다.

· **안정형**

얼굴에는 항상 미소를 띠며, 무슨 일이든 무리하게 처리하지도 않지만, 대충대충 넘어가지도 않는 성격이다. 한마디로 자신을 과시하지 않는 유형으로, 누가 뭐라 하든 "네"라고 말하는 인내심과 겸손함과 예의를 갖췄다. 쉽사리 감정을 표현하지 않아 비교적 편안한 인상을 주며, 남의 부탁을 잘 거절하지도 못한다. 또 앞뒤를 모두 살피느라 빨리 결단을 내리지 못하고, 우유부단優柔不斷하다는 단점이 있다. '안정형'은 사무직이나 비서, 번역가, 상담원, 중재인 등의 서비스 직종이 적합하다.

제8과

처세술

How to live life in society

처세술이란, 소위 세상을 원만히 살아가는 수단과 방법을 말한다. 우리 사회에서 처세술이 능한 사람이라면 탁월한 지혜와 지성을 갖추고, 말과 행동에 품위가 있으며, 자신의 능력을 과시하지 않고 늘 겸손을 잃지 않는 자세를 견지한다. 여기에 반듯한 예의범절과 자상한 배려심까지 겸비했다면 훌륭한 삶의 처세술이라 하겠다. 이와 반대로 지성인으로 자처하면서도 양심이 없는 지성, 인격이 없는 지성, 덕성이 없는 지성은 어리석다고밖에는 말할 수 없는 사람이다.

사회적 단계로 첫발을 내딛는 초년생이 알아두면 유익한 처세술을 분류하고 간추려본다.

◈ 사회에 첫발을 내디딜 때

생애 최초로 사회에 첫발을 내딛는 사람은 내딛는 발자국마다 한없이 어설플 것이다. 그래도 내가 설 자리는 어디며, 내가 할 일이 무엇이며, 내가 갈 길이 어딘지를 깨닫고, 나의 뚜렷한 인생관과 가치관을 가지고 나아가야 한다.

처음 대하는 사람마다 과장된 행동을 삼가고, 충실한 믿음을 주며, 대화는 간결하고 겸손하다. 그렇게 처신하며 훌륭한 사람들 틈에 들어가 실패를 거듭하며 때로는 좌절감을 느끼면서 점점 세련된 태도를 몸에 익히게 될 것이다. 처세술의 빠른 길은 상대에게 호감을 사는 것이다. 항상 좋은 인상을 주는 미소, 다른 사람의 이름을 기억해

두는 일, 남의 이야기를 잘 듣는 일, 겸손과 존경이 유일한 제일의 처세법이라는 점 잊지 말라.

· 존경받는 태도

사람이라면 누구나 위엄을 지녀야 한다. 누구에게나 존경받기 위해서다. 아무리 훌륭한 사람일지라도 수다스럽거나, 실없이 소리 내어 바보스럽게 웃거나, 익살스럽게 농담을 자극하거나, 지나치게 붙임성 있게 구는 것은 위엄 있는 태도가 아니다. 이런 태도로는 아무리 박학다식한 지식인이라도 존경을 받기는 어렵다. 오히려 멸시를 받을 수도 있다.

위엄성 있는 태도란 항상 상대방의 이야기를 진지하게 귀 기울이고 자신의 의견을 겸손하고 분명하게 뚜렷이 밝히는 태도라 말할 수 있다. 여기에 얼굴 표정이나 태도에 진지한 분위기를 풍기는 것도 위엄이 있어 보이며, 발랄한 기지 機智 나 고상한 쾌활함을 덧붙여도 좋다.

· 대인관계

인간은 여러 사람과의 다원적 관계 속에서 살아가야 하기 때문에 사회에서, 직장에서의 대인관계를 위해 필요한 상대의 인품과 성격, 능력을 옳게 판단할 수 있는 총명한 안목을 가지며, 그들을 어떻게 대하고 어떻게 행동해야 하는지를 배워둬야 한다. 만나는 사람마다 진지하게 소통하며, 원만하고 화목한 인간관계를 유지하기 위해 반드시 필요하기 때문이다.

심리학 교수인 앨버트 메리비안은 대인관계에서 가장 중요한 것이 첫인상이라고 했다. 첫인상은 외모, 표정, 태도 등 시각적視覺的인 요인이 55%, 목소리 등 청각적聽覺的인 요인이 38%, 언어적言語的인 요소가 7%를 차지한다고 했다. 기억해 둘 일이다.

· 덕과 슬기

나에게 맡겨진 직분을 알차게 감당할 만한 자신감과 의지 그리고 조직원과의 조화로운 생활을 할 줄 아는 슬기와 철학을 지니며, 내게 닥친 시련과 고난을 돌파할만한 정신력과 용기도 필요하다. 또, 늘 평정심平靜心을 유지하며, 지나치게 감정에 휘둘리거나 교만에 이르지 않는 태도 역시 처세술의 필요조건이다.

· 중류일호

중류일호中流-壺! "큰 강물에서 배를 잃고 물에 빠져 허우적댈 때 표주박 하나만 있어도 물에 가라앉지 않을 수 있으니, 그 값어치가 천금에 댈 것인가?" 평소에는 아무짝에 쓸데없어 거들떠보지도 않는 물건일지라도 물에 빠졌을 때야 참으로 귀한 물건이라는 의미다. 사람도 이와 같다면 바랄 것이 없다. "너 자신을 알라" 이는 인생의 지혜이자 금언이요, 계명이요, 좌우명이요 처세훈이다. 자기 자신을 알지 못한 데서 모든 불행과 과오와 비극과 성패成敗가 생기기 때문이다.

· 평생 학습

대학 신입생이 배우는 지식이 4학년 때쯤이면 낡은 지식이 되는 세상이다. 평생 학습이 필요한 이유다. 영국 정부의 〈전략기획위원회 보고서〉에 따르면 "국가 안보를 위해서는 더 좋은 총이나 무기가 핵심이 아니라 바로 마인드Mind가 핵심"이라는 사실을 기억해둬야 한다. 지식 습득은 평생 따라다니는 동반자가 된 것이다.

> **★ 데일 카네기의 처세술**
>
> 강철왕 데일 카네기Carnegie는 이렇게 외쳤다. "웃어라. 일하라. 목표를 가져라. 남을 얕보지 마라. 원수를 친구로 만들어라. 자신감과 용기를 가져라. 과감하게 행동하라. 칭찬하라. 바가지를 긁지 말라. 의욕을 잃지 말라. 언쟁을 피하라. 스피치Speech의 명수가 되어라. 슈퍼 세일즈맨이 되어라. 섬길 줄 아는 지도자가 되어라. 남이 당신에게 반하게 만들어라. 친절과 봉사하는 사람이 되어라. 체면을 세워 주어라. 행복한 자가 되려면 남을 행복하게 만들어라" 등 수없이 많은 가르침을 일러 주었다. 이 모두가 카네기의 처세술이자 성공 철학이다.

◈ 조직 사회의 비약적인 성장 비결

지금 우리가 사는 이 사회는 적이 없는 사람도 없으며, 모든 사람으로부터 사랑을 받는 사람도 없다. 그러나 요즘은 모든 사람에게 사랑받지 못하면 출세할 수 없는 시대다. 상사에게, 동료에게, 아랫사람에게 사랑을 듬뿍 받으려고 노력해야 한다. 그러려면 그 방면의 지혜가 필요하다. 또한, 출세하려면 회사를 부자로 만들어야 한다. 그것 역시 그 방면에 도움이 되는 지혜가 필요하다.

또 하나의 걸림돌이 있다. 지금까지 남자들만의 세상에서 이제는 여자가 날로 영리해지고 있다. 이제 여자보다 더 똑똑해져야 하는 그런 시대가 도래到來했다. 이제 터무니없는 꿈이나 꾸고 있는 남자를 좋아해주는 여자는 없을 것이다. 여자를 능가하는 실력을 쌓아야 하는 시대로 변모한 것이다. 그것은 공부밖에 없다. 이렇게 강하지 않으면 험한 세상을 살아갈 수 없는 세상이다. 조직 사회에서 갖춰야 할 성장 비결을 따라가본다.

· 지성의 보전

지성은 이족보행 동물이 자기보존을 위해 활용할 수 있는, 인간만이 갖는 유일한 무기다. 지성은 생각하고 분석하고 추리하는 힘이요, 발명과 창조하는 힘이다. 성장 비결의 제일의 요건이다.

· 예의범절

시대가 변천하면서 충忠도 효의 개념도 실효한 지 이미 오래됐지만, 예의범절은 모든 덕의 근원이다. 그것을 갖추지 못한 사람은 사회에 나가서 사람의 도리를 할 수 없다. 항상 미소 띤 얼굴, 겸손한 태도, 대화는 정중하고 간결하다. 이것이 그야말로 미덕을 갖춘 이상적인 모습일 것이다. 그리고 남들에게 존경받는 일이다. 그것은 매우 간단하다. 남에게 진심으로 베풀면 남들이 나를 존경할 것이기 때문이다.

· 의지와 견해

사람은 자신의 의지와 견해를 가지고 있어야 한다. 그것을 쉽게 바꾸지 않는 사람, 그러면서 하는 일마다 예의 바르고 유머스럽게, 그리고 품위까지 지녔다면 조직의 일원으로 우뚝 서기 위해서 바람직한 사람이다. 그렇다고 모든 면에서 너무 완벽하게 보이려고 해선 안 된다. 전혀 약점이 없는 것처럼 보이는 것은 위험하다.

· **과언무환**

　사람이 머릿속에 든 지식이 아무리 깊고 높다 하더라도 언행이 가벼우면 뭇사람에게 신뢰와 존경을 받지 못한다. 특히 공식 석상에서 말을 함부로 하거나 CEO를 불편하게 하는 사람은 인사에 중용하지 않는다. 말 많은 사람일수록 천하게 여기고 신뢰성만 부족하게 보일 뿐이다. 그래서 과언무환寡言無患! 말이 적으면 근심이 없고, 말을 삼가면 허물이 없다고 한 것이다. 세상 구설口舌이 다 말 때문에 생기기 때문이다. 비전이 있는 사람은 말은 적은 대신 행동을 많이 하며, 무슨 일에건 열정을 기울이는 사람이다.

· **프로젝트 처리**

　주어진 업무가 자잘한 잡무일지라도 프로Pro처럼 능숙하게 처리해야 한다. "이렇게 일목요연一目瞭然하게 정리된 자료는 처음이야" 할 정도로 자신의 '기획'으로 여기고 준비해야 한다. 복사나 서류 철하기, 메시지 전달, 손님 응대, 회의 프로젝트 준비, 회의록 작성, 등… 이 모든 것들을 자신의 프로젝트로 인식하고 최선을 다해 완수해야 한다.

　'이깟 일'로 치부하여 무시하는 태도는 자기 자신을 멸시하는 것과 다를 바 없다. 거의 모든 업무는 이런 식으로 주어지고 업그레이드된다. 그렇게 열과 성을 다하다 보면 점차 인정받는 직원으로 성장할 것이다.

· **배신하지 않는 인재**

　회사라는 조직에서 일인자인 사장社長은 항상 고독하다. 그래서 자신의 옆에 최측근의 인물을 두고 싶어 한다. 유능한 자보다 바로 배신하지 않는 인간이다. 배신하지 않는 인간 유형에는 무능하지만 근면하고 성실한 사람들이 많다. 그들은 무능하기 때문에 부지런해야 하고, 내세울 것 없기에 충성을 다할 도리밖에 없다는 사실을 잘 안다. 그들은 자신의 분수를 잘 알기에 성실과 충성으로 조직 생활을 한다.

유능한 사람 따위는 돈만 있으면 얼마든지 대체할 수 있지만 배신하지 않는 인재는 돈으로 대체할 수 없는 그만의 가치가 있다. 그래서 예로부터 어느 조직이든 비록 무능無能하더라도 남다른 근면함만 있으면 임원 자리 하나는 비워둔다는 말이 있다. 이러한 사실은 어느 조직이든 예외가 없다.

· 지속력의 힘

경쟁 사회에서 재능은 절반 정도지만, 끊임없이 노력을 지속하는 사람이 그 게임에서 압승으로 끝난 예가 많다. 따라서 어떤 일에서든 그 일의 지속력에 따라 훗날 그 길에서 생계를 유지할 수 있는가를 결정짓는 하나의 척도가 된다. 그만큼 노력이 중요하다는 결론이다.

· 욕망의 조절

인간이란 아무런 욕망도 없는 절대적인 무기력 상태로서는 삶을 영위하지 못한다. 인간은 항상 남으로부터 인정을 받고 찬사를 받으며 인망을 얻어야 한다는 강한 욕망을 가슴에 품고 살아간다. 따라서 어느 정도의 명예욕은 성취를 위해 꼭 필요하다. 다만, 욕망은 인간의 신세를 망쳐 버리는 악惡이 되기도 하고, 백약百藥이 되기도 한다. 그래서 욕망을 활용하되 지배당해서는 안 되고, 조절할 줄 알아야 하는 법이다. 이것이 인생길을 탈 없이 걸어가는 비결이다.

· 인맥의 형성

세상의 모든 일은 대인관계에 의해 이루어진다. 그래서 인맥을 형성하지 못하면 성공할 수 없다고 한 것이다. 다만 인맥은 규모와 질質이다. 아무나 인맥을 형성하는 것은 좋지 않다.

· 자제력

사람은 '화'가 치밀다가도 의학적으로 6초가 지나면 냉정해진다고 한다. 화가 치솟는 상황이 오면, 물을 마시며 진정을 하든, 심호흡하든, 그냥 머릿속으로 6초를 세든 무슨 방법이든 좋다. 좀 더 여유 있는 마음 자세, 모든 것을 느긋하게 바라보는 마음을 가질 일이다. 나의 분노나 짜증은 타인에게 고통을 안긴다. 사소한 일에 화를 참지 못하고, 감정적으로 행동하다가 후회하는 사람들을 쉽게 찾아볼 수 있다. 사장의 무심한 말 한마디에 사표를 던지는 사람, 작은 엇갈림으로 부부간의 불화를 키워 결국 각자의 길을 걷는 사람들도 많다.

마음속에서 감정의 폭풍이 불고 있더라도, 공개적으로 불쾌한 일을 당하고도, 그것을 얼굴이나 말에 나타내지 않도록 제어하고 자기의 감정을 감출 수 있는 공부가 절실한 세상이다. 자신의 감정을 효과적으로 조절하지 못하는 사람은 성공하기 어렵다. 어떤 나쁜 감정에도 휘둘리지 않고 스스로를 다스릴 수 있다면 성공은 결국 내 차지가 될 것이다.

◈ 나의 처신

사회생활 하는 데 지킬 것도 많고 유의해야 할 사항도 많다. 그 유례를 찾아본다.

· 충동적 행동

내가 어떤 문제에 부딪혔을 때 여러 번 깊게 생각하고 행동하면 후회할 일이 없을 것이다. "세 번 생각하고 행동하며, 의논하고 결정한 다음 움직이라"라는 격언을 상기해본다. 자칫 즉흥적인 감정에 휘둘려 충동적으로 행동하여 실수를 저지르고, 이로 인해 돌이킬 수 없는 대가를 치르기도 하고 결정적인 타격을 입는 경우가 많다. 일단 멈춰서서 심도 있게 분석하고 연구하여 행동에 옮겨도 늦지 않다.

· 무심코 행한 버릇

사람은 어렸을 적부터 무심코 한번 해본 동작이 그냥 그대로 몸에 굳어버린, 좋지 않은 '버릇'이 있는 사람이 있다. 코에 손을 대거나, 머리를 긁거나, 모자를 만지작거리거나 심지어는 가래를 습관처럼 내뱉기도 한다. 혹은 대화 중에 고개를 숙이거나, 창밖을 응시하거나, 의미 없이 쓸데없는 발짓이나 몸짓을 보이고, 무턱대고 웃는 버릇이 있는 사람도 있다. 인격이 훌륭한 사람일지라도 이런 버릇을 보게 되면 머리가 조금 이상한 사람으로 평가받는다. 보기에 좋지 않은 행동은 반드시 바로 잡아야 한다.

또 지식과 교양은 평균이지만 옷차림마저 단정치 못하고, 말을 더듬거리거나 소곤소곤 작은 목소리에, 침착성 없는 동작까지 주의가 부족한 사람을 만난다면 어떤 인상을 받을까. 그 사람이 훌륭한 장점을 갖고 있다고 해도, 그 사람의 내면까지 상상해볼 마음의 여유도 없이 마음속에서는 이미 거부해버리지는 않을는지 모른다.

· 지언

사람은 상대의 말귀를 잘 알아들어야 한다. 소리장도笑裏藏刀! 웃고 있지만 칼을 감췄다. 면종복배面從腹背! 앞에서는 "예, 예" 하면서 속으로는 '어디 두고 보자' 한다. 깐을 두어 간 떠보는 말, 달아날 구멍을 준비하는 말, 위해 주는 척하면서 뒤통수치는 말, 험한 세상이라 이러한 반지르르한 말을 잘 간파해서 본질을 꿰뚫어 보는 지혜와 안목이 필요하다.

이를 알아차리지 못하면 크나큰 해를 입고, 만약 윗사람이 아랫사람에게 놀아나면 큰일을 그르친다. 제 몸을 해치기도 한다. 전체를 바라보는 통찰력이 없기 때문이다. 도처에 숨겨진 함정과 그물에 방심하면 자칫 해를 당하는 험악한 세상이다. 이런 상대의 말을 듣고 대번에 그 속내를 알아채는 능력이 지언이다. 이 '지언'은 지혜와 폭넓은 지식에서 온다.

· 내가 설 자리

사람은 내가 설 자리를 잘 가릴 줄 알아야 한다. 나설 때와 물러설 때를 바로 알고, 물러설 때가 되면 미련 없이 물러서야 한다. 자칫 떠나야 할 자리에 미련이 남아 주저앉아 있으면 결국 추하게 쫓겨난다. 그래서 지시知時, 즉 때를 바로 아는 것이 참으로 중요하다.

내가 꼭 필요한 곳, 있어야만 하는 곳에 있으면 참으로 귀한 존재지만, 그렇지 않으면 잡초와 같은 존재다. 오늘날 우리 사회를 흐리게 하고 어둡게 하는 것은 그 자리에 있어서는 안 될 사람이 그 자리에 앉아 있기 때문이다. 사회에 해독을 끼치고 민족과 역사를 좀먹는 자들이다. 그 집의 기둥과 대들보요, 주춧돌 구실을 하는 존재라야 한다.

· 중상의 말

남보다 유명세를 얻기 위해 다른 사람의 명예를 손상하는 짓, 남에게 원망을 살 만한 짓, 조그만 이득을 얻으려고 말을 부풀려 다른 사람에게 손해를 끼치는 짓, 사람이 행해서는 안 될 짓이다. 처음부터 중상中傷의 말이면 듣지도 말 것이며, 믿어서도 안 된다. 또 사내社內에서는 어떤 편이나 명분에도 가담하지 말아야 한다. 대중은 소문에 민감해서 그런 자들에겐 절대 관용을 베풀지 않는다.

· 고립의 자초

신분이나 지위에 상관없이 '적敵'을 만들어서는 안 된다. 상사나 동료, 혹은 내 방의 청소원에게까지 멸시하거나, 불필요한 말을 하여 그들의 불운不運을 상기시키는 말을 해서는 절대 안 된다. 신분이 낮다고 업신여기고 있다고 오해를 받으면 끝장이다. 상대방은 언제까지나 적의敵意를 품게 될 것이다.

또 남들의 논쟁에 주제넘게 끼어들지 말라. 말참견하는 사람은 조롱의 대상이나 될 뿐, 남들의 요청도 없는데 간섭했다가 일을 망치면 몇 배의 원망으로 되돌아온다. 품위 없이 남들에게 부화뇌동附和雷同하다가는 그간 쌓아두었던 존경심마저 잃어버리게 된다. 생각 없이 경솔한 행동으로 남들에게서 고립을 자초하지 마라. 자신의 인격에 관대하기보다 엄격해져야 한다.

· 정면 대결

대개 많은 사람 앞에서 연설해야 할 때, 선생님 또는 사장님처럼 권위 있는 사람과 교류할 때 두려움의 반응을 일으킨다. 심장이 뛰고,

손바닥에 땀이 고이며, 입이 마르고, 상황에서 달아나고 싶은 마음만 들게 된다. 이러한 두려움을 이기는 유일한 방법은 바로 정면 대결正面對決이다. 마음을 다부지게 잡고 대범하게 직면하며 원래 계획대로 밀어붙이는 것이다. 행동으로 두려움의 저주를 무력화시켜야 한다.

두려움이 엄습해 올 때 "다 같은 사람인데 두려워할 것 아무것도 없다"라는 주문을 걸어라. 겁이 났던 일들이 눈 녹듯 사라지고 더는 두렵지 않을 것이다. 아니면 내가 생각하는 최악의 결과를 받아들일 수 있는 배포가 있다면 더더욱 두려워할 것이 뭐가 있겠는가?

• 포용력

인간관계에서 꼴 보기 싫은 동료와 마주했을 때, 어리석은 사람은 다시 보지 않을 것처럼 대한다. 하지만 언젠가 그 동료의 도움이 필요하지 않을 거라고 장담할 수 없는 것이 세상사다. 지혜로운 사람은 자신의 감정을 드러내고 화를 내기보다는 웃는 얼굴로 맞이하는 너그러움을 보여준다. 큰일을 하는 사람은 특히 인내할 줄 알며, 언제나 냉정함을 유지하면서 충동적인 감정에 휩쓸리지 않는다.

그렇다고 더는 견딜 수 없을 정도의 잘못을 저지르는 상대를 용서하는 것은 결코 너그러운 태도가 아니다. 마음의 칼은 결정적일 때 사용하는 것이다. 이때 일격一擊에 상대방을 제압하지 못하면, 그 칼날은 자신에게 되돌아온다는 것을 명심해야 한다.

◆ 상대방이 내게 반하게 하는 방법

심리학에는 양동이 이론Bucket Theory이라는 것이 있다고 한다. 모든 사람은 마음속에 커다란 양동이를 하나씩 가지고 있으며, 그 속에 물을 가득 채우고 싶어 한다는 내용이다. 그 양동이에 물이 가득 차면 행복해지고, 비워질수록 불행해진다고 한다. 또, 그 양동이에는 자기를 알아주었으면 하는 '인지認知'의 물과 '관심'을 받고 싶어 하는 물, 또 '긍정'의 물과 마지막으로 '칭찬'받고 싶다는 물이란다.

· 환영받는 사람

알다시피 많은 사람은 다른 사람이 자기에게 관심 가져주기를 원한다. 그러나 인간은 남의 일에 관심을 갖지 않는다. 그런데 자기에게 관심을 갖게 하는 기발한 아이디어가 하나 있다. 수년 동안 친구들의 생일을 알아내어 생일 이전에 축하 편지나 축전을 보냈더니, 놀라운 효과를 가져왔단다. 세상에 자기의 생일을 기억해준 사람은 나 하나밖에 없었던 것이다. 이 철학은 어디에도 통한다. 진정 환영받는 사람임이 분명하다.

· 미소 띤 얼굴

미소는 바로 당신을 좋아한다는 메시지다. 일면식一面識도 없는 사람일지라도 간혹 친절한 격려의 말 한마디, 미소 한 번이 그 사람의 어깨를 누르고 있는 무거운 짐을 풀어줄 때가 있는 법이다. 그럴 때면 그 사람의 눈이 빛나고 입 주변이 부드럽게 풀리며 미소가 나타난다. 그만큼 웃음이라는 선물은 막대한 이익을 가져온다.

매혹적인 미소를 선사하라. '세상에서 가장 행복한 동물'이라는 별칭을 가진 호주의 쿼카Quokka처럼···. 마음에 품은 대망, 야망이 성취될 것이다.

· 이름 애착

누구를 막론하고 자기 이름만큼 애착을 가지고 소중히 여기지 않는 사람은 없다. 그러기에 그렇게 소중히 여기는 이름을 상대방이 잊어버리고 있다면 이것처럼 섭섭한 일은 없다. 그만큼 사람에게 이름을 기억하는 행위는 대단히 중요하다.

그러나 대부분은 남의 이름을 기억하지 못한다. 신경을 쓰지 않기 때문이다. 그런데 프랑스 황제 나폴레옹 3세는 정무로 분주하면서도 만나는 사람들의 이름을 다 기억할 수 있다고 자랑했다. 상대방이 중요 인물이면 더 노력해서 이름들을 메모해두고 외워둔다. 그만큼 큰 효과를 발휘하기 때문이다.

· 호감을 받는 사람

한 연구 결과에 따르면 조직에서 가장 많은 '호감'을 받는 사람은 능력이 뛰어난 사람이 아니라, '다가가기 쉬운 사람' '예의 바른 사람'이라고 한다. 너무 완벽해 한 치의 오차도 허용하지 않는 로봇 Robot 같은 사람이 아닌 가끔씩 웃는 얼굴로 실수에 대해 농담을 주고받을 수 있는 인간 냄새가 물씬 풍기는 사람이다.

또 예절 바른 사람 역시 존경의 대상이다. 그런 사람에게는 누구도 함부로 대하지 못하는 법이다. 인간관계를 오래 지속시키고 싶다면 예의는 절대적이다.

◆ 사람을 다루는 근본적 테크닉

비즈니스 협상에서 대화할 때 중요한 것은 어떤 경우라도 정면충돌은 피하는 일이다. 상대가 애인이든, 남편이든, 친구든, 비즈니스 상대든 누구를 막론하고 논쟁은 피해야 한다. 논쟁을 피하는 것이 논쟁에서 이기는 유일한 방법이다. 언쟁으로는 상대의 생각을 변화시키고자 하는 목적을 결코 달성할 수 없기 때문이다.

인간은 누구나 다 남에게 지고 싶은 생각이 없기 때문에 언쟁에서 지면 분한 마음과 복수심만 생기며, 존경심은커녕 상종相從하고 싶은 생각조차 없어지고 만다. 그러므로 언쟁이나 시비로써 결코 성공하는 법은 없으며, 승리하려면 만사에 먼저 패하고 드는 것이 이기는 길이라는 점을 잘 안다면 인생행로人生行路에 있어서 과히 어긋남이 없을 것이다.

· 대화의 명수

비즈니스 협상을 성공으로 이끄는 특별한 비결은 상대방의 말을 진지하게 경청하는 것이다. 이 경우를 "대화의 명수Expert"라고 한다. 이것보다 더 효과적인 방법은 없기 때문이다. 엘리엇 박사도, 인터뷰의 명수 매커슨도 "대화의 비결은 아주 간단하다. 상대방이 말할 때 주의 깊게 듣는 것이다"라고 했다.

그리고 대화 중 상대방과 의견이 서로 다른 경우일지라도 상대의 말에 귀 기울여야 한다. 내 말만 앞세우면 할 말을 다 못한 상대방은 내 말에 귀 기울이지 않을 것이다. 인내심과 마음을 열고 상대방의 말을 들어라. 이때 그 대화 내용이 되도록 상대방의 업적이나 성공담을 이야기하도록 유도하면 더욱 좋다. 또 상대방과 중요한 이야기를 하려거든 요점만 간결하게 하는 것이 좋다. 장황하게 설명하는 것보다는 간결하게 요점만 정리해서 말해야 전달하고자 하는 의사가 명확해지므로 상대방의 이목耳目을 집중시킬 수 있다.

· 설득의 명수

설득Persuasion의 명수가 되기 위해서는 누구와도 논쟁이나 언쟁하지 말고 상대방의 잘못이나 실수도 지적하지 말고, 상대방의 견해에 대해서 존경심을 보이는 자세가 필요하다. 상대방이 틀린 말을 했을 때도 반박보다는 "나는 다르게 생각합니다. 그러나 어쩌면 내 생각이 틀릴 수도 있습니다. 만일 내가 틀렸다면 내 생각을 고치겠습니다"라는 말이 적극적인 마력이 있다. 이렇게 하는 말을 배척할 자는 아무도 없을 것이다. 자기 잘못을 시인하면 모든 논쟁을 중지시킬 수 있고, 나아가서는 상대방이 터놓고 대화하도록 할 수도 있기 때문이다. 그래서 설득력 있는 화술話術은 한 나라의 역사까지도 바꿔놓을 수 있는 것이다.

· 소원 성취

"남의 입장을 이해할 줄 아는 사람은 그리고 상대방의 마음이 어떻게 움직이고 있는가를 아는 사람은 자기의 미래에 대하여 걱정할 필요가 없다" 오웬 D. 영의 말이다. 어린이든, 어른이든, 남자든, 여자든 그들이 원하는 것이 무엇인지를 알라. 상대의 소원이 무엇인지를 알고 그것을 성취하도록 도와주면 너의 소원도 성취할 수 있을 것이다. 명답이다.

내가 낚시 갈 때 내가 좋아하는 것보다, 물고기가 좋아하는 것에 관해서만 생각하는 것과 같다. 이렇게 사람을 다루는 기술은 이처럼 간단하고 분명하다. 그러나 90%의 사람들이 이것을 모르고 있다. 성공하고 싶거든 먼저 상대방 입장을 이해할 줄 아는 일이다. 따라서 접객 업체라면 고객의 시각에서 사물을 판단하지 못하고 사측社側의 입장만을 고집해선 성공할 수 없다.

· 명령보다 제안하라

부하 직원일지라도 명령조로 말해서는 안 된다. 명령이 아닌 제안 Offer을 하라. 절대 "이렇게 하시오" 혹은 "저렇게 하시오" 식의 명령 조는 좋지 않다. "이렇게 하는 것이 효과가 있지 않을까? 이것은 어 떻게 생각하는가?"와 같이 제안을 통해 상대방이 자발적으로 변할 기회를 주는 것이다. 스스로 잘못을 깨닫도록 한다. 반발 대신 협조 하도록 만드는 것이다. 상대를 변화시키려면 상대방에게 '명령'하지 말고 '제안'을 하라.

어느 중소기업 대표가 전문가로부터 직원의 나이가 아무리 어려도 존댓말을 사용해보라는 조언을 듣고 그날부터 실천으로 옮겼더니, 한 달 뒤 공장의 불량률이 제로Zero 수준으로 떨어졌다고 한다. 이렇듯 사소한 말 한마디가 조직에 엄청난 결과와 부富를 가져다준 것이다.

제9과

글로벌 리더
Global Leader

리더란, 어떤 조직이나 단체에서 추구하는 목표의 달성을 위해 그 장長으로서 중심에 있는 지도 능력을 가진 선도자를 일컫는다. 리더십이란, 조직의 구성원들을 지시하거나 지도하고 복종을 유도하는 사회적 기술이며 능력이다. 쉽게 말해 항해하는 배의 키Key를 잡고 방향을 설정하고 선원들을 통솔하는 선장이 곧 리더이고 이끄는 그 행위가 리더십이다.

한 나라의 존망이 위태로울 때, 기업이 파산의 기로에 섰을 때, 그 위기를 극복하여 회생하게 한 리더의 철학과 비전을 배워본다.

◆ 리더십의 패러다임

리더를 필요로 하는 분야는 정치 분야가 으뜸이요, 개혁이 필요한 금융계, 또한 산업계 역시 절실하다. 이외에도 종교계, 법률, 의학, 교육 등 분야를 가리지 않는다. 저널리즘Journalism 세계에서도 대단히 중요한 문제다. 이처럼 현대는 모든 분야에서 새로운 타입의 리더를 요구하고 있다.

현대 사회가 복합적이고 다방향적으로 변화하면서 개인이나 기업 모두 잘못 접어든 길을 가고 있는데도 그것을 모른 채 앞으로만 나아간다면 이는 심각한 문제이기 때문이다. 리더의 중요성은 강조할 필요도 없다. 국제 환경이 급격하게 변화하는 소용돌이 속에서 국가든 개인이든 기업이든 획기적인 비전Vision을 제시하고, 그에 따른 구체적인 목표를 세워, 그 위기를 극복하도록 이끄는 새로운 리더십 패러다임의 필요성이 증대되고 있다.

리더십에는 카리스마Charisma 리더십, 팔로어십Followership 리더십, 서번트Servant 리더십, 변혁적Transformational 리더십, 셀프Self 리더십, 슈퍼Super 리더십 등 다양한 유형이 있다.

◈ 지장과 덕장과 맹장

한 나라의 군대軍隊에서 장수將帥를 구분할 때 지장과 덕장, 맹장으로 나눈다.

지장智將은 워낙에 똑똑하여 자기 스스로 판단하고 처방해서 이상적인 방향으로 조직을 이끈다. 대신 조직은 리더의 결정만 쳐다보고 있기 때문에 수동적이 된다는 점이 문제다. 여기에다 모든 것을 능력으로 판단하므로 인간미가 부족하고 구성원 간의 결속력이 약하다. 특히 리더의 판단이 잘못됐을 때는 조직 전체가 심각한 위기에 빠질 수 있다는 단점이 있다.

덕장德將은 품이 넓어 아랫사람의 의견에 귀를 기울일 줄 안다. 부드럽게 감싸 안아 조직을 융화시키고, 인화를 바탕으로 원만한 성과를 이룬다. 하지만 자칫 줏대 없이 사람 좋다는 소리나 듣기 딱 좋다. 더 큰 문제는 덕만 있고 위엄이 없으면 나중엔 아래에서 기어오른다는 폐단을 안고 있다. 또 중심을 잘 잡아주지 않으면 조직이 우왕좌왕右往左往 목표를 잃기 쉽다. 덕장이 위엄까지 갖추기란 쉽지 않다.

맹장猛將은 불같은 카리스마Charisma로 화끈하게 조직을 장악해서 자신이 원하는 방향으로 몰고 간다. 다만 일사분란一絲不亂하다는 장점은 있지만, 아랫사람이 좀체 기를 펼 수가 없다. 더욱이 방향이 잘

못되었을 경우 대책을 마련하는 것이 어렵다. 때로 놀라운 성과를 내서 기염을 토하지만, 늘 그렇지 못한 것이 문제다.

나는 이 셋 중 어디에 속할까? 결론은 덕위상제 德威相濟! 덕 德 과 위엄의 조화가 필요하다. 지혜와 용기를 갖춘 덕이라면 더 바랄 나위가 없다. 덕과 지혜, 혹은 덕과 용기, 아니면 지혜와 용기가 만날 때 시너지 Synergy 효과가 발생하기 때문이다. 치세 治世 에는 갈등 없이 잘 이끌어갈 화합형의 인재가 필요하며, 난세 亂世 에는 목표를 향해 돌진하는 카리스마가 있어야 한다. 사람은 저마다 꼭 맞는 쓰임이 있다.

◈ 변화를 이끄는 최고의 리더

리더라고 무조건 호령만 해봤자 사람을 움직일 수는 없다. 엄한 통제력과 변화를 감지할 수 있는 능력과 대응 능력이 있는 리더라야 부하들도 따른다. 기꺼이 미움받을 각오로 제대로 안 하는 사람을 닦아세우고 끝까지 성과를 낼 때까지 물고 늘어지는 리더를 직원들도 더 따른다.

자신감과 용기가 결여된 리더와 일하고 싶은 사람은 없을 것이며, 풍부한 경험과 결단력 없는 우유부단 優柔不斷 한 리더를 따를 사람은 더더욱 없을 것이다. 조직에서 싫은 소리 한번 못 하는 '착한 리더'는 조직을 무능력하게 만들 뿐이다. 치열한 비즈니스 Business 세계에서 서로가 적당히 잘못을 눈감아주거나 위기를 회피한다면 그 조직은 결코 존재할 수 없을 것이다.

옛 조선의 정조대왕은 앞에서 이끈 군주였다면 세종대왕은 뒤에서 밀거나 함께 가는 리더십의 모범을 보여주었다. 세종 집권기에 유난히 역사적 인물이 많았던 것은 그들이 토론하는 문화 속에서 능력을 최대한 발휘하도록 힘을 실어준 훌륭한 리더가 있었기 때문이다. 애민愛民 정신으로 가득 찬 국왕, 세종대왕은 한국형 리더의 전형이었다.

◈ 여성과 리더십

지난 20세기까지 일반적으로 여성보다 남성이 리더로서 활약이 컸던 게 사실이다. 그것은 여성의 섬세함이나 감성보다는 남성의 진취성, 추진력, 강인함 등이 각광을 받았던 사실 때문이었다. 그러나 21세기로 접어들어서는 진정한 리더십이 힘이 아닌 감성感性에서 나온다는 주장이 설득력을 얻고 있다. 여성이 남성보다 더 유연하게 사고思考하기 때문에 급변하는 환경에 빠르게 적응한다고 지적하면서, 여성 CEO의 역할론을 강조하는 것이다.

그동안 주변부에 머물러왔던 여성들이 주도적인 자리, 즉 리더의 위치에 오른 것을 보면 오늘날의 상황에 여성이 필요하다는 의미이기도 하다. 여성은 성별과는 무관하게 감성과 배려, 부드러움, 섬세함과 모성, 관계지향, 투명성 등 여성적 가치를 높게 평가하여 지식·정보 사회에 걸맞은 유연한 조직의 리더로 떠오른 것이 아닌가 싶다. 이제 우리 사회도 여성 리더가 조직을 유연하고, 수평적이며, 감성적으로 변화시킬 것이라는 기대에 벅차 있다.

◈ 글로벌 리더가 되기 위해서는

리더가 되기 위해서는 장기적인 체계가 있어야 한다. 어느 한 곳에서 한두 번의 과정을 이수했다고 해서 갑자기 리더가 될 수는 없다. 폭넓은 지식과 지혜 그리고 크고 작은 많은 경험이 수반되어야 하며, 변화를 예측하는 능력 또한 시간을 가지고 성장해야 한다. 지적능력과 실천력을 가진 사람이 되어야 리더로서 인정을 받기 때문이다.

• 글로벌 리더에게 필요한 자질

글로벌 리더는 세상을 넓게 보며 전 인류를 생각하는 지구적 사고를 해야 한다. 그리고 건강한 자아상自我像, 자신의 꿈에 대한 확신과 자신감, 또 자기 주장이 뚜렷하며 자신에게 매우 엄격해야 한다. 남에게는 관대하게 대하면서 자신에게는 용서를 허락하지 않는다. 글로벌 리더가 명심해야 할 불경佛經의 가르침이 있다. "소리에 놀라지 않는 사자처럼, 그물에 걸리지 않는 바람처럼, 진흙에 더럽혀지지 않는 연꽃처럼, 무소의 뿔처럼 혼자서 가라" 세상에 어떤 일에도 쉽게 물들지 말고 용맹스럽게 정진하라는 가르침이다.

① 폭넓은 지식

글로벌 리더는 세계의 역사, 정치, 경제, 사회, 문화 등에 대한 폭넓은 지식을 지녀야 하며, 급격하게 변모하는 세계 변화를 인식할 수 있는 민감성 그리고 누구와도 소통이 가능한 어학적 능력과 정보 처리 능력, 여기에다 원만한 대인관계 기술 및 조직화 능력까지 두루 갖춰야 한다. 또한, 가치 측면에서 주체성과 변화에 대응하는 능동성과 상황에 따른 가치판단 그리고 변화지향적인 가치관을 함께 지녀야 한다. 이는 글로벌 리더의 중요한 덕목이기도 하다.

② 커뮤니케이션 능력

또한, 리더는 많은 사람을 상대로 말하는 경우가 많기에 '스피치 기술'이 필요하다. 공동체에서 커뮤니케이션이 잘 안 되는 조직은 마치 피가 잘 통하지 않는 인체와 같다. 따라서 리더십은 커뮤니케이션이라고 할 정도로 리더십에 있어서 커뮤니케이션은 매우 중요한 위치를 차지한다.

◆ 국제기구 진출을 원한다면

"글로벌 리더"가 되기 위해 변화를 두려워하지 않는 도전 정신을 가졌다면 누구나 준비만 하면 국제무대를 누빌 수 있다. 국제협력단을 비롯한 정부기구, 비정부기구NGO, 기업체, 교육기관 등을 통하여 다양한 글로벌 사회를 경험할 수 있다. 다만, 국제기구로의 진출을 원한다면 언어 능력이 필수 조건이다. 국제기구 공식 언어로는 영어 또는 불어에 능통하고 추가적으로 유엔UN 공용어인 러시아, 중국어, 스페인어, 아랍어를 구사하는 경우 취업 때도 우대를 받는다.

국제기구에서 학력은 출신대학보다 전공과 학위 여부를 중시한다. 국제기구 업무와 연관성이 큰 것은 정치, 경제, 경영, 금융 등 사회과학·상경 계열이 진출 범위가 넓다. 그리고 지원 분야 업무와 관련된 정부기관이나 공기업, 비정부기구 및 민간기업 등에서 경력을 쌓으면 진출에 더욱 유리하다.

· 국제기구 취업 방향

국제기구 취업은 유엔 국별國別 경쟁 시험에 합격하거나, 외교통상부의 국제기구 초급전문가 JPO제도를 이용할 수 있다. 또 유엔본부 직속기구의 UNDP유엔개발계획와 UNICEF유엔아동기금 등이 있으며, 전도유망한 국제 협상·회의 관련 인력도 있다. 법률 분야에서는 국제 노동법이나 기업의 인수·합병, 구조조정을 전문으로 취급한다. 또는 국제기구에 수습 직원을 파견해 근무하는 외교통상부의 JPO제도에 도전해보는 것도 좋다. 대부분은 국제기구나 비정부기구 인턴십에 참여하는 방법을 택한다.

◈ 리더의 혜안

리더는 희로_{喜怒}를 얼굴에 나타내지 않는다. 기뻐할 때나 노_怒했을 때나 일체의 감정을 얼굴에 나타내지 않고 언제나 태연한 표정을 짓고 있는 것이 바람직한 지도자상이다. 뜻밖의 재난을 당했거나 역경에 몰렸을 때도 당황해한다든지 이성을 잃는다든지 해서는 지도자로서 실격이다. 적어도 공황 상태에 말려들지 않는 냉철한 눈과 끝까지 의연한 태도, 태연자약_{泰然自若}한 마음이 요구된다.

그리고 리더에겐 누구보다 바른 처신을 요구한다. 바르지 못하면 아랫사람에게 영_令이 서지 않으며, 자칫 그들이 명분을 내세워 자신을 공격하는 지경까지 처하면 리더로서의 자격을 상실하기 때문이다.

· 리더의 행동 양식

조직은 상하관계가 서로 존중하고 끌어주어야 살아나고 효율이 배가 되는 법이다. 이를 위해 조직에서 리더는 아랫사람에게 주는 칭찬이라는 정신적 선물이 필요하다. 거기에다 너그럽게 포용할 수 있는 관용과 사랑 그리고 내게 작은 실수나 잘못을 저질렀더라도 대수롭지 않게 넘어가는 아량도 필요하다.

그렇게 말과 행동을 통해 힘을 북돋아주는 사람에게 말할 수 없는 고마움과 충성심을 느낀다. 사소한 칭찬 한마디가 일에 대한 활력이 되고 가치를 느끼게 하며 조직원의 잠재력까지 키워준다. 리더는 결코 칭찬과 관용에 인색해서는 안 된다. 따라서 적당한 카리스마에 부드러움과 관대함, 이성이야말로 리더로서 제대로 된 행동 양식일 것이다.

· 조직원의 구성

구성원을 조직할 때는 경멸하는 유형, 호감형의 유형, 극단적이고 충동적인 유형들을 잘 파악하여 유용하게 활용해야 한다. 구성원의 인격자 판단도 중요 포인트다. 사람 중에는 '나도 나'고 '세상도 나'인 자기중심적인 사람, 늘 어디에서든 주인공이 되어야만 하는 나르시시스트Narcissist들, 매혹적이지만 결국에는 자기 정체성으로 자신과 타인 모두를 파괴하는 환상을 가진 사람도 존재한다는 사실을 숙지해야 한다.

자칫 이런 사람들을 용모로 그 사람의 능력이나 품성을 평가한다는 것은 위험천만이다. 베이컨Bacon은 "다른 사람을 설복하려면 대담한 사람을, 뭔가를 권유하려면 말을 잘하는 사람을, 조사와 관찰에는 교묘한 사람을, 간단하게 처리할 수 없는 일에는 고집이 세고 다루기 힘든 사람을 채용하는 것이 좋다"라고 했다. 그 사람의 성격과 능력에 따라 적시적소適時適所에 잘 활용하라는 의미일 것이다.

나무의 단점을 버리고 장점을 살릴 줄 아는 목수라면 곧고 큰 나무는 대들보와 기둥으로 쓸 것이요, 작은 나무는 문지도리며, 문설주며, 작은 기둥으로 쓸 것이요, 자그마한 나뭇가지 하나 널빤지 한쪽이라도 쓸 만한 것은 모두 좋은 재목이 될 것이다. 어느 시절이나 인재는 있는 법이며, 그 인재들을 발탁하여 적재적소適材適所에 기용하는 일이 성공으로 이끈다. 이것이 리더의 혜안이다.

◈ 리더의 의지

구성원을 조직하고 리더로서 목표를 정했다면 이제 본궤도에 매진하는 일이다. 결정한 사항을 앞에 두고 망설이는 지도자는 우유부단優柔不斷하다. 훈수가 귓전에 들릴 때마다 마음이 흔들리는 리더는 자격이 없다. 자신의 의지보다 타인의 훈수로 방향을 못 잡고 목표가 바뀌는 리더는 어떤 일도 능숙하게 해내지 못한다. 유능한 리더라면 목표를 신중하게 정한 후, 혼신의 힘을 다해 앞으로 나아갈 뿐이다.

◈ 세계적 지도자상

리더에는 부하의 존경과 이해를 모으는 '왕자' 타입과 자기 의견을 밀고 나가는 '패자' 타입이 있다. 역사적으로 볼 때 패자 타입은 최후까지 살아남은 예는 거의 없다. 힘을 내세우는 리더에게는 절대로 마음에서 우러나오는 복종을 하지 않는다. 나폴레옹, 무솔리니, 히틀러 등은 힘에 의한 패자 타입 리더로, 그들은 나중에 그 지위까지 박탈당했다. 힘의 지배는 따른다 해도 모든 것을 바쳐 따르지 않는다는 것이다. 결국 부하의 존경과 지지를 전면적으로 얻는 리더만이 생존한다는 결론이다.

· 세계적인 리더십

알렉산더 장군이 열사의 사막에서 군사들 모두가 갈증으로 목말라 있을 때, 부하로부터 받은 물을 마시려 하자 장병들이 모두 부러운 눈으로 장군을 바라보자 마시려던 물을 땅에 버리면서 "나 혼자 물을 마실 수 없다"라며 진군을 독려했다. 이처럼 리더십은 자기희생적 지혜를 매개로 하여 성장한다. 그래서 리더십은 지식이라기보다는 지혜라고 봐야 할 것이다.

빌리 브란트Brandt 서독 수상은 폴란드를 방문했을 때 독일 나치스 정권에 희생당한 유대인들의 추모비 앞에서 무릎을 꿇었다. 한 나라 국가원수가 남의 나라에서 스스로 무릎을 꿇었다는 것은 세계사적 사건이다. 서독에서조차 찬반양론을 불러일으켰으나, 결국은 국민 대다수가 동조하게 되었고, 1972년 선거에서 브란트 수상은 대승을 거뒀다.

그는 과거 독일의 나치스 정권이 저지른 과오에 대해 진지한 회개悔改를 전 세계에 보여줌으로써 국제 사회의 신뢰와 지지를 얻는 데 성공했으며, 노벨평화상까지 수상했다. 이것이 진정한 리더십이다.

★ 세계경제포럼

세계를 이끌어 가는 정치와 경제, 미디어 리더들이 매년 1월 스위스 다보스에 모여 지구촌 현안을 논의하는 국제적인 포럼이다. 세계적인 기업인은 물론 세계 각국의 정상과 학자가 한곳에 모이기에 '민간 UN기구'라고도 불린다. 이 포럼에서는 매년 전 세계의 젊은 인재 중에서 '차세대 지도자Young Global Leader'를 선정한다. 추천받은 40대 이하의 후보 가운데 직업 세계에서의 성취도와 사회에 대한 헌신, 미래를 이끌 잠재력 등을 종합 평가하여 리더를 선정하는 것이다.

제10과

스피치 커뮤니케이션
Speech Communication

현대 사회는 스피치 커뮤니케이션 시대다. 우리는 지금 '말의 힘'이 지배하는 세상에 살고 있다. 말 한마디가 개인의 경쟁력을 평가하는 잣대가 되고, 때로는 조직과 공동체의 명운命運을 바꿔놓기도 하기 때문이다. 피터 드러커 박사도 "인간에게 있어 가장 중요한 능력은 자기표현력이며, 현대의 경영이나 관리는 커뮤니케이션에 의해 좌우된다"라고 말할 정도다. 많은 경영자도 '타인과 의사를 소통하고 더욱 열렬한 협력을 얻어내는 능력은 21세기 기업 경영자로서 갖추어야 할 첫 번째 조건'이라고 입을 모은다.

그러나 자칫 잘못 내뱉은 한마디 말이 나락으로 떨어지는 비극도 비일비재하다. 언어는 자칫 창이 될 수도 있는 막강한 힘을 가졌기 때문이다. 어쨌든 현대는 의사전달 능력이 획기적인 시대임은 분명하다.

◆ 정보화 사회와 스피치

정보 제공자가 프레젠테이션Presentation을 할 때 스피치 능력이 부족하면 제공되는 정보 자체도 불안전할 수밖에 없고 발표자의 능력까지도 평가절하되는 세상이다. 교사가 아무리 아는 것이 많아도 이를 전달하는 방법이 미숙하면 무능한 선생이 되고, 아무리 성적이 우수한 학생일지라도 토론이나 질의응답 과정에서 제대로 발표하지 못하면 '그저 그런 학생'이 되고 마는 것과 같다. 반대로 발표력이 뛰어난 사람은 신뢰도가 높아져서 능력 자체가 높은 평가를 받게 된다. 그만큼 스피치 능력이 곧 그 사람의 전반적인 능력을 대표하게 되는 세상인 것이다.

◈ 스피치의 조건

청산유수와 같이 유창함 그 자체만으로 좋은 스피치가 이루어지는 것은 결코 아니다. 좋은 스피치는 우선 내용 자체가 진실하고도 적절해야 한다. 그리고 이러한 내용이 명쾌하고 간결한 방식으로 자연스럽게 전달될 때 청중의 마음을 움직일 수 있는 좋은 스피치가 탄생하는 것이다.

· 명연설

미국의 존 에프 케네디 대통령은 여론조사에서 상대 후보인 닉슨 씨에게 크게 뒤지다가 TV 토론에서 역전을 시켰다고 한다. 역사는 이처럼 말을 잘하는 사람에 의해 지배받았다는 흔적이 여러 곳에서 나타난다. 소크라테스나 플라톤 같은 고대 민주주의 국가의 지배자들도 그랬고, 미국의 링컨 대통령 역시 케네디 대통령처럼 말 한마디로 청중을 사로잡는 예를 어렵지 않게 볼 수 있었다. 영국의 처칠, 프랑스 드골 등 세계 최고의 지도자들도 모두 말을 잘했다는 공통점을 갖고 있다.

이처럼 연설은 대중에게 '자신의 생각을 일관되게 전달하고, 쉬운 표현으로 이해도를 높이며, 강력한 비전 제시로 호응하도록 하는 것이다' 이것이 말의 언격言格이기도 하다. 괴테는 가슴에서 나온 것만이 타인의 마음을 움직일 수 있다고 했으며, 윈스턴 처칠은 청중을 움직이고 설득시키려면 연사 자신이 먼저 충만한 감정에 사로잡혀야 한다고 역설했다. 그는 명연설로 두 차례의 세계대전에서 연합군의 결집과 국민의 단결을 이끌어낸 장본인이다.

오늘날에도 청중을 휘어잡는 강연 솜씨로 높은 인기를 구가하는 세계적인 명사들이 많다. 특히 40대 흑인 신예 정치인 오바마가 미합중국 대통령이 된 것이 그 선례가 아닐까 싶다.

◈ 뛰어난 연사의 조건

웅변이란 생각처럼 쉬운 일이 아니다. 말 잘하는 사람이 되려면 말하는 방법, 문장을 쓰는 방법까지 자기만의 독특한 '스타일Style'을 연구하고 공부해야 한다. 훌륭한 연설이란 처음부터 차근차근 정확하게 정곡을 찌르는 이야기를 진행한다. 이에 청중이 귀를 기울이고 자기 이야기에 끌려드는 분위기를 느끼고 자극적인 스릴Thrill과 따스한 갈채를 받으며, 연단에서 내려올 때 청중의 공감 어린 인사를 받는 것이다.

뛰어난 연사란 우선 훌륭한 인격을 갖추어야 하고, 주어진 주제에 대한 충분한 지식을 갖추어야 하며, 그리고 스피치의 기법을 알아야 좋은 연사가 될 수 있다. 키케로가 한 말이 있다.

"웅변가가 명심해야 할 세 가지가 있는데 첫째로는 교훈을 줄 것, 둘째는 즐거움을 줄 것, 셋째로는 감동을 줄 것. 이것을 명심하라"

◈ 스피치 불안증의 극복

그러나 웅변은 말처럼 쉽지 않다는 것이 문제다. 인간이 가장 두려워하는 것 중 하나가 대중 앞에서 연설하는 것이라고 한다. 정도의 차이는 있지만, 누구나 발표 불안증을 갖고 있다. 연설 중에 뺨이나 얼굴 근육에 경련을 일으키는 증상은 초심자에게는 당연한 일이다. 이처럼 무대 공포증 또는 커뮤니케이션 불안증 등의 이름으로도 불리는 이 발표 불안증은 모든 연설자를 괴롭힌다. 그러나 발표 불안증을 반드시 부정적이거나 파괴적인 것으로 인식할 필요는 없다. 발표 불안증은 그 본질과 근원을 이해하고 적절한 대비책만 마련한다면 쉽게 극복할 수 있기 때문이다.

· 대중 연설 공포증

조사한 바에 의하면 학생 80~90%가 연단 공포증으로 고민하고 있다. 이보다 성인들은 훨씬 높은 100%에 이른다. 연설이나 강연의 전문가도 연단 공포증이 전혀 없을 수는 없다고 고백할 정도이다. 영국의 유명 물리학자 겸 연설가 마이클 패러데이Faraday는 처음 연단에 올랐을 때를 잊지 못하고 있다. 팽팽한 긴장감과 불안감이 엄습해서 할 말을 잊어버리고, 혀가 꼬여 얼굴이 홍당무가 된 채 연단에서 내려와야 했기 때문이다. 어떻게 하면 청중의 갈채를 받을 수 있을까 하는 생각이 오히려 독이 된 셈이다.

로빈슨 교수도 《정신의 형성》에서 '공포증은 무지와 불안의 사생아'라고 했고, 에머슨Emerson도 "공포감이란 것은 이 세상의 그 어떤 것보다도 수많은 사람들을 패배로 몰아넣는다"라고 했다. 이처럼 연설을 한다는 것은 미지수적인 경험이기 때문에 불안과 공포가 따르는 것이다. 연설이 두려워지는 원인은 타인 앞에서 이야기하는 것이 익숙하지 못하기 때문이다. 그렇기에 연설 그 자체가 우리를 위축시킬 뿐만 아니라, 주제를 효과적으로 잘 전달해야 한다는 중압감이 더욱 입을 무겁게 만든다. 이것이 곧 대중연설 공포증이다.

· 불안증 극복

　물론 태어날 때부터 천부적인 스피치 능력을 갖고 태어나는 사람은 아무도 없다. 태어날 때부터 달변가達辯家는 존재하지 않는다. 연설 능력 증진은 많은 연설을 해보는 것밖에 없다. 청중 공포증은 대중연설 훈련만이 자신감을 얻고 성공에 도달하는 가장 이상적인 길이다. 사람들 앞에 자주 나서본 사람만이 자신 있게 스피치를 행할 수 있다.

　소극적이고 내성적이었던 조지 버나드 쇼Shaw가 설득력 있는 연설을 할 수 있었던 것도 "연설도 스케이트를 배우는 요령과 같다. 아무리 실패하고 남이 웃더라도 겁내지 말고 연습을 거듭하면 된다" 그는 내성적이고 소심한 성격을 극복하기 위해 말할 기회를 잡기 위해 조직에 들어갔다. 집회에 참여할 기회가 주어지는 기업도 좋다. 대규모 집회 장소의 가장 앞자리에서 다수의 사람 앞에 마주 서는 연습을 하는 것이 필요하다. 대중의 시선을 견디어내는 것이 첫 관문이기 때문이다. 따라서 대중과 이야기할 기회가 많은 산업 활동이나 정치적 활동, 직능적인 활동 등에 나가 내 의견을 말하는 것도 자질을 키우는 방법이다. 모든 것은 마음먹기에 달려있다.

◆ 스피치의 실행

　스피치는 청중과의 상호작용 속에서 이루어지는 커뮤니케이션의 한 형태다. 따라서 좋은 스피치를 하려면 내용도 좋아야 하고 표현 스타일도 적절해야 하지만 실행이 뛰어나야 한다. 달변가가 되고 싶으면 그 실현을 위해 일상 회화부터 연마하여 정확하고 품위가 있으며, 겸손한 화술을 몸에 익히도록 부단히 노력해야 한다.

연설 내용이 아무리 훌륭하더라도 어휘語彙를 구사驅使하는 방식이 이상하거나, 문장에 품위가 없거나, 문체가 어울리지 않으면 흥이 깨진다. 또한, 그것을 전달하는 방법이 세련되지 못하면 청중의 감동을 끌어내지 못한다는 점도 상기해둘 필요가 있다.

스피치의 실행 방법에는 대본 암송, 대본 낭독, 개요서에 기초한 실행 그리고 즉흥적 실행 등이 있다.

· 예행연습

연설문 내용이 정리되고 가다듬은 후에는 예행연습을 해야 한다. 발표할 연설문의 읽는 속도, 명확한 발음, 강조하는 방법 등을 몇천 번이든 연습해야 한다. 이때는 오로지 주제에 몰입할 뿐, 부정적인 상상을 하지 말아야 한다. 나의 말씨, 문체, 화술, 제스처Gesture 등의 논리적인 것과 유머, 속담 등도 능숙하게 이야기하는 습관을 몸에 익히도록 노력할 뿐이다.

자신을 잃게 될 때는 청중을 향해 그 이야기를 해줄 자격이 있는 사람은 자기뿐이라고 스스로에게 말하면서 그리고 똑바로 서서 청중들을 정면으로 노려보면서 자신감을 가지고 당차게 이야기를 시작하라. 카네기의 말처럼 청중들을 가장 절친한 친구 앞이라고 생각하면서. 이처럼 자신감을 갖는 훈련을 통해서 아주 대담한 사람으로 성장한다.

· 연설문은 외우지 마라

다만 연설문은 절대 암기해서는 안 된다. 야심 차게 연설문을 외운다고 될 일이 아니다. 자기가 할 이야기를 모조리 암기하는 것은 시간과 정력의 낭비일 뿐만 아니라, 비참한 결과를 초래하기 때문이다. 윈스턴 처칠Churchill과 같은 대정치가도 이 교훈을 터득하는 데 씁쓸한 경험을 맛보지 않으면 안 되었다. 그가 젊었을 때 연설 초고草稿를 만들어 그것을 늘 암송했다. 그러다가 영국 의회 단상에서 연설할 때 암기해둔 연설문이 갑자기 기억이 나지 않았다. 당황하고 부끄러웠다. 다시 입속으로 되뇌어 봤지만, 꽉 막혀 얼굴을 붉힌 채 연설을 계속할 수 없어 자리에 털썩 주저앉고 말았다.

보라! 일체의 메모나 원고 없이 연설해야 한다. 쉼 없이 제스처를 쓰고 일언일구 一言一句 가 열의에 넘쳐야 한다. 청중에게 호소력 있게 진정으로 논점을 전한다. 거기에 진심이 어려 있어야 한다. 나 자신을 표현하지 못하고 그냥 형식적으로 지껄이면 안 된다. 그 연설이 활기와 신선미가 넘쳐 듣는 이에게 재미와 유익함을 주어야 성공한다.

· 스피치 실행의 기본 원칙

스피치를 실행할 때 가장 염두에 두어야 할 원칙은 청중과 대화하듯이 자연스럽게 해야 한다. 대화를 자연스럽게 하라는 것은 힘을 넣어 박력 있게 발표하되 대화와 비슷한 억양과 강세, 그리고 템포 Tempo를 유지하라는 것이다. 또 스피치가 친구와의 대화와 다른 점은 청중이 많고 장소가 넓기 때문에 목소리가 그만큼 커야 하고 굳건해야 한다.

· 목소리와 발음

스피치 실행의 가장 기본이 되는 것은 목소리다. 목소리가 좋아야 스피치를 효과적으로 실행해 낼 수 있다. 목소리의 요소는 빠르기, 크기, 높이, 길이, 쉬기, 그리고 힘주기가 있다. 스피치를 할 때 이 6요소를 적절히 구사할 줄 알아야 한다. 좋은 목소리는 발음이 분명하고 불변의 진리인 것처럼 확신에 찬 목소리로 발표해야 하며, 목소리가 굳건해야 한다. 청중은 자신감에 차 있고 상황을 장악할 줄 아는 연사를 존중한다.

또 공적인 회합에서 청중을 설득하고자 할 때는 이야기의 내용도 중요하지만, 그 사람이 풍기는 분위기, 표정, 태도, 품위, 사투리의 유무, 강조하는 대목, 억양 등 이를테면 지엽적枝葉的인 부분이 더 중요하다는 사실을 잊지 말 것이다.

· 몸가짐과 제스처

몸가짐과 제스처는 스피치의 양념이다. 스피치 내용에 들어있지 않은 여러 가지 의미를 전달할 뿐 아니라 스피치의 흐름에 다양한 변화를 주기 때문이다. 스피치를 실행할 때 유의해야 할 몸짓 언어에는 자세, 몸 움직임, 눈 움직임, 표정, 제스처 그리고 외양外樣 등이 있다. 이것들은 과장되거나 어색한 제스처가 나오지 않도록 자연스러워야 한다.

· 연설 시 유의 사항

① 연단에 올라서서 처음 말할 때부터 틀리는 것을 두려워 말고 자신 있게 표현해야 한다. 말이 생각나지 않는다고 듣기 거북한 잡소리로 공백을 메워서는 안 된다. '뭐' '저' '그' 등의 공백 메우는 소리는 사용하지 않는 것이 좋다.

② 스피치를 하다가 할 말이 생각나지 않으면 당황하게 되는데, 누구나 말이 막힐 때가 있으며 이때는 도중에 말을 쉴 수밖에 없다. 그렇다고 공백 현상을 두려워 말고 마음의 여유를 가져야 한다.

③ 만약 청중이 연설 도중 고개를 가로젓거나 인상을 찌푸리는 것은 이해하지 못했거나, 연사의 말에 반대 의사를 갖고 있음을 나타내는 제스처. 이때는 새로운 입증 자료를 제시하는 것이 좋다. 이렇게 청중의 반응을 세밀하게 관찰하면서 이에 적절히 대응해야 한다.

④ 연설 도중에 돌발적인 행위로 인해 스피치 차단이 생길 경우는 바로 스피치로복귀하지 말고, 그 상황에 적절한 코멘트Comment를 하거나 우스갯소리를 하면서 재개하는 것이 좋다.

⑤ 연설 도중에 난처한 질문이 들어왔을 때는 평소보다 더 여유를 갖고 칭찬하는 여유부터 보이면서, 그러는 동안 질문에 대답을 할 것인지, 말 것인지를 결정해야 한다.

⑥ 스피치 도중에 청중이 논쟁을 걸어올 때는 무엇보다 중요한 것은 그 시비에 말려들지 말아야 하며 시비의 조짐이 보이기 시작하면, "제 말을 끝까지 들어주신 다음 다시 질문을 계속해주십시오"라는 식으로 누가 연사고 누가 청중인지를 분명하게 해주는 것이 좋다.

◆ 청중의 마음을 사로잡는 연설

윈스턴 처칠 수상은 옥스퍼드대학 졸업식에서 "포기하지 마라, 포기하지 마라, 절대 포기하지 마라" 짧고 간결한 연설을 했다. 이처럼 학생들의 졸업 연설에는 사회에 첫발을 내딛는 졸업생들을 격려하면서도 삶의 엄혹한 현실을 가르치는 정신적 메시지를 담아야 한다. 영국 의회 하원下院에서는 "내가 드릴 수 있는 것은 피와 노고와 눈물과 꿈 말고는 아무것도 없다" 제2차 세계대전 당시 유럽의 대부분 국가가 독일의 손에 들어갔을 때는 "싸우다 지면 다시 일어설 수 있지만 스스로 무릎을 굽힌 나라는 소멸할 수밖에 없다" "모입시다 그리고 힘을 모아 함께 나아갑시다"를 외쳤다. 이 유명한 연설대로 영국은 전쟁을 승리로 이끌었다.

그런 처칠 수상의 재미있는 일화를 하나 소개하면 그는 잘 넘어졌다고 한다. 하루는 연설을 위해 연단에 오르다가 넘어져서 청중들이 박장대소拍掌大笑하자 처칠은 곧 연단에 서서 "여러분이 그렇게 좋으시면 또 한 번 넘어져드릴까요?"

또 하나 일화로는 선거 때 상대 후보가 늦잠을 잘 잔다는 처칠 수상을 "늦잠꾸러기에게 나라를 맡기실 겁니까?"라며 공격하자 "저는 새벽 4시에 못 일어납니다. 예쁜 마누라와 살다 보니 늦잠을 잡니다. 저도 못생긴 마누라와 결혼했다면 4시에 일어날 수 있습니다" 참으로 재치 있는 대응이 아닐 수 없다.

제11과

우정
Friendship

우리는 애정과 호감이 오가는 친밀한 관계를 '우정'이라고 부른다. 그 우정을 우리는 우리 인생에서 없어서는 안 될 대단히 중요한 존재로 인식한다. 친구를 갖는다는 것은 또 하나의 인생을 갖는 것으로 생각하기 때문이다. 그러나 친구란 가족과는 달리 인위적으로 만들어지는 관계이기 때문에 쉽게 깨질 수도 있다는 단점이 상존常存 한다.

오랜 시간 동안 서로를 잘 알고 이해한 후가 아니면 진정한 우정은 자라지 않는다. 그 관계는 오로지 호감과 관심, 느낌과 생각의 공유에 기초하며, 우정의 본질은 평등이다. 평등한 두 사람이 오랫동안 서로에게 호감을 갖는 상태라야 한다. 공통점이 전혀 없고 나눌 것도 없는 가장假裝된 우정은 우정이랄 수가 없다. 걸림이 없는 허심탄회虛心坦懷한 마음, 거짓이 없는 소탈한 웃음, 따뜻한 마음이 오고 가는 우정이라야지, 거기에 속임수를 쓰거나 계산적이어서는 안 된다. 셰익스피어의 말처럼 "성실하지 못한 친구를 갖는 것보다는 오히려 적을 갖는 것이 낫다" 성실한 친구만이 나의 든든한 피난처이자 보물이기 때문이다.

◆ 금란지교

아무에게나 차마 하기 어려운 말, 그냥 삭히자니 가슴이 답답한 그런 말을 툭 터놓고 이야기할 수 있는 마음 든든한 친구, 언제라도 제 손을 나누어 주고 나의 진심을 헤아려 줄 줄 아는 벗, 단 하나라도 있다면 더 바랄 것이 없을 것이다.

기이奇異한 책을 읽는 듯한 해박한 벗이거나, 시문詩文을 읽는 듯한 운치 있는 벗, 전기 소설을 들춰본 듯 유머가 풍부한 유쾌한 벗, 성현이 남긴 경전을 읽는 듯한 무겁고 조심스러운 벗이 내 곁에 있다면 내 마음에 양식이 되고 나날에 윤기를 더해 주는 그런 고마운 벗이 그리운 세태다.

그러나 한편 생각하면 이 세상에 보물 같은 친구가 과연 몇이나 되겠는가?

◆ 우정의 종류

인간은 에덴동산에서부터 혼자 살 수 없도록 만들어졌다. 아무리 강한 사람일지라도 벗을 필요로 한다. 그러나 좋은 벗 만나기가 그리 쉽지가 않다는 점이 문제다. 따라서 누구나 친구가 될 수 있다고 생각하는 것은 큰 잘못이다. 그것은 당치도 않은 자부심이다. 진정한 우정이란 오랜 시간에 걸쳐서 서로 잘 알고 이해한 후가 아니면 진정한 우정은 키워지지 않는다. 성장하면서 그 옛날 어린 학창시절 친구의 얼굴이 잊히지 않는 것은 영혼과 영혼이 만나 깊은 우정을 쌓았기 때문이다.

● 친밀감의 단계에 따른 우정의 유형

일반적으로 친구는 친밀감을 느끼는 단계에 따라 '가벼운 친구', '가까운 친구', '가장 친한 친구' 등의 세 가지 유형으로 나눌 수 있다. 교우관계를 조사한 결과 평균적으로 가까운 친구는 6명, 가장 친한 친구 2명, 그리고 대체로 가벼운 친구 10~20명 정도 사귀는 것으로 나타났다.

① 가벼운 친구

'가벼운 친구'란 그저 안면이 있는 사이를 넘어서는 단계지만, 시간이 지나면서 가까운 친구나 가장 친한 친구와의 우정만큼 깊어질 수도 있고, 언제까지고 가벼운 친구 단계에 머물러 있을 수도 있다. 가벼운 친구로는 학생이나 직장인 또는 자영업을 하는 사람들이 많이 사귀는 경향이 있다. 중년中年 여성의 경우는 오히려 '가벼운 친구 관계가 정말 좋다'는 사람이 많다.

② 가까운 친구

'가까운 친구'란 마음 깊숙이 숨겨둔 개인적인 생각이나 비밀을 털어놓고 싶은 생각이 든다면 편안한 기분으로 이야기할 수 있는 사이다. 언제나 꾸밈없는 모습으로 함께 있을 수도 있고, 누군가의 도움이 절실히 필요할 때 기댈 수도 있는 사람이다.

③ 가장 친한 친구

'가장 친한 친구'란 가까운 친구가 가진 모든 요건을 포함할 뿐만 아니라, '최상의 친구'라는 말 그대로 다른 친구들이 하는 것 이상의 일을 할 수 있는 서로 간 신뢰를 바탕으로 한 진정한 친구 사이다. 내가 어려울 때 위로하고 격려하며 서로에게 약이 되는 충고도 아끼지 않는 동지가 되어주는 한마디로 인생의 등대와 같은 존재다.

나의 장점을 찾아 주려고 하고 나의 결점을 고통으로 여겨주는 사람, 때로는 화를 내어 충고도 해주고 세상과 나 사이를 결합시켜 주는 사람, 끝내 일생동안 아름다운 인간관계를 유지할 수 있는 사이다. 이런 친구를 얻어야 한다. 그런 진정한 친구는 디딤돌이다.

● 친구를 사귈 때

친구는 반드시 많다고 해서 좋은 것이 아니다. 좋은 친구란 의지가 굳건하고 총기聰氣로 눈이 빛나는 친구, 서로를 과감하게 비판할 줄도 알아야 하는 사이란다. 그런 진정한 친구란 나와 성격이 비슷하다거나 똑같은 관심사를 가졌는지 등이 중요하지 않다. 우정을 오래 지속시킬 수 있는 가장 큰 요인은 오로지 두 사람이 공통된 '가치관價値觀'을 갖는 것이다. 따라서 두 사람이 같은 신념을 지니고 있는지 그리고 기본적인 생각을 공유할 수 있는지가 중요한 것이다.

친구를 사귈 때 유의할 것은 자신과 비교해서 지나치게 뛰어난 친구는 사귀지 않는 게 좋다. 자기보다 월등히 뛰어난 사람과 사귀면 늘 비교당하고 자신감을 잃게 된다. 아무리 진실하고 성의를 다하는 사람이라도 더 뛰어난 사람 근처에 머물면 빛을 잃게 되며, 최고가 되지 못하면 그림자로 존재할 수밖에 없기 때문이다. 지혜로운 사람은 자신의 빛을 가리는 사람 곁에는 다가가지 않는다. 그러나 사회에서 내 이름이 알려진 뒤에는 자신을 돋보이게 하는 사람과 함께 다녀야 한다.

◈ 우정의 유형

모든 종류의 우정은 한 공간에서 교류를 갖게 되면서 친해지기도 하고, 이웃에 살기 때문에 자주 만나게 되거나 학교에 같이 다니기도 하며, 캠프에 참가해서 알게 된 사이, 지역 사회 활동이나 봉사활동을 통해서 혹은 같은 직장에서 근무하는 경우도 있으며, 친구나 애인에게서 소개를 받아 서로 인사하면서 친해지기도 한다. 그런데, 이제는 사이버 공간에서 사귀는 새로운 종류의 친구관계까지 등장하기 시작했다.

· 사이버 공간의 우정

세상이 급격하게 변모하면서 인터넷을 통한 우정을 지속해서 쌓아가는 친구도 있고, 온라인을 통한 교제와 직접 대면해서 만나는 방식을 혼용하면서 우정을 이어가기도 한다.

사이버 공간의 우정은 바쁜 성인이나, 자신의 모습을 드러내기가 거북한 사람, 이웃에게 말을 거는 일조차 하기 어려운 사람, 맞벌이 가정에서 성장한 자녀들이 집에 돌아오면 텅 빈 집을 지킬 때 친구와 대화할 수 있는 편리한 통로가 되어주기도 한다. 특히 자신의 처지와 비슷한 환경에 놓인 사람들과 활발히 교제할 수 있다는 점이 매력이다. 또한, 전 세계의 사람들과 우정을 쌓아가는 커다란 이점도 있다.

사이버 공간에서는 빠르고 쉽게 서로에 대한 믿음을 쌓아간다고 말한다. 이런 태도가 가능한 이유는 사이버 공간의 친구는 매일 부딪히는 사람도 아니고, 직장에서 만나는 사람도 아니며, 사적인 관계로 연락하는 사람도 아니기 때문이다. 그래서인지 인터넷에서 사람들을 사귈 때 마음이 더 편안하다는 사람도 있다.

그러나 유의 사항이 대단히 많다. 온라인상의 우정의 잠재적인 '위험'으로부터 자신을 지킬 수 있는 대안이 필요하다. 그러기 위해서는 비록 친밀하고 믿을 만하더라도, 기분이 내키지 않는다면 분위기에 떠밀려서 '본인의 생각이나 정보를 공유'할 필요가 없다. 온라인상에서 공유된 정보는 그 내용을 보호하기가 거의 불가능하다는 사실을 반드시 명심해야 한다.

또한, 이메일을 보내고 받는 데 시간이 짧다는 사실에 중독되거나 빠지지 않도록 해야 하며, 온라인상에서 번개 모임을 할 정도의 단계에 도달했다면, 자신을 보호할 수 있는 충분한 '사전 조치'를 모두 취해둬야 한다. 내 마음 같은 사람을 만난다는 것이 쉽지 않은 세상이기 때문이다. 그리고 또 하나 유의할 것은 한 개인에게나 게시판에 상대방을 중상하거나 비방하는 내용을 담거나, 부정적으로 평가하는 것은 결코 삼가야 한다는 사실도 잊어서는 안 된다.

· **직장인의 우정**

업무관계로 알게 된 사람들과 우정을 쌓을 때는 관계의 진전과 퇴보를 일정하게 반복하면서 점진적으로 관계를 진행해나가야 한다. 다만 유의할 것이 많다. 그 친구들이 나와 비슷한 능력이나 '지위'를 가지고 있는지, 그 친구를 신뢰할 수 있는지가 중요하다. 특히 지위가 같지 않은 사람들끼리 친구가 된다면 갈등과 문제가 발생하기 쉽다. 더 큰 문제는 자칫 우정을 잃으면 신뢰도 부서지기 쉽다는 점이 난간이다. 만약 그 친구가 배신한다면 업무로 만난 사람과는 다시는 관계를 맺지 않으려고 할 것이다. 그러므로 일반적으로 직장이나 업무로 만난 사람들과 권장할 만한 관계는 '가벼운 친구' 사이다. 물론 예외의 경우들도 수없이 많겠지만, '가까운 친구'나 '가장 친한 친구'로 발전하는 것은 좋지 않다.

◆ **청소년기의 우정**

가족관계가 애정이 없고 화목하지 못하며, 조화되지 않은 가정에서 성장한 아이는 장차 무서운 결과를 초래할 가능성이 크다고 한다. 그 청소년이 비록 수재라 하더라도 과격하고 비정상적인 행위의 원인은 그 부모에 있다는 것이다. 사랑을 받은 일도 없고 자기 내부에 있는 사랑마저 완전히 눌러버려진 아이는 자라면서 냉혹하고 과격

할 수밖에 없기 때문이다.

요즈음 청소년 범죄가 늘어가고 있다. 특히 학교 폭력이 부모들과 교육자들, 정부 관료들까지 변화시키고 있다. 학창시절 동안 언제나 귀찮은 골칫거리였던 불량 학생 문제 때문이다. 분노를 극복하지 못한 채 불만이 가득한 불량 학생들은 왕따 만들기는 물론 반 친구들과 선생님에게까지 폭력을 가하는 세상이 되었다. 이제 부모들도 뒤늦게 자녀들의 행동과 친구 선택에 대해 개입해야 한다는 사실을 깨닫게 된다. 만약 폭력적이거나 불법적인 행동이 발생할 것으로 의심된다면 부모나 교사, 관계 당국까지 정보를 공유하면서 사전에 필요한 조치를 취해야 하는 세상이 된 것이다.

모든 비행 청소년 집단의 공통점은 아이들이 저지르는 행동이 무자비하고 불법적이며 괴상하거나 공격적이기 때문에 '옳지 못하다는 기분'이 들 수밖에 없다. 그들이 내 자녀와 사귀는 친구라면, 폭력적인 행동에 연루될 것이다. 그들이 불법적인 약물을 복용하거나 폭력 조직의 일원이라면 큰일이다. 결과적으로는 그 집단으로부터 떼어놓기 위해 아이를 다른 학교로 전학을 시키고, 새로운 출발을 하도록 돕는 길밖에 없기 때문이다.

· 패거리

학교에는 여러 '패거리'들이 존재한다. 그중에서도 모두가 인정하는 차별되는 엘리트 그룹이 있는가 하면, 많은 수의 친구와 사귀거나 특정 무리에 속하는 것보다는 한두 명의 친한 친구들을 사귀는 그룹도 있다. 이들 그룹은 요란스럽게 과시를 하지 않고도 자유롭게 무리에 들어오거나 탈퇴할 수도 있는 포괄적이면서 제한적인 친숙한 그룹들이다.

반대로 '건전한' 패거리의 일원이 아니며, 아이들을 분노하게 만든 '특정' 패거리들이 존재한다는 사실이 문제다. 학교에서 평판이 좋지 않은 애들끼리 떼를 지어 다니며 거칠고 난폭한 행동을 하기도 하고, 무례한 행동도 서슴지 않는 그룹Group을 말한다. 이들은 같은 패거리가 되지 않겠느냐고 압력을 넣거나, 그것이 뜻대로 안 될 때는 우롱하는 수법을 쓴다거나, 심하면 폭력을 휘두르기도 한다. 문제는 여학생도 상당수가 존재한다는 사실이다.

이들은 자신들의 값싼 관계를 우정이라 부르고 쓸데없는 돈을 빌려주거나 친구를 위한답시고 소동에 끼어들어 싸움질하는 패거리들이다. 이들이 한번 돌아서면 손바닥 뒤집듯 험담을 늘어놓거나 공갈협박은 물론 지금까지의 신뢰관계를 헌신짝처럼 내팽개치는 철면피한 부류들이다.

그들과 가까이해서는 안 된다. 그처럼 하잘것없는 부류와 다투는 일도 있어서는 안 된다. 자신의 인격을 깎아내리는 결과가 될 뿐이다. 정의를 지키기 위한 싸움이라면 아무리 저열한 사람이더라도 상대할 수밖에 없지만, 개인적인 감정에 의한 싸움이라면 반드시 피해야 한다. 다만 내 주위에 부도덕한 자, 어리석은 자 모두 가볍게 대하되, 적으로 만들지는 마라! 이들이 접근하면 필요 이상으로 냉담하게 대하되, 그들을 적으로 만들어서는 득 될 것이 없다. 적도 아니고 내 편도 아닌 중간적 입장을 취하는 것이 안전한 방법이다.

> ★ 용단
> 요즘 젊은이들은 상대방으로부터 어떤 부탁을 받으면 좀처럼 싫다고 딱 잘라
> 거절하지 못하는 습성이 있다. 싫다고 말하면 체면에 관계되는 것 같고, 상대방

에게 미안하다는 생각도 들기 때문이다. 또 동료들에게 따돌림을 당하여 고립되고 싶지 않다는 생각도 든다. 그래서 상대방의 뜻에 맞춰줄 때 상대방이 선량한 사람이라면 좋은 결과를 낳지만, 반대인 경우는 상대방에게 질질 끌려다니는 데 지나지 않는 최악의 사태를 가져오게 된다. 따라서 현명하고 단호한 결단이 필요하다. 싫으면 싫다고 말하는 용단이 필요하다.

· 왕따, 집단 따돌림

칸트Kant는 타인에 대한 존경의 의무를 파괴하는 악덕으로서, 교만과 비방과 모욕 이 세 가지를 들었다. 교만은 건방진 것이요, 비방은 남을 헐뜯는 것이요, 모욕은 남을 업신여기는 것이다. 오늘날의 청소년들은 세 가지 모두를 난사하고 있다. 친구에게까지 죄책감이나 배려가 없다. 이제는 인터넷상의 악플惡+reply이 이유 없이 남을 할퀸다. 적개심을 SNS소셜네트워킹서비스에 악플로써 표한다. 남을 다치게 하고 해코지하는 것이다. 사이버 범죄의 일종으로서 그 죄가 크다. 그러나 아무도 책임지지 않는다. 스쳐 들은 말을 진실인 것처럼 옮기고 다니며, 남의 가슴에 못을 박는 말을 해대고 있다. 예리하기가 도끼와 같은 흉악한 말로 남을 해치고 있는 것이다.

그것이 따돌림으로 발전하는 폭력의 시초다. 학교에서 학생들 간 따돌림이, 좀 더 크면 성폭력으로 이어져 사회문제로까지 심각하게 대두되고 있다. 세상이 급격히 변모하면서 아무리 친한 친구라도 일시적인 감정에 치우쳐 험담하거나 속된 말로 왕따를 시키는 일들이 잦아졌다. 왕따는 폭력이요 잔인한 죄다. 이보다 성폭력은 더 큰 범죄 행위다. 아이가 집에서 어느 순간 자기 핸드폰에 손대는 것을 극도로 싫어하거나, 민감하게 반응하면 괴롭힘을 의심해봐야 한다.

★ 따돌림을 당했을 때 처신

　나의 길을 묵묵히 가고 있는 사람이라면 결코 타인의 시선을 의식하지 않으며, 따돌림조차 의미 있게 받아들이지 않을 것이다. 그럴 여유도 없고 그걸 생각해 봐야 할 이유도 없다. 자기 길을 가지 못하고 안전한 무리 속에서 살아간다는 것은 따돌림보다 더 보잘것없는 삶일 수 있기 때문이다.

　내가 만약 왕따를 당했다면 학문에 몰두하여 공부를 잘 해내는 것이 오히려 자신의 입지를 다지는 길이 될 것이다. 만약 외톨이가 될 때는 친구도 만날 필요가 없다. 그저 나의 개성과 재능을 갈고닦는 것이 살아가는 보람이 되어 외로움을 쫓아낸다. 오히려 내가 몰두하는 학문에 깊이를 더할 때, 남들이 나를 무시하지 못하리라는 신념이 더 큰 버팀목이 될 것이다.

　그러나 청소년기에는 따돌림당할까 봐 두려워한 것처럼 혼자 있는 것을 두려워한다. 물론 한겨울의 스산한 바람처럼 누구나 외로움을 싫어한다. 공부 역시 힘든 이유 중 하나가 고독 속에서 혼자 해야 하기 때문이다. 홀로 누워 천장을 바라보며 '우주 한구석에 나만 남겨진 듯한' 을씨년스러운 기분도 들 것이다. 그런 습관이 몸에 배면 더욱 혼자 있기를 피하게 된다.

　그렇다고 친한 친구와의 수다 역시 시간 낭비일 뿐이다. 친구와 즐거운 시간을 보내는 것 자체가 한순간의 행복일 수도 있지만, 수다를 떠는 동안 나에게 성장은 뒷걸음치고 있다. 그러니 잠시 그 힘든 고독을 견뎌내야만 밝은 미래가 찾아온다. 다소 인생에 족쇄가 채워진 기분이겠지만 혼자 있는 고독감은 엄청난 에너지로 바꿀 수 있다는 것을 살아가며 알게 될 것이다.

　사람으로 살아가는 한 어차피 고독은 피하기 어렵다. 목표하는 것을 이루려면 단독자가 되어 스스로를 단련하는 과정이 반드시 필요하다. 혼자 있는 시간과 그 시간에 견뎌야 할 고독은 나 자신을 닦고 풍요롭게 하는 다시없는 기회를 선사해 주기 때문이다. 친구와 떠들고 신나게 젊음을 발산하는 것만으로는 성장할 수 없다. 무리 지어 다니면서 성공한 사람은 아무도 없다. "혼자 있는 시간을 어떻게 보내느냐가 당신의 미래를 결정한다"

실력 없는 미래는 짧다. 그래서 자기 자신과 치열하게 싸워나가는 연습이 필요한 것이다.

◆ 근묵자흑

사자성어 중 '근묵자흑近墨者黑'이라는 말이 있다. 까만 데 있으면 까맣게 된다는 뜻으로, 나쁜 사람과 가까이 지내면 나쁜 버릇에 쉽게 물들기 쉬움을 비유적으로 이르는 말이다. 인간은 처해 있는 환경에 따라서 좋게도 되고 나쁘게도 된다. 환경의 지배를 받는다는 뜻이다. 내게 좋은 벗은 부모처럼 섬기되 나쁜 친구, 어리석은 소인배는 멀리해야 하는 이유가 거기에 있다. 자기보다 못한 어리석은 자와 벗하면 기필코 자기도 그 정도의 인간으로 전락해버린다. 한번 나쁜 사람과 가까워지면 기름진 논밭에 더러운 씨를 뿌리는 것과 같기 때문이다. 셰익스피어의 말처럼 천박한 친구만큼 위험한 것은 없다.

◆ 이상적인 우정

친구는 도움을 주는 친구益者三友와 해로움을 주는 친구損者三友가 있다. 정직한 벗友直, 신의 있는 벗友諒, 학식 있는 벗友多聞은 곧 이롭고 보탬이 되며 도움을 주는 세 벗이요, 사귀어 해로움이 있는 세 벗으로는, 겉치레에 빠져 곧지 못한 벗友便, 아첨으로 남을 기쁘게 하는 벗友善柔, 말만 잘하는 벗友便佞을 가리킨다. 모두 《논어》 속 가르침이다.

· 우정의 조건

진실한 우정은 서로 아끼고 사랑하며, 같이 있으면 항상 즐겁다.

비밀, 활동, 건전한 대화를 나누고 감정적으로 서로 의지하며, 믿음, 정직, 신의를 지킨다. 나를 항상 정직하게 대하며, 언제든 나의 비밀을 지켜주고 질투와 경쟁은 하지 않는다. 남의 이야기는 전혀 하지 않거나 드물게 하며, 친구를 이용하지 않는다.

맹세는 꼭 지키며 두 사람의 관계는 동등하다. 빌려온 물건은 반드시 돌려주며, 아무리 바쁘더라도 우정에 관심을 가진다. 친구의 상황이 좋고 나쁨에 관계없이 상대가 원할 때 곁에 있어줘야 한다. 이런 친구와 나누는 우정은 두 사람 모두의 인생에서 바람직한 관계라 할 수 있다. 이것이 이상적인 우정의 조건이다.

· 이상적인 친구로서의 자질

이상적인 친구라면 부정적인 특징을 단 한 가지도 가지고 있지 않을 것이다. 자신이 자립하고 자급할 능력은 물론이고 적당한 수준의 부족함과 의존성을 함께 가지고 있다. 또 자기계발에도 충실할 뿐 아니라 친구들, 가족, 애인 등을 가리지 않고 다른 사람과의 관계도 잘 유지한다. 대체로 자신의 문제를 잘 관리해서 자신의 인생에 있어서 바람직한 사람이라고 평가하기에 충분한 품성을 보여주는 친구다.

· 관계의 거리와 깊이

발자크Balzac는 많은 친구보다는 소수의 끈끈한 우정이 더 낫다고 역설했다. 나를 알아주는 친구 몇 명이면 된다는 것이다. 철학자 기시미 이치로는 고등학교 시절 친구가 딱 한 명 있었다. 공부에 푹 빠져 친구가 필요하지 않았다는 얘기다. 그는 친구나 지인의 수는 결코 중요하지 않다. 중요한 것은 관계의 거리와 깊이라고 말했다.

• 밀우

요즘 세상에는 자신의 이익을 위해 친구를 팔기도 하고, 자기 자신도 팔아넘기는 사람들이 열에 다섯은 된다. 그래서 벗을 찾아 헤매는 자는 가련하다고 했는지도 모른다. 왜냐하면 참으로 진실한 벗은 자신뿐이라는 시인 소로Thoreau의 말이 마음에 와닿기 때문이다. 제 목숨을 내놓을 정도의 문경지교刎頸之交! 비록 백 리나 천 리 멀리 떨어져 있을지라도 서로 믿을 수 있는 까닭에 그 어떤 뜬소문에도 마음이 흔들리지 않는 벗, 밀우密友를 생각하게 한다.

◈ 우정의 파탄

친구란 모름지기 남에게 줄 수 없는 것도 주고, 할 수 없는 일을 해주며, 들은 비밀을 발설하지 않으며, 괴로움을 당했을 때 버리지 않고, 가난하고 천해도 경멸하지 않는 것이 참된 친구다. 그러나 세상이 변모하면서 내 인생에서 어느 친구가 가장 믿을 만하고 바람직한 관계를 유지하게 될 것인지, 반대로 내 마음에 절망감을 심어주거나 나쁜 영향을 미치는 부정적인 관계로 진행될 것인지 알 수는 없다. 그렇다고 파괴적이거나 부정적인 친구들을 쉽게 간파할 수 있는 것도 아니므로, 유비무환有備無患이야말로 최고의 방법일 것이다.

세상사 사소한 틈이 결국은 증오를 낳고 우정의 파탄을 부른다. 세상을 살다 보면 원수가 은인이 될 수도 있고, 절친한 사람으로부터 배신을 당할 수도 있는 것이 우리네 인생사다. 세상에 배신처럼 인간의 큰 악덕이 없다. "기만하고 배신하는 것은 인간의 타고난 본성"인지도 모른다. 소포클레스의 말이다.

· **적개심으로 변한 우정**

세상에는 관계를 정리해야만 할 부정적이거나 파괴적인, 심지어는 서로에게 해를 입히는 우정도 존재하기 마련이다. 인정과 세태는 하루가 다르게 변한다. 어제의 친구가 오늘의 경쟁자가 되고 때로는 적이 될 수도 있다.

아래에 나타낸 파괴적이고 바람직하지 못한 부정적인 유형들을 숙지하고 있으면 지금 사귀고 있는 친구들을 재평가하는 데 큰 도움을 받을 수 있을 것이다. 또 부정적인 행동을 유발시키는 원인을 알아차릴 수 있고 그런 행동에 대응하는 방식을 배운다면 마음의 평화를 누릴 수도 있을 것이다.

· **우정을 확인하는 방법**

우정의 깊이가 확인되지 않은 대상에게 아주 작은 관심이나 간단한 도움이 필요할 때, 그 친구가 어떤 식으로 응하는가를 주의 깊게 살펴본다. 내 이야기에 관심을 기울이는지, 나의 작은 부탁마저도 무시하거나 시큰둥하게 대꾸하는지, 만약 부탁을 들어주지 못하는 이유에 대해서 어떤 변명으로 일관하고 있는지를 파악한다.

파악한 내용이 부정적인 유형의 친구라면 직접적으로나 간접적으로 나의 인간관계에서 낭패를 보게 하기도 하고, 공적인 업무에서 곤혹스럽게 만들기도 할 것이다. 심사숙고해볼 일이다.

· 배신의 원인

지위와 능력, 가치관이 상이하게 다른 사람들이 친구가 된 경우가 배신의 가능성이 가장 크다고 한다. 또한, 너무 성급하게 우정을 키워나갔거나, 서로에 대해 충분히 알지 못할 때도 위험하다. 배신의 원인으로는 질투나 시기, 과도한 경쟁심, 의기소침, 노여움을 가진 원한 때문일 수도 있고, 한 이성에 관한 서로 다른 감정 때문에 생긴 후유증일 수도 있다. 또 직장에서 승진이나 돈 때문에 배신하는 경우도 많으며, 지위와 권력, 성공 등의 격차 때문에 생긴 예도 흔하다.

특히 상대가 교만한 자일 경우는 각별히 유의해야 한다. 그는 배신을 조장하기 쉽기 때문이다.

· 배신의 유례

배신은 관계가 처음 시작되었을 때부터 행하기도 하고, 생활에 문제가 생긴다거나 인간성에 변화가 생겨서 어느 날 배신자로 둔갑하는 경우도 있다. 어린 시절부터 속속들이 알고 지내온 친한 자들도 배신하고, 업무관계로 알게 된 친구들 사이에서 발생하는 배신 행위도 많다. 그 행위는 친구와 언쟁이 오갔던 일도 없었는데, 느닷없이 악의적인 헛소문을 퍼뜨려 이로 인해 직장을 잃는 일이 생길 수도 있고, 심지어 한 가정의 파탄을 초래하기도 한다.

또한, 부류는 악의적인 헛소문 때문에 지금까지 쌓아왔던 명성에 먹칠하게 되면서, 출세 가도를 달리던 경력에 손상을 입고 해고당하는 경우도 있으며, 심지어 지금까지 쌓아온 경력이 완전히 소멸되는 경우도 생긴다. 한마디로 운명運命이라고 밖에 말할 수 없는 일들이다. 인간과의 관계란 이렇게 자칫 돌이킬 수 없는 영원불멸永遠不滅의 후유증을 남길 수도 있는 것이다.

· 부정적 요인을 지닌 친구의 유형

① 나에게 지속적으로 실망을 안겨주거나 약속을 깨뜨리는 약속 파괴형 친구

② 돈이나 값진 물건을 빌려가서 돌려주지 않는 친구

③ 위험하거나 불법적인 행동을 일삼아 나에게 위해를 가하는 친구

④ 진실을 속이고 거짓말을 일삼는 친구

⑤ 질투심이 심하거나 비밀을 누설하는 폭로형 친구

⑥ 너무 지나치게 경쟁심을 불태우는 친구

⑦ 남의 삶까지 지나칠 정도로 관여하려고 하는 참견형 친구

⑧ 엄격하고 융통성이 없으며, 대화가 부자연스럽고 즐겁지 않은 유형의 친구

⑨ 관계가 대등하지 않으며, 기뻐서라기보다 의무감 때문에 만나는 친구

⑩ 공자孔子의 말대로 아첨을 잘하는 사람, 겉과 속이 다른 사람, 말재주가 뛰어난 사람도 위험 인물에 가깝다.

이 같은 친구들은 가능한 멀리하는 것이 좋다. 다만 위험 친구라고 판단하여 그 친구와의 우정에서 손을 떼겠다는 결정을 내렸다면, 그 친구의 복수심을 자극하지 않도록 최대한 부드러운 방법으로 결별

을 고하는 것이 좋다. "열 명의 친구를 맺기보다 단 한 명의 원수를 맺지 말라"는 말, 명심할 일이다.

또 세상에는 나의 노력과는 상관없이 나를 싫어하는 사람도 있을 것이다. 아무리 노력해도 모든 사람에게 미움을 받지 않는다는 것은 불가능하다. 그것은 사람인 이상 어쩔 수 없는 법이다. 비록 나는 싫지 않지만 상대가 나를 탐탁지 않게 생각한다면 멀리해야 할 것이다. 나쁜 친구들을 사귀느니 아예 친구가 없는 것이 낫다.

◆ 우정도 세월이 지운다

그 많던 친구들도 내가 어려울 때면 구름처럼 흩어진다. 부모보다 친구를 더 믿고 의지했던 학창 시절의 그 친한 친구들도 성장하여 사회에 진출하면 뿔뿔이 흩어져 만남도 드물어지고 약속하기도 어려워지는 관계로 발전한다. 제각각의 길을 걸어가며, 이해관계에 따라서 움직이는 관계로 전락해버린 것이다. 몸담은 울타리가 달라지면서 우정이 예전 같지 않다는 생각을 세월이 지운 것이다.

인간이란 강물과 같이 쉼 없이 흐르고 있는 존재이다. 세상도 변하듯이, 친구도 변하고 나도 변한다. 어쩌다 만나면 서먹하고, 때로는 피곤해지고, 그래서 기피하고 편하지 않은 관계가 될 수도 있다. 그러다가 세월이 흘러 자신만의 내면을 들여다볼 수 있는 혼자만의 시간을 가질 나이가 들면 더욱 소원疏遠해진다. 노년이 되면 친구도 우정도 아지랑이 속 조각배와 같다. 그런 관계가 친구란다. 애석해할 일이 아니다. 친구는 나를 만들고, 나는 친구를 만든다는 전설도 세월이 지운 것이다.

제12과

지혜
Wisdom

지혜는 인간에게 삶의 위기를 총체적으로 극복하는 가장 긴요한 도구이자 강력한 무기다. 따라서 인생을 잘살기 위해서는 지혜로운 사람이 되어야 한다. 지혜 없이는 인생을 슬기롭게 헤쳐나갈 수 없기 때문이다. 소크라테스도, 아리스토텔레스도 "인간의 미덕 가운데 가장 중요한 것이 지혜이며, 참되고 기쁘고 완전한 경지인 유데모니아Eudaimonia의 삶을 살기 위해서는 지혜가 꼭 그 사람을 지배해야 한다"라고 역설했다.

그러나 아무리 노력해도 지혜로의 길은 좀처럼 분명하게 나타나지 않는다. 지혜와 관련하여 한 가지로 합의된 정의도 없다. 아직까지도 지혜가 무엇인지, 어떻게 하면 지혜로울 수 있는지 배우는 것도 여전히 미스터리다. 지혜를 제대로 그리고 충분하게 이해하려면 지혜 이상의 지혜가 필요할 것 같다.

◈ 지혜란 무엇인가?

지혜의 사전적 정의는 "사물의 이치를 빨리 깨닫고 사물을 정확하게 처리하는 정신적 능력"이다. 지혜는 일종의 사유思惟 방식이며, 일종의 문제를 처리하고 해결하는 방법, 말하자면 높은 차원의 정신력과 올바른 사리 판단력을 말한다. 무엇이 옳고 그르며, 무엇이 중요하고 덜 중요한지를 판단하는 능력, 그것이 지혜라는 해석이다. 따라서 지혜는 인간에게 수렁 같은 절망 속에 든든한 동아줄과 같은 것임이 분명하다. 특히 요즘처럼 불확실성의 시대에서는 지혜보다 더 중요한 것은 없을 것이기 때문이다.

◈ 지혜는 강력한 무기다

지혜롭다는 것은 박식博識하고 직관력과 관찰력, 통찰력 및 분별력이 있으며, 멀리 볼 줄 아는 것으로서, 다른 사람으로부터 넘겨받거나 돈으로도 살 수가 없다. 오직 배움과 산 경험을 통해서만 얻을 수 있기에 공부를 자신의 사명으로 알고 노력을 멈추지 않는다면 타인을 넘어 가치 있는 삶을 실현할 수 있을 것이다.

· 지혜가 필요한 때

사람이 생존하기 위해서는 적자생존適者生存의 전투적인 삶이 기다린다. 그 삶을 어떻게 살아가야 하는가? 집안에 갈등이 심화될 때, 친구와의 관계에서, 직장에서 상사나 동료와 곤란을 겪을 때, 중요한 사람과의 관계가 틀어졌을 때, 사랑하는 자녀에게 문제가 생겼을 때, 힘들고 괴로운 일들이 닥쳤을 때, 매 순간 사용하는 것이 지식이요 지혜다. 이렇게 당장 오늘의 삶에서 내 앞에 필요한 것이 지혜다.

· 지혜가 부족할 때

반대로 지혜가 부족하면 대수롭지 않은 일에도 당황하고, 자기 고집만 부리다가 잘못된 판단 때문에 관계를 망친다. 잠시를 참지 못하고 욱하고 발끈해서 생긴 살인, 방화, 절도, 강도, 구타 등 험악한 일들이 모두 지혜의 부족에서 발단된다. 부부 사이, 자녀에게 말 한마디 실수가, 친구들과 사이도, 직장에서 잘못한 일 모두 지난 후회가 지혜가 부족해서 벌어진 일들이다.

또한 지혜가 부족하면 수신제가치국평천하修身齊家治國平天下까지 그르친다. 집안을 다스리지 못하고, 회사나 국가를 중대한 기로에 서게 하는 일들이 비일비재非—非再하다. 지혜가 없다면 이처럼 사는 것이 어려워진다. 그래서 '지혜는 유일한 선이고, 무지는 유일한 악'이 되는 것이다.

◈ 지혜로운 사람의 처신

- 지혜로운 사람은 극단적인 대립이 예상될 때, 격렬한 논쟁에 뛰어들어도 항상 자 기의 감정을 지배할 줄 안다. 또, 남들의 말이 아무리 그럴듯하더라도 쉽게 현혹되지 않으며, 진중한 태도를 유지한다. 어떤 말이라도 판단을 보류하고 깊이 고민하며 확인하는 능력을 지녔다. 아첨과 아부阿附에도 넘어가지 않으며, 사람들의 칭찬에도 우쭐대지 않고 비난에도 기죽지 않는다.

- 지혜로운 사람은 내가 비록 가난할지라도 지금 가진 것에 만족하고 현실에 최선을 다해 살아가는 사람이다. 또, 비밀은 철저히 단속하고 누구와 극한 감정하에서도 비밀을 입 밖으로 내놓지 않는다.

- 지혜로운 사람은 용의 꼬리보다 닭의 볏이 되려고 한다.

- 지혜로운 사람은 때가 되면 미련을 버리고 그 자리를 포기한다. 물러날 때가 되었을 때 과감히 포기하지 못하면 원성을 사는 법이다. 그리고 주위 사람들에게 많이 베풀어 은혜를 빚처럼 지워둔다. 잘나갈 때 불행에 대비한 것이다. 자신에게 돌아올 손해를 예견하고 실수를 남에게 드러내지 않는 것은 지혜로운 사람이 지켜야 할 능력 중 하나다.

- 지혜로운 사람은 남의 문제에 개입하지 않는다. 서툴게 남을 도우려다 오히려 일을 더 망치는 경우가 비일비재하기 때문이다.
- 지혜로운 사람은 자신의 말을 손바닥 뒤집듯이 하는 교활한 사람들의 속셈을 꿰뚫어 보는 눈을 가졌다. 면밀한 관찰을 통해서 그들의 거짓을 가려낸다. 그리고 언제나 등 뒤에서 날아올 비수匕首에도 대비한다.
- 지혜로운 사람은 평정심을 잃지 않는다. 위기에 직면했을 때 끙끙 앓기보다는 행동으로 돌파한다. 고민만 해서 해결되는 일은 세상에 아무것도 없기 때문이다.

◈ 어떻게 해야 지혜로워질 수 있는가?

지혜는 결코 위대한 철인哲人이나 현인賢人들만의 전유물이 아니다. 우리는 모두 지혜의 심리적, 정신적 자원을 지니고 있다. 따라서 피나는 노력만 더하면 된다.

지혜는 크게는 전 인류Humanity가 직면하고 있는 문제의 해법을 위해, 개인적으로는 삶을 풍요롭게 하기 위해 필요하다. 또한, 자신에게 몰아닥친 억압과 위험 속에서도 '위기'를 '기회'로 전환할 수 있고 남들이 포기하고 무너질 때도 자신을 구해내는 현명한 해법을 찾아낸다.

● 지혜를 습득하는 방법

지혜의 기본은 지식이다. 지혜로운 사람은 지식이 풍부하다. 그는 자기가 무엇을 아는지 안다. 또 자기가 무엇을 모르는지도 안다. 이렇게 지식이 있는 사람은 지식을 기억해내고 분석하며 사용할 줄 안다. 그래서 배우는 길에 있어서는 이제 그만하자고 끝을 맺을 때가 없는 것이다. 사람은 그 일생을 통하여 배워야 하고 배우지 않으면 어두운 밤에 길을 걷는 사람들처럼 길을 잃고 말 것이다.

지혜에 관해 소통, 사회 기술, 공감, 감정 지능 강화, 생각 변화, 마음 챙김 등을 통하여 바꾸어나가고 증진할 수 있다는 독일의 미하엘 린덴Linden 연구팀의 자료가 있다. 실제 지혜를 키우는 것이 임상적으로 가능하다는 연구 결과도 의학 논문을 통해 객관적으로 증명되고 있다. 그 길을 따라가본다.

① 학습 습관

공부는 지식과 지혜를 배가시킨다. 다만 공부도 운동과 다이어트처럼 시작은 많이 하지만 작심삼일作心三日로 끝나는 예가 많다는 점이 문제다. 따라서 그 공부를 지속하기 위해서는 공부도 습관에서 오기 때문에 길게 잡아 한 달 정도만 쉬지 않고 정진한다면 틀을 잡아갈 것이다. 이어서 꾸준히 약 2개월만 지속하다 보면 안 하고는 못 배기는 일이 될 것이다. 이것을 다시 몇 년을 계속하다 보면 사람 자체가 완전히 바뀌어 있을 것이다.

② 독서

톨스토이는 "독서하기 위해 시간을 내십시오. 그것은 지혜의 원천입니다"라고 역설했다. 지식으로 지혜로워지는 가장 좋은 방법은 독서다. 많은 양의 도서를 섭렵하여 국내의 제일인자가 아니더라도 해당 분야의 전문가와 소통할 정도만 되어도 살아가는 데 도움이 되는 무기를 갖춘 셈이다. 그렇게 눈에 보이지 않는 투자는 인생의 훌륭한 자산이 된다.

다산茶山 선생처럼 유배생활 동안 앉은 자세로 책을 읽어 복사뼈에 구멍이 세 번이나 날 정도로 과골삼천踝骨三穿은 아닐지라도, 그저 많이 읽고, 질문하고, 분별하고 곱씹어 생각하며 익힌다면 대단한 일이 벌어질 것이다. 책은 내가 알고 싶은 분야부터 의사결정, 대인관계, 건강, 정서 외에 소설, 수필 같은 '사람에 대한' 어떤 책도 좋다. 많이 아는 것이 지혜의 근본이기 때문이다.

③ 지혜로운 사람에게 듣고 배우기

지혜는 지혜로운 사람에게 묻고 배우는 것이 대단한 공부방법이다. 그런데 우리나라 학생들은 선생님과 공부할 때 질문을 꺼리지만, 서양西洋 애들은 아무리 사소한 것도 이해되지 않는 것에 대해서는 끊임없이 질문한다. 그것이 지식을 쌓는 아주 중요한 습관이다.

④ 사색하기

오늘날은 정보의 신뢰성을 판단하는 능력이 곧 경쟁력인 시대다. 이를 위해 깊은 숙고와 사려 깊은 사색이 필요하다. 정보를 소화해서 내 것으로 만드는 것이 사색 思索 이다. 아무리 많이 한 공부도 역시 사색이 따르지 않으면 아무 소용이 없다. 그 정보를 만든 사람의 생각이나 주장을 따져보는 것, 그 사색에서 다른 의견은 없는지, 정반대되는 생각을 내보는 것이다. 이처럼 정보 장악력을 키우기 위해 더 넓고 더 깊게 사색하라. 이는 지혜를 한 단계 업그레이드하는 방책이다.

⑤ 속담 활용하기

마디마디 삶의 지혜가 녹아 있고 세상의 경험과 지식을 담아낸 것,

이것이 속담이다. 그 속담 하나하나가 지식의 자료라는 이야기다. 우리 속담이 절대 지식이란 이야기다. 그 뜻을 잘 파악하여 현실에 적용할 수 있다면 지혜로워질 수 있다는 것이다. 그 속담들을 자기 삶에서 벌어지는 일과 연결한 뒤, 활용해보라.

가는 날이 장날, 가는 말이 고와야 오는 말이 곱다, 가다가 멈추면 아니 감만 못 하다, 낮말은 새가 듣고 밤 말은 쥐가 듣는다, 소 잃고 외양간 고친다, 가뭄에 콩 나듯 하다, 내 코가 석 자, 다 된 죽에 코 빠트리다, 올라가지 못할 나무는 쳐다보지도 말라, 천릿길도 한 걸음부터, 하룻강아지 범 무서운 줄 모른다 등 이 속담들이 지혜의 자료라는 것이다.

⑥ 공자의 가르침

공자는 지혜를 다음의 세 가지 방법으로도 얻을 수 있다고 가르쳤다. 첫째는 명상이다. 이것은 가장 고귀한 방법이다. 둘째는 모방이다. 이것은 가장 쉽지만 만족감이 적다. 셋째는 경험이다. 이것은 가장 어렵지만 이보다 훌륭한 방법은 없다.

◈ 역사 속의 지혜
· 처칠 수상의 지혜

1940년 영국이 나치스의 침략 앞에 풍전등화風前燈火의 위기에 처했을 때 처칠 수상은 비장한 각오와 결심으로 영국의 위기를 마침내 승리로 이끌었다. 그 위기를 극복한 비결은 첫째가 냉철한 지혜다. 위기 앞에 놀라고 당황하고 불안감 때문에 총명한 지혜를 잃어버리기 쉽기 때문이다. 위기의 발생원인, 극복하는 방법을 냉철하게 분석하고 진단하여 해결책을 강구한 것이다. 그것이 바로 지혜있는 사람의 처신이다.

· 솔로몬 왕의 지혜

한 아기Baby를 사이에 두고 서로 엄마라고 주장하는 두 여자 간의 분쟁에서, 그 아이를 반으로 자르겠다고 위협함으로써 이를 명쾌하게 해결한 솔로몬 왕의 지혜에 대한 이야기는 역사적으로 대단히 유명하다. 인간 본질을 꿰뚫는 통찰력을 보여준 솔로몬 왕의 결정은 탁월했다. 진짜 엄마만이 자신의 아이에게 가해질 일촉즉발—觸卽發의 위기에 민감하게 반응할 것이다. 결코 도덕적 잘못의 여지를 남기지 않으면서 골치 아픈 문제를 해결했다. 고통에 울부짖는 진짜 엄마를 찾아내고 정의를 집행할 수 있었기 때문이다.

· 콜럼버스와 나폴레옹의 지혜

이탈리아 탐험가 콜럼버스가 신대륙을 발견하고 명성을 얻자, 이를 시기한 사람들은 무작정 서쪽으로 가면 누구나 신대륙을 발견할 수 있는데 무슨 대단한 업적이냐고 무시했다. 그러나 그는 생달걀을 깨뜨려 바닥에 세우고는 "모방은 쉽지만 처음으로 해내는 것은 어려운 법이요"라고 일갈했다. 알렉산더의 매듭 이야기처럼 사고의 틀을 깨는 것이 위대한 업적의 비밀임을 보여줬다. 이것이 지혜다. 비록 땅에서 재면 내 키는 작지만 하늘에서 재면 내 키는 누구보다 크다고 말한, 키가 작은 나폴레옹의 기발Novel한 지혜의 목소리도 돋보인다.

・ 시저의 지혜

줄리어스 시저가 도버 해협에 대군단大軍團을 정지시켜 놓고 병사들의 목전에서 해상에 떠 있는 군함에 불을 질러버렸던 역사적 사실을 상기해보라! 대군단은 적지에서 퇴각할 최후 수단이 연기로 사라져버렸으니 남은 길은 오직 하나, 목숨을 걸고 싸워 이기는 길뿐이었다. 결국, 저 군대는 목숨을 걸고 싸웠다. 그리고 승리했다. 그것은 참으로 현명한 지혜와 건전한 판단이었으며, 시저의 불굴의 정신이었다.

시저는 우둔하고 무자비한 무장이 아닌 문무文武를 겸비한 영웅이었다. 황제Kaiser란 영어도 시저의 이름과 칭호에서 유래한다. 클레오파트라를 열렬히 사랑한 그는 이 전쟁에서 승리하고 "왔노라, 보았노라, 이겼노라Veni, Vidi, Vici"라는 유명한 명언을 남겼다.

・ 관중의 지혜

중국 제나라 왕 환공桓公이 적을 토벌하고 돌아올 때, 환공과 군사들이 길을 잃고 말았다. 돌아갈 길이 막막해지고 군사들도 점점 지쳐가고 있을 때 '관중管仲'이라는 사람이 나서서 '이럴 때는 늙은 말에게 한 수 배워야 한다면서 늙은 말을 풀어주고 모두 그 뒤를 따르게 하여 마침내 길을 찾게 되었다' 관중의 지혜가 놀랍다.

이처럼 지혜로운 자는 특권과 부富를 누렸다고는 할 수 없지만 늘 사회의 엘리트로 대접받는다. 지혜로운 자에겐 근심이 없으며, 그 지혜는 운명조차 극복하게 한다. 그러나 오늘날은 지식은 범람汎濫하지만 지혜는 드물다.

◆ 지혜, 청명한 기운

요즘 젊은 세대에게 그들의 영웅이 누구냐고 물어보면 돈 많이 버는 연예인이나 스포츠 선수가 우상偶像이라고 답한다. 가히 폭발적이다. 나보다 뛰어난 자에 대한 경외심이다. 인류의 행복에 기여한 철학자나 의사, 학자처럼 지혜와 철학으로 그 존재를 강인하게 인식시켜 주는 사람들을 철저하게 외면하고 있는 것이다. 자본주의 사회답게 돈과 명예만을 선호하는 것 같아 참 씁쓸하다.

그러나 시성詩聖으로 불리는 중국 최고의 시인 두보杜甫는 가진 것 없이 말년에 양쯔강 일대를 떠돌며 갖은 고생과 서러움과 고독을 겪으며 살아온 분이다. 중국 동진의 시인 도연명陶淵明도 무릎을 겨우 들일 만한 좁은 집에서 비바람도 가리지 못할 구차한 삶을 살았다. 그러나 보라! 누가 그의 거처를 누추하다고 말하는가? 그의 이름은 백대百代의 세월에도 찬란한 추앙을 한 몸에 받고 있다. 누구나 그런 삶을 살고 싶을 것이다. 호화찬란豪華燦爛한 겉치레 옷, 맛있는 음식, 고대광실高臺廣室 같은 호화저택이 삶의 목적이 아니라는 점을 깨우쳐주고 있는 것이다.

제13과

교제
Social Intercourse

교제란 사회생활을 영위해가는 데 도움이 되는 인간관계를 만들어 내는 방식이 교제다. 그 교제의 대상은 진취적인 태도와 열정, 창조적인 두뇌와 성실성을 갖춘 사람이라야 바람직한 관계라 할 수 있다. 그런 대상에게는 신뢰와 믿음을 심어줄 수 있도록 항상 진실과 신뢰의 언어가 오고 가야 하며, 한결같이 진실한 마음으로 대해야 한다. 아첨하는 말이나 대언장담大言壯談하는 말은 가식假飾의 언어이며, 대화의 독소로서 진실성이 없기 때문이다. 그리고 서로의 관계가 돈독해지더라도 항상 겸손하고 어떤 말이든지 생각 없이 입 밖으로 내뱉지 말아야 한다. 그것이 이상적이고 지속적인 교제 방법이다.

오늘날처럼 생존경쟁이 치열한 세상일수록 원활한 대인관계는 자신이 발전해가는 터전이 될 것이며, 새로운 경험과 활력이 생길 것이다. 본 과課에서 교제는 진정한 우정, 비즈니스 교제를 아울러 다룬다.

◆ 교제의 대상

교제의 대상은 풍부한 지식과 인격을 갖춘 사람으로서 의리 있고 신뢰할 수 있는 능력 있는 사람과의 교제다. 자기보다 수준이 낮은 사람과 어울리면 그들과 똑같은 수준으로 전락해버리기 때문이다. 따라서 사회생활에서 교제는 어떤 사람과 하는가에 따라 장래에 큰 영향을 받기 때문에, 교제는 반드시 뛰어난 사람과 해야 한다.

인격적으로 수준이 낮고, 덕德이 부족하고, 지적 수준이 낮으며, 사회적인 지위도 낮은 사람, 또한 아무리 신분이 높아도 머리가 비어 있는 사람, 취할 점이 전혀 없는 사람들은 가까이할 대상이 아니다. 상대가 인격이 엉망이라면 좋은 교제라고 기대할 수 없기 때문이다.

'뛰어난 사람'이란, 강한 의지력과 통찰력, 신속한 계산력, 피로를 모르는 행동력 그리고 무엇보다 뛰어난 냉철한 두뇌, 재빠른 회전, 그것들이 가장 중요한 고비에 필요한 원동력이다. 위대한 인물들은 대개 이런 사람들이다. 이러한 인물을 찾아 깊이 사귀어 든든한 협력자를 얻어야 한다.

· 나와 다른 분야의 종사자

교제는 어떤 분야의 사람들과 하는 것이 좋을까? 한마디로 나와 다른 분야에서 일하는 사람을 만나는 것이 좋다. 서로 다른 분야의 정보를 교환하면 평소의 좁은 시야에서 벗어나 독특한 아이디어를 얻거나 기대하지 않았던 기회를 잡을 수도 있다. 세계적인 소프트웨어 회사인 한 업체에서는 직원을 채용할 때의 기준이 '나와 다른 사람'이라고 한다. 그래야 업무에서 시너지Synergy 효과가 나기 때문이다. 시대가 급박하게 변화하는 시점에서 나에게 영감을 주는 다양한 채널이 필요한 것이다.

· 여성 후원자

우리 사회 인맥이라면 흔히 학연學緣·사연社緣·지연地緣 등의 남성들을 중심으로 한 것이 지배적이었다. 그러나 최근에는 여성의 직업 영역이 서서히 확대 경향으로 나아가면서, 자신의 인맥에 개입시키는 시대로까지 발전했다. 직장이라는 조직 사회와 지역 사회의 다양한 계층으로 확대된 여성 파워에 주목하고 활용할 수 있다면 강력한 후원자를 얻을 수 있을 것이다.

그러자면 여성의 마음을 사로잡는 비결이 필요하다. 무엇보다도 여성은 뛰어난 직감력을 가지고 있기 때문에 오로지 진실한 마음이 오가야 여성의 마음을 움직일 수 있다. 그래야 비로소 마음을 열고 자신의 후원자가 되어줄 것이다. 그들도 동성 친구로부터 얻을 수 없는 지혜와 지식을 얻고 싶다고 기대하기는 마찬가지일 것이다.

★ 풍성한 관계를 위해서

그렇게 만난 훌륭한 교제 대상에겐 더 깊고 풍성한 관계를 위해서 내가 그에게 무엇을 해줄 수 있는가를 생각해야 한다. 세상에 한쪽만 일방적으로 도움을 주는 관계는 절대 오래갈 수 없다. 인간관계의 기본은 주고받음이기 때문이다. 그리고 상대와 진심으로 소통하고 싶다면 그의 자존심을 살려줘야 한다. 가능하다면 체면을 지켜주고, 정情을 느낄 수 있도록 해야 한다. 한국인은 서양인과 달리 대화할 때 체면과 정에 좀 더 의미를 두기 때문이다. 그래야 소통의 길이 열린다.

◈ 교제의 배제 대상

교제의 배제 대상은 주의력이 부족한 사람, 사나우면서도 저돌적인 사람, 어리석은 사람, 칠칠치 못한 사람, 주의가 산만한 건성인 사람, 도량이 좁은 사람, 자존심만 강한 사람 등이다. 또한, 분명한 의사 표시가 없는 음흉한 사람, 교활한 사람, 다혈질多血質로 화를 잘 내고 자기 자랑만 늘어놓는 사람도 실속이 없으니 멀리하는 게 좋다.

그렇다고 그들을 바보 취급해서는 안 된다. 무시당한 일은 평생 잊지 않기 때문이다. 이 모두가 내 주변에 있는 사람, 내가 속해 있는 집단에 있는 사람들이 그 대상이 된다. 사람을 보는 안목이 더없이 중요한 세상이다. 다만 외모로 사람을 잘못 평가하여 그의 진면목을 못 보는 어리석음을 범해서는 안 될 것이다.

· 역량이 부족한 대상

의지력과 책임감이 없는 사람, 인생의 목표가 없는 사람, 이기적이고 어리석으며 나태한 사람, 자긍심과 정의감이 없는 사람들 또한 배제 대상이다. 이런 사람들과 사귀는 것은 시간 낭비일 뿐이다. 가능성이 없는 인물을 제외할 줄 아는 것도 교제술이다. 소질이 나쁜 사람은 어떤 기회도 잡지 못하며, 아무리 가르치고 도움의 손길을 내밀어도 열매를 맺지 못한다.

또 하나는 처음 만났을 때부터 자신과 잘 맞지 않은 사람, 생리적으로 도저히 받아들일 수 없는 사람도 있다. 유감스럽지만 여기에 예외는 없다.

· 사디스트 위험 인물

사디즘Sadism이란, 남몰래 간직한 타인에 대한 증오나 질투에서 비롯된 반격·복수심에 의해 생기는 변절자의 특성을 말한다. 이런 사디스트들을 사귀어본 사람은 조용히 인연을 끊는다. 심보가 고약하고 야비하다.

일할 때나 일상생활에서도 그것이 나타난다. 집요하게 부하 직원들을 괴롭히고 동료에게까지 집요하게 막다른 곳으로 몰아넣는다. 상관에게 고자질하거나 아첨하는 것은 이런 정신적인 사디스트임을 알아두어야 한다.

★ 지지자를 만들지 못하는 타입

또 별다른 이유 없이 교제 자체를 거부하는 타입도 있다.

① '자부심'이 지나치게 강해 친해지기 어려운 타입이 있다. 이른바 학교에서 1등을 한 수재형은 자만심으로 가득 차 있고 건방지며, 자기과신의 경향이 짙다.

② '자기과시욕'이 강한 팔방미인형 타입 역시 성격이 소극적인 사람들이나 경위가 밝은 사람들로부터는 성격이 맞지 않기 때문에 가까이하려고 하지 않는다.

③ 항상 자기만 얻는 '이기적'인 타입 역시 자기 이외의 다른 사람은 안중에도 없다. 이 타입은 절대 상대와 마음이 교류될 일이 없다.

④ '자기관리'를 못하는 타입도 같은 부류다. 자신과의 싸움에서 지는 사람이나 승부욕이 없는 사람에게는 지지자가 생기지 않는다. 일이 재미없다고 습관적으로 '대충대충' 해내는 사람도 마찬가지다.

⑤ 또 피곤하게 일일이 '따지는 사람, 무신경한 사람, 음험陰險한 사람' 등도 타인의 지지를 얻지 못하는 타입이다.

◈ 처세의 비법

· 신용

하버드대학은 신용을 공부나 시험 성적보다 더 중요시한다. '신용 Credit'이란, 사람이나 사물이 틀림없다고 믿어 의심하지 아니함 또는 그런 믿음의 정도를 말한다. 신용을 중시하는 주된 이유는 신용을 지키는 것이 사람의 도덕성이자 한 사람이 바로 서기 위한 뿌리이기 때문이다. 따라서 일과 삶에서 성공하기 위해서는 성실함이 바탕에 깔려 있어야 한다. 이것이 성공의 대전제다.

· 존중

또 다른 처세의 비법은 타인을 '존중Respect'하는 자세다. 사람을 존중하는 자는 어디를 가든 쉽게 사람들의 호감을 얻으며 많은 이익을 얻을 것이다. 종국적으로 내 주변의 모든 사람을 존중하는 것이 처세의 비법이 된다.

· 언행일치

'말과 행동이 일치言行一致'하는 사람은 주위로부터 항상 좋은 평가를 받는다. 처음과 끝이 같은 사람이 '변함없는 사람' '한결같은 사람'이다. 언행이 일치하는 사람들을 우리는 존경한다. 평소에 잘난 척하고, 큰소리를 치면서도 막상 중요한 순간에는 슬며시 꼬리를 내리는 사람, 즉 말과 행동이 같지 않은 사람이 주위에는 의외로 많다.

· 호의

상대에게 "뭘 도와 드릴 게 없습니까?"라는 말이 자연스럽게 나온다면 대단히 환영받을 일이다. 백화점이나 호텔 등에서 주로 사용되는 접객 용어지만, 이 말에 가치가 있다. 미소를 띠고 부드럽게 협력을 제의하면, 그 따뜻한 인품이 느껴지기 때문에 상대방의 마음을 순수하게 받아들일 수 있는 것이다. 베푼 호의는 반드시 보답이 되어 돌아올 것이다.

· 한밤중에도 나서주는 사람

어쩌다가 한밤중에 가정을 방문하거나 전화 한 통 하는 것만으로도 좋지 않은 얼굴을 하는 사람은 친구로서 결코 도움이 되지 않는다. 문제의 중요성과 긴급도에 따라 필요하다면 한밤중의 방문과 출발도 개의치 않는 사람이라면 교제할 만한 가치가 충분하다고 하겠다. 설사 아랫사람이라 해도 한밤중의 방문을 꺼리게 만들지 않는 정감 있는 사람이야말로 힘이 될 수 있는 사람이다.

· 자기 의견을 가진 사람

어떤 중요한 문제나 사회적으로 관심이 높은 문제에 대해 자기 의견과 대책을 분명하게 가지고 있지 않은 소신이 없는 사람은 친구로서 의지가 되지 않는다. 여기서 자기 의견을 갖는다는 것은 인생관에 입각한 근거와 과학적인 데이터와 분석 위에 정립定立된 공평하고 통찰력 있는 의견을 갖는다는 뜻이다.

확고한 신념과 깊은 연구 속에서 태어난 이론만이 사람을 움직인다. 무슨 일이든 독창적인 관점에서 명확하게 파헤치고 그 진상을 분석하여 해결방도를 제시한 의견이라야 한다.

◈ 인맥 관리

인간에게 교제는 많은 것을 배워 사회적 시야를 넓혀가며, 평생 구할 수 없는 큰 자산이 되어주기도 하고 먼 훗날 생각지도 못했던 수확을 얻기도 한다. 그러므로 내가 무슨 일에 종사하던 항상 인맥을 쌓고 '사람'과의 '관계'를 생각해야 한다. 나만의 인간관계 구축이 필요하다는 뜻이다. 빌 클린턴 대통령도 "성공의 첫 번째 요소는 인간관계를 잘 맺고 이를 잘 유지하는 것"이라고 말한 바 있다.

인맥을 유지하는 중요 조건은 교제 대상자에게 의식적으로 자주 연락을 취하는 것이다. 새로운 대상에 자주 접촉할수록 호감이 증가

하는 '단순 노출 효과'와 같은 심리이다. 요즘 세상에서는 문자 메시지나 이메일E-mail 등을 활용한다. 놓치기 아까운 사람, 인격적으로 존경하는 사람은 인맥 관리의 제1순위다.

◈ 극비 교제술

교제는 꾸밈없이 자연스럽게 하는 것이 가장 좋은 방법이며, 상대를 보다 친밀한 관계로 이끌기 위해서는 나만의 교제술이 필요하다. 좋은 교제를 위해서 다음의 조건들을 수반한다.

· 교제 대상자의 정보 수집

교제의 첫걸음은 대면해야 할 상대에 대한 정보 수집이다. 만나기 전에 상대의 출신지, 직업, 취미, 성격, 사회적 지위, 주위의 평판 등을 비롯하여 사소한 에피소드 Episode 까지 많은 정보를 수집하는 것이 좋다.

처음 대면할 때 그 정보로 정신적인 여유가 생기고, 대화를 시작할 때 키워드가 되기 때문에 많은 도움이 된다. 또한, 대화를 순조롭게 이끌어갈 수 있으며, 상대에게 인간적 연대감을 안겨줄 수도 있다. 특히 그 정보가 만남을 성공으로 이끄는 데 크게 기여할 것이다.

· 첫 만남의 장소

첫 만남은 평소에 알아두었던 경제적이면서도 호젓한 장소가 좋다. 자칫 모양을 낸다며 분위기 좋은 술집을 선택하거나, 고급 레스토랑 등은 압도되는 분위기 때문에 도리어 역효과를 가져올 수 있으므로, 상대의 수준에 맞고 어울릴 만한 만남의 무대를 선택하는 것이 좋다. 그래야만 편안한 상태에서 허심탄회虛心坦懷하게 대화를 나눌 수 있다.

무성의함보다는, 차를 타고 갈망정 안심하고 편안하게 쉴 수 있는
곳을 택해야 한다.

· 호감

교제에서 가장 중요한 것이 첫인상이다. 물론 얼굴이 예쁘다고 첫
인상이 좋은 것은 아니다. 첫인상을 좌우하는 요소로는 옷차림, 외형
과 자태, 화법말하는 방식, 얼굴 표현과 제스처 등을 꼽는다. 가능한 세
련된 복장을 갖추고, 눈은 반짝거려 생동감을 느낄 수 있어야 하며,
거기에다 웃는 얼굴이면 더욱 좋다. 이것이 첫 만남을 성공으로 이끄
는 호감을 갖는 일이다.

· 대화의 테크닉

마지막으로 대화법에는 정확한 어휘 구사, 요령 있는 언어의 표현,
상대의 마음을 끌어당기는 호소력과 설득력이 전제된 대화법을 알
아야 성공할 수 있다. 요컨대 핵심을 찌르는 짧은 말 한마디가 강한
인상을 남기듯, 상대의 마음에 지워지지 않는 아주 짧으면서도 정곡
正鵠을 찌른 말들을 배워둬야 한다. 자신의 입장을 효과적으로 피력
하여 그 목적을 달성해야 하기 때문이다.

윌리엄 템플Temple은 "좋은 대화의 첫 번째 요건은 진실이고, 두 번째
는 분별력이며, 세 번째는 유머 감각이고, 네 번째는 위트Wit다" 이 네
가지 요소를 많은 사람이 어느 정도 갖고 있다. 다만, 위트가 문제다.

· 자기소개

처음 만나 자기소개를 할 때 상대방은 나의 말이나 태도에서 나를

이해할 수 있는 단서를 발견하고 싶어 한다. 그런 기분을 참작해서 자기소개를 한다면 대화는 부드럽게 이어진다. 따라서 상대방이 나에게 말을 걸기 쉽도록 내가 먼저 실마리를 제공하는 것이 자기소개의 첫 번째 요령이다. 가능하면 만나기 전에 나를 어필Appeal할 수 있는 포인트를 나름대로 연구해놓는 것이 좋다.

· **화제의 선택**

처음 만난 상대와의 대화는 일기예보나 이상기온, 낚시나 테니스, 축구 등의 여가활동, 최근의 뉴스, 국내 혹은 해외를 다녀온 여행 이야기 등 기본 법칙은 거의 똑같다. 물론 계층의 사람에 따라 적합한 화제가 있고, 여성에게는 여성에게 적합한 화제가 있는 법이다. 상대방에 따라서 카멜레온Chameleon처럼 자유자재로 빛깔을 바꿀 수 있는 화제는 어쩌면 인간 교제에서 윤활유潤滑油와 같다 하겠다.

따라서 평소에 다방면으로 상식을 알아두려고 노력하지 않으면 화제가 빈곤해진다. 사교술과 접객 매너를 몸에 익히지 않으면 비즈니스 사회에서 살아남을 수가 없다. 그렇다고 그 자리에서 자기 스스로 분위기 조성자가 될 필요는 없다. 그저 주위의 분위기에 맞춰나가는 것이 바람직하다.

· **대화의 기본**

회화는 서로 마주 보는 것이 기본이다. 옆에 앉아 있든지, 마주 보고 있든지 상대와 얼굴을 마주 보고 이야기를 해야 한다. 상대방의 눈의 움직임이나 표정에서 읽을 수 있는 긴장감이나 신체적 안정감 등을 느끼며 대화를 진행한다. 눈이 빛나고, 얼굴에 생기가 돌며, 이야기가 리듬을 타고 신나게 진행되면 한동안 계속해서 이야기해나가도 된다.

그러나 눈이 풀어지고, 시선이 자꾸 다른 곳을 향하면 눈치껏 이야기를 매듭짓거나 다른 화제로 바꾸어야 한다. 또 하나 중요한 것은 대화를 끝맺을 때를 잘 알아서 판단하는 일이다.

· 대화의 요건

말을 할 때는 주제 외에 학문을 내 세우거나 지식 자랑을 해서는 안 되며, 재능이 뛰어나다고 드러내놓고 자랑할 것도 아니다. 지식을 과시하는 것은 주제넘는 행위다. 또 돈 냄새를 풍기는 말도 쓰면 안 된다. 또 하나는 사람이 나보다 못난 사람 앞에서는 교만해지고, 나보다 잘난 사람을 만났을 때는 비굴해진다. 그래서는 안 된다. 키케로Cicero의 말처럼 힘 있는 자 앞에서 마음이 흔들리지 않고 가난한 자 앞에서 겸허한 사람은 참된 인격자다.

· 설득의 대화법

성공적인 비즈니스를 위해 상대의 말을 경청할 때 상대가 어떤 말을 입에 자주 올리는지 파악해보라. 대화 중 자주 언급되는 단어 혹은 문장을 유념해두면 상대의 심리나 성격을 이해하는 데 도움이 된다. 사람은 본래 자신에게 부족하다고 느끼는 점을 자주 거론하는 경향이 있다. 이성 문제를 자주 거론하면 이성에 콤플렉스가 있고, 학력에 콤플렉스가 있는 사람은 학력 문제를 자주 언급한다. 상대의 콤플렉스를 파악했다면 그 부분을 채워주면 된다. 그렇게 하면 상대는 나에게 빠져들 수밖에 없을 것이다. 둘의 관계가 비즈니스적이라면 대성공이다.

또 하나의 성공 방법은 상대방의 욕망이 무엇인가를 분석하여 공략할 수 있다면 이보다 더 큰 효과는 없을 것이다. 그 욕망을 분석하여 상대에게 자기 자랑을 하도록 만드는 재치가 필요하다. 상대보다 뛰어나다는 자신감에서 생긴 우월감이 들도록 자기를 자랑할 때 설득하면 그 효과는 절대적이기 때문이다.

· 맞장구치는 대화

대화 중에 남의 말을 잘 들을 줄 아는 표현 기술이자 촉진제가 바로 맞장구다. 맞장구를 치면 상대가 말을 쉽게 할 수 있으며, 발언 내용도 많아진다. 상대방의 말을 적극적으로 들어주고 있다는 마음이 전달되어 좋은 인상을 줄 것이다. 상대방의 이야기를 눈을 반짝거리며 듣거나, 몸을 앞으로 내밀어 듣는 자세나 태도 표현은 더욱 효과적이다.

상대방의 이야기가 재미있을 때는 눈웃음을 짓고, 공감할 때는 눈썹을 치켜올리면서 감탄한다. 그 이야기가 납득이 갈 때는 무릎을 치면서 입으로 되뇐다. 이렇게 치는 맞장구는 대화의 좋은 반주가 된다는 사실을 잊지 말 일이다.

· 경청

대화에서 중요 요점은 역시 경청이다. 사람은 누구나 자신의 말을 들어주기를 바란다. 그래서 듣기가 대화의 80%라고 하는 것이다. 따라서 누군가를 설득하고 싶다면 똑똑한 백 마디 말보다 묵묵히 경청하는 태도가 설득에 훨씬 효과적이라는 점 잊지 말 일이다. 그리하면 상대방은 완강한 울타리를 허물고 진심으로 소통하고자 할 것이다.

대개는 듣기 7, 말하기 3 정도의 비율로 이야기를 진행해가는 것이 가장 균형 잡힌 방법이다.

★ 일언구정

대화 중에는 감정에 못 이겨 사려가 없거나 무례한 말을 해서는 안 된다. 상대가 자존심을 상하게 하였을 때도 자신을 억제하고 언행을 부드럽게 해야 한다. 말의 파괴자가 되어서는 안 된다. 잔인하고 부주의한 말 한마디, 무례하고 쓰디쓴 말 한마디는 증오의 씨를 뿌리고 삶을 파괴할 수도 있기 때문이다.

사람의 입으로 입은 상처는 두고두고 아물지 않는 법이다. 일언구정! 말 한마디가 가마솥 9개의 무게와 같아야 한다는 뜻이다. 상대가 윗사람이거나, 자기와 대등한 사람이거나, 신분이 낮은 사람이거나 마찬가지다. 내 생각은 언제나 옳고 남은 언제나 틀렸다고 맹신하는 아집과 독선과 편견에서 벗어나야 한다. 품격 있는 행동이 곧 대화를 성공으로 이끈다.

제14과

역사, 정치, 경제
History, Politics, Economy

◈ 한반도의 역사

독립운동가 단재 신채호 선생은 "영토를 잃은 민족은 재생할 수 있어도 역사를 잃은 민족은 재생할 수 없다"라고 했고, 영국 수상 처칠 Churchill도 "역사를 잊은 민족에게 미래는 없다"고 역설했다. 어느 민족이든 자신들의 역사를 잊어버린다면, 그 국가는 정체성을 잃게 되고 자연스레 다른 민족이나 국가에 흡수되어 사라질 것이다. 그래서 이 나라를 강점强占한 일본인들이 우리 민족의 정신을 말살하고 파괴하기 위해서 우리의 국어도, 국사도 가르치지 않은 것이다.

역사 교육이 왜 중요한지 강조할 필요도 없다. 지난 과거를 성찰하고 현재를 짚어보며 미래를 설계하는 주춧돌, 역사학은 인간 활동의 궤적을 추적하는 학문이다.

다만 역사를 접할 때는 유의 사항이 있다. 그 역사를 사실 그대로 받아들이기보다, 그 내용의 정확성과 저자의 고찰이 얼마나 정당한 것인가를 정확히 판단할 수 있어야 한다. 역사는 수학이나 과학같이 정확성을 따지는 학문이 아니라 해석이기 때문에, 책마다 집필한 그 저자의 시각, 이데올로기Ideology, 기호에 따라 달라진다는 점을 이해해야 한다. 역사는 언제나 승리자의 시각에서 기술하게 되며, 패한 사람에게는 가혹한 평가를 내리기 마련이기 때문이다. "역사는 끊임없이 다시 해석된다"는 명제를 염두에 두어야 한다.

· 세계사를 바꿔놓은 을지문덕 장군

612년 중국 수양제가 육군 113여만 명과 별도로 수군까지 편성해 고구려를 침략했다. 우리 역사상 최강, 최대의 침략군으로 전 세계 사상에도 전무후무한 침략군을 청사에 빛나는 을지문덕 乙支文德 장군의 수공 水攻 전략으로 세계사에 빛나는 대승전, 바로 살수대첩이 있었다. 장군의 천재적 전략과 영웅적 항전으로 세계 제일의 강대국 수나라와의 대전에서 빛나는 승리를 거뒀다. 세계사를 바꿔놓은 것이다.

장군은 겨우 몇만 명으로 세계 최대 제국을 멸망시킨 절세의 무장이기도 하지만, 시와 문장에도 뛰어난 문인이셨다. 그러나 세계 역사상 비견할 수 없는 절세의 명장의 전승에 대한 내용이나 장군의 일생에 신상과 업적에 대한 역사적 기록이 없다는 사실이 안타까울 뿐이다.

그 당시 《삼국사기》를 저술한 신라 왕족의 후손인 김부식은 지면을 대부분 신라 인물에 할당하고 고구려, 백제 인물에 대한 서술은 소홀히 했다는 사실이다. 애석한 일이 아닐 수 없다.

· 강감찬 장군

강감찬 姜邯贊 장군은 동아시아 최대 강대국인 거란국의 대규모 침입을 제거해 고려를 지켰고, '코리아'의 명성을 세계에 드높인 분이시다. 1018년 거란의 성종이 10만 대군으로 제3차 침입했을 때도 그들이 퇴각할 때 귀주에서 거의 전멸해버렸다. 청사에 빛나는 장군의 귀주대첩이다.

장군께서는 개인의 영달이나 이익을 떠나 국가와 민족의 태평과 번영을 위해 헌신하신 영웅이시다. 만인지상의 자리에 있었음에도 의복 차림이 중인 수준을 넘지 않았고, 나라를 구한 공으로 임금으로부터 식읍食邑으로 받은 많은 토지를 모두 백성에게 분배해준 분이다. 고려의 대표적인 청백리이기도 하다.

밖에서는 장군으로서 외적을 평정하여 나라를 구하고, 들어와서는 재상으로서 국정을 바로 편 장군은 국가와 백성들에게 크나큰 복이었다. 출장입상出將入相의 큰 인물이시다.

· 이순신 장군

임진왜란 때 23전 23승의 승전고를 울린 세계 역사에서도 전무후무한 충무공 이순신李舜臣 장군! 피해 당사자인 일본은 이순신 장군을 '아시아의 수호신' '세계 제일의 해군 장수'로 추앙했다. 한산도 해전에서 참담한 패배를 당한 왜군倭軍 장수 야스하루는 이순신 장군을 일러 "내가 제일로 두려워하는 사람이며, 가장 미운 사람도, 가장 좋아하는 사람도, 가장 흠모하고 숭상하는 사람도 이순신이다"라는 말을 남겼다. 러일전쟁을 대승으로 이끈 일본의 영웅 도고 헤이하치로도 "나를 영국의 넬슨 제독과 비교해도 좋습니다. 그러나 조선의 이순신 장군과는 견줄 수 없습니다. 이 도고가 다시 태어난다 해도 이순신 장군을 따라갈 수 없습니다"라고 했다.

시바 료타로는 "이순신은 명장일 뿐 아니라 당시 조선 문무 관료들 중 거의 유일하다 할 정도로 청렴결백한 인물이었으며, 통솔 재능이나 전술·전략이나 충성심 또는 용기 면에서도 이 세상에 실재했다는 것 자체가 기적이라 할 만큼 거의 이상적인 군인이었다"라고 표현했다.

가와다 역시 회고록에서 "그분의 인격, 지모, 전술, 발명품, 통솔 재능, 용기 등등 그 어느 것 하나 극찬에 극찬을 하지 않을 수 없다"라고 기술했다. 그 당시 명나라 제독 역시 찬사를 아끼지 않았으며, 영국의 해군사관학교 교본에까지 충무공 전략이 서술되어 있다고 한다.

그렇게 위대한 장군을 왕과 신하들까지 합세하여 탄핵하고 시기, 질투, 모함 심지어 훼방과 고문까지 받아가면서도 그 힘든 전쟁을 승리로 이끄신 장군이시다. 구국의 영웅을 세 번이나 파직하고 두 번의 옥살이를 겪게 한 나라, 그래도 복직되면 전장에 나가 정부의 지원 없이 식량 조달, 선박 건조, 무기 생산, 의류 및 보급품 등을 손수 조달하는 등 힘든 전쟁을 승리로 이끌었다. 그런 분을 그것도 전쟁통에 옥에 가두고 고문까지 자행했다니, 이를 기록하기조차 민망하다.

그 당시 임금이었던 '선조'는 주관이 없고 사리 판단이 부족하고 나라를 위험에 빠뜨린 무능한 임금이라고 평가한다. 거론할 여지가 없는 사람이다.

◈ 조선 시대 정치

경제經濟에 몰입하는 길, 선진국先進國으로 이끄는 길, 국방력國防力을 강화하는 일, 국민의 삶Life을 한층 풍요롭게 이끄는 것이 정치의 기본 원리다. "네가 입는 옷과 네가 먹는 음식은 인민의 고혈膏血이다" 중국 당 태종이 한 말이다. 귀족들이 예물로 받은 비단으로 옷을 지어 입고 곳간에 있는 곡식으로 밥을 지어 먹으니, 너희의 녹봉은 바로 백성의 기름이며 피와 땀이라는 이야기다. 정치의 근본이 무엇인가를 시사하는 말이다. 이 나라 공직자, 정치하는 자 모두 뼈저리게 새겨두어야 할 교훈이다.

그러나 조선 시대 이후 정치는 아무것도 아닌 일을 자구 해석 하나만으로 꼬투리를 잡아 사람을 죽이고 귀양을 보내던 전제주의 봉건 시대였다. 벼슬아치들은 백성들의 살가죽까지 벗겨 먹고 고관들은 녹을 가로채고 뇌물을 받고 벼슬까지 파는 세상이었다. 그들에게 바른 정치란 용어가 통용되지 않았다.

· **조선 역사의 운명**

이성계가 1392년 고려를 멸망시키고 건국한 조선왕조 역시 건국 이후 잦은 사화와 당쟁으로 피폐하긴 마찬가지였다. 다행히 세종대왕께서 훈민정음을 반포하여 백성들에게 글을 읽고 쓰게 한 위대한 업적을 남긴 것과 7여 년에 걸친 임진왜란과 정묘·병진호란으로 나라에 크나큰 위험이 도래했을 때, 이순신 장군이 왜군을 크게 무찔러 나라를 구하는 위대한 업적 외에는 크게 기록할 만한 것이 거의 없다. 오늘날에도 성군인 세종대왕과 나라를 지킨 이순신 장군만이 광화문光化門 광장의 주인공으로 남아 있을 뿐이다.

그렇게 어렵게 지탱해오던 조선왕조가 1910년 러일전쟁에서 승리한 일본에게 패망27대, 519년하고 만다. 1905년 고종을 마지막으로 일제日帝와 을사조약을 체결하고부터, 이 나라가 40여 년을 노예로 살아야만 했던 한이 많은 나라다. 고조선에서부터 이어진 나라가 망해서 없어져버린 것이다. 5천 년의 역사를 가진 문화 민족이라고 자랑하던 나라가 노예가 된 것이다.

· **자립조차 힘든 국가**

중국의 사상가 양계초梁啓超는 그 당시 조선을 문명과 무력이 모두 부족하여 자립조차 하지 못하는 국가라고 개탄했다. 조선을 집어삼킨 왜노는 여유가 있고 군대는 강했다. 세상은 화력火力이 엄청난 연발총과 대포로 밀고 들어오는데, 조선은 화살로, 신궁 타령으로 호들

갑을 떨었으니 기가 막힐 일이다. 조선의 오합지졸 1만은 군량미도 없는 허약한 정세 속에서도 집안에서는 싸움질만 하는 정파주의政派主義에 사로잡혀 있었으니….

· 내우와 외환

5,000년의 역사 속에서 복배수적 위치에 있는 약소국가인 한반도는 주변 강대국의 힘의 교체가 일어나면 어김없이 전쟁터가 되어 위기를 맞았다. 그때마다 변변한 싸움 한번 해보지 못하고 짓밟혔다. 난亂이라고 할 것도 없었다. 그런데도 대신들은 전략 도출은커녕 개인의 권력과 부와 명예를 거머쥐기 위한 사화士禍나, 당파싸움만 벌였다. 시대에 따라 동인과 서인으로 나뉘고, 남인과 북인으로 갈리며, 노론과 소론으로 편당한 그들에게는 권력투쟁을 위한 이전투구泥田鬪狗의 사생결단만 있었다.

돈과 권력과 명예를 향한 양반 귀족의 당파투쟁이 360여 년 동안 계속되어 국가의 토대를 뿌리째 뒤흔든 그들은 나라 경제, 안보는 안중에도 없었다. 조선조는 분명 붕당정치朋黨政治가 패망의 원인이었을 것이다. 청탁과 뇌물에 의해 벼슬자리가 정해지고, 그래서 한자리 차지한 관리들은 백성의 고혈을 짜느라 혈안이 된 나라, 일자무식一字無識을 대필 답안지로 장원을 뽑아 일가 다섯이 동시에 급제하기도 했던 나라다.

어리석은 자가 수재로 둔갑하고, 무뢰배無賴輩가 충효한 자로, 탐욕스러운 인물이 청렴한 자로, 교활한 자가 정직한 자로, 아첨배가 직언한 자로, 비겁자가 용맹한 투사로 뒤바뀐 세상이었다. 돈과 권력과 명예를 탐한 자들에게 이황李滉은 "부귀는 뜬구름과 같고, 명예는 날아다니는 파리와 같다"라고 일갈했고, 김시습金時習은 위정자들의 각성을 촉구하면서 '인간 세상 좀벌레들을 어찌 쓸어버릴지'를 외쳤다.

· 무릎 꿇은 임금

중국 청 태종이 12만여 명의 대군을 이끌고 조선을 침략, 16일 만에 임금이 피신한 남한산성을 포위했다. 인조 임금은 피신한 지 45일 만에 삼전도에서 신하의 예로써 무릎을 꿇고 항복했다. 치욕을 당한 국왕은 통분하여 눈물을 삼켰을 것이다. 파란만장波瀾萬丈했던 조선의 역사는 거부할 수 없는 숙명적이었는지도 모른다. 참혹하고 처참했던 그 역사를 돌이켜보며 가슴이 메어 감정을 누를 길이 없다.

★ 한이 맺힌 민족

대한조선이 식민지로 전락하면서 40여 년간 실의와 분노와 절망과 치욕의 시대를 살아왔다. 국토와 국권을 빼앗기고, 노예로 전락하면서 재산도, 자유도, 말도, 글도, 이름도, 문화도 빼앗기고, 민족의 얼도 박탈당한 비통한 민족이다. 힘이 없는 인간은 운명의 노예가 되고 생존경쟁의 낙오자로 전락하는 법, 결국 역사의 제물이 되고 만 것이다.

오랜 세월 일제 강점기의 피맺힌 한을 넘어, 어쩌다 해방을 맞이하였으나 그 환희도 잠시, 파란 속에서 힘을 가진 강대국미국·소련에 의해 이념이 서로 다른 두 체제의 남북으로 갈라져야만 했고, 얼마 지나지 않아 동족상잔의 처절한 6·25전쟁을 치러야만 했던 민족이다. 그 전쟁을 치른 지 70년을 넘긴 오늘날까지도 동족끼리 총칼을 마주하며 첨예하게 대립하고 있는 나라, 한민족이라면 그 누구도 가슴 밑바닥까지 치미는 뜨거움을 피할 수 없을 것이다.

◈ 21세기 현대 정치

21세기 현대 정치에서는 보수와 진보 급진파를 모르고서는 현대 정치를 이해할 수 없다. 현재 우리 사회는 보수와 진보라는 이름으로 사회 모든 분야에서 심한 갈등을 겪고 있다. 한국 사회에서 보수와 진보의 논쟁은 단어가 주는 의미 이상의 복잡성을 가지고 있는 것이다.

서구西歐 사회에서 시작된 보수와 급진 간 갈등을, 한국 사회에서는 왜 급진 대신 진보라는 용어가 사용되었는지 모른다. 그것은 정치하는 자들이 표를 의식해서 용어 자체를 바꾼 것일 테다. 서구에서 그 당시 마르크스의 공산주의 혁명 사상을 부르짖은 상황에서 자유주의 체제의 기득권 세력은 보수적 성향을 띠게 되었으며, 현실을 파괴하고 새로운 사회 건설을 부르짖은 사회주의 혹은 공산주의 혁명 세력에게 급진이란 이름표가 붙게 되었다. 그것이 보수와 진보의 출발이다.

· 보수와 진보의 특성

경제 정책에서 성장을 강조하는 사람들을 우파右派라고 부르고, 분배를 강조하는 사람들을 좌파左派라고 부른다. 처음 프랑스에서 유래된 이념을 일컬어 혁신적이고 급진적인 세력을 좌파라고 부르고, 보수적이고 점진적인 세력을 우파라고 부른 것이다. 그 당시 보수의 개혁은 자유주의적 개혁을 의미하며, 진보의 개혁은 사회주의적 개혁을 의미하는 이념적 성향의 대칭성을 나타낸다고 할 수 있다. 오늘날에도 세계화에 대해서는 보수 세력들은 모든 국가와 자유무역협정 FTA을 체결하는 데 찬성하고 있으나, 진보 세력들은 반대하고 있다.

이보다 한국의 진보 세력의 더 큰 문제점은 공산주의 세력의 북한에 대해 저들의 독재 체제를 순수한 사회주의 정권이라고 보지 않는다는 데 심각성이 있다. 좌파 지도자들이 북한 관계자들을 만나면 춤을 추고, 그들을 만나면 감격하고 눈물까지 흘린다고 한다. 그들에겐 그만큼 관대하다. 그것이 위험하다고 판단하는 것이다. 그들이 좌파, 즉 진보다.

이 나라 대한민국은 엄연히 북한 공산혁명 이론에 반대하여 수립된 국가이다. 따라서 공산혁명의 반대 세력인 자유민주주의 세력이 정권의 핵심에 있을 수밖에 없다.

· 보이지 않는 위협, 종북주의

진보의 가면을 쓴 종북주의자들은 북한의 독재 정권을 옹호하고 그 사상이나 이념을 그대로 따르는 자들만 존재한다고 한다. 그런데 문제는 종북주의자들이 절대로 이러한 사실을 대놓고 인정하지 않는다는 점이다. 종북주의는 자신들만이 공유하는 비밀이기 때문이란다. 그래서 순진한 대다수 국민은 그들의 실체를 전혀 알 수가 없다는 것이다. 지금 이 시간에도 종북주의자들은 진보의 가면을 쓰고 국민을 기만하고 사회적 갈등을 일으키기 위한 활동을 조직적이고 긴밀하게 수행하고 있다는 것이다.

그리고 그들의 영향을 받은 일부 사람들은 인터넷 카페Internet Cafe 등 온라인 공간에서 그들의 주장을 퍼 나르고 있다고 한다. 이들 종북주의자의 활동은 한국과 한국 국민에게 엄청난 해가 되고 있으며, 북한 독재 정권에의 안위에 기여하고 있을 뿐이라고 한다. 더군다나 북한 독재 정권에 침묵하고 어떠한 비판도 하지 않는다. 오히려 북한 인권 문제의 심각성을 알리기 위한 '북한인권국제대회'를 방해하기 위해 벨기에까지 대단위 인원 80여 명이 몰려가 '반미문화제' '대미 규탄집회'를 열었다고 한다. 국제대회를 열기 위한 양심적 지식인들의 노력을 무참히 짓밟아가며, 서방西方에 분단된 조국을 향해 배신한 자들의 추태를 적나라하게 보여주었다는 것. 그들이 곧 좌파, 진보로 불리는 종북주의자들이다.

이들 두고 장기표 등 진보 인사들마저 586운동권은 민주화를 독점하여 정의의 투사인양 행세하며, 평생 땀 흘려 돈 한 푼 벌어본 적 없는 사람들이다. 그들은 민주를 팔아먹고 사는 건달이라고 힐책했지 않았던가. 저서《보이지 않는 위협, 종북주의》의 기록이다. "교활한 자가 현명한 사람으로 통하는 것보다 국가에 해로운 일은 없다" 베이컨의 말이다. 위선자 밑에서 사는 백성같이 비참한 백성은 없다. 이제라도 선량한 자유 국민을 괴롭히지 말고 하루속히 개과하길 바란다. 선량한 국민의 눈에 피눈물을 흘리게 하기 때문이다.

· 자유민주주의 수호

이 나라 한반도는 전략적Strategic 요충지다. "일본의 심장부를 향한 비수匕首"로, "중국의 머리를 때리는 망치Hammer"로 일컫는 지정학적 위치 때문에 강대국들이 그냥 둘 리가 없는 나라다. 그래서 이 나라는 한 치의 실수도 용납되지 않는 지정학적 환경에 살고 있는 것이다. 이 때문에 한반도는 열강의 입김 속에서 살 수밖에 없는 구조를 갖고 있다. 따라서 주변 열강이 내미는 '카드'를 꿰뚫고 민족적 자존과 이익을 지켜낼 수 있는 인물이 필요한 것이다. 정치 거두巨頭들도 한결같이 국민 모두가 영리하게 전략적으로 사고해야 한다고 조언하는데, 그것을 아는 국민은 소수에 불과하다.

그래서 대한민국은 애당초 국익 때문에 미국과의 동맹을 선택했다. 그것은 과거만이 아니라 지금도 마찬가지고 예측 가능한 미래도 같을 것이다. 미국은 한반도라는 영토領土에 욕심이 없는 유일한 나라다. 무엇과도 바꿀 수 없는 자유민주주의 체제를 우리와 공유하고 있는 나라다. 반면 공산주의 국가는 한반도를 자신들의 종주국으로 생각하는 나라다. 무섭지 아니한가.

· 민족의 운명

　이 나라 한민족은 지구상에서 유일하게 수백 회를 헤아리는 외침을 당하면서 민족적 치욕과 수모를 겪어왔다. 역사를 넘겨보면 가난에 찌들어 허덕이고, 정치에 핍박받고, 모진 세월 전쟁에, 식민지 노예로, 처절한 삶을 이어온 민족이다. 그러다 보니 모든 불행과 악을 운명에 돌리고 인생을 체념하는 패배자의 소극주의消極主義 인생관으로 살아왔다. 이러한 인생관이 우리 민족을 침체와 빈곤으로 전락케 했는지도 모른다. 모든 것을 팔자소관으로 요행과 운수를 기다리는 운명주의자가 된 것이다.

　힘이 없는 인간은 운명의 노예가 되고 생존경쟁의 낙오자로 전락한다. 힘이 없는 민족은 역사의 제물이 되고 침략으로 생존할 수도 없다. 우리의 선의를 믿어줄 주변국은 없다. 우리의 국방력을 두려워할 적대국도 없다. 주변 강대국의 놀잇감에서 벗어나 자립하기 위해서는 튼튼한 경제력과 강대국도 넘볼 수 없는 국방력을 가지는 길 외엔 다른 대안이 없다. 거기에다 국민 저마다 "전쟁을 불사하겠다"라는 의지가 없으면 전쟁을 막을 수도 없다.

　도산 안창호 선생 말씀대로 우리가 주변국으로부터 온갖 수모를 당한 이유는 힘이 없기 때문이며, 힘이 없는 이유는 단결하지 못해서이다. 역사를 잊은 민족, 정의가 없는 나라는 더 이상 유지될 수 없다. 이 나라가 공격받으면 방어는 어떻게 될까? 세계를 떠돌던 유대인Judea人 민족이 뇌리를 스친다. 집안싸움하다 930여 차례나 외침당한 아픈 역사를 되풀이하지 말아야 할 것이다. 나라의 힘이 강대국 대열에 합류할 때 약소국으로서의 치욕을 벗어나는 길임을 망각하지 말아야 할 것이다.

한 나라가 사느냐 망하느냐에 대해서는 '필부'도 응분의 책임을 져야 한다. 지위의 고하, 재산의 유무, 남녀노소, 지식의 다과를 막론하고 국민 모두가 응분의 책임을 져야 하는 것이다. 그런데 "내게 손해 면 안보도 팽개친다, 이 나라의 참담한 국민의식이다" 예나 지금이나 국제 사회는 약육강식, 적자생존適者生存의 힘의 방식이 지배한다. 강한 나라가 약한 나라를 힘으로 침략하고 정복하고 지배한다. 이제라도 오욕汚辱의 역사를 되풀이하지 않으려면 뭉쳐야 한다.

우리는 조상이 물려준 땅과 말과 문화와 역사 속에서 동고동락同苦同樂해야만 하는 공동체의 일원이다. 민족이 망할 때 나 혼자 부귀와 영광을 누릴 수 없다. 우리는 좋건 싫건, 원하건 원치 않건 한국의 땅에서 한국인으로 살아가야만 한다. 내가 있고 네가 있고 그가 있는 민족과 동포와 조국이 있다. 이 운명을 축복과 영광으로 만들고 살만한 나라로 만들어 후손들에게 빛나는 유산으로 물려주자.

◆ 한국인으로서의 처신

내가 살아갈 인생 앞에는 변수가 있고 상수가 있단다. 변수變數로는 직업 선택, 배우자, 건강, 경제적 문제라는 개인적 영역을 들 수 있으며, 인생 상수常數로는 정치적 문제, 북핵 문제, 대규모 감염병 문제, 국가 부채 문제, 지역·세대·빈부의 갈등 문제 등이 상존한다. 그래서 성인으로 살아가자면 정치에 너무 무관심해서는 안 된다.

내가 뽑은 대통령이 민주주의 '꽃'인 줄 알았는데, 민주주의 '덫'이 돼버렸다면 어찌하겠는가? 여기에다 더 위중한 상수로 북에는 남한을 순식간에 불바다로 만들 첨단 무기도 있다. 그 와중에도 남한에서는 지금 '반미反美, 반일反日, 친중親中, 친북親北'으로 정치 에너지를 모으려는 세력까지 판을 치고 있고, 국민을 상대로 증오와 반목을 부추겨 지역, 세대, 빈부의 갈등까지 격화시키려는 사악한 무리들도 있다.

거기에다 더 큰 걱정거리는정치 권력이 국민을 상대로 현금 수십조 원을 살포하면서 막대한 혈세를 퍼부어 무려 수천조 원에 이르는 부채가 미래 세대에 인생 상수가 될 것이기 때문이다. 이것도 선거 때 사람을 잘못 뽑은 죄다.

· 나라 사랑

지금 대한민국은 북한의 핵 앞에 풍전등화風前燈火다. 우리는 지금 세계 최악의 인권유린人權蹂躪 집단이요, 동족마저 핵으로 협박해온 반민주·반민족적인 집단을 머리에 이고 있는 것이다. 이럴수록 내 나라를 사랑해야 한다. 자유를 사랑해야 한다. 국민 대다수가 좌파나 우파가 무엇인지도, 자유가 무엇인지, 공산주의가 무엇인지, 통제와 억압이 무엇인지도 모르는, 철부지 국민이 너무 많은 나라다. 아무리 가난하더라도 노예로는 살 수가 없다. 국민의 주인 정신이 강하면 부강하고 강한 나라가 되고, 그 정신이 약하면 빈약하고 약소한 나라로 전락한다. 나라 사랑을 도외시해서는 안 될 일이다.

· 자국의 방위

미국이 언제까지 우리를 지켜줄 것이라는 믿음도, 일본이 우리가 생채기를 내도 우호국으로 남아 있을 것이라는 가정도, 중국이 언젠가는 북한을 버리고 우리 손을 들어줄 것이라는 기대는 꿈일 뿐이다. 국제 사회는 우리 뜻대로 돌아가주지 않는다. 한국이 처한 대외 현실이 너무 험하고 각박하다.

우리 스스로 경제 강국, 군사 강국, '정신 방위'라는 기치 아래 똘똘 뭉친 국민의 기세만이 내 나라를 방위할 수 있을 것이다. '국민 모두가 군인이고 내가 선 곳이 요새'라는 똘똘 뭉친 용맹만이 살길이다. 다른 길은 있을 수 없다.

◈ 국내외 정세
● 국내 정세

아인슈타인이 한 나라의 운명이 달린 정치 분야는 대개 폭력적이고 무책임한 정치가의 손에 맡겨져 있다고 한 말이 생각난다. 어쩌다 정권을 탈취한 자들이 막강한 무소불위無所不爲의 권력을 휘두르며 전횡과 부패를 일삼으면 어찌할까? 그대로 방치하면 자칫 나라가 파멸할지도 모른다. 이럴수록 지식인과 국민 모두 현실 정치에 대해 늘 두 눈 부릅 뜨고 감시하고 비판해야 안정된 체제를 유지해 갈 수 있을 것이다.

· 자유란 무엇인가?

자유는 인간의 존재 가치이자, 자유가 인간의 기본권이라는 것에 이의를 제기할 사람은 없다. 세계인권선언문 제1조에 "모든 사람은 날 때부터 자유롭고 동등한 존엄성과 권리를 가지고 있다"라고 규정하고 있다. 인간에게는 그 누구도 그것을 거부할 자유가 없다. 인간은 존재 자체가 자유이며, 자유가 존재하지 않는 한 인간 역시 존재하기 힘들기 때문이다.

사람이 자유롭다는 것은 내가 무슨 일을 하고 싶을 때, 그것을 막는 강제가 없기 때문에 가능한 것이다. 내가 여행을 가고 싶을 때, 내가 친구를 만나고 싶을 때, 내 생각을 누구에게나 말하고 싶을 때 말할 수 있는 것이 자유다. 이상적으로 말하면 내가 무엇이든지 하고 싶을 때, 할 수 있는 상태가 곧 자유라고 할 수 있다. 그렇다면 개인은 국가로부터 얼마만큼 자유로워야 하는가? 존 스튜어트 밀Mill의 《자유론》에서는 '가능한 최대'여야 한다고 주장한다.

세계의 역사는 '자유의 역사'다. 사상의 자유를 얻기 위해 소크라테스에서부터 플라톤, 갈릴레오 갈릴레이, 스피노자, 데카르트, 루소, 홉스, 칸트, 헤겔, 존 스튜어트 밀 등에 이르기까지 수많은 사상가가 이어온 투쟁의 역사임을 보여주었다. 자유는 자연적인 권리가 아니라 종교적 권위나 세속적 권력에 맞서 저항하고 투쟁하여 얻어 낸 것들이다. 대부분 '유혈의 호수'를 건너서 얻어진 것들이다. 이에 대해 토머스 제퍼슨도 "자유라는 나무는 가끔씩 애국지사들과 독재자들의 피를 마셔야 한다. 이것은 자연적 자양분滋養分"이라고 했다. 자유가 그렇게 개인이 감당하기에는 너무나 무거운 짐인지도 모른다.

· **민주주의란 무엇인가?**

인간에게 자유를 보장한다는 민주주의는 무엇인가. 그 싹은 2,500년 전 고대 그리스 정치가 클레이스테네스가 제시한 "국민의 권리" 민주주의. "모든 사람이 동등한 권리를 갖는 사회 형태"가 민주주의

다. 입법, 사법, 행정권을 분리하여 국가권력의 집중과 남용을 방지하는 것이 민주주의 특징이다. 독재정치나 과두정치의 반대 개념인 민주주의 체제를 거부하는 나라는 없다.

그렇다면 우리는 진짜 자유민주주의의 국가에 살고 있는가. 어떤 정치적 견해나 종교적 견해도 가질 수 있는 자유, 자기 생각을 자유롭게 표현할 자유, 나라 안팎을 마음대로 오갈 수 있는 자유, 다시 말해 민주주의는 평등하고 관용적인 사회 형태를 말한다. 그 안에는 의사 표현의 자유와 법 앞에서의 평등, 기회의 평등과 같은 내용이 담겨 있다. 따라서 민주주의는 지구상에서 가장 많은 사람이 원하는 정치 형태다. 자유는 생명 다음가는 인간의 근본적 욕구이기 때문이다. 자유가 없는 생은 곧 노예의 생이다. 노예의 생은 누구도 원치 않는다.

그러나 아직도 민주주의 체제를 갖추지 못한 국가들도 많지만, 민주주의 국가라 할지라도 인권 유린이나, 강제 감금이 많은 나라도 존재한다. 따라서 이 지상에서 온전하게 민주주의를 실현한 국가는 아직 없다. 우리나라도 마찬가지다. 오로지 민주주의를 지향하고 있을 뿐이다.

독재자의 피를 먹고 자란다는 민주주의를 그나마 어렵게 쟁취해놓았는데, 국민간의 갈등을 조장하고 국익을 해치는 좀 벌레와도 같은 존재들이 민주주의를 부르짖고 있다. 민주주의를 죽이는 일에 앞장서면서도 자신은 황야를 거닐며, 이 나라의 장래를 위해 눈물을 흘렸다고 주장하는 위선자들이 판을 치고 있는 것이다. 그 위선자들의 권세가 사회적 존경까지 누리는 철면피들이 득실거리는 나라다. 평생 땀 흘려 돈 한 푼 벌어본 적 없는 그들은 국민의 혈세를 빨고 있다. 지난날 위선적 정치인들이 표방하는 정의, 자유, 도덕 같은 것들에 우리는 얼마나 많이 속아왔던가.

· 민주주의가 가진 위험 요소

독단과 극단이 넘치는 정치인들, 권력을 잡은 그들을 완전히 믿어서는 안 된다. 민주주의는 때로는 권력을 그럴듯하게 포장한 껍데기에 불과할 수도 있기 때문이다. 공산주의 사상을 가진 사람들이 조종하면 대단히 위험하게 변질될 수도 있기 때문이다. 여기에 동조한 언론과 선동가가 함께 다수의 뜻을 편협하게 만들 수도 있다.

또 정치가가 국가를 위해 최선이라고 생각하는 일을 할 때도 위험이 존재한다. 대다수 유권자가 꼼꼼히 살펴보지도 않은 공약을 들먹이면서 기대하지 않은 정책을 펼친다. 그 결과 국민은 속았다는 생각을 하며 '선출된 독재'라고 비난하게 된다. 그래서 지역구 의원에게 항의해보지만 효과가 있을 리가 없다. 유대인들도 역사상 다수의 횡포에 의해 수없이 피해를 본 민족이다. 또 난민과 집시Gypsy들도 다수의 편협함 때문에 고통받아 왔다는 사실을 알아야 한다.

민주국가라도 인간이 어떻게 통제당하고 있는지를 항상 면밀히 살펴볼 필요가 있는 것이다. 사실상 대부분의 사람은 우리가 통제당하고 있는지조차 모른 채 자유롭다고 믿고 있다.

★ 선진국의 국회의원

이 나라 대한민국 국회의원을 '국해國害의원'에 비유한다. "나라에 해를 끼치는 존재"로 비유한 것이다. 반대로 유럽의 스웨덴 국회의원은 관용차와 운전기사가 없다. 대부분 자전거를 이용해 출퇴근한다. 공무상 지출한 비용은 청구서나 영수증을 반드시 제출해야 한다. 면책 특권 역시 없다. 또한, 우리나라처럼 넓은 의원회관에 초특급 대우를 받는 예는 더더욱 없다. 프랑스는 국회 회기의 3분의 2 이상 출석하지 않으면 세비의 최대 3분의 1 이상을 받을 수 없다. 폴란드는

본 회의에 5분의 1 이상 불출석하면 그 횟수만큼 세비로 삭감한다. 벨기에는 본 회의 투표에 불출석하면 벌금을 부과한다. 호주는 두 달 이상 본 회의에 참석하지 않으면 아예 의원직을 박탈한다.

이 나라 국회와 비교하자니 부끄럽기 짝이 없다. 그들은 '무노동 무임금'의 원칙이 철저한 나라들이다. 하지만 이 나라는 아무런 불이익이 없는 '무노동 유임금' 원칙이 적용되는 한심한 나라다. 존경받는 정치 지도자가 많은 나라의 국민은 그래서 행복하다.

★ 청렴도

우리 사회의 부패 정도와 도덕성은 땅에 떨어진 지 오래다. 국제투명성기구가 발표한 2004년 조사 대상 133개국 중 47위, 2013년도 자료를 보면 우리나라 청렴도가 세계 40위로, 아프리카의 보츠와나Botswana보다 더 부패한 나라로 알려져 있다. 선진국의 모임인 OECD경제협력개발기구 회원국 중 최하위권 수준이다. 우리의 경제, 학문, 예술 수준에 비해서 턱없이 뒤떨어진 것이다.

● 남북 통일

어느덧 70여 년을 넘긴 긴 분단의 비극을 치르고 있는 한반도는 세계의 모든 나라 중 유일무이唯一無二하게 같은 민족끼리 적과 적으로 대치하고 있는 상황이다. 1950년 새벽 6·25전쟁을 일으키고 이어 수십 년간 무력으로 우리를 협박하더니, 이제는 핵무기까지 보유하게 된 그들과의 통일이나 평화 정착은 답보 상태를 거듭하고 있는 안타까운 실정이다. 오히려 현재의 대치 국면은 더욱 첨예화되어 있을 뿐이다.

① 요원한 통일

통일 자체가 요원하다. 현재 미국과 중국의 영향력 확대 경쟁이 한반도를 중심으로 전개될 가능성이 큰 이 시점에, 중국이 통일을 원치 않고 분단이라는 현상 유지를 원할 가능성이 크기 때문이다. 만약 통일이 되면 중국으로서는 한국과 미국의 영향력이 북상해서 자국의 국경 지역인 압록강까지 올라오게 될 터인데, 이는 그들 시각에서 볼 때 달가운 일이 아닐 것이다. 차라리 북한이 가운데에 완충緩衝국가로 계속 버티고 있어 주어야 중국의 영향권이 그만큼 유지된다고 보기 때문이다.

② 통일 독일의 예

독일은 통일1990년 후 2010년까지 우리 돈으로 약 3,000조 원의 천문학적 자금을 동독의 지역 경제 회복에 쏟아부었다니 경악스러운 일이 아닐 수 없다. 과연 우리나라가 통일이 되었을 때, 그 막대한 비용을 감당할 수 있을지 의문이다. 이 때문에 일각에서는 통일이 불가능하다는 주장까지 나오고 있다. 자칫 통일 한국의 경제가 필리핀 수준으로 추락할 수도 있기 때문이다.

③ 화합

또 하나 문제점은 통일이 되더라도 남과 북의 민족끼리 실질적으로 하나 되는 통합이 이루어지지 않는다면, 다시 갈라지거나 내란이 일어날지도 모르는 일이다. 이 민족의 화합과 협력은 역사적으로 볼 때 쉽지 않아 보인다. 진보와 보수의 골이 너무 깊기 때문이다. 이처럼 통일은 당장 돈보다 사람과 사람의 문제인 것이다. 이 과정 역시 결코 쉽지 않을 것이다.

④ 통일의 필요성

남과 북은 서로 다른 체제 속에서 서로에 대한 불신감과 증오로 한 세기를 치닫고 있다. 지금도 서로 다른 이데올로기와 사회 체제에 의한 완전히 다른 민족이었던 것처럼 살고 있다. 전후 세대들에게 공산주의와 6·25전쟁으로 인한, 분단의 한을 설명하기란 그리 쉽지 않은 일이다. 동족상잔同族相殘의 전쟁으로 인한 피폐해진 사회, 국민의 극심한 고통을 이해시키는 데도 쉽지만은 않다.

지금 젊은 세대들은 "통일을 꼭 해야만 하나?"라고 반문하는 실정이다. 물론 지금처럼 통일이 되지 않아도 크게 불편한 것은 없을 것이다. 그런데도 통일은 꼭 필요한가? 우리는 단일민족국가로서 통일 후 국제적인 영향력과 남북한을 합친 잠재력은 남다른 자신이 될 수도 있다는 점에서 반드시 필요하다는 생각이 든다. 다만 그 통일의 기틀은 반드시 자유민주주의 체제라야 한다는 전제하에서….

● 국제 정세

① 미국

소련이 붕괴하자 미국이 세계의 중심축 국가로 부상한 지도 오래됐다. 미국은 우리에게 우방이다. 미군이 줄곧 주둔하면서 전쟁 시 나라를 지켜주고, 방어해준다는 약정서까지 교환한 상태다. 토착화된 민주주의를 철저히 신봉하는 나라가 미국이다. 그런데 근대에 와서는 공산주의 중국이 자본주의 체제로의 개방을 통해 고성장을 거듭하면서 군비의 증강을 앞세워 미국에 맞서는 양대난맥兩大亂脈으로 급격히 부상하고 있다.

② 중국

중국은 권위주의 일당독재—黨獨裁 국가다. 중국은 공산당이 주인인 당주黨主 국가다. 헌법상 영구 집권당이다. 헌법 위에 중국 공산당 당장黨章이 있고 법률 위에 당규黨規가 있다. 정부보다 공산당이 우선하는 나라란 얘기다. 설사 정부가 망하더라도 공산당만 살아남으면 된다고 본다. 그러니 국민의 심판에 의한 정권 교체는 꿈에서도 불가능하다. 인권운동가들은 여전히 감시받고, 구금되고, 고문당한다. 노벨평화상 수상자 류사오보는 체제 전복 혐의로 옥사했다.

중국을 붉은 제국으로 만든 마오쩌둥 치하에서 약 7천만 명이 죽임을 당했지만, 그 총체적 책임자인 마오쩌둥Mao Zedong의 초상이 모든 지폐에 찍혀 있다. 피도 눈물도 없는 혁명 전략가 레닌Lenin과 천만 명 이상 동족을 학살한 잔인한 소련의 스탈린Stalin도, 3백만 명 이상 동족을 학살한 캄보디아 폴 포트Pol Pot도 그 나라에선 영웅 취급한다. 그것이 공산주의 체제다. 아직도 공산당이 집권하고 있는 중국이나 소련, 구소련 지역의 독재 정권, 이란의 종교지도자를 일컫는 물라Mullah에 의한 종교적 독재 정권, 이외에도 시리아, 베네주엘라, 베트남, 북한, 쿠바 이외에도 헤아릴 수가 없다.

시 주석은 일인 장기 집권을 위한 헌법까지 통과시켰다. 그는 지금 "영수" "활불산 부처" "살아 있는 신"으로 불린다. 지금 중국은 막강한 군사력과 경제력을 과시하면서 동북아시아의 평화에만 관심을 가진 게 아니라 동아시아를 넘어 세계를 향해 영향력을 확대시키려고 하고 있다. 그러면서 한반도에서 전쟁이나 무력 충돌이 생기면 미국과 부딪칠 수밖에 없기에 남북한의 평화공존 상태를 묶어두려는 데 관심이 있다. 지금 미국과 중국 사이는 대만 때문에 갈등관계에 빠질 잠재적 적대성이 상존하고 있다.

종합적인 국력에서 중국이 미국의 상대가 되기에는 역부족이지만, '차이메리카Chimerica'라는 세계적인 개념어로 자리 잡았다.

◆ 국내외 경제
● 국내 경제

전쟁과 정쟁의 소용돌이 속에서 빈민국가貧民國家로 낙인찍힌 한국, 1960년대에 5·16 군사혁명으로 일어선 정부가 새마을운동을 필두로 경제 개발에 박차를 가하면서 기적적인 일들이 싹트기 시작했다. 그것이 무려 30여 년 동안 날로 지속적인 성장과 발전을 거듭하면서 세계가 경악했다. 1961년 대한민국의 1인당 국민소득이 82달러에도 미치지 못했던 세계 최빈국에서, 2015년 현재 2만 8천 달러를 넘나들며 선진국에 진입하는 계기가 된 것이다. 온갖 비난과 저항 속에서 5·16 군사혁명이 이룩한 장엄한 쾌거다. 그들이 없었다면 이 나라는 아직도 시궁창에서 헤매는 신세를 면치 못했을 것이다. 대한민국 5천 년 역사에서 가장 경사스럽고 자랑스러운 일이 아닐 수 없다.

2만 8천 달러 수준이면 경제 규모 세계 순위가 8~12위권의 경제 대국이다. 3만 2천 달러를 넘으면서 이미 선진국으로 등극했고, 2020년 유엔무역개발회의는 한국 지위 '개도국'에서 '선진국'으로 변경했다. 현재 미국이 1위, 그 뒤로 중국, 일본, 독일, 프랑스 순위다. 우리가 네덜란드, 스웨덴, 벨기에 같은 유럽의 선진국보다도 높은 수준이다. 우리는 유럽이 250년간 이룬 경제 발전을 50년 만에 이루었다고 한다. 부품을 수입해서 조립해 되팔던 나라가 어느새 미국이 읍소하는 수준의 반도체와 배터리 생산국이 된 것이다.

세계1차대전 이후 인구 5천만 명, 국민개인소득 2만 불을 달성한 국가는 한국만이 유일하다. 우리의 주산업은 핸드폰과 반도체, 조선, 철강, 정보통신, 자동차, 화학 분야까지 다양하다. 세계적인 경쟁력을 갖춘 이들 상품은 우리 경제를 선진국으로 진입시킨 성장엔진이다. 2022년 5대 재벌은 미래 산업으로 ① 반도체 ② 바이오 ③ 모빌리티로 확정했다. 세계를 무대로 청사진을 펼치겠다는 각오다.

다만 지하자원이 전무한 조그마한 반도半島 국가에서 첨단 기술의 지속적인 발굴만이 살길이다. 우리가 이용할 수 있는 자원 중에서 끊임없이 성장하고 발전할 수 있는 자원은 오로지 인간의 능력뿐이다. 거기에다 기업인들의 사기가 충천하도록 도와야 하는데, 정권이 바뀔 때마다 기업들이 술렁이고 있다. 숱하게 내놓은 반기업 정책과 노조에 기울어진 상황이 되면서 기업할 의욕을 잃기 때문이다. 그 같은 환경이 계속된다면 경제가 활력을 되찾기가 쉽지 않을 것이다.

이 나라는 수출길이 막히면 살아갈 수 없는 나라다. 이제라도 정치 집단은 물론 노사 간의 극단적인 갈등, 강경 파업으로 치달아 경제를 파국으로 몰아가서는 안 될 것이다. 노총들의 형태는 1세기가 가까워져 오는데도 변함이 없다. 세기말이면 한국 인구는 반토막, 경제 순위는 20위로 하락한다는 예측이고 보면 미래가 불안하기만 하다.

● 국제 경제

나폴레옹이 "중국이 잠에서 깨어나는 날, 세계는 벌벌 떨게 될 것"이라고 했다. 나폴레옹 예언처럼 21세기 중국은 잠에서 깨어났다. 1980년대 자본주의 체제로의 개방을 통해 두 자릿수의 경제성장률을 지속하고 있고, 현재도 침체 국면이지만 연 5~6%의 고성장을 이어가면서, 미국과 맞서는 양극체제의 중심이 되고 있다. 세상을 향해 포효咆哮하고 있으며 세계의 중심으로 우뚝 서 있는 것이다.

현재 세계 인구 80억 명 가운데 15억에 가까운 거대 중국의 잠재력이 넓은 땅덩어리와 저임금의 많은 인구에서부터 출발한다. 이미 중국에는 자동차, 전자, 철강, 화학 등 많은 다국적 기업들이 진출해 있고, 스마트폰을 위시한 전자 산업이 세계적으로 앞선 우리와 미국, 일본과의 기술 격차가 없어진 상태다. 이제는 유수의 금융기관들까지 중국으로 옮기는 추세이고 보면, 그들의 성장 속도는 끝이 보이질 않는다. 이미 대국굴기大國掘起의 용트림을 보고 있는 것이다.

또한, 아시아의 서부에 자리 잡은 거대 인구의 인도India 역시 연 6% 이상의 고도성장을 이룩하고 있다. 인구 13억 명의 나라, 세계의 대표적인 소프트웨어 강국으로 매년 고성장을 이루고 있다. 전 세계 IT·정보 기술 분야의 중심지다. 한때 인구 문제로 고민을 겪었지만 이제 인구가 도약의 기반이 되고 있다.

우리를 40여 년간 식민지로 군림했던 섬나라 일본도 한때 장기불황에 시달려 왔으나, 새로운 성장국면으로 진입, 선진국으로서의 면모를 과시하고 있다. 이들의 대표적인 산업으로는 나노 기술과 로봇 산업, 바이오 산업이다. 중화 경제권에서 벗어나 독자 생존이 가능한 강한 나라다.

경제 대국인 미국도 장기적인 경기 침체를 겪었으나 인터넷 시대로 대변되는 IT를 새로운 무기로 성장 발판을 마련하면서 현재는 탄탄한 경제력을 과시하고 있다.

제15과
환경
Environment

대자연이란, 삼라만상森羅萬象의 조화와 신비를 간직한 대우주다. 그 장엄한 대자연은 우리 인간에게 소생의 원기를 불어 넣어주며, 언제라도 안심하고 쉴 수 있도록 배려해주는 영혼의 위안이 되는 대상으로서, 신적인 실체라는 생각을 갖게 한다. 오늘날 첨단 과학의 시대를 살아가는 우리에게 대자연을 향한 선망과 동경은 그래서 더 절실할 수밖에 없다. 하늘에는 새가 날고 물속에는 물고기가 헤엄쳐 다니며, 푸른 산이 우뚝 솟아 있고 강물이 굽이쳐 흐르던 천혜의 경관이 그리워진다.

그러나 오늘날 산업화, 도시화라는 명목하에서 경배의 대상이 되어온 대자연을 더럽히고 고사해버리더니 그 푸른 숲과 푸른 들판, 맑은 호수와 강 등 다양한 생태에서 자꾸만 멀어지고 있다. 이제 힐링할 청량한 대자연은 그 어디에서도 찾아볼 길이 없다. 쾌적한 삶과 생존마저 위협하는 환경 문제가 갈수록 심각하다.

◈ 살기 힘든 지구

신이 아니고선 도저히 연출할 수 없는 경이驚異롭고 장엄한 천혜의 대자연을 인류가 야만적으로 파괴하면서, 지구상 생물의 멸종 위기와 인류 자체에도 심각한 해를 끼칠 수 있다고 '유엔'도 경고하기에 이르렀다.

공기는 갈수록 탁해지고 물은 부족하고 혼탁해졌으며 먹을 식량마저 부족하다. 인간의 탐욕이 부른 결과이다. 이제 지구는 살기 힘든 곳으로 변해버렸다. 이미 인류의 위기를 끊임없이 경고해왔지만, 지구인 누구도 깨닫지 못하면서 더 큰 위기를 자초하고 있는지도 모른다.

· 물 부족과 대기 오염

한반도는 물 부족 국가에 대기질이 세계 2위의 환경 후진국으로 마스크 없이 외출이 어려운 나라다. 석탄 연료 사용이 많은 한국은 이산화탄소 배출량이 세계 7위이기도 하다. 수많은 차량과 에너지 다소비 업종인 발전, 철강, 정유, 석유화학 등 중화학공업 중심의 산업 구조를 갖고 있기 때문이다. 이 산업화로 환경이 메말라진 것이다. 농업도 한몫했다. 돈만을 추구해온 농업도 맑은 물, 맑은 공기, 푸른 생태계를 파괴했다.

밤하늘의 달을 보고 별을 보며 푸른 하늘을 우러러 자연을 음미할 때 우리는 생명의 순환의 위대한 교훈을 얻게 된다. 그러나 이제 그것이 머나먼 꿈이 돼가고 있다.

· 열돔에 갇힌 지구

지구가 폭염으로 점점 뜨거워지고 있다. 도시의 높은 빌딩, 아파트 등이 공기 순환의 장애물로 작용, 대기의 흐름을 방해하며 열기가 계속 누적되는 열섬 Heat Island 현상으로 이어지고 있다. 열돔에 지구가 갇힌 것이다. 이 살인 더위의 열돔은 대기권 중상층에서 발달한 고기압이 오래 정체되면서 지면에 뜨거운 공기를 머물게 만드는 기상 현상이다.

2016년 중동中東은 52~54도, 미국의 26개 주州가 폭염 경보, 상하이 40도, 일본 동부는 39도에 달해 도시 기능이 마비됐다. 2021년

6월에는 북서부 미국과 북극권에 가깝다는 캐나다 밴쿠버 인근에까지 기온이 50도로 치솟았다. 2022년 7월에는 서구권에 40도가 넘는 최악의 폭염이 공포로 몰아넣었다.

이상고온현상의 원인은 지구온난화다. 과학자들은 지구온난화의 원인을 이산화탄소$_{CO_2}$ 등 온실가스 증가로 보고 있다.

◈ 최악의 생태학적 파괴

20세기 이후 인구의 급증, 도시화, 산업화 등으로 화석연료의 과다 소비로 생긴 연소 생성물은 대기를 오염시키고, 대기 오염은 다시 물과 토양을 오염시키며, 그 결과 토양에서 생산되는 농작물과 음용수飮用水의 수질까지 악화되었다.

더 끔찍한 것은 지금도 맹렬히 지구를 먹어치우고 있다는 사실이다. 1초에 축구장만 한 삼림이 사라진다고 한다. 이미 청풍淸風과 명월明月이 대기 오염으로 사라질 위기에 처해 있고, 생태계의 균형이 무너지고 동식물이 멸종하고 새로운 질병들이 위협하는 차원을 넘어 생명을 요구하기에 이르렀다.

인간이란 동물은 지구를 위해 일익을 하는 것 없이 파괴만 일삼고 있는 것이다. 파멸을 자초하고 있는 것이다.

● 대기 오염

전 지구를 휩쓴 대기 중의 먼지가 심각하다. 사막에서 발생한 거대한 모래바람이 아시아는 물론 사하라Sahara사막에서 아마존Amazon까지 지구 곳곳을 누비고 다니기 때문이다.

자연 발생 오염원은 화산, 황사, 모래폭풍, 해염海鹽, 온천, 산불 등이 주류이며, 인위적 발생원은 화력 발전소, 원자력 발전소, 제철 및 제련 공장, 각종 산업체, 자동차, 농업, 광업, 축산업 및 가정 등이 이에 해당한다. 그렇게 오염시킨 가스와 먼지는 눈에는 보이지 않지만, 사람을 비롯한 동식물에 해를 끼치며 또 건물을 이루는 돌과 철강까지도 부식시킨다.

· 세계 최악의 대기질 국가

영국 《파이낸셜타임스》는 한국을 세계 최악의 대기질Air Quality 국가라고 평가했다. 서울은 중국, 인도 뉴델리 다음으로 대기 오염이 심각한 도시라는 것이다.

《뉴욕타임즈》 등 해외 언론에서는 "에어포칼립스Airpocalypse"라는 신조어까지 만들었다. 미세먼지로 가득 찬 중국 베이징北京의 사례를 들며, 공기 오염으로 인류의 종말이 찾아올 것이라고 우려한다. 석탄을 많이 쓰는 베이징은 오염물질인 이산화황SO_2이 공기에 섞여 있을 정도다. 그 위험 물질이 자국뿐 아니라 한반도까지 덮쳐 치명적인 해를 끼치고 있다.

· 대기 오염의 영향

인간은 물 없이 며칠을 견딜 수 있지만, 공기 없이는 단 몇 분도 참아낼 수 없다. 따라서 생명을 유지하는 호흡은 단 한순간도 멈출 수 없기 때문에 오염된 공기라 할지라도 선택할 시간적 여유가 없는 것이다. 그래서 그 호흡기는 직접 대기 오염의 피해를 받을 수밖에 없다. 인간은 하루에 약 14kg의 공기를 호흡한다고 한다. 오염물 중 큰 입자들은 그나마 코에서 허파까지의 기도氣道에서 제거될 수 있으나,

작은 입자는 허파 깊숙이 침투하게 되므로 초미세먼지라면 더 치명적일 수밖에 없는 것이다.

초미세먼지PM2.5)는 어린이의 천식, 폐 기능 발달장애 초래, 동맥경화와 심혈관 질환의 발생 증가 등 무서운 질환으로 전환한다고 한다. 특히 고온 연소가 일어나는 자동차, 항공기 등의 내연기관에서 발생하는 극미세먼지는 체내에서 폐, 혈관 그리고 온몸의 장기로까지 전달된다고 한다. 따라서 교통량이 많은 도로변에서 생활하고 활동하는 도시민으로서는 대책이 시급하다. 특히 도심에서 달리기나 자전거 타기는 철저히 금해야 하는 운동이다.

★ 미세먼지의 크기

미세먼지는 직경이 10㎛마이크로미터보다 작은 입자를 의미하며, 단위를 빼고 PM10이라고 표현한다. 초미세먼지는 직경이 2.5㎛ 이하, 더 무서운 극미세먼지 PM0.1는 직경이 0.1㎛이다. 1㎛는 좁쌀 크기인 1mm를 1천 개로 나눈 길이다.

이처럼 미세먼지는 그 크기가 70㎛ 이상의 큰 먼지는 자연스럽게 지표면으로 가라앉지만, 이보다 작은 미세먼지는 너무 작아 공기 중에 부유浮游하면서 해를 끼치는 것이다.

● 수질 오염

① 수자원

물이 없으면 생명도 없다. 물은 생명을 유지하는 데 반드시 필요한 자원이기 때문이다. 우리 인간은 70% 이상 물로 이루어져 있으며, 하루에 평균 3L의 물을 직접 마시거나 음식물로 섭취한다. 이렇게 생물이나 인간의 생활에 이용되는 지구상의 모든 물을 통틀어 수자원 水資

源이라고 하는데, 수자원에는 지표수, 지하수 그리고 해수 등이 있다.

사람이 주로 이용하는 물은 담수淡水로서 하천이나 강, 저수지, 호수 등에 있는 지표수이다.

② 물 오염

1960년대 우주인이 지구를 보고 첫마디가 "지구는 푸르다"였다. 그러나 1990년대 우주인은 "지구에 있는 물의 색깔이 변하고 있다"라고 전했다. 지구가 생명의 빛을 잃어간다는 뜻이다. 물이 너무 많이 사용될 뿐만 아니라 정화되지 않은 각종 오·폐수가 강과 호수 그리고 바다로 흘러듦으로써, 생태계의 파괴를 넘어 인류의 생명을 위협할 만큼 물이 오염돼 있다는 증거이다.

자연계에서 물은 그 스스로 오염 물질을 생화학적 작용으로 정화할 수 있는 자정自淨 능력을 지니고 있다. 그러나 유기물과 중금속을 포함한 유독성 무기 오염 물질이 호수나 강에 과다하게 유입되면, 자정 능력의 한계를 벗어나 물고기를 비롯한 수생水生 생물체가 살 수 없게 된다.

유엔 통계자료에 의하면 날마다 약 600여 톤의 쓰레기가 강과 호수로 쏟아져 들어가고 있다고 한다. 분뇨糞尿나 세제 따위로 더러워진 물을 함부로 버리기 때문에 식수마저 마음 놓고 마실 수 없어 해마다 2억 5천여만 명이 오염된 물을 마셔 질병을 앓고 있으며, 천여만 명 이상이 해를 당하고 있다. 전쟁보다 더 무서운 결과이다.

그런데도 농작물 재배지까지 화학비료와 농약을 지나치게 사용하여 환경을 해치고 먹는 물마저 오염시키고 있다. 풀 뽑기보다 제초제를 사용하고, 생산된 농작물은 오랫동안 상하지 않게 하느라 방부제까지 사용되는 악순환이 반복되고 있는 것이다.

③ 물 부족

1980년대 후반부터 생활용수와 공업용수의 사용량이 크게 증대하면서 물 부족 현상이 나타나고 있다. 전 세계 약 42개국이 물 부족 국가로, 세계 인구의 5분의 1이 마실 물이 없어 고통을 받고 있다. 우리나라를 OECD 국가 중 두 번째로 담수가 부족한 나라로 평가한다. 그런데도 우리는 담수를 하루 평균 프랑스보다 235L를 소비한다. 물론 캐나다, 미국처럼 1인당 하루 소비량이 600L에 달하는 나라도 있다.

2050년경이면 세계 인구가 90억 명을 넘어, 11억 명이 물 부족 현상에 직면할 것이며, 물이 풍부한 국가들이 물을 석유 자원을 무기화하듯 할 것이라는 전망까지 나오고 있다. 석유보다 무서운 것이 물의 전쟁이다.

지구온난화로 인한 가뭄은 물 부족, 수질 악화, 염수 침투, 토양 유실 및 토사 재해, 대기질 악화, 산불 증가 등과 함께 농축산물 생산량 저하까지 초래한다. 담수 대책 등 수자원의 효율적 관리가 시급하다.

★ 폐기물

우리나라는 에너지 자원의 90% 이상을 해외에 의존하면서, 하루 1조 원, 연간 371조 원이라는 천문학적 금액이 소요되면서 낭비가 심각하다. 자원 빈국인데도 매립과 소각되는 폐기물의 56%가 회수 가능한 자원일 정도다.

썩지 않는 플라스틱Plastic이 태평양 바다 한가운데에 쓰레기로 쌓이면서 바다의 물고기들이 먹어치워 생태계를 파괴시키고, 이 독성물질이 부메랑

Boomerang이 되어 인간에게 되돌아와 해를 끼치고 있다는 사실은 다 아는 일이다. 태평양 쓰레기 지대는 180만㎢로 남한 면적의 16배에 달한다고 한다. 플라스틱은 만들지 못하는 물건이 없을 만큼 다양한 특성을 가진 물질이다. 병, 그릇, 비닐봉지, 장난감, 컴퓨터, 전화, 자동차 등을 만드는 데 쓰인다. 1인당 플라스틱 소비량은 100㎏에 육박하고 비닐봉지는 연간 1인당 420장을 쓰는 세계 1~2위 수준이다. 문제는 그 물질이 분해되는 데는 약 450년이 걸린다는 사실이다.

또 폴리에틸렌PE 이 코팅된 종이컵이 매년 소각되거나 매립되는 양이 250억 개 안팎이라는 것. 이는 직경 50cm 나무 3,000만 그루 분량이다. 상상할 수 없을 정도의 낭비다.

· 매립지 부실 처분

또 폐기물로 인해 쓰레기 더미에선 침출수浸出水가 나오고 유독가스도 발생한다. 잊을만하면 그 현장이 매스컴을 타고 나타난다. 매립지 부실로 침출수에 의한 지하수 오염, 강수유출에 의한 지표수 오염, 파리, 모기, 쥐 등 병원균 매개체 서식, 종이 등의 흩날림, 악취, 먼지, 분해가스, 유해가스 및 화재 발생 등의 악영향을 끼친다. 여기에다 매년 조류독감으로 닭, 오리, 살처분殺處分으로 생긴 영향까지 합치면 더욱 심각하다.

● 방사선 오염

방사능은 인간에게 치명적인 물질이다. '방사선'에 의해 물이나 공기, 토양이 오염될 수 있으며, 원자력 발전은 대량의 냉각수 배출로 열 오염을 일으키기도 한다. 이보다 인간에게 더 치명적인 것이 '방사능 폐기물'이다. 방사성 물질은 병원이나 기업체, 연구소, 원자력 발전소 같은 곳에서 쓰인다. 지금 일본에서 방사능 폐기물 처리 때문에 국내외적으로 빅 이슈Big Issue가 되는 것은 방사능 폐기물을 안전하게 보관하기 위한 뚜렷한 해결책이 아직 없기 때문이다. 이미 소련과 일본에서 원전 사고를 겪은 바와 같이 인류에게 재앙이 될 무서운 물질이라는 사실이다.

이처럼 원자력에 의한 방사능 오염이나 원자력 관련 사고는 국가적 재앙인 줄 알면서도 한 개인이나 기업, 특정 국가가 노력한다고 해서 당장 해결될 일도 아니라는 점이다. 그래서 이 모든 것들이 인류를 더 빠른 속도로 멸종으로 인도할지도 모른다고 우려하고 있는 것이다.

● 중금속 오염

중금속 역시 우리 생활 속에서 자주 대할 수 있는 물질로 그 독성이 그 어디에 비할 바가 아니다. 중금속에는 구리, 아연, 니켈, 카드뮴, 납, 수은, 크롬 따위가 있다. 이 금속들은 분해되거나 자연 정화되지 않으며, 아주 적은 양이라도 사람의 몸속에 쌓이고 몸 밖으로 잘 빠져나가지 않으면서 오랫동안 부작용을 일으키기 때문에 무서운 것이다.

'수은'은 공기나 물속에 아주 조금 존재하지만, 이것이 사람의 몸에 쌓이면 뇌와 신장에 나쁜 영향을 주며, 특히 임산부에게는 곧바로 태아의 뇌가 해를 입는다. '납' 역시 희색 빛이 나는 금속으로 음식물, 식수, 공기, 흙, 강, 호수, 바다 등 우리 주변에 흔히 대할 수 있는 물질로 만약 임산부가 납에 중독되면 체중이 적은 아이를 낳거나 유산할 수 있으며, 납에 중독된 아이는 지능이 낮아지고 성장이 느려지며, 청각 장애를 일으킨다는 사실이다.

'카드뮴'은 은백색 광택이 나는 금속으로, 배터리, 색소, 도금, 플라스틱에 많이 사용되는데, 공기, 물, 흙, 음식물 따위에 소량 들어 있는 것을 섭취했거나, 카드뮴을 섭취한 물고기를 먹어도 사람 몸에 쌓인다. 또는 석유 같은 화석연료를 태우거나 쓰레기를 태울 때도 카드뮴이 나오는데, 이에 중독되어 일본에서 발생한 이타이이타이병 Itaiitai病에 걸린다면 사람의 내분비계內分泌系에 영향을 주어 칼슘이 부족하게 되고, 이 때문에 뼈가 물러지고 부러져 마침내 생명을 앗아가는 무서운 병이다.

이렇게 중금속이 인간에게 치명적인 물질이라는 사실이다. 어린이용 우산에서 카드뮴이 검출되어 폐기된 사례를 보았을 것이다. 또 조리 도구인 프라이팬도 피막이 파괴되면 중금속 우려가 있을 수 있다.

● 토양 오염

현재 약 80억 명을 상회하는 세계 인구의 식량을 생산하는 농경지는 지구의 총 육지 면적의 10% 미만으로 알려져 있다. 게다가 산업화와 도시화 과정에서 많은 부분이 주거와 공업용지로 이용되면서 경작지의 면적은 더욱 줄어들고 있다고 한다. 이렇게 부족한 경작지를 보충할 무리한 생산을 위해 토양의 지력地力이 현저하게 떨어졌을 뿐 아니라, 산업화 과정에서 배출되는 각종 오염 물질로 인해 토양오염까지 더해져 문제의 심각성을 경고한 지 오래된 일이라는 점이다.

오염원에는 과다한 농약 살포, 농지에 생활하수 살포, 농경지나 토양에 산업폐수의 유입, 과다 비료 사용, 또는 대기로 방출된 오염물질이 강수에 의해 토양에 흡착될 때도 오염시킬 수 있다. 이런 토양 오염원은 토양 구조를 파괴하고 생물의 생육에 장애를 일으키며, 결국에는 먹이사슬을 통해 인간과 동물의 건강에 치명타를 안긴다는 사실이다.

● 산성비

산성비는 화력 발전소, 화학 공장, 자동차 등에서 배출되는 황산화물과 질소산화물 같은 산성이 강한 물질이 대기권의 수증기와 만나 비와 섞여 내리는 것으로, pH수소이온 농도지수 5.6 이하가 될 때 산성비라 한다. 산성 침착물의 원인이 되는 오염물질로는 황산H_2SO_4, 질산HNO_3, 염산HCl 등이 있다.

산성비는 숲을 파괴하고 토양을 산성화시키며, 건축물의 금속이나 대리석에까지 영향을 끼친다. 특히 산성화된 물은 토양 속에 들어 있는 알루미늄을 호수나 하천으로 녹아들게 하는데, 이로 인해 강과 호수의 pH값이 낮아지면 알루미늄의 농도가 높아지면서 몸집이 작은 달팽이, 도롱뇽 등의 생물부터 자취를 감추게 된다. 호수가 많은 노르웨이에서는 이미 산성도가 높게 나타난 호수에는 연어를 비롯하여 다양한 어종들이 자취를 감추거나 개체 수가 감소한 것으로 전해진다.

또한, 산성비는 토양 속에 있던 인, 칼슘, 마그네슘 등 식물에 양분이 되는 광물질이 씻겨 내려가 나무의 성장에 필요한 양분이 부족해지고, 그 독성 때문에 나뭇잎이 황갈색으로 변하면서 나무는 말라 죽게 된다. 서독에서 조사한 바에 따르면 서독 전체 삼림의 34%가 산성비에 의해 훼손되었으며, 독일 흑림 지대의 절반 정도가 파괴되었다고 한다. 또 산성화된 토양에서는 박테리아, 곰팡이 등 미생물의 활동이 감소하여 생육에 악영향을 끼친 것으로도 나타났다. 인체에 미치는 영향으로는 눈이나 피부를 자극하여 불쾌감이나 통증을 느끼게 한 것으로 알려져 있다.

● 지구온난화

지구온난화가 지구인에게 끔찍한 재앙으로 다가오고 있다. 지구온난화란 대기 중에 포함한 이산화탄소CO_2, 메탄CH_4, 염화플루오르화탄소CFC_s, 이산화질소NO_2 등의 온실가스가 늘어나면서 지구의 평균 기온이 상승하는 현상을 말한다.

산업혁명 이전 대기 중 이산화탄소의 농도는 약 280ppm이었으나 근래에는 약 380ppm으로 증가했으며, 이로 인해 지구의 평균 온도가 0.75도 정도 올라 지구온난화가 급속히 진행되고 있다는 것이다.

① 지구온난화에 따른 영향

지금 당장 온실 기체를 줄이지 못한다면, 21세기 말에는 지구의 평균 기온이 1.2~6.4도가 오를 것으로 예상하며, 이로 인해 지구에는 엄청나고 끔찍한 일들을 감당해야 할 것이라고 경고한다. 빙하와 빙산이 녹아 해수면이 상승하고, 전 세계는 사막화가 가속화할 것이며, 폭풍이나 태풍, 가뭄, 홍수, 폭염 등 극단적인 자연재해가 끊이지 않을 것이다. 또한, 세계 인구 절반 이상이 굶주리고 물 부족으로 고통을 겪을 것이며, 대기 중에 오존Ozone의 발생과 전염성이 돌아 인류의 건강을 위협할 것이다.

여기에다 지구상에 존재하는 개체는 많게는 80% 이상 멸종 위기에 놓일 것이며, 이 기후 변화로 인한 재난이 테러나 전쟁 못지않게 심각하다는 경고가 현실로 나타날 것이라는 것이다. 한마디로 지구

멸망의 경고다. 지구온난화를 인류에게 닥칠 최대의 재앙으로 인식하면서 지금 나라마다 어린 학생들이 등교를 거부하며 지구온난화 대책을 요구하고 있는 실정이다.

② 지구온난화 원인

지구온난화를 유발하는 온실가스는 화석연료인 석유, 석탄, 가스의 연소, 산림 파괴 또 열대림을 방화하는 과정에서도 증가한다. 특히 화석연료가 연소될 때 가장 많이 발생한다. 석유를 쓰는 시멘트 공장이나 제철 공장, 화력 발전소, 자동차나 가정에서 내뿜는 것까지 생각하면 실로 방대한 양이다. 또 쓰레기가 분해될 때 나오는 메탄, 분사제와 냉각제의 재료로 쓰이는 염화불화탄소처럼 인간의 산업 활동에서 비롯된 기체 때문에 생긴 온실효과는 산업화가 시작된 200년 전부터 빠르게 지구를 덥혀오며 지구온난화를 일으켰다고 한다. 또 대표적인 온실가스로 알려진 메테인Methane도 벼농사를 짓는 과정에서 혹은 습지에서도 나오며, 소나 양의 트림이나 방귀에서도 많이 발생한다. 그래서 목축하는 사람들에게 방귀세를 내야 한다고 주장하는 것이다.

엎친 데 덮친 격으로 툰드라Tundra 지대의 영구 동토층이 녹으면서 메테인 가스가 발생하여 지구온난화를 더욱 가속화할 수 있다는 관측이 두렵지 않을 수 없다. 영구 동토층이 지구온난화의 새로운 시한폭탄으로 주목받는 이유가 바로 그 때문이다. 약 1만 년 전 마지막 빙하기 무렵 매장된 동식물의 잔해가 부패하여 지상에 방출됨으로써 지구온난화를 부추긴다는 것이다.

현재 대기 중에 포함된 탄소량은 약 7,300억 톤으로 추정하는데,

시베리아나 알래스카Alaska 등지의 영구 동토층에 매장된 탄소의 양은 약 5,000억 톤에 달한다고 한다. 이러한 악재까지 연결되어 나타남에 따라 지구의 종말終末이라는 극단적인 결말을 초래할지도 모른다는 것이다. 극단으로 치닫는 지구를 막기 위한 노력이 시급한 이유다. 온실가스의 누적 배출량은 중국, 미국, 러시아, 인도, 일본, 캐나다, 영국, 한국 순으로 높다.

③ 온난화의 또 다른 해석

지구온난화가 이산화탄소의 증가 때문인가, 약 11년 주기로 변화하는 태양 활동의 자연현상 변화 때문인가? 지구 기후 변동의 매커니즘Mechanism에 다양한 요소가 매우 복잡하게 얽혀 있어 그 누구도 즉답을 피하고 있다.

● 오존층의 파괴

오존이란 3원자의 산소로 된 푸른빛의 기체이다. 지상 고도 20km에서 40km 사이에 모여 얇은 보호막을 이루는데, 이를 '오존층'이라고 한다. 오존층은 지구상의 동식물과 인간에게 아주 해로운 햇빛 속의 자외선을 차단하는 역할을 한다. 이렇게 지구상의 생명체를 보호해주는 고마운 오존층이 파괴되고 있다. 남극과 북극 하늘 위의 오존층에 구멍이 난 것이다. 오존층 파괴와 관련된 물질은 염화불화탄소라고 불리는 프레온가스CFCs라고 한다. 프레온가스는 인체에 독성이 없고 불에 잘 타지 않아 이상적인 화합물로 간주되었다. 하지만 이 가스가 성층권成層圈으로 이동하면서 지구의 방패막이 역할을 하는 오존층을 파괴하기 때문에 문제가 생긴 것이다. 지상에서 프레온

가스 방출→프레온가스 성층권 도달→오존층 파괴→자외선 여과 없이 통과→인체와 동식물에 악영향을 끼치게 된 것이다.

오존층 파괴에 따른 강한 자외선은 인체뿐 아니라 농작물의 생육을 어렵게 하며, 플랑크톤까지 감소시켜 어류가 줄어들어 인류를 위기에 빠뜨린다. 식물이 오존에 오염되면 잎 색깔이 변하고 잎 전체에 작은 반점이 생겨 잘 자라지 못하기 때문에 생태계 전체가 균형을 잃게 되는 것이다. 이 특이한 오존층 파괴를 막기 위해서는 프레온가스를 생산하지 말아야 하며, 이 물질의 사용을 금해야만 한다.

◈ 이제 우리는 무엇을 해야 하는가?

100만 년 전 지구상의 인구는 약 13만 명이었다고 한다. 인간이 생태계를 파괴하지 않고 지구상에 생존할 수 있는 인구가 5천만 명이라는데, 현재 지구에는 160배가 넘는 인구가 살고 있다. 이제라도 이 인구 전체가 똘똘 뭉쳐 지구 환경을 개선하겠다는 각오 없이는 지구의 종말을 피할 길은 없을 것이다. 지금 우리가 해야 할 일은 화석 연료를 소비하고 숲을 망가뜨리고 쓰레기를 만들어내는 것부터 차단하는 일이 급선무다.

· 대응 정치가 우선이다

온실기체의 80%를 선진국 사람들이 내보내는데, 온실기체를 줄이는 해결 방법은 대응 정치 결단뿐이다. 기후 변화에 따른 온실가스 감축, 생태계 보존 등의 결단은 대응 정치가 우선이다. 온실가스를 유발하는 경제, 사회, 산업 구조를 저탄소 방식으로 전환하고 감축 목표량을 달성하는 것까지 모두 국가 정책에 달려 있기 때문이다. 이를 위해서는 정부와 국민 모두의 적극적인 호응이 필요하다. 물론 산업과 기업체에서도 협조하지 않으면 안 된다.

이 모든 것을 조화롭게 아우르며 난관을 돌파해낼 리더십 없이는 이룰 수 없는 목표다. 재난 대응과 탈탄소까지 다 챙겨야 하기 때문에 탁월한 지도자 없이는 불가능한 일이다.

● 지구온난화 대책
① 온실가스 줄이기

온실가스 배출을 줄이기 위해서는 지구촌 대부분이 당장 따뜻한 집, 대낮같이 밝은 불, 맛있는 음식, 편리한 자동차, 비행기 여행을 포기할 수 있을까? 그러나 이제라도 우리에게 삶의 양식 전반에 대한 반성이 필요하다. 석탄, 석유, 천연가스를 태울 때 나오는 이산화탄소 줄이기, 쓰레기 매립장이나 소 같은 반추反芻 동물의 창자 속에서 유기 물질이 분해되면서 생기는 메탄, 쓰레기를 태울 때 나오는 아산화질소, 산업 활동으로 생겨나는 온실 기체인 수소불화탄소, 과불화탄소, 육불화황 등도 막아야 한다.

가능한 대중교통을 이용하며, 물과 전기를 절약하고, 재생 가능 에너지를 이용해야만 온실효과를 줄일 수 있다. 겨울철 '적정 실내온도 20도 지키기'도 지켜야 한다. 사소하게 보일 수 있지만 그 실천이 기후 변화에 대한 최선의 대응이다. 국민적 단합이 이뤄진다면 탄소 중립 사회로의 획기적인 전환을 이룰 수 있을 것이다.

국제적인 환경단체도 과학자들의 경고를 받아들이라고 하소연한다. 2018년, 2021년 〈지구온난화 1.5도 특별보고서〉가 195개 회원국 만장일치로 승인됐다. 기후문제 해결 없는 21세기는 상상할 수 없다면서 승인한 것이다. 그러나 그 실천이 미지수중국, 러시아, 인도라 갈수록 불안하기만 하다.

★ 빛Light 공해 차단

'빛 공해'란 인공 조명 때문에 어두운 곳이 낮처럼 밝은 상태를 말한다. 빛 공해는 동식물 등 생태계에 피해를 주고, 인간에게도 각종 질병을 유발하는 것으로 알려져 있다. 그런데 2016년 미국과 이탈리아 연구진이 발표한 논문을 보면, 국토 면적 대비 빛 공해 면적 비율이 이탈리아90.3%, 한국89.4% 순으로 높았다고 한다. 한국의 빛 공해 문제가 세계적으로 심각하다는 뜻이다. 그 대안이 시급해 보인다. 에너지 저감은 곧 온실효과를 줄이는 대안이 될 수도 있기 때문이다.

---

② 삼림 보호 관리

우리는 대자연의 소중함을 알면서도 나 하나쯤이야 하는 경솔함과 자연의 중요성을 망각한 무지함 때문에 자연을 너무도 쉽게 망가뜨린다. 1초에 축구장만 한 삼림이 사라지고 하루에 파괴되는 면적이 축구장 7만 2천개에 해당한다는 것이다. 1분마다 전 세계에서 38ha의 원시림이 사라져가고 있는 것이다. 열대림의 파괴 이유로는 경제 개발, 목초지 조성, 농경지 확보 혹은 도시 개발, 광물 자원 채굴 등으로 파괴된다.

'유럽의 허파'로 불리는 러시아의 시베리아 서부 타이가Taiga[5]까지 지구온난화로 한 해에 200여 차례나 불에 타 잿더미로 변한단다. 타

---

5) 시베리아에 발달한 침엽수림을 가리키는 러시아어

이가는 전 세계 숲의 5분의 1을 차지하는 곳이다. 여기에다 하루에 10여 종의 생물이 멸종하고 있다는 보고도 있다. 이를 방치하면 머지않아 모든 생물이 모두 사라질지도 모른다.

숲을 보호하고 나무를 심는 것이 기후 변화를 막는다는 것은 삼척동자도 다 아는 사실. 나무는 삶의 현장을 지켜준 동반자다. 그래서 나무는 문화이며, 역사이며 우주다. 이를 제대로 보호하고 관리해야 하는 이유다.

③ 기후 변화 교육

지구에서 일어나고 있는 기후 변화에 대한 과학적 사실과 현상을 인식하도록, 기후 변화의 근본적 원인에 대한 교육이 시급하다. 기후 변화가 일상생활에서의 에너지 사용과 상품 소비와 연결돼 있다는 점, 또 폐기물 또한 기후 변화의 원인이 된다는 것들을 교육해야 한다. 마지막으로 기후 변화가 우리에게 더 큰 재앙을 가져다주기 전에 대비할 방법들을 가르치고, 온실가스 배출을 줄이는 것을 실천하도록 해야 한다.

◆ 환경 관리

푸른 하늘, 맑은 물, 맑은 공기, 상서로운 구름을 보면 사람만 기쁜 빛을 띠는 것이 아니라 새들도 기쁜 소리를 낸다. 맑은 환경에서는 그 마음도 저절로 맑아지고, 더러운 환경에 머무르면 저절로 더러워지기 때문이다. 따라서 내 주변을 청결하게 관리하는 것도 환경 관리의 첫걸음이다.

인간과 환경은 상호 의존적인 관계다. 따라서 대자연은 이상향을 뜻하는 파라다이스Paradise이며, 자연 속에서 자연과 동화하는 꿈 꾸던 낙원이며, 우리와 아주 절친한 친구라는 것을 한시도 잊어서는 안 될 것이다. 지구정책연구소 소장 레스터 브라운은 저서인《플랜 B2.0》에 "한국의 산림녹화는 세계적 성공작이며, 한국이 성공한 것처럼 우리도 지구를 다시 푸르게 만들 수 있다"라고 기록하고 있다. 거기에다 또 하나 자랑거리는 한국의 도심 거리가 밝고 깨끗한 데 대해 외국인들에게 가장 깊은 인상을 받는다고 했다.

그런데 대단히 부끄러운 것이 하나가 있다. 독일 잡지에 실린 "침 뱉는 한국"이란 기사에서처럼 기초적 예의도 없는 나라로 비쳐지고 있다는 점이다. 이는 분명 나라의 수치다. 외국인이 기겁하는 것이 마구 가래침을 뱉는 사람들이다. 외국인들은 남에게 불편을 끼치는 사람을 야만인처럼 취급한다. 선진국 기준 중 하나가 "타인에 대한 배려"다. 어떻게 남 앞에서 거리낌 없이 침을 뱉는가. 동네에 아름다운 공원이 있다고 한들 누가 그런 곳을 다시 찾겠는가. 언제까지 침 뱉는 악습을 되풀이할 것인가?

제16과
갈등
Conflict

갈등이란, 대인관계나 대물관계 속에서 살아가야 하는 사람들 사이에 분노와 짜증이라는 불쾌한 감정 때문에 싹튼다. 세상이 물질만능주의物質萬能主義로 변질하면서 인간관계가 갈수록 더 매섭고 차가워지더니, 이제 갈등을 부추긴 정권까지 득세하면서 분노 조절이 안 되는 사람들이 부지기수不知其數고, 세상이 혼돈과 모순으로 가득해졌다. 분노와 복수의 불길 만큼이나 사나운 갈등! 지금 이 나라는 사회갈등지수가 OECD 국가 중 세계 2위다. 과히 갈등공화국이다.

◈ 갈등이란 무엇인가?

갈등을 라틴어Latin語로 콘피게데Configere인데, 이것은 '함께'라는 의미의 콘Con과 충돌이나 다툼을 의미하는 피게데Figere가 합쳐진 합성어로 서로 충돌한다는 뜻을 가지고 있다. 한자 표기에서는 갈葛은 칡을, 등藤은 등나무를 말하며, 칡과 등나무가 얽히듯 뒤엉켜 있는 상태를 말한다.

◈ 갈등의 종류

지금 우리 사회는 동서남북, 세대, 이념, 계층, 성별 등 구분 없이 갈등이 끊이질 않고 있다. 매우 심각하고 위중한 갈등에 이르기까지 무수히 많은 갈등이 존재한다. 갈등의 원인은 여러 가지가 있겠지만, 권위와 권력을 차지하기 위한 이해관계 때문에 이익 집단 간 갈등이 생기고, 개인적인 갈등과 분쟁은 대부분 내가 옳고 너는 틀렸다는 생각에서 비롯된다. 요컨대 갈등이 발생하는 가장 원천적인 것은 인간의 욕구이다.

중앙 권력을 좌지우지하는 대통령제, 1인 보스Boss 중심의 정당 구조와 지역에 기반을 둔 정당에 의한 지역감정 악화, 남과 북, 인종과 노사 간의 갈등, 정규직과 비정규직의 노-노 갈등, 국민과 정부와의 갈등 요인까지 쉴 새 없이 부각되고 있다.

또 사회공동체 구성원 간의 갈등, 이성 간의 갈등, 세대 간의 갈등, 가진 자와 없는 자의 갈등, 부모와 자식 간의 갈등, 고부간의 갈등, 형제간의 불화, 이웃 간의 반목反目 등 오늘날은 갈등과 반목의 시대라고 해도 과언이 아니다. 내 편, 네 편을 갈라 싸운다. 세상이 혼란스럽다. 그 와중에도 대부분의 사람은 진실을 외면하고 가슴 속에 하고 싶은 말을 가두고 묵묵히 살아갈 뿐이다.

· 신세대의 갈등

무엇보다 문제가 심각한 것은 신세대의 갈등이다. 오늘날의 신세대들은 주위로부터 공부와 돈과 출세 등 많은 것을 요구받고, 그 숙제가 풀리지 않을 때 좌절하고 절망한다. 그 좌절이 쌓여 하찮은 일에도 쉽게 흥분하며 자기를 비판하는 말을 들으면 극단적인 행동까지 서슴지 않는다. 말 한마디에 울컥해서 오랜 친구를 두들기고, 쳐다본다고 멀쩡한 행인을 폭행한다. 그들이 믿었던 동료에게 배반당하고, 사랑했던 사람에게 버림받고, 의지했던 친구에게 등을 돌리게 되는 아픔을 겪게 되면 더없이 격한 분노를 표출한다.

· 개인·집단 간 갈등

사회가 개인이든 조직이든 합리적 토론은 없고 증오와 조롱만 가득할 뿐, 대화 단절이 극에 달했다. 잘못하더라도 사과를 하지 않고 용서를 구하지도 않는다. 그 분노와 원망은 쉽사리 사라지지 않고 고통으로 바뀌어 그림자처럼 따라다닌다. 사회 지도층을 중심으로 번진 "몰염치"의 오만이 우리 사회에 낳은 해악害惡이다.

· 가족 간 갈등

마음의 안식처인 가정에서까지 부부간의 품성, 애정 결핍, 아이들 문제, 돈 문제로 불만과 갈등으로 얼룩져 우울하게 살아가는 가정도 많다. 부부라면 누구나 돈 많기를 바라고, 자신을 인정해주고, 하는 얘기를 경청해주고, 관심을 가져주길 기대한다. 어쩌면 당연한 권리이기도 하다. 이 욕구가 해소되지 않아 점차 갈등이 싹튼다. 그 갈등이 극단으로 치닫는 가족도 많다. 바람피워 쌓인 갈등으로 별거 중인 가족, 재판하는 가족, 접근금지 가족, 평생 매 맞고 흉터를 달고 사는 가족들도 부지기수不知其數다.

· 정치판의 갈등

보수와 진보의 정치적 갈등이 심각하다. 그들의 비뚤어진 사상이 뿌리 깊은 갈등으로 무섭게 번지고 있기 때문이다. 한국미래학회 최정호 교수도 정치, 경제, 문화, 사법까지 모든 분야에서 과거만 파고든 갈등을 부추기는 현실 정치 형태를 비판한 바 있다. "타인에 대한 신뢰도"가 OECD 국가 중 23위로 최악인 나라, 그들 정치판이 갈등을 조장하고 더 큰 갈등을 부추기고 있다.

★ 갈등으로 갈라진 민족

　신문 기사마다 좌파정권이 득세하면서 국민은 갈라질 때로 갈라졌다고 한다. 선거가 끝나고 나면 국민의 감정과 의식은 사분오열四分五裂되어 악순환이 되풀이되고 있다. 2019년 8·15 광복절 때 서울 광화문은 해방 직후 때 모습과 별 차이가 없었다고 한다. 자유와 빨갱이의 투쟁을 빗대어 한 말이다. 이제는 이념이 다른 좌파 따로, 우파 따로 나라를 건국해야 할 판이다. 이념이 판을 치는 나라, 국운이 기우는 나라, 서로 의심하기 시작하면 나라의 미래를 장담할 수 없다.

◈ 反유대주의

　인류역사상 세계적으로 가장 악독한 증오의 대상이었던 이스라엘의 유대인 민족에 대한 이야기를 언급하지 않을 수 없다. 그들도 한 민족과 다를 바 없는 한 많은 민족이기 때문이다. 그들은 서기 66년부터 1, 2차 유대-로마전쟁을 끝으로 고대 유대 역사는 사실상 종지부를 찍으면서 나라까지 잃었고, 유다 왕국의 240만 국민 중에 2차례의 전쟁으로 국민의 3분의 2 이상이 살해되었다고 한다. 그나마 살아남은 사람들은 노예로 잡혀가거나 나라를 등지고 방랑길에 올라야 했다. 유럽과 중동, 북아프리카 전역으로 같은 민족들이 뿔뿔이 흩어졌다. 이때부터 이 민족은 2천여 년에 걸친 유랑의 시대가 시작된 것이다.

　그들의 한은 여기서 그치지 않았다. 나라를 등지고 그 험한 유랑길에서도 대량 학살을 면치 못했다. 기원전 3세기에 다마스쿠스 시민들에 의해서 유대인 1만 5천여 명을 공공경기장에 몰아넣어 단 한 시간 만에 몰살시켰다고 한다. 이 같은 잔인한 학살은 그리스, 이집트, 시리아에서도 그치지 않았다. 그처럼 혹독한 사건들은 11세기에까지 이어져 코르도바와 그라나다Granada에서 또다시 대학살이 일어났고, 십자군 전쟁 시에는 유대인 공동체가 몰살당했으며, 흑사병이 전 유럽Europe을 휩쓸었을 때는 유대인의 물길에 독을 풀어 수천 명을 독살시켰다고 한다. 그리고 홀로코스트 나치스 정권에 의한 유대인의 대량 학살은 세계인이 너무나 잘 아는 잔인한 대학살 사건이다. 이처럼 이들의 운명은 어찌나 가혹했는지, 역사상 가장 오랫동안 아주 끔찍한 시련의 시기를 보낸 한 많은 민족이다.

그러나 그 역사는 그칠 줄 몰랐다. 13세기 영국, 14세기 프랑스, 오스트리아, 15세기 스페인, 16세기 이탈리아에서 차례로 추방되었고, 이주한 폴란드, 리투아니아, 우크라이나, 러시아에 정착했던 유대인들도 고통을 당하기 시작했다. 그들은 18세기에 이르기까지 온갖 조롱과 냉대와 혐오의 대상이요, 가난과 공포와 절망의 대명사로 근근이 생존해왔다.

그래도 그들 유대인의 저항은 그치지 않았다. 나라를 잃고 2천여 년 동안이나 혹독한 박해와 천대를 받으며 세계를 떠돌아다니다가 다시 똘똘 뭉쳐 나라를 세웠다. 그런 와중에 주변국의 침략으로 전쟁까지 치러야 했다. 그러나 불과 3백만의 인구로 1억 5천만의 아랍제국과 싸워 대승했다. 그것도 6전 6승이다. 그것은 참으로 놀랍고 장한 민족이 아닐 수 없다. 이런 일을 놓고 세계 도처에서는 이스라엘 국민의 강인한 정신과 애국심에 찬사를 보내며 이스라엘을 배워야 한다고 했다.

그러나 그들에겐 아직도 여전히 이스라엘과 팔레스타인의 관계, 주변 중동 국가 간의 반유대주의는 여전히 계속되고 있다. 갈등의 뿌리가 너무 깊다. 안타까운 일이지만 쉽게 해결될 일이 아니라는 점이다. 그러나 그 어느 나라도 감히 그들을 쉽게 해체하지 못한다. 그들은 하나의 민족으로 똘똘 뭉쳐져 있기 때문이다. 2천여 년을 버티면서 결국 독립을 이루어낸 강인한 민족이다. 저주할 민족이 아니라 본받을 만한 민족이다. 우리는 그들에게 찬사를 보내지 않을 수 없다.

◈ 갈등의 해결 방법

갈등은 해악이요 파괴에너지를 가졌다. 하루속히 소멸시켜야 한다. 그러나 갈등은 수시로 생성되었다가 소멸되기도 하고 혹은 해결되지 못하고 잠복하기도 한다. 또, 어떤 경우는 더 심각한 분쟁으로 비화되면서 더 큰 고통과 비용을 유발하기도 한다. 갈등을 해결하는 방법은 어떤 것이 있는가? 피력해본다.

● 갈등 해결 방법의 선택

갈등 해결 방법의 선택은 갈등의 수준, 범위, 정도, 집단성을 식별하고 갈등 당사자의 성격, 관계성을 고려하여 선택하는 것이 일반적이다.

① 협상으로 해결하기

협상에는 당사자들이 서로 경쟁형으로 시작해서 협상하다가 마지막에는 타협형으로 종결되는 분배적 협상 방식과 서로의 요구 사항이 충족될 수 있도록 노력하는 생산적인 방법의 통합적 협상 방식이 있다. 다만 이들 방법은 경쟁적으로 협상하다가 파국으로 가서 타결되지 못할 경우도 있다.

② 외부 도움으로 해결하기

만약 협상으로 갈등을 해결하지 못할 경우에는 바로 제삼자에 의한 해결 방안을 모색한다. 그 방법에는 힘에 기초한 개입, 권리에 기초한 개입 그리고 이해에 기초한 개입이 그것이다.

- 힘에 기초한 개입은 육체적인 완력이나 돈, 지식, 의사소통 스킬, 인적 연줄과 같은 자원이 포함되어 있다.
- 권리에 기초한 개입은 바로 법원에서 해결하는 것을 의미한다. 법에 보장되어있는 권리를 찾아내어 그 권리가 있는 쪽이 이기는 해결 방법이다.
- 이해에 기초한 개입은 갈등의 토대가 되는 기본적인 욕구인 이해 관계가 충족되도록 제삼자가 개입하는 것을 말한다. 이 방법의 발전적 체계는 중재, 조정이다.

★ 한국인의 성격 분석 결과

한국인은 대부분이 자신의 마음속에 여러 가치를 공존시키고 있다고 한다. 따라서 그 가치를 자기가 편리한 대로 혹은 자기의 주장을 관철하는 방편 혹은 명분으로 상황에 따라 다양하게 사용하고 있다는 것이 성격 분석 결과다. 이처럼 본인이 편리한 대로 다양한 논리를 사용하기 때문에 오직 자기 입장의 변호나 변명의 말만 듣게 된다는 것이다. 우리나라 정치인들이 자주 말을 바꾸는 것도 바로 이러한 이유에 기인한 것이라고 볼 수 있다는 것이다. 결국, 갈등 해결이 쉽지 않다는 결론에 도달한다.

◈ 인간에게 필요한 화해

증오의 감정은 그렇게 간단하지가 않다. 증오는 마음속에서 점점 커지는 감정이기 때문이다. 그래서 증오하는 마음을 억누르려 하면 오히려 역효과로 점점 더 강해진다고 한다. 오히려 감정을 억제하면 할수록 반발심이 생겨서 더 커지기 때문에 상상 속에서 마음껏 복수하며 마음 가는 대로 놔두는 것이 현명하다는 판단이다. 그러면 어느 사이엔가 사라져버린다는 것이다.

그렇다면 다행이지만 타인의 도움 없이는 살아갈 수 없는 것이 인간이다. 서로서로 사랑하고 위로하며 협동해야 한다. 분노로 해결될 일은 이 세상 아무것도 없다. 철학자 데카르트의 말대로 "남을 증오하는 감정이 얼굴의 주름살이 되고, 남을 원망하는 마음이 고운 얼굴을 추악하게 변모시킬 뿐이다"

세상에 허물없는 사람은 없다. 서로 미워하고 질투하고 경계하며 심지어 원수 보듯 증오하지 말자. 인간에게 필요한 것은 사랑과 화해다. 싫은 사람 하나 없고, 불평할 일 하나 없는 그런 삶을 누릴 방법은 내 마음을 고쳐먹으면 되는 것이다. 이것이 현명한 삶을 살아가는 지혜다.

제17과
법과 폭력
Law and Violence

◆ 법

법이라고 하는 것은 국가와 사회 조직의 운영 원칙과 사회 구성원의 권리 및 의무와 행동 기준을 정하고, 사회 구성원이 이에 따르도록 한 국가권력에 의해 강제되는 사회규범社會規範이다. 그 법의 체계는 크게 세 가지 기조를 가지고 있는데, 하나가 '인격주의'이고, 다른 하나는 '만민평등사상'이고, 마지막은 '국제평화주의'이다.

이 세 가지 정신을 구현하고 있는 우리 법률은 모두가 철학자 칸트Kant의 윤리 사상에서 나온 것들이란다. 한국의 법률 체계가 칸트의 윤리 사상에 토대를 두고 있는 것이다. 한국이 왜, 어떻게 서양의 법 체계를 따르게 되었는가? 처음 서양西洋 문물을 받아들일 때 일본과 함께 우리의 법 체계도 똑같이 독일법 체계에 기반을 두게 되었으며, 아이러니하게도 우리 헌법은 프랑스France혁명 정신을 계승하고 있다고 한다.

그렇게 만들어진 법은 사람으로 태어난 이상 그 누구도 법의 테두리에서 벗어날 수가 없다. 심지어 죽은 이후에도 법의 규제를 받는다. 이렇게 우리는 법을 떠나 살 수 없는 데에도 법에 대해서 잘 모르는 경우가 많다. 아니 법을 기피하고 있는 것이다. 그러나 법이 무섭고 어렵다고 피할 것이 아니라 적극적으로 알고 이해하고 보호를 요청해야 하는 대상이 되었다. 다원화된 사회일수록 사회적 갈등을 해결할 사법부의 역할이 중요해졌기 때문이다.

● 법은 왜 만들어졌을까?

자연 상태에서 인간은 타인과 대등한 관계를 유지하려고 하지 않는다. 그래서 폭력이 발생하고 전쟁이 일어난다. 그렇다면 인간이 타인을 지배하지 못하게 하는 길은 무엇인가? 토머스 홉스에 따르면 협력을 하도록 강제하는 것이 유일한 길이라고 했다. 인간은 이득을 위해 침략하고 안전을 바라며, 공명성 때문에 명예 수호를 위한 공격자가 된다고 판단한 것이다. 자신의 이익을 위해 계약을 파기하고 서로를 배신한다는 것이다.

한편 루소와 칸트가 본 견해는 지상에는 악惡과 악질적인 인간이 있다고 보았다. 특히 인간은 '본성상 악하다'고 말한다. 음란함 등 '짐승 같은 패악'이나 적대 문화와 같은 '문화의 패악悖惡'을 저지른다고 본 것이다. 말하자면 인간은 은혜를 모르며 변덕스럽고, 위선적이며, 비겁하고 탐욕스럽다고 본 것이다. 이러한 사람들 때문에 증오가 쌓이고 깊어져 인류의 이성으로는 해결하기 힘들기 때문에, 결국 법이 생겨 서로를 규제하기에 이른 것이라고 본 것이다.

● 도덕이나 법률에 의한 제약이 없으면 어떻게 될까

당초 인간은 법 이전의 자연 상태에서 모두 자유롭고 평등한 상태라고 생각했다. 물건을 소유하고 재산을 유지하면서도 다른 사람에게 피해를 끼치지 않으려고 했다. 인간에게 부여한 이성을 통해 스스로의 행위를 통제하기 때문이다. 하지만 이런 상태는 언제 깨질지 모르는 평화와 같다. 이성을 잃은 인간이 언제라도 권리를 침해하거나 전쟁과 같은 소요를 일으킬 수 있기 때문이다.

이런 불안을 해소하기 위해, 인간은 재산을 소유하고 자유를 누리는 안전한 삶을 보장받기 위해 사회를 형성했다. 각자의 의사에 따라 하나의 공동체를 이루기로 동의하고 스스로 국가의 구성원이 된다. 이렇게 탄생한 것이 국가이다. 국가는 계약을 구체화하고 분쟁을 해결하는 동시에 구성원들의 권리가 침해되지 않도록 여러 기구를 구성하게 된 것이다. 이렇게 구성된 기구가 바로 입법권이니 집행권이니 하는 것들이다.

● 법에 대한 인식

그렇게 만들어진 법에 대한 우리의 인식은 다소 긍정적이지 못했다. 법을 가까이하지 말라거나 혹은 법을 다루는 사람들도 멀리하라는 등 법을 비인간적이고 나아가 인간의 진실함을 거부하는 것으로까지 인식했었다. 그러던 세상이 오늘날에는 법대로 하라는 인식이 커졌으며, 법이야말로 사람들 간의 알력이나 갈등을 조절할 수 있는 가장 현명한 방법이라고 생각한다. 법이 없으면 아무것도 지킬 수 없기 때문이다.

강자의 횡포로부터 약자의 권익을 보장해주는 게 법의 기본 정신이다. 그 법에 의거해 모든 분쟁을 해결하는 것이 법치국가다. 이 분쟁은 사법부인 법정에서 옳고 그름을 판가름한다. 그 대상은 남녀노소, 하층민과 상층민, 피지배층과 지배층 할 것 없이 모든 사람을 통칭한다. 대한민국 헌법 제11조 1항에도 "모든 국민은 법 앞에 평등하다"라고 되어 있다. 그러나 그 법 조항을 곧이곧대로 믿는 사람은 별로 없다. 현실적으로 불평등이 엄연히 존재하기 때문이다.

사람들은 법의 지배를 받고 법의 세계에 살면서도 법의 존재를 잘 모르고 살아간다. 그러나 법적 분쟁에 전혀 휘말리지 않고 살기가 힘든 세상이다. 법을 잘 모르면 자신의 권리를 포기하거나 불이익을 받을 것이다. 법을 알아야 할 이유가 거기에 있다.

● 법을 만드는 사람, 적용하고 집행하는 사람

법을 만드는 사람은 국회의원이며, 법을 근거로 정책을 수립하고 시행하는 사람은 국민의 이익을 위해 봉사해야 하는 대통령과 공무원들이다. 또 법을 적용하여 분쟁을 처리하는 사람은 국민의 인권을 보장하고 정의를 구현해야 하는 판검사와 변호사들이다. 그리고 그 법을 해석하고 교육하는 일은 법학 교수 같은 법 전문가들의 몫이다.

이렇게 법을 적용, 집행, 해석 및 교육 모두가 정의롭고 공정해야 함은 당연하다. 그런데 반드시 그렇지만은 않다. 그 법의 맡은바 업무를 담당하는 사람들의 학력과 가치관, 경험, 이해관계에 의해 좌우되고 있어서 크나큰 문제점을 안고 있다 하겠다.

① 입법

국회에서 법률을 제정하는 것이 입법이다. 헌법에도 "입법권은 국회에 속한다"라고 국회 입법의 원칙을 선언하였다. 그 제도가 의회 제도인데 민주적으로 공선公選된 합의기관에 의하여 다수결의 원리로 국가의 중요한 정책을 결정하고 입법하는 제도이다. 그런 국회가 힘의 논리를 앞세워 국민의 의사는 무시되고 불법을 자행하는 입법 행위가 종종 일어나기도 해서 문제다. 이른바 '날치기' 통과다. 여야與野의 다수와 소수의 의석 분포 때문이다.

이 나라 헌정사를 되돌아보면 헌법이 특정인의 집권을 위한 도구로 전락하여 만신창이가 된 과거를 가지고 있다. 대통령직선제 개헌, 3선 개헌, 소위 유신헌법 등을 강행, 억지로 통과시킨 것들이다. 2022년 다수당의 힘의 논리로 일컫는 〈검수완박법〉 통과도 마찬가지다. 21세기에도 여전히 자행되고 있다.

국회의 조직은 국회의장 1인과 2인의 부의장이 국회를 대표하며, 다음으로 전문적 지식을 활용하는 상임위원회와 특별위원회가 있으며, 원내 교섭단체란 것들이 있다.

② 반인권적 법률

반인권적 법률이 생겨나지 않게 하기 위해서는 입법권을 갖는 국회가 집권자의 간섭으로부터 자유롭게 기능해야 한다. 만약 집권 여당이 집권자에 예속되면 권력 분립은 요원遙遠해질 것이며, 집권자의 이해와 의견에 따라 법이 만들어지면 국민의 기본권을 보장할 수 없기 때문이다.

혹은 다수당의 머릿수만 앞세운 일방적 강행이나 날치기 등이 반인권적 법률을 생산해 낼 수 있으므로, 절차적 정의는 우선 입법 과정에서부터 지켜져야 한다. 다수당의 머릿수나 날치기 통과를 비롯한 변칙입법變則立法은 국가 규범으로서의 정당성을 인정받을 수 없다. 하물며 헌법상의 입법 기관도 아닌 데에서 만들어낸 '법'에 대해서는 더 이상 거론할 여지가 없다.

③ 법의 범위

법이라고 부르는 대상은 크게 세 가지 측면을 지닌다고 본다. 첫째가 규범으로서의 법, 둘째 이념으로서의 법, 셋째 현실 또는 사실로서의 법이다. 이를 간단히 법규범, 법 이념, 법 현실이라고 표현할 수 있다. 법의 분류로는 통상적으로 개개 실정법의 구분에 따라 헌법, 민법, 형법, 상법, 행정법, 민사소송법, 형사소송법, 노동법, 국제법 등이 있다. 이러한 법의 영역 확대와 심화는 세계화 현상과 얽혀 더욱 가속화되고 있다.

보편화된 지적재산권법, 파산법, 금융증권법, 국제거래법, 소비자보호법, 국제경제법, 환경법, 국제인권법 외에 초국가적 법 또는 세계법의 영역이 새로이 등장하고 이에 따라 법 영역 역시 더욱더 확산, 세분화되고 있다. 외국의 경우는 현재 법 조항이 200여 개가 넘는다고 한다.

④ 사법권의 행사

국민의 자유와 권리에 직접적 영향을 미치는 사법권의 행사에서조차 적법한 절차가 유린된다면 이는 아주 치명적인 문제다. 강제 연행, 불법 감금, 고문을 비롯한 가혹 행위, 자백 강요 등 권력의 광란이 이어져왔었던 과거를 지닌 나라다. 따라서 법적 절차가 적법하지 않으면 결과도 정당할 수가 없고 유효할 수도 없는 것이다.

● 헌법

헌법은 법 중에서도 국가 안에서 가장 효력이 높은 최상위最上位의 법이다. 헌법은 국가의 통치 조직과 통치 작용에 관한 기초법이라고 정의된다. 쉽게 말하면 한 국가의 기본적인 것들을 정해놓은 법이다. 따라서 헌법은 국가의 기본법이므로 국회에서 법률을 만드는 것과 달리 국민투표로 최종 확정된다. 그렇게 만들어진 헌법은 모든 국내법의 근거가 되며, 모든 법은 헌법의 하위법下位法이다. 1948년 헌법이 우리 헌법의 제정에 해당한다.

헌법은 전문前文과 본문 130개, 그리고 부칙 6개의 조문으로 구성되어 있다. 민법이 1,118개, 상법이 935개, 형법이 327개의 조문으로 되어 있는 데 비해서 비교적 짧은 법이다. 전문은 헌법의 맨 위에 433자로서 한 문장으로 되어 있다. 본문은 ① 총강, ② 국민의 권리와 의무, ③ 국회, ④ 정부, ⑤ 법원, ⑥ 헌법재판소, ⑦ 선거관리, ⑧ 지방자치, ⑨ 경제, ⑩ 헌법 개정 등으로 이루어져 있다.

국민은 헌법을 위반할 수 없다. 그러나 헌법은 강제 집행력이 아주 약한 법이다. 국민이나 국가 기관이 무시하고 안 지키더라도 어쩔 수 없는 것이 헌법이기도 하다. 우리 법 체계는 헌법→법률→명령→조례→규칙의 순서로 구성되어 있다.

● 헌법재판소

헌법재판은 헌법을 수호하고 권력을 통제하여 민주주의를 실천하며, 국민의 기본권을 수호하고 소수자를 보호하며, 평화적 정치를 가능하게 한다. 헌법 소송헌법 재판이란 헌법 해석과 직접 관련되는 재판으로서, 넓은 의미로 규범 통제·탄핵 심판·정당 해산 심판·권한 쟁의 심판·헌법 소원 심판 및 선거 소송을 말한다.

헌법재판소는 대통령, 국회, 대법원장이 지명하는 9인의 재판관으로 구성되며, 대통령이 소장을 지명한다. 삼권분립에 기초한 이러한 임명 방식은 현대 헌법에 맞지 않으며, 국민의 성향이 왜곡되어 나타날 수 있다고 평가한다. 중앙선거관리위원회도 같은 맥락이다. 개정이 시급하다는 뜻이다.

● 법원

 법원은 사법권을 행사하는 국가기관으로서, 소송 사건에 대하여 법률적 판단을 하는 곳인데, 그 재판을 담당하는 곳이 법원이다. 분쟁에서 누가 잘했는지, 누구의 주장이 옳은지를 판단해주는 것이 재판이다. 그 재판 작용을 사법司法이라고 한다. 즉, 재판은 당사자 사이의 법적 분쟁을 해결하기 위하여 법원이 법적으로 판단하는 것이며, 이를 담당하는 사람을 법관이라고 한다. 또 여기에는 권리를 침해당한 사람을 대리해서 소송을 수행하는 변호사가 있다. 변호사는 재판의 모든 과정에서 원·피고나 증인 등 법률 전문가가 아닌 당사자를 도와주는 역할을 한다.

 법원은 최고법원인 대법원과 각급 법원으로 조직된다. 대법원은 대법원장과 대법관으로 구성되며 인원은 법원행정처장을 합하여 총 14명이다. 고등법원은 민사부, 형사부, 특별부 등 판사 3인으로 구성된 합의부로 구성되며, 지방법원은 단독판사와 3인의 합의부에 의한 민사, 형사 재판을 담당한다. 또한, 가사 심판 사건과 소년 보호 사건을 다루는 가정법원 등이 있다. 특별법원이란 대법원에서 상고上告가 인정되지 않거나 일반법원과 같이 신분과 독립성이 보장되지 않는 심판관으로 구성된 법원을 말한다.

● 법부의 외면

 이처럼 법원 등이 엄연히 존재하는데도 대부분의 국민은 법정 근처에 가기를 원하지 않는다. 많은 비용과 오랜 기간이 소요되고, 자칫 소송에서 질 수도 있기 때문이다. 가능하면 법정 밖에서 분쟁을 해결하기 위해 돈이 오가며 때로는 중재료가 필요할 수도 있다. 토지

소유권이 복잡한 혈연과 혼맥에 얽혀 있는 유럽에서도 소송이 몇 대를 질질 끄는 일도 드물지 않았다고 한다. 송사의 기간이나 판결이 오로지 '원님 맘대로'였던 조선 시대에서도 송사訴事는 대부분 패가망신의 첩경이었다. 민주적 사법 제도가 확립된 21세기 오늘날에도 당사자들의 피를 말리는 재판이 허다하다.

법정이라는 곳은 전혀 모르는 사람들 앞에서 논쟁을 벌이고 묻고 답한 다음, 한 사람은 옳고, 다른 사람은 그르다는 판정을 받아 사안에 따라 법정 구속되기도 한다. 이때 판정은 배심원들이나 판사가 행한다. 배심원이란 시민 중 가려 뽑은 7~12명 정도의 일반 시민들이 죄인이 유죄인지 무죄인지를 결정하는 제도로서, 관찰자와 중재인으로 재판 과정에 참여하는 것이다. 이는 고대 그리스Greece에서부터 시작된 자유민주주의의 핵심 제도로서 미국은 물론 우리나라도 일부 도입하여 실행 중에 있다.

● 사법권의 독립

법이란 아무리 그 법이 강하고 중요해도 사법司法의 바른 집행이 이뤄지지 않으면 소용이 없다. 따라서 공정한 재판을 위해서는 반드시 사법권의 독립이 필요하다. 그러나 입법, 사법부 모두 완벽은 존재하지 않는다. 그것이 큰 숙제로 남아 있다.

법원은 공정하고 정당한 재판을 확보하고 평화적 분쟁 해결을 통해 사회 법질서를 유지하며 헌법을 수호해야 한다. 따라서 쟁송爭訟에서의 법관은 사건 당사자로부터 독립하여 어떠한 간섭이나 지시를 받지 않아야 한다. 민사재판에서는 소송 당사자, 형사재판에서는 검찰, 행정재판에서는 행정관청으로부터 어떠한 간섭이나 지시도 받지 않아야 한다. 법관의 재판상 독립, 법관의 신분상 독립, 끝으로 법원의 독립이 전제되어야 한다.

법관은 오로지 적법한 재판 절차를 통해 사건 당사자의 주장과 의견을 올바르게 청취함으로써 공정하게 사건을 판결할 수 있다. 오로지 증거에만 의존해야 한다. 그래야 올바른 판결에 도달할 수 있다. 정직한 법관이라면 어떤 압박과 사견에도 고개 돌려서는 안 될 것이며, 오직 증거와 법에만 충성해야 한다. 공정한 재판이 아니라면 판사를 믿지 않을 것이며 재판 결과에도 승복하지 않을 것이다.

그러려면 법관은 고통과 번민으로 신음하는 사건 당사자의 이야기를 자신의 이야기처럼 들어주고, 양편의 주장을 청취한 후에 무엇이 진실인지 결정해야 하며, 이 진실에 적법한 법률을 적용해야 한다. 판결에 이르는 최후 순간까지도 법관은 사건 당사자의 주장과 의견을 왜곡하거나 폄하貶下해서는 안 된다. 사법권은 허공에 존재하는 신적 존재의 권력이 아니다. 이제라도 법과 원칙만을 고수하는 청렴하고 강직한 법관만이 자리하길 바란다. 이념적으로 편향된 판사들의 재판이 존재해선 안 된다. 그것이 자유민주국가에서 정의를 구현하는 일이기 때문이다. 사법권의 독립은 민주주의의 기본 요소인 동시에 법치국가의 가장 중요한 조직적 징표의 하나이다.

● 성역은 있을 수 없다

자유민주주의 체제하에서는 법 앞에 모든 사람이 권리를 갖고 있다. 기회균등의 원칙이다. 법은 지배자보다 위에 있고, 지배자라고 해도 법 밑에 있다. 정의로운 법이 지배하는 민주공화국에서는 그 누구도 법 위에 있지 않다. 최소한 이론적으로는 그 누구에게도 특혜를 허용하지 않는다는 뜻이다. 이처럼 법은 다스리는 자의 편의를 위해서가 아니라, 다스림을 받는 자의 권리 보장을 위해서 존재한다.

라틴 법언에도 "만인은 천 리天理 앞에 평등하다"라고 했다. 그러나 이런 생각을 공유하는 사회는 그렇게 많지 않기 때문에 문제다. 힘 있는 자들은 '법대로'라는 말을 자기 방식대로 이해하고 자기 생각만이 법에 가장 근접해 있는 것으로 착각하며 뜻대로 처리하려고 한다. 그래서 권력자나 법을 다루는 많은 이들이 이러한 현상에 도취해 자신이 가장 법적 합리주의에 따라 행동하고 있다고 착각하면서 숱한 불상사를 초래하기도 한다.

① 절대주의

한 나라의 대통령일지라도 잘못을 저지르면 법 앞에서 평등하게 심판을 받아야 한다. 재판에 결코 성역은 없다. 지위의 고하를 막론하고 만인은 법 앞에서 평등하다. 이것이 정의를 실현하는 첫째 요건이다. 파스칼은 〈명상록〉에서 "힘없는 정의는 무력하고 정의 없는 힘은 압제다"라고 했다. 참으로 정의가 없는 힘은 폭력이다. 정의가 없는 힘이 선과 법을 짓밟고 오만하게 횡포를 부릴 때 우리는 견딜 수 없는 분노를 느낀다. 따라서 법이 무엇이냐. 정의의 실현이다. 정의는 인간생활의 지도 원리요, 국가 통치의 중요한 이념이다. 이에 대해 칸트는 "만일 정의가 무너진다면, 우리는 이 세계에 살 필요가 없다"라고까지 했다.

그런데도 지배자는 자기도 법을 지켜야 한다는 부분을 잊곤 한다. 공산국가 치하에서는 두 말 할 여지가 없다. 그들에게 해당하는 법은 없다. 민주 치하에서도 경제적으로 부유하거나 정치적으로 강한 세력들이 권언유착勸言癒着, 정경유착政經癒着을 일삼으며, 법 위에 서려고 하고 지배하려고 한다.

그래서 인간은 부와 권력을 탐하는지도 모른다. 그러나 권력을 잘못 이해하고 남용하면, 아주 작은 권위라도 세상을 위태롭게 만든다. 권력은 그것을 쥐고 있는 사람이 아주 막강한 영향력을 행사할 수 있기 때문이다. 절대주의는 힘이 곧 정의인 무자비한 상태를 말한다.

② 공명정대

민주국가 법률에는 고문 금지, 정치와 법의 분리, 증거우선주의와 같은 법률적 절차가 있다. 법원 판사의 영장 없이는 경찰도 개인 집이나 사무실을 수색할 수 없다. 그래서 대부분의 사람이 근거 없는 구속이나 심판을 당하지 않도록 하고 있는 것이다. 만약 구속되더라도 변호사를 부를 권리가 있고, 혐의 내용을 알 권리가 있으며, 일정한 시간 내에 기소되지 않으면 풀려날 권리를 갖고 있다. 이처럼 법은 만인 앞에 공정하다.

나에게 복종을 강요할 권리가 있는 사람은 아무도 없다. 법은 모두에게 공평하고 오직 스스로 그 법을 따르는 일이다. 따라서 민주 사회에서 법은 정립 과정이 합헌적이어야 하며, 강제 규범으로서의 타당성이 공인될 만큼 정의로워야 하며, 그 시행 또한 공명정대公明正大해야 하는 것이다.

● 기본권

법과 권력에 의해서 보호되어야 할 기본권Fundamental Rights of States은 매우 광범위하고 다양하다. 기본권이란, 기본적인 권리다. 생명권이나 자유권, 참정권, 사회권, 신체의 자유 등 인간으로서 누려야 할 권리가 기본권의 개념이다. 그렇다면 침해된 기본권이란 무엇인가? 도무지 인간으로서 주체적으로 해볼 수 있는 일이 아무것도 없고 그냥 객체로서 취급당해 인간의 존엄과 가치가 침해되고 있다고 할 수 있다. 이에 대해 우리 헌법은 "모든 국민은 인간으로서의 존엄과 가치를 가지며, 행복을 추구할 권리를 가진다"라고 명시하였다. 그 평등원칙에 대해서는 "모든 국민은 법 앞에 평등하다. 누구든지 성별·종교 또는 사회적 신분에 의하여 정치적·경제적·사회적·문화적 모든 영역에서 차별을 받지 아니한다"라고 하였다.

그렇다면 이 기본권이 최대한 보장되는가? 그렇게 될 수는 없다. 현실적으로 기본권은 무한정 보장되지 않으며 적절한 범위에서만 보장된다. 헌법은 "모든 국민은 거주·이전의 자유를 가진다"라고 규정하고 있으나, 타 조항에는 "국민의 모든 자유와 권리는 국가안전보장, 질서유지 또는 공공복리를 위하여 필요한 때에만 법률로써 제한할 수 있으며…"라고 규정한다. 결국 거주 이전의 자유에 있어서도 무제한이 아니며, 일정한 한도 내에서만 보장된다는 것이다. 그럼 어디까지 보장되어야 하는가? 이 질문에 대해 누구도 명확한 답을 제시하지 못한다.

● 인권

근대 민주주의가 확립되는 과정에서 처음 주장되었던 인권은 현대 사회에서는 자유권으로 분류된다. 생명이나 신체 또는 신앙의 자유나 재산권의 보장 등이 그런 것들이다. 하늘이 준 권리니까 대통령이나 의회도 이를 무시해선 안 된다는 개념이다. 자유권은 기본권 중에서 가장 역사가 길고, 자연권적인 성격을 가진다. 그런데 사실 우리 주위에는 기본적인 '인권'조차 지켜내지 못한 사람들이 너무 많다. 우리가 눈여겨보지 않아서 모를 뿐이다. 귀찮다는 이유로, 손해 볼 것 같다는 생각 때문에 수많은 아픔이 넘쳐흐른다.

인터넷에 떠도는 이야기를 남에게 전달했다며 소름 끼치는 인신공격人身攻擊을 퍼부은 사건을 목격했다. 죽여버릴 수도 있다는 잔인한 협박을 끝내 견디지 못한 것일까, 그 사람은 지금 세상에 없다. 우리 헌법은 "모든 국민은 통신의 비밀을 침해받지 아니한다"라고 하였다. 현대 정보화 시대에서 중요시되는 기본권으로, 사생활의 자유로운 형성과 전개를 방해받지 않을 권리를 말한다. 그런데 그 끔찍한 사건이 21세기에 자유 대한에서 일어났다. 누구의 소행일까? 대화 내용으로 판단할 때 정권의 하수인으로 판단된다. 보이지 않는 사람으로부터 협박은 견디기 힘들다. 잔인한 살인과 다름없는 협박을 저지른 자는 개인이든, 집단이든 결코 그 죄를 먼지 못할 것이다.

그렇다고 법에도, 인권위원회에도 제소하지 않은 것은 그들을 믿을 수 없었기 때문이다. 지난날 '국가인권위원회'가 제 소임을 다하지 못한 채 국내외의 비판에 직면했던 사실 때문이다. 인권뿐이 아니다.

지금은 자유권적 기본권뿐 아니라 사회권적 기본권이 새로운 보호 대상으로 중시되는 시대이다. 세계인권선언문은 전문과 30개 조로 되어 있다. 2조부터 21조까지는 속칭 자유권이라고 알려진 정치적, 시민적 권리를 얘기하고 있으며, 22조부터 29조까지는 사회권으로 알려진 경제적, 사회적, 문화적 권리를 명시하고 있다. 오늘날에는 새로운 인권 분야로서 자유권, 사회권 이외에 평화권, 환경권, 발전권까지 총 다섯 가지의 인권들이 상호 견제 유지되면서 조화되는 것이 바람직하다고 유엔UN은 주장하고 있다.

★ 《시민의 불복종》

간디Gandhi와 마틴 루터 킹 목사의 '시민 불복종' 운동에 큰 영향을 미친 헨리 데이빗 소로우Thoreau는 그의 저서 《시민의 불복종》에서 "나는 누구에게 강요받기 위하여 이 세상에 태어난 것이 아니다. 나는 내 방식대로 숨을 쉬고 내 방식대로 살아갈 것이다"라고 선언하였다. 그는 정부는 정의의 편에 서 있기 때문이 아니라 가장 힘이 세기 때문에 국민을 지배하고 있다고 생각했다. 그는 법보다 정의가 우선이라고 생각한 것이다.

그의 사상이 오늘날의 시민운동, 흑인에 대한 차별적인 법률, 인권을 침해하는 법률, 시민의 정치 참여를 지나치게 제한하는 선거법 등에 따른 시민 불복종 운동 등에 많은 영향을 주었다. 현대 사회에서도 그 영향으로 인권 침해 요소들이 많이 사라진 게 사실이다.

★ 노블리스 오블리제[6]

동서고금을 막론하고 국가 발전의 동력은 상층 집단의 '노블리스 오블리제 Noblesse Oblige'이다. 상층부가 특권만 누리고 의무를 저버린다면, 그 나라의 앞날은 암담하기 때문이다. 따라서 고위직이 노블리스 오블리제를 회복하지 못하면 국가적 재앙이 된다. 법을 집행하는 사람이 굳세면 나라가 강해지고 약하면 나라도 약해지는 법, 법의 잣대가 고무줄이면 백성들도 법 알기를 우습게 안다. 나라에 원칙이 없다. 원칙이 바로 서야 나라의 기강도 바로 선다.

---

6) 프랑스어로 사회 지도층의 도덕적 책무

◈ 폭력

● 폭력이란 무엇인가?

폭력은 전쟁이나 강도, 학대 등의 예전에 폭력의 대명사로 여겨지던 말 외에도 성폭력, 가정 폭력, 조직폭력, 집단폭력, 유사 폭력 등이 있다. 폭력이란, '난폭한 힘'이다. 폭력은 그 대상의 신체적 고유성을 파괴할 수도 있는 강력한 힘을 말한다. 이러한 폭력에는 정당성을 결여한 폭력이 있고 정당성을 갖춘 폭력이 있다. 정당성을 갖춘 폭력은 국가다.

소위 국가가 사용하는 폭력은 '권력'이 되고, 국가의 허락 없이 사용되는 것만이 '폭력'이 되는 것이다. 공인된 폭력 기관인 군대나 경찰이 사용하면 우리는 그것을 폭력이라 부르지 않고 국가의 '공권력 公權力'이라고 부른다. 같은 힘을 조직폭력배와 같이 허가받지 않은 집단이나 개인이 사용하면 그것이 '폭력'이다. 그 폭력의 정당성에 대한 국가의 독점은 국민에게 평화를 약속하며, 국민은 그 약속을 믿고서 국가에 복종하는 것이다.

이렇게 잔인한 폭력을 전혀 없는 사회로 건설하겠다는 것은 매우 비현실적인 이야기다. 역사적으로 폭력이 없었던 때는 없었다. 원시 시대에서부터 오늘날까지 세계 어느 곳에든 폭력이 발생하여 왔다. 폭력의 근절은 '구호'가 될 수 있을지언정 현실적으로는 불가능하다. 오로지 폭력을 사전에 막고 그것을 최소한도로 줄이거나 극복을 위해 노력하는 것이 필요할 뿐이다.

★ 폭력과 투쟁의 시초

인간 사회에 폭력과 투쟁의 살벌한 방법을 도입한 것은 칼 마르크스와 러시아

의 공산당이다. 프롤레타리아 독재를 강조한 마르크스는 공산주의 사회를 건설하기 위하여 폭력 혁명과 계급 투쟁을 강조했다.

● 전쟁과 폭력

인간 사회에서 평화를 깨트리는 제일 큰 위험은 전쟁과 폭력임은 말할 것도 없다. 폭력은 악이다. 폭력의 제일선에 서 있는 아프리카 밀림 사회, 야수의 세계에서는 약육강식弱肉强食의 먹이사슬의 법칙만이 지배한다. 내가 살기 위해서 무자비하게 살육을 자행하지 않을 수 없다. 힘과 힘, 발톱과 발톱, 이빨과 이빨의 잔혹한 폭력적 투쟁이 존재할 뿐이다. 잔인하게 대결하는 비정과 야만의 사회다. 성자聖者 마하트마 간디도 "폭력은 동물의 법칙이요, 비폭력은 인간의 법칙이다"라고 했다. 이것이 인간과 동물의 근본적 차이다.

그러나 인간 사회도 동물 사회의 법칙이 잔존해서 문제다. 국가 간의 침략적 전쟁을 보라. 동족 간, 인종 간의 전쟁을 보라. '정의로운 전쟁' '거룩한 전쟁'일지라도 거기에는 어쩔 수 없이 분노가 있고, 참혹한 살육이 있는 경우가 다반사다. 강대국 소련이 힘없는 '우크라이나'를 침범하여 살육하는 현장을 목격했을 것이다. 이처럼 전쟁이란 사느냐 죽느냐 하는 극단적 이원론二元論의 세계일 뿐이다.

그 전쟁 뒤에 따라오는 것은 정치적 혼란, 경제 질서의 파탄, 무서운 생활난과 사회적 불안, 도덕적 퇴폐를 가져온다. 전쟁은 바로 지옥이다.

★ 냉혹하고 잔인한 실력자

사람은 권력자, 살인마, 폭력단 등의 인간으로부터 위협을 받으면 대개 도망치고 싶다는 본능이 작용한다. 공포심만큼 인간을 비겁하게 하는 것은 없다. 공포는 인간을 극도로 이기적으로 만든다. 특히 상대방의 실체를 모를수록 공포는 인간의 마음을 더 얼어붙게 만든다. 갑자기 밀려오는 공포, 그것에 맞설 의지를 빼앗아버릴 만큼 거대한 두려움은 사랑하는 존재까지도 쉽게 희생시켜 버린다. 피하기 어렵고 더구나 저항하기 어려운 강대한 두려움일 경우에는 사랑하는 사람을 해치고서라도 구제받기를 바라는 것이 인간이라는 존재이다.

만약 냉혹하고 잔인한 실력자의 압박이 있고, 또는 그런 사람의 마음을 살 수만 있다면 인간은 동료나 부하를 해毒하기를 주저하지 않는다. 공산권 제국에서는 동지를 팔고, 상관을 밀고하는 것은 두 말 할 것도 없고, 아무렇지도 않게 아버지가 아들을, 딸이 어머니를, 아내가 남편을 고발하여 교도소로 보낸다는 것을 우리는 잘 알고 있다. 그들 무리는 감히 나라라고 부를 수 없는 천인공노天人共怒할 범죄 집단이다.

● 인류사의 폭력

인간 사회 그 어디에도 폭력이 없는 곳은 없다. 거의 매일같이 강간이나 살인, 동물 학대, 아동 학대, 배우자 구타 같은 폭력이 일어난다. 인간을 상대로 생체실험을 강행하고, 위안부를 끌고 다닌 일본의 잔혹행위, 혈통을 보존한다는 구실로 수백만의 유대인을 학살한 독일의 홀로코스트Holocaust 등 이루 셀 수 없는 폭력이 인류사에서 반복되어왔다. 역사가 강자의 논리에 휘둘린 것이다. 안타깝지만 그게 현실이다.

가장 큰 폭력 집단은 역시 국가다. 국가는 폭력 사용을 독점하고 있는 조직이기 때문이다. 국가적 폭력에는 다른 국가와의 전쟁과 다른 하나는 자국 시민에 대한 조직적 폭력을 일삼는다. 파시즘, 공산주의, 냉전, 세계대전, 국지전, 종족 분규, 이데올로기의 대립과 정치

탄압, 대량 학살 등과 같은 현상들은 모두 국가의 이름으로 저질러진 것들이다.

① 늘어만 가는 강력 범죄

모든 죄의 근원은 화禍에서 시작된다고 한다. 폭력 범죄에 의한 비극의 절반은 상대의 자존심을 상하게 하거나, 얕잡아 보거나, 허영심을 해치는 따위의 사소한 문제로부터 발단된다. 사건의 전말은 술과 관계된 허세, 서로 간의 언쟁, 논쟁 중 무심코 던진 모욕적인 언사를 辭와 비난, 경멸하는 말투와 실례되는 행동 등에 의해 급기야 감정을 이기지 못해 휘두른 주먹 등의 사소한 문제가 잔인한 범죄로 이어진다. 가정에서도 마찬가지다. 대수롭지 않은 실수에 부인을, 자기 남편을 퉁명스럽게 몰아세워 자존심을 짓밟는다.

사회적으로는 좌익과 보수의 정치적 갈등, 부자와 빈곤층의 갈등 등 뿌리 깊은 불신 때문에 폭력의 시초가 되며, 우리 사회에 만성적인 물질만능주의가 번지면서 돈과 연결된 부모-자식 간의 갈등, 청소년의 허영심이 부른 강도 사건, 이성 간의 성폭력, 또 묻지 마 폭력 등이 사회 불안 요소로 급격히 부각되고 있다. 물질이 부른 자존심과 허영심이 폭력을 일으키는 주된 요인이 된 것이다. 마키아벨리Machiavelli가 "인간이란 자기가 필요하다고 여길 때만 성실한 인간이 되는 것이며, 그럴 필요가 없을 때는 당장 악惡쪽으로 기울어지기 쉽다"라고 한 말, 옳은 표현이다.

② 테러리즘

2001년 미국 뉴욕의 국제무역센터 빌딩과 워싱턴 국방부 청사펜

타곤가 오사마 빈라덴이 이끄는 테러 조직에 의해 무참히 파괴되는 대참사가 일어났다. 역사상 유래가 없는 경악할 테러Terror로 기록될 사건이다.

테러리스트라고 부르는 자들은 누구인가? 그들은 국가를 해치기 위해 활동하는 비밀 조직들을 일컬어 테러리스트 조직 혹은 반란 조직이라고 부른다. 체첸 사람들, 현재 임시정부를 탈환한 아프가니스탄의 탈레반이 대표적인 예이며, 미얀마의 카렌족, 아일랜드의 가톨릭 신자들, 바스크족, 쿠르드족터키, 나가족, 위그르족중국 신장, 팔레스타인 사람들, 타밀반군스리랑카들을 흔히 테러리스트라고 부른다. 또는 미국이 '악의 축'이라고 부르는 국제적 테러조직이 존재하며, 북한도 예외일 수 없다.

③ 사회주의

오늘날에도 제1, 2차세계대전 시절과 같이 재판도 하지 않고 사람을 구금하거나, 시민의 권리를 쟁탈하고, 언론의 자유까지 제한하는 국가들이 많다. 오직 국가에 대한 충성만을 강요하면서 국가에 대한 비판은 반역에 가깝고, 내 편이 아니면 적이라는 식의 논리가 횡행하는 곳이다. 누구든 찍히면 사라진다. 북한과 같은 사회주의 집단이다. 2022년 3월 강대국 '소련'이 저항할 힘도 없는 약소국 '우크라이나'를 향하여 살육을 자행하는 명분 없는 전쟁을 보았을 것이다. 그것이 사회주의 국가다.

국가가 시민을 괴롭히고, 거짓말하고, 속이고, 습격하고, 엿보는 행위들이 정당화한 나라들, 대개가 사회주의 국가들이지만 그렇지 않은 나라들도 일부 존재한다.

◈ 교도

정신분석학자에 따르면 안정된 바람직한 사회를 이루려면 도덕적 억압이나 검열의 최소화, 물질적 풍요로움 그리고 적어도 부의 균등한 분배가 실현되어야 한다고 강조한다. 그래야 개인들이 자유로이 자신의 욕망을 채움으로써 좌절과 폭력이 사라질 수 있다는 것이다. 그렇게 된다면 도덕률이나 실정법이 필요치 않고 사람들도 범죄를 저지르려는 유혹을 느끼지 않을 것이라는 판단이다. 그러나 인간 사회에서 이를 충족시킨다는 것은 현실적으로 꿈에 불과하다. 그래서 교도教導를 외치는 것이다.

교도란 무엇인가. 가르쳐서 이끈다. '지도 교육'으로 순화한다는 뜻이다. 남을 속이는 자, 죄를 지은 포악한 자, 마음이 비뚤어지고 사욕에 어두운 자들을 새사람으로 거듭 태어나게 하자는 취지지만 그것 역시 결코 쉬운 일이 아니다. 그들을 진실된 사랑과 온유와 겸손으로 대해줌으로써 상대가 스스로 깨우치게 하자는 것인데, 그게 어디 쉬운 일이겠는가. 인간이 개과천선改過遷善한다는 것, 참으로 어려운 일이다. 역사가 증명해왔다.

제18과
가족
Family

　우리에게 '가족'이란, 조상으로부터 현재에 이르기까지 가부장적인 '혈연관계'로 맺어진 실제적이자 상상적 공동체였으며 일종의 종교적 단위였다. 그 오랜 역사가 일제의 식민지 지배, 한국전쟁, 오늘날의 산업화와 도시화로 사회가 급속히 변화하면서 가족의 형태까지 빠르게 변모하여 왔으나, 혈연적 가족의 개념은 변함이 없다.

　오늘날의 '가족'이라야 대가족은 신화가 된 지 오래고, 겨우 남녀한 쌍과 아이 한둘이 전부, 그나마 해체와 변이變異가 빈번해서 예전의 가족처럼 폭넓고 안정적인 연대는 찾아보기 어렵지만, 그래도 혈족血族만큼 듬직하게 기댈 수 있는 운명 공동체는 없을 것이다.

　그렇게 사랑으로 똘똘 뭉쳐진 중요 집단이 바로 건설적인 사회를 유지하는 우리 가족인 것이다.

◈ 현대 가족의 특성

　한국 사회의 가족에 대한 가치관이 빠르게 변모하고 있다. 급변하는 사회 변화에 영향을 받으며 예측하기 어려울 정도로 새로운 유형의 가족이 속속 등장하고 있다. 그 본질이 혈연血緣을 중시하는 혈연적 공동체에서 점차 관계를 중시하는 정서적 공동체로 바뀌어가고 있는 것이다.

· **변모하는 가족**

가족을 일컬어 "부부를 중심으로 한 친족관계에 있는 사람들의 집
단, 또는 그 구성원, 혼인, 혈연, 입양 등으로 이루어진다"라고 정의
되어 왔으나, 개정된 〈민법民法〉에서는 배우자, 직계혈족 및 형제자
매로 그 범위를 확대했다. 생계를 같이 하는 경우에는 며느리와 사
위, 장인과 장모, 시아버지와 시어머니, 처남, 처제까지도 모두 가족
에 포함되는 것으로 발전한 것이다. 이렇게 가족의 의미가 변형 또는
확장되어 급격히 변모한 사회로 확산되어 가고 있다.

· **가족의 유형**

가족이 '혈연공동체'라는 전통적인 개념에서 벗어나 '유대감을 바탕
으로 하는 동거인'이라는 개념으로 나아가고 있다. 외국에서처럼 한부
모 가족, 동성 가족, 동거 가족, 공동체 가족 등 신 가족 혹은 대안 가족
으로 다양하게 분화하기 시작했다. 뿌리 깊은 전통적 혈연 가족에서 탈
피하여, 근대적 핵가족으로 배우자가 없는 1인 가족, 양친 중의 한쪽과
그 자녀로 이루어진 한부모 가족, 아이를 원하지 않는 딩크족, 동거 가
족결혼하지 않은 남녀, 동성同姓 가족, 공동체 가족, 반려동물과 함께 사는
딩크펫DINK-Pet 가족, 사이버 가족인터넷을 통한 가상 부부, 국적이 서로 다
른 남녀가 결혼하여 구성하는 다문화 가족 등으로 변천한 것이다.

이외에 재혼 가족, 맞벌이 가족, 위성 가족, 실험 또는 계약 결혼에
의한 가족, 부부가 직접적인 커리어Career를 유지하기 위하여 일주일
에 3일 내지 4일 정도 떨어져 사는 분거 가족 등 다양한 형태의 가족
유형이 공존하고 있다.

◈ 가족 성립의 원천, 부부

● 부부관계

각기 서로 다른 환경에서 성장한 두 남녀가 결혼이라는 의식이나 제도를 통해 맺어진 부부관계는 가족관계의 시작이며 핵이라고 할 수 있다. 서로 성격도 다르고, 취미도 다르고, 가정환경도 다르고, 성장 과정도 다르고, 인생관도 다른 두 남녀가 만나 서로 사랑하고 서로 아끼고 서로 신뢰하고 서로 도우면서 운명의 공동체를 만들어 간다. 모진 세월을 함께 겪어내고 험한 고비를 함께 이겨내며 서로 다독여가며, 의식적 또는 무의식적으로 타협하고 적응하면서 관계를 유지하게 되는 사이, 그것이 부부다.

불교에서 바라본 부부란 3천 년 인연으로 맺어진 무촌無寸의 관계다. 우연이 아니라 전생에서의 깊은 만남의 결과란다. 이 세상의 크고 작은 모든 일이 직접적 원인인 인因과 간접적 원인인 연緣이 서로 결합하여 생기는 알 수 없는 불가사의不可思議한 힘이라는 것이다.

● 부부 사이 각각의 적응 유형

부부는 인륜의 시작이요 만복의 근원이다. 그래서 예나 지금이나 집안을 올바르게 지켜나가려면 부부 사이부터 유의해야 할 사안들이 많다. 아무리 친밀하더라도 서로 올바르게 행동하고 조심해야만 하는 사이가 부부다. 서로가 인격을 존중하면서 정중하고 예의 바르게 다가가야 한다. 비록 친하고 지극히 가깝지만, 지극히 바르고 지극히 삼가야 할 자리임을 잊어서는 안 된다. 부부로 맺어진 사람들, 그들의 각각의 적응 유형들을 살펴본다.

① 'A 유형'은 결혼 초부터 긴장과 갈등이 연속되면서 잔소리, 말다툼이 끊이지 않고 비난하고 싸우면서 살아가는 유형이다. 그러나 결혼생활을 그만둘 만큼 극심한 갈등은 겪지 않아 파국에 이르는 일은 거의 없다.

② 'B 유형'은 결혼 초에는 낭만적 사랑과 친근감으로 활기찬 교류가 있었지만, 결혼생활이 지속됨에 따라 생기를 잃고 그럭저럭 결혼생활을 유지하는 부부관계이다.

③ 'C 유형'은 결혼 초부터 별다른 감정 없이 서로 피상적으로 부부관계를 유지하고, 상대방이 하는 일에는 관여하지 않으면서 각자의 생활을 영위하는, '함께 있으나 공허한' 단조로운 관계이다.

④ 'D 유형'은 부부관계가 심리적으로 서로 강하게 연결되어 있으며, '우리'라는 의식을 가지고 공동의 활동에 함께 참여하고 즐기는 성공적인 관계다.

⑤ 'E 유형'은 동료 의식과 관여도가 높은 비교적 이상적인 유형이다. 아내는 여러 가지 형태로 남편의 일에 긍정적으로 참여하며, 상호관계를 유지하려고 노력한다. 이 유형의 부부는 내면적 관계를 유지하는 매우 이상적이며 행복한 관계다.

⑥ 'F 유형'은 부부 사이 갈등을 홀로 외로이 의연하게 봉합하며 살아가는 유형이다. 외롭고 쓸쓸한 사이지만 현명한 관계이다.

● 부부 적응의 측면

부부란 두 사람 간의 생활상의 적응뿐만 아니라 성격, 성, 경제, 친인척관계 등 다양한 측면에서도 적응해야만 한다.

① 이혼하는 부부의 첫 번째 이유가 성격 차이라는 점을 보더라도 부부의 성격적 적응은 쉽지 않다. 따라서 서로의 개인차를 인정하고 수용해야 하며, 부부간의 갈등은 당연하고 정상적인 것으로 인식해야 한다.

② 부부가 정신적·육체적 사랑을 나누는 일은 당연하고 자연스러운 일이다. 따라서 부부는 성적 적응을 위해 상대방의 생리적, 심리적 상태를 이해함으로써 만족스러운 결과를 얻을 수 있도록 노력해야 한다.

③ 또, 부부 사이에 경제적 적응은 매우 중요하다. 따라서 부부는 돈의 소비, 관리하는 방법 그리고 소득과 지출의 균형을 맞추기 위해 항상 예산을 세우고 지켜나가야 한다. 다만 예산을 계획할 때 잊지 말 것은 저축에 대한 계획이다.

④ 친인척관계의 적응도 중요 사안이다. 최근에는 시어머니와 며느리 간고부관계의 갈등, 장모와 사위와의 갈등까지 등장하고 있어 이에 대한 해결 방안의 모색도 필요하다.

● **아내의 역할**

우리네 옛 선현先賢들은 여인네를 깨진 그릇과 같아 새는 구멍이 많은 그릇에 견주었다. 어진 아내는 말없이 제 할 일을 하며 집안을 일으킨다. 안주인의 역할을 말한 것이다. 가장을 도와 집안을 반석 위에 올려놓은 아내와 일을 꾸며 발목을 잡는 아내에게 한 집안의 성쇠가 달려 있다고 본 것이다. 세르반데스의 말처럼 "순결하고 덕망 있는 여인보다 값진 보물은 이 세상에 없다"라고 본 것이다.

호주머니에 돈 좀 있을 때는 아무 계획도 없이 써버리거나, 갚을 요량도 없이 궁하다고 이잣돈을 끌어다 쓰는 사람은 반드시 그 집안을 망치는 일이다. 꾼 돈을 갚을 길이 막연하고 이자도 감당할 수 없다면 어쩌겠는가? 요즘처럼 카드빚을 카드Card 대출로 막으면 결국 빚이 눈덩이처럼 불어나 신용불량자가 되고 마는 이치와 다를 바 없다. 이를 패가敗家의 주목으로 지목한 것이다. 오늘날이라 해서 무엇이 다르겠는가?

① 양처

좋은 아내를 선택한 자는 행복하지만, 어리석은 아내를 선택한 자는 인생의 괴로운 짐을 진다. 낙심한 남편에게 용기를 불러일으키고 좌절했을 때 희망을 주는 아내를 가진다면 그는 진정 행복할 것이다. 한층 더하여 충고나 조언을 넘어선 아내의 적극적인 지지는 남편의 사랑을 불태우고 아내를 공주나 왕비로 대우할 것이다.

남자는 여자와 달리 스스로 자신을 힐링Healing할 수 있는 능력도 없다. 결혼 후라도 계속해서 누에고치처럼 감싸주는 사람이 없으면 철없는 아이처럼 방황하는 존재가 남자들이다.

따라서 여성의 영향력 없이는 어떤 남성도 행복해질 수 없으며 완전해질 수도 없다는 사실이다. 탈무드에도 아내는 남자에게 집이라고, 유대 속담에도 남자는 가정에서 수뇌격인 머리요, 여자는 그 위에 얹혀 있는 모자라고 했다. 하나같이 가족 간 여자의 지위와 역할을 강조한 말들이다. 거기에다 둥지를 지키는 어머니의 역할까지 더해진다. 언제라도 가족들이 지치고 힘든 마음을 부드럽게 어루만져주기 때문이다. 어머니 품은 늘 따뜻했다고 기억하는 것은 그 때문이다.

② 악처

우리 속담에 열두 효자 악처만 못하다고 하지만, 못된 젊은이의 욕하는 소리와 사나운 아내의 바가지 긁는 소리는 정말 귀를 먹느니만 같지 못하다. 찢어지게 가난했던 소크라테스는 악처로 세계 역사에 이름을 남긴 아내로부터 갖은 수모를 당하며 살아야 했다. 대문호 톨스토이는 아내의 잔소리 때문에 가출한다. 링컨 대통령 얼굴에 뜨거운 커피를 끼얹은 그의 부인도 분명 악처였을 것이다.

역사적으로 위대한 업적을 남긴 위인들을 보면 대개 내조를 잘한 아내를 두는 경우가 많았다. 사사건건 아내의 잔소리는 남편의 일탈만 불러올 뿐이다. 남편의 사업적인 성공은 대개 격려하는 아내인가 비난하는 아내인가에 달려 있다. 그래서 지성이야말로 사람이 가진 능력 중에서 가장 으뜸이 되는 축복받는 일인 것이다.

● 가장인 남편의 역할

가장Breadwinner, 家長인 남편의 역할 역시 더없이 중요하다. 오늘날처럼 경쟁이 치열한 유동하는 세상, 기회와 불안이 공존하는 시대에 살아가는 남편의 역할은 원만한가. 그렇지만은 않다. 가장의 역할이 결코 녹록지 않다. 이 혼란스럽고 불안하고 경쟁이 치열한 세상에서 안정을 추구하기 위해 발버둥 쳐보지만 출세와 권위, 원만한 경제적 자원의 획득이 결코 쉬운 일이 아니기 때문이다.

오늘날 산업 사회의 아버지들은 실업이나 은퇴 등으로 심한 자아 상실감과 외로움, 불안을 겪으며, 그저 그런 생활을 영위해가는 존재로 추락했다. 전 가족의 생계를 꾸려가던 한 가정의 가장인 아버지의 위상이 이제 더 갈 데 없이 멈춰버린 것이다. 어쩌면 세상에서 가장 외로운 사람들이다. 완벽한 행복을 얻기 위해 온 정성을 쏟아보지만, 그들에겐 우직하게 걸어가는 아틀라스Atlas 같은 힘도 없다.

직장에선 상사에게 주눅 들고 아랫사람에게 치이며, 회사에서 보장하는 정년이라는 안전벨트도 잃어버린 채 치열한 생존경쟁의 틈바구니에서 좌충우돌 치이며 살아야 하는 인생, 직장에서 밀려나 돈까지 못 버는 신세라면 천덕꾸러기요 애물단지가 따로 없다. 가정에서 무슨 말을 한들 령令이 서겠는가? 한때 우리 사회의 주역이나 영웅이었던 아버지들은 이제 홀로 정원의 벤치에 앉아 있는 생기 잃은 가련한 모습이다.

★ 양처의 할 일

남자는 치열한 경쟁 사회에서 성공자가 되어야겠다는 부단한 심리적 긴장감을 안고 살아간다. 그 긴장감과 경쟁의식을 풀어주는 장소가 바로 단란한 가정이다. 밖에 나가면 경쟁의 찬바람이 불지만 집에 돌아오면 사랑과 이해가 감돌아야 한다. 아내는 남편의 좋은 이해자가 되고 협력자가 되어 밀어주고 감싸주고 이끌어줄 줄 알아야 한다. 그것이 양처良妻의 할 일이다.

◆ 부모의 구실

어머니의 품에서 갓 나온 어린애는 일어서는 힘도, 걷는 힘도, 말하는 능력도 없다. 적의 공격에서 자기를 안전하게 지키는 방위력도 없다. 그는 가장 무력한 존재다. 그래서 부모의 정성스러운 보호와 양육이 없다면 생존할 수 없다. 그러므로 부모는 어린애의 생명의 수호신이다. 그런데 요즘 사회적 문제로 부모와 자식에 대한 학대가 대두되고 있다. 애인과의 새 출발에 방해가 된다며 어린 세 딸을 버린

엄마, 어린 자식들을 굶기고 온갖 고문을 일삼는 부모, 심지어 가출에 성 범죄로까지 내모는 짐승보다 더 악독한 실상 '남보다 못한 부모'가 도처에 넘쳐난다.

어린 아동이 5세 정도까지 부모가 정성껏 사랑을 듬뿍 주면 세상과 자신에 대해 긍정적인 상象을 갖게 되지만, 이를 돌보지 않고 방치하거나 학대하면 이 아이는 부정적인 자기 상을 가지며 세상과 관계를 맺는 데 치명적인 큰 어려움을 겪는다고 한다. 그래서 이 시기를 인생의 '결정적 시기'라고 하는 것이다.

따라서 자녀는 사랑이라는 햇살을 받으며 온화한 서정 속에서 자라도록 해야 한다. 내 자식들을 옳게 사랑하는 총명한 지성이 필요한 이유다. 자모慈母가 되기는 쉬워도 현모賢母가 되기는 어려운 세상이다. 그래서 부모가 되는 길은 많은 인생 경험과 사랑과 지혜를 필요로 하는 것이다.

★ 현모가 되는 길

어머니는 자식을 낳는 일, 기르는 일과 가르치는 일의 세 가지를 수행해야 한다. 생모生母요, 양모養母요, 교모敎母의 역할이다. 부모가 되기는 쉽지만, 부모의 구실을 하기란 그토록 어려운 것이다. 기르는 일은 낳는 일보다 어렵고 가르치는 일은 기르는 일보다 더 어렵다. 자모가 되기는 쉬워도 현모가 되기는 어렵다는 말이다. 현모가 되려면 사랑과 지혜와 용기가 필요하며, 자녀들의 단점을 냉철하게 관찰하고 파악하는 현철한 눈을 가져야 한다.

◈ 가족 간 인간관계

세상에서 가족만큼 든든하게 기댈 수 있는 피난처는 없다. 그러나 예외성으로 부정적인 반면도 갖고 있는 것이 가족이다. 가정 내에서 구타, 아동 학대와 노인 학대 등이 빈번하게 벌어지고 있기 때문이다. 피를 나눈 소중한 가족이 함께 살면서도 때로는 서울에서 북극北極 쯤 되는 마음의 거리를 만들어내고 있는 것이다.

그래서 가정은 대인관계의 지혜와 배려를 시험하는 곳이기도 하다. 어쩌다 작디작은 일로 다투고 잔소리를 퍼부어 험악한 분위기를 연출하기도 한다. 아버지와 어머니가 말다툼하고 오빠, 동생과 싸우면서 실망하고 화도 많이 난다. 나 자신도 성장해가면서 어쩌다 부모에게 대립각을 세워 마음을 아프게 할 때도 있었을 것이고, 평생 자식만을 돌봐온 어머니에게 못할 말도 해댈 때도 있었을 것이다. 영어 속담에 "Familiarity Breeds Contempt"란 말이 있다. "익숙해지면 얕본다. 친해지면 무례해지기 쉽다"라는 뜻이다. 대표적인 관계가 바로 가족이다. 그러면서 후회도 하고 불안감을 느끼며 살아간다. 이것이 가족 간의 인간관계다.

· 갈등의 원인

가족 구조가 단순해지고 가족 유형이 다양해지면서 가족 구성원 간의 문화와 생활에 대한 인식 차이 때문에 또는 가정 내의 아내의 경제적 능력 향상과 아버지의 권위 약화가 원인이 될 수 있고, 가족 생활 내의 가치나 규범의 변화, 가족 응집력 약화, 평등성의 확산 등으로 가족 간의 위치가 불안정해지면서 갈등을 야기한다.

또, 자녀와 세대 차이로 인한 단어 사용의 차이, 부모의 권위주의적이고 독단적인 태도, 부모의 지속적인 불쾌 정서 상태와 부정적인 대화 방법, 부모의 권위 약화, 자기들을 이해하지 못한다는 자녀 자신들의 편견, 자녀의 자아 긍정성 결여 등을 들 수 있다.

· 갈등 해결 방안

갈등이 심화될 때 성인聖人들은 인내를 강조한다. 상대가 터무니없는 짜증을 내더라도 한발 양보하면 폭풍우를 잠재울 수 있기 때문이다. 그런데도 냉정함을 잃고 맞받아쳐 가족 구성원 간의 관계가 급격히 단절되기도 하고, 때로는 일이 너무 커져 가정이 붕괴되어 따뜻한 보금자리가 머나먼 실낙원失樂園의 꿈이 되고 마는 경우도 있다.

이 세상 어디에도 싸움과 스트레스 없는 가족은 없다. 가족이 항상 행복할 수도 없다. 따라서 장기적 관계를 유지하기 위해서는 지혜의 또 다른 자질인 인내忍耐를 필요로 한다. 항상 내가 옳다고 주장하는 일, 모든 논쟁에서 승리해야 한다고 주장하는 행위는 절대 삼가야 한다. 갈등을 미연에 방지하는 것은 불가능하다. 그러기에 건강한 가족이란 스트레스와 갈등이 없는 가족이 아니라, 이를 해결할 수 있는 가족이다.

세상에서 가장 순수하고 이타적이고 감동적인 것이 자식에 대한 부모의 사랑이다. 이 세상에 그 어떤 이유로도 변치 않는 사랑이 바로 부모-자식 간의 사랑이라는 것을 한시도 잊지 않는다. 그래서 가족은 서로를 버리지 않을 것이라는 깊은 신뢰를 가지고 있다. 또한 서로가 서로를 아끼고 보호할 것을 잘 알고 있다. 사회생활이 대부분 가족 중심적인 우리 사회에서는 가족만 진정 믿을 수 있는 대상으로 생각하기 때문에 서로가 '조금만 노력'하면 갈등은 자연적으로 해소될 것으로 기대한다. 구성원 모두 동반자이고 동료이자 가까운 친구이기 때문이다.

◈ 가족관계의 파괴
● 가족 해체의 원인

과거 농경 사회에서 대가족이었던 때가 엊그제인데, 산업화에 따른 핵가족화 현상과 이혼 증가로 인한 가족 해체 현상이 심화되고 있다. 가족관계의 주된 파괴 원인은 대부분 경제적 궁핍과 남편의 폭력에서 비롯된 것으로 파악되고 있다. 특히 장기간의 협박과 폭력은 곧 가족관계의 파괴를 낳고 자칫 생명을 위협하는 지경으로까지 치닫기도 한다. "모든 남자가 두렵다" "남편이 죽어버렸으면 좋겠다"라는 등의 느낌을 복합적으로 드러낼 정도로 심각하다. 연약한 여성에게 경제적 궁핍보다 폭력을 견디기가 더 어렵기 때문이다. 반대로 매맞는 남편들은 대부분이 주변의 시선을 의식하여 참고 견디다가 가출과 이혼으로 발전한다.

① 남편의 폭행

부부간의 폭력은 동서양을 막론하고, 또 사회 경제적 계층과 교육적·지역적 차이를 막론하고 보편적으로 존재한다. 이런 가정 파괴의 시초가 잦은 부부 다툼에서 시작되며, 폭력에는 신체적 폭력, 성폭력, 정서적·심리적 폭력, 경제적 폭력 등으로 구분할 수 있다. 신체적 폭력은 흔히 뺨 때리기에서부터 목 조르기, 물건 던지기, 흉기로 위협하고 찌르기, 담뱃불로 지지기 및 살인에 이르기까지 다양하며, 정서적·심리적 폭력은 비난 및 소외에서부터 가두기와 내쫓기 그리고 고함치기 및 공포 분위기 조성 등의 형태로 나타난다고 한다.

조사에 따르면 남편으로부터 신체적인 폭력을 경험한 아내들이 40~60%에 달하며, 집안일이라며 쉬쉬하느라 알려지지 않는 경우까지 집계할 수는 없다고 해도 신고가 된 가정 폭력 중 80% 이상이 남편에 의해 발생한다고 한다.

② 아내의 폭행

반대로 아내에 의한 남편 폭력도 남편에 의한 아내폭력의 경우와 별반 다르지 않다고 한다. 폭력적인 아내는 주로 성장기에 아버지로부터 많이 맞고 자란 경우 발단이 되어 심한 열등감, 스트레스를 자녀의 손찌검에서 발전하다가 차츰 남편에게도 폭력을 행사하게 되는 예가 많다. 또, 의사 표현 능력이나 협상 능력이 없어 지배권을 획득하고자 하는 경우도 있으며, 알코올이나 약물 중독 혹은 의부증疑夫症으로 발단되는 예도 많다고 한다. 또 남편의 퇴직금을 가로채기 위해 마약 중독자로 몰아 강제 입원시키는 사례도 있다고 한다.

보통 남편 체구가 작고 내성적이며 소극적인 경우 혹은 남편이 허약해서 폭력 행사로 연결되는 경우가 많은데, 아내가 남편을 폭행한 건수가 한 해 300여 건에 달한다고 한다.

③ 바람피운 배우자

어쩌다 배우자가 바람을 피웠다. 어떻게 해야 할까? 신뢰가 사라진 부부관계는 정도에 따라 다르겠지만 무거운 짐처럼, 폭탄처럼 느껴질 것이다. 그들의 신뢰는 과연 회복될 수 있을까? 무엇보다 중요한 것은 먼저 신뢰를 깬 사람이 자신의 어떤 가치관 때문에 불화가 생겼는지를 인정하고 실토해야 한다. 그리고 신뢰를 깬 사람이 오랫동안 일관되게 나아진 모습을 보여야 한다. 다시 회복하는 건 전적으로 당사자의 실제 행동을 보는 것이기 때문이다. 대화를 지속하면서 상대의 행동이 나아지는지를 꾸준히 지켜봐야 한다. 올바른 가치관을 따르고 있는지, 앞으로는 정말 다른 모습을 보일 것인지 확인하는 방법은 이것뿐이다. 그 신뢰를 망각한다면 화합은 쉽지 않을 것이다.

반대로 여자가 바람을 피운 경우는 확연히 다르다. 신뢰를 회복하는 것은 불가능에 가깝다. 설령 신뢰를 회복한다 쳐도 일이 꼬일 가능성이 크다. 신뢰는 사기그릇과도 같다. 처음 깨뜨렸을 때는 그나마 조심조심 붙일 수 있을 것 같으나, 여자인 경우는 자칫 붙이기도 어려울뿐더러 붙였다가도 여차하면 산산이 흩어지고 말기 때문이다. 그래서 여자가 바람피운 경우는 대개가 종말終末에 가까운 것이다. 사회 인식 또한 그렇다.

④ 이혼

이혼은 부부관계를 인위적으로 해체시키는 일이다. 이혼 사유 중에서 부인의 경우는 폭언·폭행 등 남편의 부당한 대우가 가장 많고, 주벽·외박, 가장 역할 소홀, 부정행위, 의처증, 자기 부모에 대한 부당한 대우 순이다. 반대로 남편의 경우는 부인의 음주, 늦은 귀가, 단정치 못한 행동이 가장 높으며, 유기遺棄, 가출, 성 역할 소홀, 부정행위, 자기 부모에 대한 부당한 대우 등의 순이다.

이들의 이혼 사유를 분석해 보면 이제 여성들이 남편의 폭언이나 폭행이 가정을 지속할 수 없는 사유로 본다는 점과 남편들은 부인의 음주나 늦은 귀가, 성 역할 소홀 등 소위 '아내 본연'의 역할에 충실치 못한 것을 문제시하는 등 전통적 부부 역할 모델을 크게 벗어나지 못한 것으로 보인다.

● 중용과 균형

 이혼은 모두에게 악惡이다. 특히 가족 구성원에게 크나큰 충격과 함께 많은 변화를 가져다주기 때문이다. 따라서 이혼은 가능한 한 경계해야 한다. 특히 자녀들에게 이혼은 정서적으로 치명적인 영향을 받게 되어 부정적인 경험을 많이 하게 되는 원인이 된다. 오로지 부모만을 쳐다보며 살아온 자녀들이 무슨 죄가 있겠는가?

 이혼이 자기 자신의 정서적 해방감과 행복도 중요하지만, 내 자녀의 행복과 장래 역시 되짚어 봐야 할 것이다. 특히 미성년 자녀가 있는 경우의 이혼은 자녀들에게 심리적 충격과 변화를 던져준다. 소년 소녀 가장家長 문제, 빈곤 문제, 자녀 양육 문제, 부모 부양 문제 등 가족 간 문제를 파생시키는 심각한 일이기 때문이다.

● 가족 해체의 또 다른 요인

① 낮은 출산율

 낮은 출산율 역시 가족의 해체를 앞당기고 있다. 2018년 출생 통계에 따르면 우리나라의 합계 출산율은 0.98명으로 출생통계 작성이 시작된 1970년대 이후 최저치를 기록했다. 전 세계 201개국 중 꼴찌다. 가히 충격으로 다가온다. 이 정도면 인구 재앙災殃, 인구 절벽이라고 해도 과언이 아니다.

② 기러기 아빠

한국은 '기러기 아빠'라는 특이한 가족의 형태도 존재하는 나라다. 자녀의 교육 때문에 아내와 자식을 타국에 보내 놓고 자신은 돈을 벌어 생활비와 교육비를 충당해 주는 이들을 이른바 기러기 아빠라고 한다. 이들에게 아빠는 오로지 '돈을 보내주는 기계'로 전락하게 된다. 우리나라처럼 교육열이 높은 나라에서 생긴 기현상이다. 이 현상이 자칫 탈가족화로 이어진다는 점이 더 큰 문제다.

③ 독신주의

독신주의자들은 결혼을 선택의 문제라고 생각한다. 물론 결혼 상대를 만나지 못해 가정을 꾸리지 못한 불가피한 독신자들도 많다. 그동안 통과의례로 받아들였던 결혼이 자신의 인생을 불행하게 만들지는 않을까 염려에 기인한 것이다. 역사 속에서 순종하며 결혼이라는 제도에 따르던 이들의 일대 반란이다.

> ### ★ 다이아몬드 사랑
>
> 여자는 세상의 절반이다. 자발적 합의와 계약을 통해 결혼하고 한 가족을 꾸렸다고, 여성의 권리·인격·존엄성을 무시하거나, 사소한 일상까지 간섭하고 통제해서는 안 된다. 어쩌다 가정불화가 있을 때는 남편이 너그러운 마음으로 양보해야 한다. 부인을 불성실하게 대하는 남편은 부부생활의 행복을 얻을 수 없으며, 스스로 자신의 존재를 그만큼 빈곤하게 만드는 일일 뿐이다.
>
> 삶의 행복과 존재의 풍요를 누리기 위해서는 아내의 개성과 취미를 존중해주

고 항상 기쁨을 안겨줘라. 사랑을 바탕으로 살아가는 부부는 이혼의 위험에 처해도 간단하게 부부의 인연을 끊지 않는다. 사랑만이 깨지기 쉬운 인간들을 강하게 부착해준다. 천연의 광물 중에서 가장 강하다는 다이아몬드가 결혼 예물로 각광받은 것은 영원불멸의 강력함과 깨지지 않는 사랑을 상징하기 때문이다. 다이아몬드는 경도가 가장 높은 광물이다. 그래서 결혼 예물 중에서도 으뜸으로 친 것이다. 그 흐름은 결코 변함이 없을 것이다.

제19과

재물
Property

경제란 인간의 생활에 필요한 재화를 생산, 분배, 소비하는 모든 활동을 일컫는다. 그 경제재물가 곧 인간에게 생존과 상통한다는 의미다. 따라서 개인이나 한 사회가 번영하고 부강하려면 튼튼한 경제력밖에 다른 길이 없다는 생각을 지울 수가 없다. 경제적 위력이 부富와 권력, 가난과 굶주림을 만들어내고 막강한 권세가 되어 지금 전 세계를 장악하고 있기 때문이다. 나라의 안보를 책임지는 국방력을 강화해주고, 개인적으로는 사람의 목숨을 구하기도 하고 행복한 가정을 지켜줄 수도 있기 때문이다.

이제 우리네 삶 어디에도 돈과 연결되지 않는 것이 없다. 돈, 이 말이 곧 이 시대의 주술呪術 같은 것이 되어버렸다. 그렇게 돈이 귀천을 결정하고 성공 여부를 판단하고 측정하는 기준이 되다 보니 인간 삶의 목적이 되어 버린 지 오래다. 아무리 저급하고 천박淺薄 해도 돈만 가지면 덕스럽고 존경스럽고 고결하게 보이는 한심한 세상이 된 것이다.

◆ 돈이 악인가?

우리는 지금 돈이 세상을 지배하는 사회구조 속에서 살아가고 있다. 오늘날의 사회가 온갖 것을 돈으로 평가하고 판단하는 척도가 되면서 돈의 쇠사슬에 묶여 노예처럼 살아가고 있는 것이다. 그러나 그렇게 갈구하는 재물이 인간에게 행복의 원천인 동시에 불행의 근원이 되기도 한다. 돈이란 사람을 타락시키며 사회 곳곳에 파고들어 도덕과 윤리를 훼손하고, 온갖 범죄와 부정부패를 일으키는 마물이기 때문이다.

진실과 허위, 희망과 절망, 행복과 불행을 동시에 갖는 두 얼굴을 지닌 야누스Janus다. 악마적 속성과 천사의 모습이 공존한다. 사기와 배신, 횡령, 부정부패, 강도, 살인, 자살, 매춘, 밀수, 마약, 도박 등등 이 인간을 파멸시키고 사회를 부패시킨다. 부모-자식 간도, 형제간도, 죽마고우竹馬故友도, 사랑하는 사이도 갈라놓고 원수로 만들어버린 영혼을 말려 죽이는 돈. 잔인함과 비열함의 극치를 보여준다. 그 돈 때문에 세상이 날로 흉흉해지고 각박하고 불안정한 사회로 탈바꿈해가고 있다.

◈ 황금 시대의 종말

오늘날 사회의 일면을 들여다보면 일하지 않고도 잘 먹고 잘사는 사람들도 있다. 그런 사람들이 많다는 것은 정의롭지 않은 사회를 뜻한다. 극단의 사고인지 몰라도 속고 속이고 속아주고, 이용하고 이용당하며 살아가는 세상, 사회가 갈수록 사랑은 메말라 가고 싸늘한 갈등으로 얼룩져간다. 이제 이 사회가 부와 명예 때문에 인생의 근본적인 가치마저 망각해버린 사회로 변질되어버리지는 않을까? 불안감을 지울 수가 없다.

· 뇌물의 유혹

돈이 횡행하면서 사회 곳곳이 성한 데가 없다. 역대 대통령들의 부정부패를 비롯하여 유전무죄 무전유죄의 법조 비리, 원전 비리, 방산 비리, 건축 비리, 리베이트의 기업 비리, 입시 부정, 스포츠계 비리뿐만이 아니다. 금력金力에 못 이겨 저지른 공직자들의 부패는 일상화되어 있다. 금품 및 향응을 받는 공무원들의 그 뿌리는 한없이 깊다. 그래서 우리 사회에는 한순간의 유혹으로 평생 쌓아온 부와 명성을 잃어버리는 사람들이 너무 많은 것이다.

높은 자리에 앉은 A가 B를 천거하여 벼슬자리에 앉혔다. 천거했던 B가 A를 찾아 왔다. 밤이 되자 B는 품속에서 황금 덩이를 꺼내 A에게 주었다. B는 "날도 저물어 아무도 이 사실을 모르니 부디 받아주십시오"라고 간청했다.

그러나 A는 "하늘이 알고天知 땅이 알며地知 자네가 알고子知 내가 알고我知 있네" 이렇게 청렴결백한 A는 가난할 수밖에 없었다. 검소한 삶을 사는 사람이 부정부패를 저지르는 경우는 거의 없다. 검소한 생활에 씀씀이를 줄이고 돈의 필요성을 줄이는 것이 부패를 막는 길이다. 정직하고 정의를 사랑하는 사람은 결코 부정을 용납하지 않는다. 이것이 정의로운 사람의 처신이다.

· 부와 타락

부모로부터 많은 재산을 물려받은 사람들은 대개 타락하는 경우가 많다. 부모들의 재산과 돈이 자식들에게 축복이 되지 못하고 저주이자 파멸의 단서가 되는 것이다.

자기 노력으로 얻지 않은 재물은 자신의 신세를 망치고 집안을 몰락으로 이끌고 세상을 혼탁하게 만든다. 많은 사람은 치열한 생존경쟁을 강요당하는데, 그들은 고군분투孤軍奮鬪해서 성취해야 할 목표가 없고 인생이 너무 쉽고 더는 바랄 것이 없기 때문에 삶에서 권태와 염증을 느끼며 주어진 시간을 주체하지 못하고, 퇴폐적 쾌락에 빠져 연명해가는 것이다.

진정 내 자식을 사랑한다면 통장에 잔고를 두기보다 일을 하도록 해야 옳다. 자신의 행복은 자신의 노력과 수양을 통해 얻어지고 느껴지는 것이다. 물려받은 재산은 얼마 가지 못한다. 스스로 일어설 의욕과 기회가 없이는 그 어떤 성공도, 행복도, 인격의 성숙도 기대할 수 없다. 내 자식이 귀여우면 귀여울수록 홀로 당당히 세파를 헤쳐나갈 수 있도록 키워야 한다.

대부분의 사람은 부모에게 받은 유산이란 거의 없다. 그래도 가지지 못한 자는 가난을 벗 삼는 것이 자본주의 생리라는 것을 누구보다 잘 알기에 근검절약만을 생활수칙으로 삼으며 잘 살아간다.

· 횡재는 재앙

오늘날의 사회는 복권이 당첨되는 뜻밖의 횡재가 일거에 준재벌로 도약할 수 있게 만든다. 그러나 그 횡재 역시 행복이라기보다 일확천금一攫千金의 악몽으로 이어지는 경우가 많다. 갑자기 얻은 횡재는 상서롭지 못하다. 소동파蘇東坡도 "이유 없이 큰돈을 얻으면 반드시 큰 재앙을 만날 것이다"라고 말했다. 가난한 사람에게 돈이 생기면 절제가 힘들어지고, 의외의 돈이기 때문에 아깝다거나 마음이 아프지 않다고 생각한다. 그래서 계획 없이 술과 도박, 바람까지 무분별한 방탕한 생활로 인생을 망쳐버린 이야기들이 끊이지 않는 것이다. 혹은 더 큰 재산 확장을 위해 주식 투자가 손실로 이어져 파산에 이르는 경우도 있다. 그렇게 돈이 발산하는 독에 취해 많은 사람이 불행의 나락으로 빠져든다.

한 복권 당첨자는 "이 모든 일이 일어나지 않았다면 얼마나 좋았을까? 차라리 그때 복권을 찢어버렸다면 좋았을 것을…." 외국에서도 복권 당첨자 대부분이 5년 내로 좋지 않은 결과를 맞았다는 통계도 있다. 이처럼 일반적으로 일확천금의 횡재는 행복보다는 혼란과 불행의 좋지 않은 결과를 보인다. 거액의 횡재를 맞은 자들의 유형은 입신양명형에서 패가망신형에 이르기까지 천차만별이다. 평생 노력해도 이룰 수 없는 부를 획득하고도 행복하지 못했던 이유는 무엇일까? 그것은 나의 피와 땀으로 이룬 부가 아니기 때문이다.

부富에 대한 뜨거운 교훈이 하나 더 있다. X선을 발견하여 세계 최초로 노벨 물리학상을 받은 헬륨 뢴트겐Roentgen은 주위 사람들의 권유에도 불구하고 "나는 자연 속에 이미 존재하던 것을 발견했을 뿐이다"라며 특허로 억만장자億萬長者가 되는 길을 마다한 사람이다.

· 인생의 전부가 될 수는 없다

그러나 그 돈이 아무리 귀중한들 그것이 인생의 전부가 될 수는 없다. '돈은 목적이 아니고 수단일 뿐'이다. 돈은 의식주의 기본을 제외하고 돈으로 해결되는 일은 없다. 돈으로 내 마음을 치유할 수도, 타인의 마음을 살 수도 없다. 침대는 살 수 있어도 잠은 사지 못한다. 책은 살 수 있어도 지식은 사지 못한다. 음식은 살 수 있어도 식욕은 살 수 없다. 또한 돈이 행복을 결정하지도 않는다. 돈으로 가능한건 오직 소비와 상품뿐이다. 퇴계 이황李滉선생이 "부귀는 흩어지는 연기와 같고 명예는 날아다니는 파리와 같다"고 한 말, 새겨들어야 할 명언이다.

◆ 열복과 청복

다산茶山 정약용 선생께서는 사람이 누리는 복을 열복熱福과 청복淸

福, 둘로 나눴다. 열복은 그야말로 높은 지위에 올라 부귀富貴를 누리며 떵떵거리며 사는 것이다. 그 앞에서는 모두가 허리를 굽히고 다들 알아서 설설 긴다. 반대로 청복은 욕심 없이 맑고 소박하게 한세상을 건너가는 것이다. 가진 것이야 넉넉지 않아도 만족할 줄 아니 부족함이 없다. 그런데 사람들은 청복은 거들떠보지도 않고, 열복만 누리겠다고 아우성을 친다. 보란 듯이 남들 위에 군림해서 더 잘 먹고 더 많이 갖고 모자람 없이 누리려 한다. 마음대로 못할 일이 없고, 뜻대로 안 될 일이 없으니 마음이 둥둥 떠서 안하무인眼下無人이 된다. 탐욕이 제 발등 찍는 줄 모른다.

부자가 되고 싶은 마음이야 누구나 인지상정人之常情이다. 그러나 재물은 쉽게 손에 넣을 수 있을 것 같아도 호락호락하게 들어오지 않는다. 그래서 무재팔자無財八字가 큰돈을 벌게 되면 재앙이 따르는 것이다. 꽃도 만발하면 곧 시들어지고 달도 차면 이지러지는 것이 우주 자연의 순리順理이다. 순리에 따라 살아야 한다. 돈에 대한 욕구가 지나치면 행복의 기초가 파괴되는 것이다.

◆ **욕망의 삶**

21세기에 들어서면서 비트코인Bitcoin, 이더리움 같은 상상도 못 한 가상화폐가 나타나 세계를 뒤흔들고 있다. 가상화폐는 핸드폰 화면이나 컴퓨터 화면에만 보이는 돈이다. 화면에 숫자로 나타났다가 사라지는 돈, 이것이 가상화폐다. 손으로 만져 묵직한 느낌이 드는 황금이나 지폐가 돈이다. 그런데 손으로 만져 볼 수도 없고 냄새도 맡아 볼 수 없는 화면에서만 명멸明滅하는 가상화폐에 투기하면서 울고 웃는 세상이 되었다. 그것은 분명 인간의 욕망에서 비롯된 것이다.

파스칼이 말한 '인간의 욕망'은 소유다. 이기주의, 쾌락주의, 물질주의 탐욕이 바로 그것이다. 그중 인간의 욕망 가운데 가장 강력하고 맹목적인 욕망이 재물에 대한 욕망일 것이다. 그 욕망이 자신에게 충족되지 못하면 번뇌煩惱를 일으키는 고통이 되며, 또 근심이 생기고 두려움이 생긴다. 또한, 욕망은 아무리 풍족한들 자신이 가진 것은 생각하지 않는다는 것이 문제다.

법구경에도 "인간의 욕망은 하늘에서 황금비가 쏟아진다 해도 다 채워줄 수 없다"라는 문구가 있다. 성경에도 갈망은 고통만 가져온다고 가르치고 있다. 따라서 불행의 고통에 대한 유일한 해법은 욕구를 줄이는 것이다. 욕망 그 자체를 없애는 것이 아니라, 욕망을 통제하는 것이 필요하다는 얘기다. 무언가를 갖고 싶은 욕구가 없으면 그것을 소유하지 못해도 애태우지 않고 만족하며 살 수 있기 때문이다.

예부터 위대한 스승들은 소유나 존재의 선택을 화두話頭로 삼았다. 붓다는 인간 발전의 최고 단계에 도달하기 위해서는 소유가 아닌 존재를 선택하라고 가르쳤다. 존재적 삶이란 소유에 집착하지 않는 '있는 그대로'의 삶이다. 존재적 삶은 공자, 노자, 장자, 소크라테스, 스피노자, 간디 등 현자들의 지혜로운 삶의 방식이었다. "욕망이 적은 나는 신에 가까운 사람이다." 소크라테스의 말이다. 그렇게 살아야 한다.

● 파멸의 길
① 사치

사치의 본질은 뽐내고, 자랑하고, 으스대고 싶은 속물적 심리와 도착적 욕망에서 온다. 명품을 선호하는 것도 자신이 남보다 특별하고 사회적으로, 계급 면으로도 더 높다는 걸 나타내기 위한 욕구 때문인

데, 이는 현대 사회가 경쟁을 부추기고 잘못된 가치관을 심어주고 있기 때문이다.

이것이 현대 자본주의 사회의 본질적인 모습이다. 카네기가 "인격과 양심이 없는 사람이 돈을 소유하면 부패하고 파멸하기 쉽다"라는 말 그대로다. 물욕物慾이 마음과 눈을 가려버리기 때문이다.

② 도박

도박중독자들은 게임의 흥분 때문에 그 쾌락에 심취해 재산이 탕진될 때까지 카지노Casino를 떠나지 못한다. 도박은 카지노뿐만 아니라 경마장, 부동산 및 증권 시장도 룰렛Roulette판도 도박과 다르지 않다. 주식 중독자는 도박 중독자보다 치료가 더 어렵다고 한다. "주식 시장은 도박판이다. 조금씩 따다가도 깜박할 사이에 몽땅 날아가는 곳이 주식 판이다. 주식은 파멸을 부른다. 주식을 끊는 것이 최선이다" 증권 포털사이트에 있는 글이다.

돈을 잃으면 땄을 때의 짜릿함과 돈을 따고 나면 욕심이 욕심을 불러 자리를 뜨지 못하는 것이 도박이다. 그러나 막대한 자금을 가진 카지노를 이길 수는 없다. 결국, 도박꾼이 돌아갈 보금자리는 없다. 최후에는 기초생활수급자로 전락하면서도 도박을 끊지 못한다. 도박은 블랙홀Black Hole이다. 도박은 죄악이고 범죄이고 질병이다. 도박 중독을 막는 방법은 처음부터 하지 않는 것이다. 중독된 내 인생은 갈 곳이 없다.

③ 마약

마약 역시 정신 착란을 일으키는 그 쾌락에 심취해 파멸을 부른다.

한번 빠져들면 헤어나지 못한다. 재산을 탕진하고 가족을 파괴하고 사회에 혼란을 가중하는 죄악이고 잔인한 범죄이고 질병이다. 법률로 규제하는 중독 증상 물질로는 아편, 모르핀, 코카인, 헤로인, 코데인, 페티딘, LSD 따위가 있다.

이를 막는 방법은 처음부터 하지 않는 것이다. 중독된 내 인생이 갈 곳은 세상의 끝을 향한 미로다.

④ 쇼핑 중독

쇼윈도Show Window의 밝고 화려한 세계를 향해 빨려 들어간 쇼핑광에게 가격은 문제가 되지 않는다. 마음에 들면 사이즈가 맞지 않아도, 아무리 비싸도 사야 한다. 그 물건이 내 손에 들어오기 전까지는 잠을 잘 수가 없다. 이 증상 때문에 정신과에서 상담 치료를 받고, 가족과의 약속을 수없이 다짐하지만 끝내 완치되지 않는다. 무서운 병이다.

링컨 대통령의 영부인, 케네디의 영부인, 필리핀 대통령 마르코스와 이멜다의 낭비벽은 극에 달했다. 남성으로는 유일하게 미국 국무부 장관이자, 부통령을 지냈으며, 대통령까지 된 토마스 제퍼슨이 같은 부류였다. 결국, 그가 남긴 빚이 소유한 재산가액을 초과하면서, 그의 딸은 고통을 견디며 살아야 했다. 그래도 사람들은 어느 브랜드의 상표인지와 그것이 얼마인지에 더 연연한다.

◈ 귀중한 통찰

· 돈을 쓰는 원칙

현명한 사람은 돈도 시간과 마찬가지로 헛되게 쓰지 않는다. 자기의 명예가 실추되거나 자기에게 도움이 되지 않는 돈은 절대로 쓰지 않는다. 단돈 일 원도 단 일 분의 시간도 낭비하지 않는다. 필요하지도 않은데 다만 값비싼 것이라는 이유만으로, 즉 자존심을 만족시키기 위하여 물건을 사는 일도 없다. 오로지 타인을 위해서 유용한 것, 나에게 지적인 기쁨을 느낄 수 있는 것에만 돈을 쓴다. 그런데 바보들은 필요치 않은 것에 돈을 쓰면서도, 정작 필요한 것에는 돈을 쓰지 않는다.

재벌 총수라고 호화찬란豪華燦爛한 저택에서 상어 지느러미 요리나 바닷가재를 먹고 사는 것으로 생각한다. 하지만 돈이 넘쳐나지만 그들은 남보다 더 구두쇠다. 멋대로 쓰고 사는 사람은 아무도 없다. 월급쟁이보다 더 못한 씀씀이를 보이는 자린고비Miser처럼 사는 재벌이 많다. 그들은 주위로부터 '소금 같다'는 소리를 듣는다. 남루襤褸한 옷차림에 놀라고, 재떨이에서 꽁초를 골라 피우는 모습에 또 놀란다. 한 재벌은 '47년을 신은 전설의 슬리퍼Slipper'로도 유명하다.

재벌이 사용한 가구들은 30년이 넘었고, 20년이 넘은 소파 가죽은 해져 하얗고 의자나 테이블은 칠이 벗겨져 수리한 자국이 곳곳에 남아 있다. 그 흔한 그림 액자나 장식품 하나 없고 TV는 17인치 소형인 것을 보면, 이곳이 과연 대한민국 최고 재벌의 거실인지 의심할 정도로 초라하고 소박하다. 17년을 입은 작업복은 깁고 기워 지게꾼 바지와 다름없고, 구두 세 켤레는 30년을 넘게 신었다고 한다.

제3차 ASEM아시아·유럽 정상회의에 참석한 유라시아 정상들도 서민의 모습들이었다고 한다. 그들이 입은 세탁물을 보고 놀랐단다. 세탁물 소매 끝이 해져 있는 경우가 많았기 때문이란다. 옷감도 고급이 아니었다. 이 나라 정치인도 과연 그렇게 검소한 생활을 하는지 궁금하다. 그것은 꿈꾸는 망상일 뿐이다.

· 돈의 철학

　명리학자 조용헌은 "돈에 의해 흔들리지 않으면 그 사람은 도통한 군자이다. 수행의 정도를 돈으로 점검할 수 있다"라고 했다.《백년을 살아보니》의 저자 김형석 교수는 "재산은 자기의 인격 수준 만큼 가지는 것이 좋다. 분에 넘치는 재산은 감당할 수 없는 짐이 되어 인격이 손상되고 고통과 불행을 초래한다. 살아보니 경제적으로는 중류층으로, 정신적으로는 상류층으로 사는 사람들이 더 행복해하더라"라고 회고했다.

　"돈이 없어도 살기 힘들지만, 돈이 있어도 살기 좋은 것은 아니다" 유대 속담이다. 돈을 극복한다는 것은 돈이 있으나 없으나 삶의 자세가 흐트러지지 않는 것이다. 빈자貧者로도 살 수 있고 부자로도 살 수 있어야 한다. 그리고 무엇보다 돈에 끌려다니거나 돈의 노예가 되어서는 안 된다는 점이다. 돈의 노예로 사는 것만큼 비참한 것은 없다.

　그러나 돈에 대한 확고한 신념과 철학이 있다면 돈을 멸시하거나 죄악의 대상으로 여기지 않아도 된다. 돈에 대한 나의 철학이 필요한 이유다.

★ 무소유

　법정 스님이《무소유》라는 글을 통해 소유의 의미가 무엇인가를 깨우쳐주었다.《명심보감》에도 "큰 집이 천간 千間 이라도 밤에 눕는 곳은 여덟 자이고, 좋은 밭이 만경 萬頃 이라도 하루에 먹는 것은 두 되뿐"이라는 말, 거듭 되새겨볼 일이다.

◈ 초월적인 삶

　어느 시대든 돈이 없으면 생존 자체가 불가능하다. 어느 정도의 돈이 있어야만 인격의 권위와 양심의 독립을 견지할 수가 있기 때문이다. 나 역시 돈이 가장 큰 물질적 파워Power라는 점은 인정한다. 그렇다고 돈만 있으면 모든 것을 생각대로 할 수 있다는 식의 논의는 하지 않겠다. 돈은 만능이 아니기 때문이다.

· 물질이 인생의 전부인 것처럼 살아가지 말라

현대 사회가 아무리 물질의 가치가 더 높게 평가되는 세상일지라도, 돈이 인생의 전부인 것처럼 살아가지 마라. 칼라일Carlyle이 이른 대로 돈이라는 것은 사람이 천한 대접을 받지 않을 만큼만 있으면 된다. 세속적인 명예나 지위, 재산에 사로잡혀 마음 고요할 새 없이 한평생 허덕이는 삶이야말로 어리석기 이를 데 없다. 돈 때문에 근심 걱정에 빠져 있거나 돈 없다고 절망하거나 괴로워할 것도 없다. 돈 없다고 비굴해져서도 안 된다.

혹여 근검하여 부귀를 얻었다고 교만과 사치를 일삼으면 다시 빈천의 자리로 되돌아간다는 점도 망각하지 말 일이다. 내가 소유한 재산이라는 것이 내 집 안마당에 내려앉은 새Bird와 같아서 언제 날아갈지 모르는 것이다. 가득 참을 유지하는 길은 오로지 근검하고 겸손의 뜻을 잊지 않아야만 원망도 위기도 없다. 사람마다 이 간단한 이치를 망각해서 제 몸을 망친다. 세상은 내가 부지런하고 근검하다면 생활을 꾸려 가는데 아무런 문제가 없을 것이다.

· 저축과 검약

경제학자 애덤 스미스Adam Smith는 "돈에 대한 종속과 불안감의 덫에서 빠져나가려면, 어떻게 더 많은 돈을 벌 것인가보다, 어떻게 적게 쓸 것인가를 생각하라"라며 현명한 충고를 잊지 않았다. 한 지혜로운 사람이 "아들아, 네가 부자가 될지 가난해질지는 얼마나 버는 가가 아니라 얼마를 쓰느냐를 보면 알 수 있다"라고 말했다. 돈의 쓰임을 기록하라. 자신의 수입과 지출을 정확히 아는 사람은 사치나 낭비에 빠지지 않는다.

'석유왕'으로 불린 록펠러는 어린 시절 단돈 2센트가 모자라 자신이 그렇게 보고 싶어 했던 곡마단 입장권을 사지 못했다. 공연을 보고 싶다고 매달리며 통사정을 해도 2센트를 더 가져오라는 냉정한 대답만 날아왔다. 결국, 공연을 보지 못한 채 단돈 2센트 때문에 겪은 모욕감과 좌절감을 뼛속 깊숙이 새기며 돌아왔다. 그날 이후 록펠러는 어떠한 돈도 함부로 쓰지 않고 절약과 성실의 자세를 몸에 새겼다. 그리고 그는 결국 33세의 젊은 나이에 백만장자가 된다.

13세부터 방직공장 얼레잡이로 일했던 강철왕 앤드류 카네기도 대부호大富豪가 된 후에도 1달러를 소중히 다뤘다. 자강굴기의 입지적인 인물인 벤자민 프랭클린은 찢어지게 가난한 형편이 나아지고, 재산을 모으고, 다방면의 지식을 쌓아 세계적인 명성을 얻을 수 있었던 것은 모두 근면과 검약 덕분이라고 술회했다. 내가 무엇을 하건 눈곱만큼이라도 매년 저축하라. 푼돈이 목돈을 만든다. 푼돈을 우습게 알면 평생 목돈을 만져 보지 못하고 허덕인다. 록펠러의 말처럼 절약이야말로 '계획적인 삶의 필수 요소'다.

★ 빚진 종

옛말에 '빚진 종'이란 말이 있다. 빚은 사람을 노예로 만든다. 아무리 힘들어도 빚을 생각해서는 안 된다. 현대판 신용카드가 알라딘의 램프Lamp처럼 환상의 카드라 불리지만 '현대판 노예증'과 다를 바 없다. 빚을 지고 사는 생활은 인생을

재출발하려는 의욕마저 꺾어버린다.

"빚내러 가는 사람은 울러 가는 것이다" 미국 최고의 언론인 호레이스 그릴리 Horace Greeley는 "배고픔, 추위, 헐벗음, 고된 노동, 모욕, 의심, 근거 없는 비난보다 빚만큼 끔찍한 것은 어디에도 없다. 절대로 돈을 빌리지 말라고 외쳤다.

◆ 자선: 베푼 만큼 돌아온다

참 부자들은 검소하게 살며 기부한다. 정보화 시대를 선두하는 세계 최고 부자인 빌 게이츠 등 많은 이들이 번 돈의 사회 환원을 덕목으로 여긴다. '강철왕' 앤드루 카네기는 3,000여 개의 도서관을 지어 기증하면서 기부 문화의 주춧돌을 놓았으며, 록펠러는 시카고 대학을 설립하고 장학 사업으로 1만여 명의 장학생과 60명의 노벨상 수상자를 배출했다. 이들의 베풂은 오늘의 미국을 부강하게 만든 밑거름이었다.

기부는 나눔이다. 나눔은 사회의 그늘진 곳에서 힘들게 살아가는 이웃을 위한 정성이다. 유대인들처럼 자선 행위를 중요하게 여겨야 한다. 한국도 돈 많은 기업가, 연예인, 스포츠맨뿐만 아니라 나눔을 실천하는 훌륭한 이웃들이 많다. 가난한 사람들을 기억해야 한다. 돈은 정직하게 벌고 보람 있게 써야 한다. 그 돈을 사회를 위하여, 동포를 위하여, 세계와 인류를 위하여 보람 있게 써야 한다. 적게 먹고 적게 쓰며 남을 돕는 소박하게 사는 삶이 큰 공덕功德이 될 것이다.

제20과

행복
Happiness

인간은 행복한 삶을 추구하는 사회적 동물이다. 그런고로 행복을 부정할 사람은 아무도 없다. 사랑, 행복을 추구하는 욕구는 인간의 고유한 본성이기 때문이다. 이 궁극적인 목적을 위해 우리가 스스로에게 던지는 질문이 하나 있다. 우리는 어떻게 해야 행복해질 수 있을 것인가? 행복해지기 위해 나는 무엇을 해야 하는가?

◆ 행복의 조건

아리스토텔레스가 "인간은 행복해지기 위해 산다"라고 했는데, 과연 행복이란 무엇이며, 또 행복에 도달하는 길은 무엇일까? 그 질문에 칸트는 가장 어려운 것이 "무엇을 행복으로 볼 것인가?" 하는 개념 정리라고 했다. 사람의 희망과 욕망은 서로 다르게 마련이고, 따라서 어떤 상태를 행복한 상태로 보는지도 사람마다 다를 것이기 때문이다. 그러면서 본인은 '자기가 남들보다 우월하다'는 느낌을 받았을 때 행복을 느낀다고 생각했다.

성인 공자孔子는 오래 살고壽 부유하고富 심신이 건강하고康寧 덕이 있을 것이며 천수를 누림考終命이라고 보았으며, 기독교에서는 사랑을 행복으로, 불교에서는 무의식이나 깨달음을 중요 요소로 간주한다. 힌두Hindu 경전에서는 명상과 고독 속에서 절제된 생활을 통해 얻어지는 것으로, 철학자 키에르 케고르는 '세상에 태어나지 않은 사람'으로 보았다. 이렇게 각기 서로 다른 견해를 가진 것이다.

· 학자들의 견해

주장하는 학자에 따라 행복의 요소는 다소 차이를 보이지만, 일반적으로 다음과 같은 3요소를 들고 있다. 첫째, 쾌락快樂이다. '감성의 만족이나 욕망의 충족에서 오는 유쾌한 감정'으로 보았다. 둘째, 불쾌감不快感의 부재이다. 행복하기 위해서는 불안함이나 고통에서 벗어나야 행복해질 수 있음을 말한다. 셋째, 만족감滿足感이다. 만족감이 없는 행복은 있을 수 없다. 모자람 없이 마음에 흡족한 느낌인 만족감이 행복의 중요한 요소로 작용한다고 본 것이다.

· 위인들의 견해

철학자 에피쿠로스, 사상가이자 시인 소로우, 우리네 옛 선현들은 한결같이 마음에 동요와 갈등이 없이 호수처럼 잔잔하고 고요한 마음을 행복으로 보았다. 채근담과 마호메트Mahomet도 만족하는 마음을 행복으로 여겼으며, 쇼펜하우어는 "고통과 권태가 없는 상태"로, 세상에서 가장 행복한 사람으로 알려진 미생물 박사이자 수도사인 마티유는 "행복은 건강한 정신에서 우러나오는 충만한 느낌 그 자체"라고 정의했다.

◈ 행복하기 위해 무엇을 해야 하는가?

행복은 돈으로도 살 수 없고 비록 권력을 쥔 왕이라도 쉽게 쥘 수가 없다. 돈과 권력이 인간을 행복하게 만들지 못한다는 사실은 실로 오래된 진리다. 시성詩聖 괴테Goethe도 80여 년의 생애를 돌아보고 "결국 나의 생활은 괴로움과 일 외에 아무것도 없었다. 나는 80여 년 동안 4주일도 참된 행복을 맛보지 못했다고 할 수 있다"라고 한탄했다.

인류의 존경을 한 몸에 받아온 성인이라고 행복한 것이 아니다. 바라는 필요조건들이 충족되었다고 곧 행복해지는 것도 아니다. 풍족한 행복의 조건 속에서도 불행한 사람이 있고, 부족한 조건 속에서도 크게 행복해하는 사람도 있기 때문이다. 그렇다면 행복해지기 위해 우리는 무엇을 어떻게 해야 하는가?

· **욕망**

행복에 대한 현대 심리학 연구를 보면 만족의 열쇠는 안정되고 애정이 있는 관계, 심신의 건강 그리고 일정 수준의 재정적 안정성에 있음으로 나타났다. 따라서 이를 쟁취하기 위해 내가 더 많은 욕망을 지닐수록, 욕망을 채울 능력이 크면 클수록, 더 행복해 질 수 있기 때문에 욕망은 필요하다는 것이다.

반대로 하버드대 콜브란 교수가 견지하는 관점을 보면 "지나친 욕망은 고통의 근원이요, 만족의 즐거움이야말로 가장 큰 자산"이라고 보았다. 그는 대학 측의 권유에도 침대 하나, 책상 하나 그리고 의자 하나 있는 방에 만족했다. 그야말로 만족의 즐거움을 아는 삶을 산 사람이다.

· **돈**

현대는 물질적 풍요와 사회적 성공을 행복의 필수 조건처럼 여기는 자본주의 사회다. 따라서 돈과 행복을 상호 작용하는 행복의 매개물로 본다. 특히 보통 사람들에게는 부와 돈을 행복의 문을 여는 열쇠로 믿고 있다. 그럼 부자는 과연 행복할까? 로마의 거부였던 세네카는 "행복할 것으로 보이는 사람들이 실은 가련한 사람들이다"라고 말했다. "난 평생 한 번도 행복해본 적이 없다" 미국의 억만장자 브라이언 더글러스의 말이다. 부와 명성을 누렸던 코코 샤넬도 "사람들의 예상과 달리 나는 결코 행복하지 않았다"라고 고백했다.

"돈은 일정 액수가 넘어가면 그저 숫자화된 자산 지표에 지나지 않을 뿐, 정말이지 아무런 의미가 없습니다. 그보다도 만족에서 오는 즐거움이 훨씬 의미 있지요" 세계 최고의 갑부 빌 게이츠 Bill Gates 의 조언이다. 돈에 집착하면 누구도 행복할 수 없다. 플라톤의 말대로 먹고 입고 자고 싶은 수준에서 조금 부족한 듯한 재산이면 되지 않을까.

그러나 또 다른 각도에서 살펴보면 치열한 경쟁 사회 속에서 갈수록 벌어지는 빈부격차에서 느끼는 허탈감, 높아만 가는 청년 실업률, 고령화 사회로 접어들면서 겪는 경제 불안 등 얽히고설킨 문제들이 돈을 최우선 가치로 추구하는지도 모른다.

· 꿈과 목표

사람에게 꿈과 목표는 행복을 위한 필수 조건이다. '목표'는 나를 더욱 행복하고 활력 있게 만들어주는 에너지이기 때문이다.

· 사랑과 열정적인 활동

어떤 이는 행복을 불타는 사랑을 일구며, 자신이 하고 싶은 일을 열정적으로 즐겁게 하는 사람에게서 찾는다. 사랑과 열정적인 활동이 진정한 삶의 목표이자, 인생 최고의 삶을 영위하게 해준다고 본 것이다. 뜨거운 사랑과 함께 자신이 좋아하고 보람 있는 일에 몰두할 때 행복은 저절로 따라올 것이라는 해석이다. 그 사람은 인생의 행복이 따로 있는 것이 아니라고 한마디로 단언한다.

세계 최고 지능지수 IQ의 보유자로 기네스북에 올랐던 김웅용은 다섯 살 때 이미 4개 국어를 구사했고, 여섯 살 때 미적분微積分을 풀었으며, 아홉 살 때 미국대학교 대학원에 입학했다. 그리고 4년 뒤 박사 학위를 받고 미항공우주국의 선임 연구원이 되었다. 그런 그가 열일곱 살이 되던 해에 미국 생활을 접고 급거 귀국했다. 그 이유에 대해 "내가 행복해지기 위해서다. 회사에선 주어지는 과제와 수학 문제를 기계처럼 풀기만 했다. 어린 나이에 힘들다는 내 하소연 등을 들어줄 사람이 없었다는 것이야말로 가장 큰 문제였는지도 모른다"

그는 귀국 3년 후 토목공학 박사 학위를 받았고 회사에 취직해 평범한 삶을 살고 있다. 그는 아이들과 축구를 할 때, 퇴근 후 지인들과 즐거운 시간을 보낼 때가 가장 행복하다고 한다. 재물과 명예에 연연하지 않고 자기가 원하는 일을 하며 미래에 대한 두려움 없이, 《매순간》 최선을 다해 충실하게 사는 것, 이것이 인생의 황금기를 사는 것인지도 모른다.

· 마음 다스림

행복이라는 것, 불행이라는 것 마음을 어떻게 먹느냐에 달렸다고 본다. 따라서 행복을 위해서는 자신의 마음 다스림이 필요하다는 해석, 내 마음을 내 뜻대로 부릴 수 있어야 행복해질 수 있다는 이야기다.

· 나누고 베풀기

나보다 다른 사람을 아끼고 배려하는 행동을 자주 하는 사람은 삶의 만족도가 꾸준히 높았다는 조사 결과가 있다. 내가 행복해지는 가장 좋은 길 하나는 남을 행복하게 하는 것이다. '주는 것'과 행복과는 떼려야 뗄 수 없는 사이라는 것. 마라톤을 하는 사람은 처음에는 심한 고통을 느끼지만 어느 시점을 지나면 쾌감을 느낀다고 한다. 이 현상을 '러너스 하이Runner's High'라고 한다. 뇌에서 기분 좋은 물질이 분비되어 기분이 좋아진다는 것이다.

내가 누군가를 도울 때도 이런 기분 좋은 경험을 하게 된다고 한다. 이를 '헬퍼스 하이Helper's High'라고 한다. 이처럼 누군가를 돕는 행위는 본능적으로 우리를 기분 좋게 만들어주는 것이다. 나눌 수 있는 것에는 돈 외에도 각자 가지고 있는 재능들이 있다.

◈ 위인들의 행복론

행복은 내가 원하는 모든 것을 갖기 위해 노력하는 것이 아니라, 내게 이미 주어져 있는 것, 내가 이미 이룬 것들을 소중히 여기고 감사하며 사는 것이 아닐까 생각해본다. 위인들의 행복론을 따라가본다.

· 불가의 가르침

세상의 모든 사람은 자신의 탐욕에 이끌려 삶을 살아간다. 그들은 오로지 좀 더 많은 돈, 더 높은 권력을 얻을 때 행복해질 수 있다고 믿는다. 그러나 불가에서는 탐욕과 노여움, 어리석음 이 세 가지만 자제하면 행복하게 살 수 있다고 가르친다.

· 스미스의 행복론

스미스가 제시하는 행복 처방전은 단순하다. 사람들에게 사랑받고 사랑스러운 존재가 되는 것이다. 사람들로부터 사랑받고, 존중과 칭찬, 관심이나 명성을 얻는다면 진정 행복한 사람이 될 수 있을 것이라는 이야기다.

· 톨스토이의 행복론

현실적으로 실현 불가능한 몽상가의 말로 들리지만 "다른 사람을 사랑하는 삶을 살아라. 그것이 곧 행복이다" 톨스토이가 말하고자 하는 행복의 원리다. 우리 주위에 누군가 캄캄한 어둠 속에 갇혀 있다면 한 줄기 빛을 전해주고, 춥고 배고프다면 온기와 빵을 건네주는 것이 행복의 시초다. 보람이란 가치 있는 일, 뜻있는 일을 이루었을 때 마음속에 느껴지는 정신적 만족감이다.

· 에드 디너 교수의 행복론

미국 심리학자 에드 디너Ed Diener 교수는 "행복해서 웃는 것이 아니다. 웃어야 행복해진다"라고 말한다. 그는 모나리자의 미소처럼 83%의 기쁨과 17%의 슬픔이 조화롭게 균형을 이룰 때야말로 장기적으로 행복한 삶을 살 수 있다고 주장한다.

· 제논의 행복론

철학자 제논Zenon은 우주의 질서인 이성을 따르는 삶, 이것이 제논이 추구한 행복한 삶이었다.

· 대니엘 카너먼의 행복론

노벨경제학상을 받은 대니엘 카너먼Daniel Kahneman은 행복의 가장 중요한 조건으로 '일상의 즐거움'을 꼽았다. 따라서 혼자 앉아 있어도 입꼬리가 저절로 올라갈 수 있는 '자기만의 놀이'를 가져야 한다고 조언한다.

· 아인슈타인의 행복론

행복은 내 안에서 찾아야 한다. 내 마음의 밖에는 행복이 없다. 가장 행복한 사람은 현실에 만족하는 사람이다. "책상 하나, 의자 하나, 과일 한 접시 그리고 바이올린, 행복해지기 위해 이외에 무엇이 더 필요한가?" 아인슈타인Einstein의 행복론이다.

· 에피쿠로스와 디오게네스의 행복론

철학자 에피쿠로스Epicouros는 떡 하나, 물 한잔이면 충분히 행복할 수 있다고 말한다. 그는 철저히 금욕을 실천했고 그것을 통해 평정을 유지하는 삶을 살았다. 오늘날 돈을 벌어야 행복할 수 있다는 현대인에게 에피쿠로스가 던지는 경종이다. 디오게네스Diogenes도 소유물은 짐이라고 여겼다. 그는 물 마시는 컵 외에는 아무것도 지니지 않았다.

· 결론

행복하기 위해 어떻게 살아야 하며 행복해지기 위해 무엇을 해야 하는가의 질문에 수많은 철학적 이론과 여러 가지 문제들을 만나게 되었다. 그러나 거기에 도달한 결론은 행복 자체가 지니는 다의성과 모호성 때문에 하나의 정답이 나올 수 없었다. 그러나 분명한 것은 재물과 명예에 연연하지 않는 욕망의 절제, 자만과 탐욕, 노여움의 억제, 어려운 이에게 한 줄기 빛을 전하는 사랑의 배려, 번뇌가 없는 텅 빈 마음이 행복을 경험하게 할 것이라는 점은 분명해 보인다.

그런데도 대부분의 사람은 끝내 원하는 모든 것을 다 얻지 못할 줄 알면서도, 오로지 부와 권력과 사랑과 영광만을 좇는다. 그러므로 인간은 정녕코 행복을 알 수 없고 영원히 행복해하지 못하는 존재인지도 모른다. 결론적으로 행복으로 가는 그 길이 참 멀고도 지도가 없어 보인다. 그래도 어쩌다 자신에게 적합하다고 판단되는 만족의 열쇠를 찾았다면, 이를 쟁취하기 위해 노력해볼 필요가 있을 것이다.

제21과

여성
Woman

여성을 일컬어 남성과는 달리 특정한 옷을 입어야 하고 생물학적으로 출산이라는 신체적 기능을 지니며 온순하고 연약하다고 인식한다. 그리고 우리는 그들을 사랑과 생기가 넘치는 미의 상징으로 일컬으며, 가정과 사회를 지키는 최후의 보루堡壘이자 세상의 주춧돌로 우러른다. 그들이 포근한 둥지를 만들어 가족들의 지치고 힘든 마음을 녹이고 부드럽게 어루만져주기 때문이다. 또한, 가족들의 근심과 걱정으로부터 휴식할 수 있게 하며, 가슴을 후려 파고드는 욕망과 분노와 폭력으로부터 소박한 본성으로 되돌아가게 해주기 때문이다.

그런 그들의 지난 역사를 되돌아보면 측은하기 그지없다. 오로지 남성들의 강력한 힘에 의해 순종하며 수동적으로 이끌리며 살아왔기 때문이다. 인류 문명의 역사와 거의 일치한 중세中世에 이르기까지 수천 년에 달하는 기간 동안, 인류에 해악을 끼친 적이 없었음에도 남자와 다르다는 이유 하나로 동등한 성별로 취급받지 못하고, 항상 억압의 대상이었고 언제나 제2의 성으로 차별받으며 살아온 것이다. 그런 그들을 일컬어 타인을 이해하고 타협하고 조율하고 협력을 끌어내는 데에도 탁월하며, 남성보다 훨씬 유능하다는 것이 공통된 통론이다.

◈ 지난 역사 속의 삶

사회의 최약자는 과거나 지금이나 여자다. 힘 있는 남성 가장이 아내와 자식 그리고 노예와 생산 수단을 사적으로 소유하던 시대 이전부터, 여성은 결혼과 이혼의 자유도, 재산을 상속할 권리도, 자녀에 대한 친권도, 계층에 상관없이 이러한 권리로부터 제외되었다.

그 전례는 전 세계 어디에서도 여성과 남성과의 사회적 차이와 대립이 완전히 제거된 곳은 없었다. 서구에서조차 인본주의로 대표되는 르네상스Renaissance 시대와 바로크 시대17C에 이르기까지 인간이란 남성을 일컫는 것으로 간주했을 뿐, 여성을 남성과 대등한 존재로 보지 않았다. 당시의 사회는 그들을 마녀魔女로 몰아 박해하고 마녀재판이라는 이름으로 처형하기도 했다. 계몽주의 시대18C에 이성을 설파하던 칸트나 몽테스키외 그리고 루소 등의 철학자들 역시, 여성을 이성적 존재로 여기지 않았고 신체적으로나 정신적으로도 남자보다 열등한 존재로 보고 있었다.

● 남성의 삶

한반도에서 청동기 시대에 출현한 고조선, 철기와 더불어 부흥한 삼국 시대 이래 남성들은 대가족 제도의 엄격한 가부장제 아래에서 절대 군주적인 힘을 행사하기도 하고 부족하면 폭력을 휘둘러서라도 그 권위를 고수하면서, 그 힘으로 한 인간의 삶까지 지배했다. 그렇게 인류의 역사는 남성들에 의해 좌지우지左之右之되어 왔다. 문명의 역사 그 주인공은 대부분 남성들로서, 그들은 '화려하고 빛나는 존재'였다.

그런 남성들의 생애 옆에 섬세하고 가느다란 선을 그어나가던 여성들은 원시의 야성 앞에 움츠린 작은 짐승인 양 위태롭고 가련했다. 그들에게 유린당하고 짓밟히면서도 침묵해야 했다. 아니 침묵을 강요당했다는 것이 올바른 판단일 것이다.

● 여성의 삶

① 노예의 삶

선사 시대, 고려 시대까지 거슬러 올라가지 않더라도, 봉건사상의 조선 시대와 일제강점기를 지난 해방 후까지 여성의 삶은 피지배被支配 계급의 노예와 다를 바 없었다. 법률과 관습도 여자에게 아무런 권리도 부여하지 않았다. 그들을 하나의 인격체로 존중하지 않았고 오직 자녀 출산의 도구로 인식했을 뿐이다. 남의 소유물로 부림을 당한 인권과 인격이 없는 노예적 존재였다.

이토록 억울하고 불행한 역사를 가진 한국 여성은 너무도 약하고, 순하고, 종속적이고 의존적이었다. 남편에 의존하고 운명을 신봉하면서 살아온 것이다. 동구洞口 밖 한번 나서본 적 없는 촌村 아낙들은 일만 하고 살았다.

여자라는 이유로, 혹은 가난 때문에 글을 배우지 못했고, 그림을 그리는 것은 그야말로 사치였다. 꿈 많던 소녀부터 설렘 가득한 청춘도 간데없이 시대의 굴곡과 삶에 부대끼며 살아야 했다. 직설적으로 표현한다면 여성으로 태어난 운명은 그토록 끔찍했다. 삶의 중요한 고비 때마다 여자들을 지켜준다는 신들의 여왕 '헤라'는 무엇을 했을까? 묻고 싶다.

② 소작농의 삶

일제강점기를 거쳐 해방 후까지도 여성들은 오뉴월 땡볕 아래서 머리 수건 하나 동여매고 온종일 들일이며, 밭일을 도맡아 치러내야 했다. 그 수건을 벗고 비단 치마저고리에 동백冬柏 기름 바르며 살게 되기를 한 가닥 소망으로 간직했으나 그것은 영원한 꿈이었다. 한해 농사로 입에 풀칠도 어려웠으니… 이보다 더한 한_恨이 어디 있겠는가.

식민지 시대 활동하던 농업경제학자가 쓴 왜놈의 글을 보면 "조선인은 밥을 죽으로, 쌀은 잡곡으로, 그러나 실제로는 그것마저 어려워 조선술의 찌꺼기나 쌀겨를 극소량 섞은 야채나 마른 잎사귀를 끓인 멀건 죽으로 연명했다고 기술했다. 이들 소작계급 농민들은 식량이 떨어지면 식량을 빌려 먹어야 했으니, 그 빚을 탕감하기 위해 자신의 딸을 지주地主에게 바치거나, 심하면 마누라까지 바쳤다. 그래도 못 견디면 만주나 간도間島로 야반도주하거나 화전민으로 살았다고 기록돼 있다. 그 얼마나 처절하고 한 맺힌 역사인가.

③ 억압의 삶

출가出嫁한 여자는 '벙어리 3년, 귀머거리 3년, 봉사 3년'으로 살아야 했던 것이 먼 옛날의 얘기가 아니다. 웬만큼 살 만해진 뒤에도 여성들의 앞날은 부모가 정해주었다. 내 배우자를 선택하겠다면 '불효'가 아니었던가. 이렇게 여성에게만 장애와 장막이 너무 많았다. 그렇게 숱한 세월의 물결을 헤쳐오면서도 우리네 여인들은 끝내 현모양처賢母良妻의 길만이 여성지고女性至高의 가치 규범이라는 것을 스스로 터득하고 인고忍苦의 미덕을 가꾸어나갔다.

④ 성 노예, 전족의 삶

그뿐인가? 일제강점기에는 '위안부'로, 여순사건 때는 국군·경찰·반란군이, 6·25전쟁 시에는 피란길에, 허기진 삶에 밤마다 울며 지새워야 했다. 반세기가 지난 오늘날까지도 그 한을 풀어내지 못하고 있는 일제강점기 시절 '일본군의 성노예'로 꽃다운 청춘을 몸 바친

위안부들, 가족 앞에서도 떳떳이 나서기조차 어려웠던 이들은 숨어 지내는 고통까지 겪어야만 했다. 일제는 한국의 여성들을 종국위안부로 동원하여 일본의 성적 노예로 삼은 것이다.

우리와 가까운 중국도 예외는 아니었다. 여성을 성 노리개로 취급한 고대 중국 남성들의 전형적인 마초니즘인 '전족纏足'을 보면 알 수 있다. 유아기 때부터 여자의 발에 천을 동여맨 다음 작은 구두를 신겨 그 발의 크기가 10cm가 넘지 않도록 기형으로 만들어버린 것이다. 절세의 미인, 비연이나 양귀비도 구두의 크기가 10cm도 안 되었다니, 그 무지한 고통을 어떻게 표현할 수 있겠는가. 창공을 나는 새처럼 자유롭게 비상하고 싶은 충동을 가정이라는 올가미에 씌운 여인들은 울타리 안에서만 맴돌았다.

◈ 페어플레이 시대

지난 역사속의 한을 품고 여성들의 지위와 권리, 참다운 해방을 지향하는 페미니즘Feminism 운동에 힘입어 이제 사회구조가 남녀 평등 시대를 뛰어넘어 여성 우월 시대로 급격히 변모하고 있다. 여성의 인권이 신장되고 독점적이고 폐쇄적인 억압의 성에서 자유로운 담론의 성으로 변모한 것이다. 이제 남녀 모두 평등한 사회에서 당당한 경쟁자로서 페어플레이하는 방법을 배워야 하는 시대가 되었다.

◈ 둥지 밖 세상으로의 탈출

현대 여성들의 사회적 진출이 활발해지면서 자꾸 둥지 밖 세상으로 탈출을 기도하고 있다. 많은 여성이 자본시장의 물질적 풍요와 편리함에 길들면서 점점 남성화되고 있는 것이다. 그래서 가족보다는 자신의 권리를 앞세우면서 남자들처럼 공격적이고 이기적으로 변하고 있다.

여성의 교육 수준이 향상되면서 자신의 능력을 발휘하여 개인적 성취를 도모하는 취업 의식이 높아지고 있기 때문이다. 그러나 생계를 책임져야 할 어려운 상황이 아니라면 둥지에서 가족을 지키는 것을 최우선시해야 한다. 모름지기 여자의 가장 중요한 임무는 아이를 낳고 기르고 교육하는 것이다. 그 임무를 다하는 것만이 가정과 사회를 지키는 지혜로운 길임을 잊어서는 안 될 것이다.

미국에서 6백 명의 여성에게 남자의 직분, 여자의 직분에 대해 물었다. 남자의 직분은 첫째가 돈을 버는 것, 둘째는 아버지 노릇을 하는 것, 셋째는 남편 노릇을 하는 것이라고 했다. 반면 여자의 직분은 첫째가 어머니요, 둘째는 아내의 일이요, 셋째는 가사를 돌보는 것이라고 했다. 생활의 분업과 인생의 직책을 단적으로 표시하는 말이다. 이것이 인생의 자연스러운 질서다.

· 출산 저하

여성의 사회적 활동이 늘어나면서 출산 저하로 이어지는 부작용은 시급히 해결해야 할 당면 과제로 떠오르고 있다. 출산율 저하와 인구 절벽 위기는 국가 차원에서 큰 문제점으로 대두되고 있기 때문이다.

· 자녀 교육

일 잘하던 대기업의 여성 과장이 돌연 사표를 냈다. 그 이유는 고등학생인 아들의 방황 때문이었다. 부부 모두가 직장 때문에 아들의 방황으로 남편과의 갈등이 깊어지면서 가족관계가 순식간에 엉망진창이 된 것이다. 돈과 명예보다 더 중요한 것이 출산 장려와 함께 자녀의 바른 교육이다. 뒤늦은 후회보다 내 인생에 오점을 남기지 않는 것이 무엇인지 깊은 장고長考가 필요해 보인다.

◈ 여성과 미모

여성의 '미美'는 변함없이 선호되어 오면서 그 대상이 자연물이든 인공물이든 시인의 영감을 불러일으켰다.

그러나 그 미모가 축복이라기보다 '불행의 씨앗'이 되는 예도 많다. 미인에 따라 도덕성, 우아함, 자존심을 내재화하지 못한 상태에 놓여 있을 때, 그 '아름다움'이 인간을 타락시키는 독소에 지나지 않은 것이다. 역사를 보면 유독 아름다운 여자가 남자를 파멸로 이끄는 이야기가 많다. 남자를 유혹해 죽음이나 고통의 극한 상황으로 치달게 만드는 '팜므 파탈Femme Fatale'이라는 여자를 만났기 때문이다.

· 아름다운 얼굴

'크레오파트라'의 얼굴은 코에 매력이 있고, '양귀비'의 얼굴은 눈에 매력이 있고, '우미인'의 얼굴은 입에 매력이 있었다고 한다. 다만 매력이 한군데로 몰렸다는 것은 요염하고 애절은 할지언정 정숙한 얼굴은 아니다.

아름다운 얼굴은 요염한 것이 아니라 항상 미소를 머금은 포근한 얼굴이다. 그런 얼굴을 갖자면 그런 정서를 길러야 한다. 그런 얼굴을 갖자면 풍부한 지식을 연마해야 한다. 그리고 천사와 같이 아름다운 얼굴을 갖고 싶거든 천사같이 아름다운 마음씨를 가져야 한다. 몽테뉴가 설파한 대로 "미인은 언젠가는 싫증이 나지만 선량한 여인은 영원히 싫증 나지 않기 때문이다"

· 현대 여성의 미

모름지기 여성에게 미란 지성과 품격과 정서와 건강이 균형 있게 잘 조화된 얼굴의 소유자가 되는 것이다. 따라서 얼굴을 아름답게 하려거든 미장원보다 앞서 도서관으로 갈 일이다. 내면의 미를 더욱 가꾸어야 아름답기 때문이다.

· 미모는 교양, 수양, 지식의 차

사람마다 얼굴 모습이 다른 것을 덮어놓고 남 하는 대로 따른다고 제 얼굴의 미를 살릴 수 없다. 어찌 화장법으로 미인이 될 턱이 있겠는가. 사람의 얼굴은 그 마음씨와 교양에 따라 날로 변해 간다는 것을 알아야 한다. 바로 독서와 수양에서 얻는 높은 교양이 얼굴을 곱게 하는 내복약이다.

재치있고 날카로워 보이는 얼굴과 까불고 얌체 없어 보이는 얼굴은 교양의 차에서 온 것이고, 못나고 흐리멍덩한 얼굴과 인자하고 서글서글한 얼굴은 수양의 차에서 온 것이고, 미약해 보이는 얼굴과 지혜롭고 비판적이고 지성적으로 보이는 얼굴은 지식의 연마에서 온 차다. 이렇게 얼굴에는 자신의 비밀이 기록되어 있다고 한다.

· 여성다운 처신

"한국의 여성은 서구의 여성에 비해 젊음을 오래 지니지 못한다"라고 말한다. 실제 한국 여성의 젊은 모습이 너무 짧다는 것은 사실에 가깝다. 결혼하고 불과 몇 해 안 된 여인이 왈패가 돼서 반남성화 경향이랄까, 중성화라고 할까. 젊은 여성미는 찾아볼 수 없는 경우가 많기 때문이다. 대부분 결혼해서 살림하고 애를 낳으면 고만이다.

그러나 팔십이 넘은 여인도 옛 모습 그대로 간직한 사람도 있다. 곱게 매만진 머리, 깨끗하고 날렵한 몸매, 애정이 깃들인 말씨, 몸에 밴 교양있는 예의. 이처럼 아직도 여성을 잃지 않은 사람도 존재한다. 그러니 젊은 여성은 잠시도 몸가짐을 해태懈怠하지 아니함으로써 젊음의 미를 길이 지닐 수가 있는 것이다. 공부하며 잠시도 허튼 생활에서 자기를 소모하지 않는 것이다. 그것이 젊음과 미를 유지하는 처신이다.

★ 일장춘몽

그러나 그 아름다움도 우주의 삼라만상이 변하듯, 미모도 하릴없이 변한다. 어린 십 대의 소녀는 봄의 푸른 싹과 같다면 이십 대는 꽃봉오리다. 그러나 인생을 음미하고 생활을 가다듬으려는 사십 고개에 들어서면 어느덧 눈에는 슬기로운 이슬까지 돈다. 오십五十에 서리가 앉아 육십六十이면 이미 겨울이다. 풀 끝에 맺힌 이슬 같은 인생이다. 그래서 인생을 일장춘몽一場春夢으로 표현하는 것인지도 모른다.

★ 미모 설계

머지않아 아름다움을 간직하는 인간을 과학자들이 설계할 날이 올 수도 있을 것으로 전망한다. 아기는 정자와 난자가 결합한 하나의 세포에서 생겨나는데, 이 최초의 세포에 들어 있는 유전자를 인위적으로 변화시키면 사람의 여러 가지 특징을 변화시킬 수 있다는 것이다. 태어날 아기의 눈이나 머리카락, 색깔, 지능, 심지어는 아름다움까지 선택할 수 있는 날이 올지도 모르겠다. 그렇게 해서 못생긴 사람은 아예 태어나지 않게 할지도 모르는 일이다. 세상사가 아이러니다.

◇ 결혼

결혼이란 성장한 두 남녀가 서로 사랑하고 서로 부부가 되기를 원하면서 결혼이라는 형식을 빌려 결합하게 되는 것을 말한다. 이 결혼을 통해 최초의 가족 간의 인간관계가 시작되고, 나아가 가족과 사회가 유지되는 수단이라는 측면의 복합적 의미로도 해석할 수 있다.

그 결혼을 우리 사회에서는 인륜지대사로 여겨왔다. 그리고 일정한 나이에 도달한 남녀에게 결혼은 당연시되는 삶의 통과의례로 받아들여졌다. 하지만 결혼과 가족에 대한 문화나 의식이 시대와 사회, 자연환경에 따라 다양한 형태로 변화해오면서, 결혼에 대한 인식 또한 누구나 해야 하는 필수적인 과정이 아니라, 다양한 생활양식 가운데 하나로써 선택의 문제로 인식되어 가고 있다.

● 배우자의 전제조건

결혼을 전제로 배우자를 선택할 때는 결코 한때의 충동적이고 찰나적인 감정에 의지해서는 안 된다. 상대의 이상형, 상대의 학력, 성격, 지위, 재력, 관심사, 가치관 등이 나와 비슷하며, 그 사람이 어떤 성격인지 반드시 알아야 한다. 오랜 시간 상대에 대해 유심히 관찰할 것과 본질을 파악하는 것이 중요하다는 뜻이다. 자기와 능력이 엇비슷해야 소통이 원활하기 때문이다. 자기보다 뛰어난 상대는 반려자가 아니라 주인이 되어버리기 때문이다. 자칫 자승자박自繩自縛의 결과를 낳을 수도 있기 때문이다.

① 진정한 배우자

인생의 성패는 어떤 아내를 선택하느냐, 어떤 남편을 선택하느냐에 달려 있다. 여자는 좋은 남편을 만나야 행복하고 남자는 좋은 아내를 만나야 행복하다. 관능적인 매력에 이끌린 사랑이 아니라 영적 Spiritual인 결합으로 맺어진 결혼이 행복을 보장한다. 자칫 환멸스러운 인생을 살게 될 수도 있기 때문에 그나마 배우자를 잘 선택하라고 강조하는 것이다. 그러나 한평생 진정한 사랑을 나눌 수 있는 사람을 찾는다는 것이 결코 쉬운 일은 아니다.

② 낭만적인 사랑은 위험하다

미국의 시러큐스Syracuse와 웨스트버지니아 두 대학이 사랑에 빠지는 시간은 단 0.2초라는 연구 결과를 발표했다. 즉, 사람은 0.2초라는 짧은 한순간에 자신의 모든 것을 걸거나 평생을 함께 살아가고 싶은 사람을 결정짓는 것이라고 한다. 이처럼 처음 대면하는 청춘남녀의 사랑은 대개 단숨에 빠져버리는 열정적인 사랑에 가깝다. 남자는 자신의 기대에 부합하는 특성을 지닌 여성을 발견하게 되면 소유하려는 일념으로 대시한다. 그녀가 지닌 장점은 한없이 부각되고 단점은 가려져서 상대는 이 세상에 하나뿐인 이상적 존재로 여겨지기 때문이다.

그런 이후 흥분과 열정의 시기가 지나면 점차 상대방의 결점들이 하나둘 보이기 시작하면서 상호 간 완전한 전체가 될 수 있다는 기대감은 비로소 현실에서 깨어지기 시작하는 것이다. 그렇게 황홀했던 낭만적 사랑이 끝난 자리에 황량한 의무감만이 남기 쉽다. 그래서 낭만적 사랑에 의존한 결혼관계는 필연적으로 불안정할 수밖에 없는 것이다. 그래서 맹목적이고 무조건적인 사랑은 안 된다. 즉흥적인 판단보다 더 위험한 것은 없기 때문이다.

★ 사랑의 6가지 유형

심리학에 의하면 사랑은 크게 6가지 유형으로 나눌 수 있다고 한다.

① 에로스 낭만적 사랑 : 에로스식 사랑은 주로 신체적 매력에서 상대방에게 사랑을 느낀다. 자신의 이상에 부합한 상대를 만나 첫눈에 반해버리는 경우다.

② 루두스게임식 사랑 : 이 유형은 사랑을 재미로 생각한다. 이들은 쉽고 신속하게 애정 행위를 하며 자신이 깊이 빠져드는 것을 원치 않는다.

③ 스토르게 우정을 토대로 한 사랑 : 이 유형은 우정과 가정이라는 더욱 큰 목표를 갖고 있다. 이들의 애정은 상대방에 대한 존경심과 배려에서 생겨난다.

④ 마니아소유적이고 의존적인 사랑 : 이 유형은 강박적이고 소유욕이 강해 상대방을 전혀 고려하지 않는다. 대부분의 관계에 만족하지 못하며 상대에게 더 많은 애정과 헌신을 요구할 뿐이다.

⑤ 프래그마논리적 사랑 : 이 유형은 현실적이고 실용적인 관계를 중시한다. 상대방의 직업 및 전망 등 다분히 현실적이고 비낭만적인 이들의 사랑은 계획에 지나지 않는다는 사실이다.

⑥ 아가페모든 것을 주는 이타적인 사랑 : 이 유형의 사랑은 이기심이 없고 자비로우며 부처나, 예수의 설교한 방식으로 상대를 사랑한다. 이들에게 사랑이란 감성이 아닌 의지의 표현이다.

● 이상적인 배우자의 조건

① 사랑

부귀영화는 결혼생활의 성공을 보장하지 못한다. 부유한 부부가 헤어지는 경우는 많으나, 서로 깊숙이 사랑하는 금슬 좋은 부부가 갈라서는 법은 없다. 오히려 돈 많고 무능한 남자, 배운 것 없이 교동驕童으로 자란 사람은 대단히 위험한 배우자다.

② 성숙

배우자 선택 제1순위가 성숙이다. 성숙한 사람은 자신을 수용할 줄 알고, 현재 상황에서 살아갈 능력이 있으며, 환경에 적응할 줄 안다. 망상이나 공상, 현실 도피, 과장된 행동 등을 하지 않으며, 항상 현재에서 출발하여 미래를 향해 전진하는 태도를 보인다.

특히 경제적 독립을 통해 스스로 생계를 유지할 능력과 책임이 있으며, 아첨이나 칭찬, 비난에도 동요하지 않는다. 또한 성, 사랑, 결혼에 대해 부정적이거나 폐쇄적인 생각을 하지 않고 올바른 지식과 태도를 가지고 결혼을 준비한다.

③ 성격

우리나라 미혼 남녀가 가장 중시하는 배우자 조건이 성격이라는 조사 결과가 보고된 바 있다. 바람직한 배우자 성격 특성은 '상호간의 이끌림', '신뢰할 수 있는 성격', '감정적인 안정감과 성숙', '남에게 기쁨을 주는 성향'이라고 남녀 모두 동일하게 생각한다. 미혼 남성은 성격, 신뢰와 사랑, 건강 등의 순이었고, 미혼 여성은 성격, 경제력, 신뢰와 사랑 순이다.

★ 요주의 대상

① 양의 기운이 강한 여성

《주역周易》에서는 부부관계에서 여장女壯, 즉 양의 기운이 지나치게 강한 여성을 배우자로 삼지 말라고 강조한다. 실제로 여성 배우자의 기세가 강하면 남자들이 초라해지고 볼품이 없어져 매사에 자신감을 잃고 아내 뒤에 숨어 지내는 모습을 흔히 보게 된다. 기운이 강한 배우자가 본의 아니게 밀어내는 것이다. 그래서 배우자의 궁합은 먼저 여성의 기氣를 보아야 한다고들 말한다. 한 번쯤 되새겨볼 문구라 사료된다.

주역은 수신과 경세의 도리를 담은 실천 철학의 성격을 지닌 높은 가치를 지닌 고전이다. 인생을 성찰하는 책, 일반인에게는 처세를 위한 교양서다. 서양에서는 주역을 《Book of Changes변화의 책》이라고 번역한다.

② 거짓 탈을 쓴 위인

여성들의 취약점인 재력가로 행세하거나, 그룹의 2세 행세, 지체 높은 공직자 행세, 외국의 명문대학 출신 행세 등 갖가지 수법을 동원하는 사기꾼이 많은 나라다. 사회 주변에는 연애 소설에나 등장하는 위험하기 그지없는 동물적 생동감의 위인들이 넘쳐난다. "인간은 사랑하는 사람에게 쉽게 속는다"라는 몰리에르 말처럼 사람을 덮어놓고 믿어서는 안 된다. 그들은 망신을 두려워하지도 부끄럽게 생각하지도 않는다. 인간이기를 포기한 파렴치한 위인들이다. 그것을 간파할 수 있는 안목이 필요한 세상이다.

● 이성 교제

많은 사람은 교제를 통해 자신을 가장 사랑해줄 영혼의 동반자를 꿈꾼다. 따라서 그 동반자를 찾는 일에 자신의 인생을 상당 부분 소비할 줄 모른다. 그러나 선택은 언제나 힘든 일이다. 그래도 평생을 같이할 동반자이기에 훨씬 더 많은 생각을 해야만 한다. 절대 즉흥적으로 판단할 일이 아니다. 내 인생의 앞날이 결정되는 중차대한 대사大事이기 때문이다.

결혼에 관해서 올바른 선택을 할 수 있도록 부모와 선생을 비롯하여 그 누구도 현명한 가르침을 주지 않는다. 오로지 당사자의 자유와 선택에 달려 있다. 제가 당하고 제가 풀어야 한다. 명확하고 진지한 판단이 필요한 이유다.

① 교제 조건

셰익스피어는 성급한 사랑보다 조심스러운 사랑이 더 오래간다고 역설했다. 처음부터 어떤 조건이나 이유도 없이 상대에게 강렬하게 이끌려 미래를 설계하면 위험하다. 단순히 상대가 마음에 든다고 반려자로 가볍게 선택해선 안 된다. 사람은 저마다 얼굴이 다르고 목소리가 다르듯이, 저마다 생활환경이 다르고, 인생관과 가치관이 다르고, 사물을 보는 시각과 느끼는 감정이 각기 다른 독자적 개성을 가지고 있다는 것을 절대 잊지 말아야 한다.

제일 먼저 상대방과 내 인생의 철학이 비슷한지를 철저히 파악해야 한다. 또 상대의 성격을 주시하고 가늠하며, 사회문제에 대해 취하는 태도, 세상이 어떻게 변해야 한다고 생각하는지, 상대의 감정이 충동적인지, 아님 지극히 자연스러운 것인지도 따져봐야 한다. 때로는 밖에서의 친구들은 어떤 사람인지, 어떤 종류의 기질을 보이는지, 욕구불만欲求不滿은 어떻게 제어하는지, 돈 관리는 어떻게 하는지, 필요하면 운전습관까지 살펴보는 것이 필요하다.

그런데 우리 사회는 낭만적이고 순진한 생각을 하는 미혼 여성들이 너무 많다는 데 놀란다. 인생사 삶에 정답이 없듯이 상대에게 진심을 오롯이 바쳤는데, 그에게 배신을 당했다면 감당하기 힘들 정도로 고통스러울 것이다. 비평가 스탈Stael 부인의 말처럼 "연애는 남자의 일생에서 하나의 삽화揷話에 불과하지만, 여자의 일생에서는 역사 그 자체다"라는 것을 잠시도 잊어서는 안 될 것이다. 물론 남자에게도 일생의 역사라는 사실, 다를 바 없다.

② 배우자 테스트

미국 여성들은 데이트를 통해 상대의 생활력을 테스트하고, 이해심을 파악하고 장래성을 측정한다. 그리고 오랫동안 성격과 애정을 실험하여 타성성이 판단될 때 그때야 스테디Steady로 들어간다. 스테디는 정식 연인관계다. 스테디관계에서 다시 테스트와 시련을 경험한 다음에, 약혼 그리고 결혼의 순서를 밟는다고 한다. 그들은 애정에 있어서 과학적 실험주의자다. 생각하는 것 이상 애정의 윤리가 건강하다. 결혼을 전제로 물불을 가리지 않는 다정다감한 순정파보다, 이해타산이 밝은 현실적 합리주의자가 훨씬 낫다.

· 이성 교제 시 유의점

이성 교제 시 가장 큰 문제점은 혼전 성관계와 같은 성적 압력이다. 이는 여성으로서는 돌이킬 수 없는 심각한 후유증을 가져올 수는 타격이다. 그다음은 데이트 폭력이다. 주요 뉴스거리로 자주 등장한 데이트 폭력이 우리가 생각하는 것보다 상당히 빈번하게 발생한다. 조사 결과 폭력 비율이 30% 내외에 이르는 것으로 나타났다.

남녀 간 의견 차이 때문에 주로 발생하는데, 폭력 양상에는 물건 던지기, 따귀 때리기, 떠밀기 등이 가장 많은 것으로 나타났다. 더 큰 문제는 스테디관계에서 만남을 거부하면 스토커Stalker로 돌변하여 무섭게 돌진하거나, 심하면 사람을 해치는 양상으로까지 돌변한다. 가족에게까지 해를 가하면서 내 인생을 힘들게 한다. 이 점들을 인식하고 접근해야 한다.

피터 배커스Backus가 "이상형인 이성을 만날 확률은 28만 5천 분의 1"이라고 역설했다. 이상형을 만난다는 것이 그렇게 어렵다는 해석이다.

◆ 합의적 결혼과 삶

결혼은 당사자 모두 상호 의존적 필요성을 갖는다. 결혼한 남편은 아내의 보살핌과 무급 가사노동의 혜택을 누리는 사회 경제적 이득을 얻으며, 독립과 권위를 성취할 수 있는 수단이 된다. 반면 여성은 일생 동안 자신의 노동, 성애, 재생산 능력을 남성에게 제공하고, 이에 대한 대가로 보호를 받고 생계를 유지하며 자녀에 대한 일정한 권리를 갖게 된다. 여성에게 경제적 안정과 지위 획득의 필수적 수단인 셈이다.

그러나 결혼에 골인한 남자들은 누구나 백설 공주나 신데렐라와 같은 매혹적이고 정숙한 아내의 헌신적이고 따뜻한 보살핌을 기대한다. 그 반대의 여성들은 결혼만 하면 꿈꾸었던 인생이 손안에 들어올 것으로 생각한다. 그러나 꿈꾸던 화려한 결혼생활은 말 그대로 헛된 환상에 불과하다. 결혼의 평등과 이상을 실현하는 것은 거의 불가능하다. 사랑스러운 아내는 집안일을 잘하는 파출부도 되어야 하고, 자녀를 낳아 잘 키워내는 선생님도 되어야 하며, 사회에 진출하여 돈도 잘 벌어 와야 한다. 이렇게 오직 한 남성을 위해 희생하고 있는 자신을 발견하지만 때늦은 후회에 불과하다.

이렇듯 인생이란 온갖 사연을 안고 살아야 하는 즐거운 여행길이 아니다. 무거운 짐을 지고 홀로 먼 길을 가야 하는 긴 난행로難行路다. 그러나 대부분이 서로 두 손을 마주 잡고 일생 동안 동고동락同苦同樂

하기로 경건히 언약한 대로 성실히 살아간다. 그것이 진정 합의적 결혼과 삶이다.

◆ 여성의 길

마냥 착하고 마음 여린 우리 복돼지 문초윤은 지금까지 학교에서, 학원에서, 가정에서 무엇을 얼마나 배웠을까? 작금의 사회는 찬 바람 부는 거친 벌판과 같은 시련장일 텐데….

불가불 사회로 진출하고자 한다면 내 인생을 성실하게, 맡겨진 직분을 알차게 감당할 만한 자신과 의지를 갖추고 나의 뚜렷한 인생관과 가치관을 가지며, 인생을 개척할만한 마음의 무기도 준비되어 있어야 한다. 또 남과 원만하고 화목한 인간관계를 가질 수 있는 슬기와 어떤 시련이라도 이겨내고 고난을 돌파할 정신력과 용기도 필요하다. 그리고 내 앞에 나타날 뭇 남성들의 인품과 성격과 능력을 옳게 판단할 수 있는 총명한 안목을 가졌는지도? 스스로 판단해보아야 한다. 사회란 어쩌면 행운의 여신이 맞이하는 부푼 희망의 꿈도 있겠지만, 미지의 길에 들어서면 불안과 불확실한 모험과 염려가 따를 것이기 때문이다.

이 항에서는 여성으로서 생生의 계명과 삶의 지침을 이야기하고자 한다.

· 자신감과 용기

남녀를 막론하고 인생을 산다는 것은 투쟁이다. 그동안 부모의 힘에 의존하는 생활에서 벗어나 내 자유의지와 내 자주적 노력으로 앞날을 개척해나가야 하는 독립하는 여성에겐 무엇보다 필요한 것이 자신감과 용기란다. 자신감과 용기를 가지고 부딪치면 안 되는 일이 별로 없을 것이다.

어제까지는 부모님과 스승의 지도와 보살핌 속에서 주로 움직였다. 그러나 이젠 내 판단하에 계획하고, 그 계획에 따라 행동하고, 그 행동에 스스로 책임을 지는 독립인이 된 것이다. 이제야 비로소 내가 나 자신의 주인이 되는 것이다.

· 여성의 인품

사람 중에는 기쁨을 주는 사람이 있고, 불쾌감을 주는 사람도 있다. 어떤 여성은 따뜻한 봄바람을 대하는 것 같고, 어떤 여성은 냉랭한 겨울바람을 접하는 것과도 같은…. 그 인품人品에서 독기를 풍기는 여성이 있는가 하면 혐오감을 느끼게 하는 여성도 있다.

그 차이는 그 사람의 수양과 공부, 생활 태도에서 좌우된다. 그래서 배움을 멀리하는 자는 밑으로 전락하는 천박한 여성이 될 수도 있다. 내 인생은 내게 달렸다. 소박한 듯 단아하고 단아하면서도 속이 따뜻한 여인, 그런 사람이 되기 위해서는 항상 공부하는 자세를 견지하며, 새로워지고 향상하고 부단히 노력해야만 한다.

앉을 때나 설 때나 걸을 때도 항상 다소곳하고, 말이나 행동이 변함없이 공손하고 겸손하며 예의에 어긋나지 않도록 바르게 처신해야 한다. 아무리 시대가 변천해도 여성의 인품은 변해서는 안 되기 때문이다.

· 자기성장

내가 어떤 생활을 하든 자기성장의 기쁨과 보람을 느끼며 살아야 하는 것이 인생이다. 그러니 자기만의 세계를 가져라. 문학이든, 예술이든, 학문도 좋다. 자기 천분과 개성의 세계를 지니고 있어야 한다. 그러한 개성과 인격을 가진 여자라야 여자로서 미의 생명이 길고 남편한테서도 존중받을 수 있다. 항상 내 마음의 빈 그릇을 채우기 위해 의미 있는 생활, 보람 있는 생활이 되도록 부단히 배우고 그 공부를 통해 자기성장의 기쁨과 보람을 느껴야 한다.

· 영리함과 현명함

한국에선 '착한 사람' '인간성이 좋은 사람'이 칭찬의 표현으로 많이 쓰이지만, 프랑스에서는 '영리한' '현명한'이라는 표현을 많이 쓴다. 프랑스에선 영리함과 교양이 친구나 배우자를 선택하는 데 필수 항목일 뿐만 아니라, 나아가 사회적 신분을 제시하는 기초가 되기 때문이다. 그들은 지성이 특수 계급의 소유라고 생각하지 않는다. 그들은 누구나 똑똑하다는 말, 교양 있다는 말을 듣기를 선호한다. 대중의 엘리트에 대한 인상은 이토록 다르다.

· 배우자 선택

되풀이할 수밖에 없는 선택의 중요성, 결혼은 두 남녀가 서로의 운명과 행복을 맡고 맡기는 엄숙한 인생의 책임적 행동이다. 특히 여성의 경우에 결혼은 희망과 불안이 뒤섞인 엄숙한 선택이요 결단인 것이다. 그래서 인생을 바로 보는 지혜와 총명을 배워야 한다고 강조해온 것이다. 남성을 보는 눈을 길러야 한다. 그것이 인생 공부, 사회 공부, 생활 공부다. 그 중요 공부가 독서로부터 발단된다. 한시라도 게을리해서는 안 되는 일이다.

· 돈독한 애정과 화합

부부가 행복하게 살려면 첫째가 건강해야 하고, 어느 정도의 경제적 조건도 갖춰야 한다. 거기에다 원만한 성격과 품위를 지니며, 애정이 돈독해야 한다. 그리고 서로의 마음속에는 사랑하려는 의지, 이해하려는 노력, 서로 도우려는 정성이 필요하다.

그래도 부부란 황홀했던 세월이 지나면 차츰 싸울 일, 서로 등지고 돌아누워 한숨 쉬어야 할 일이 많아지는 법이다. 아무리 금실 좋은 부부일지라도 다툼은 필연이다. 그때 나타나는 과도한 미움은 증오를 쌓아 공멸을 초래하기도 한다. 그래서 모든 사랑엔 시간의 시험이 기다리고 있다고 한 것이다.

그때마다 지성인답게 차분한 마음가짐으로 상대의 의견을 경청하고 나의 의견을 조리 있게 제시하여 타협점을 찾는 지혜가 필요하다. 철학자 니체가 '부부생활은 인생의 긴 대화'라고 한 말을 살아가며 알게 될 것이다. 서로 이해하고 마음이 합치되는 상호 화합이 부부의 행복의 열쇠가 된다는 얘기다.

결혼생활을 탈 없이 유지하기 위해서 "결혼은 30%의 사랑과 70%의 용서다"라는 로버트 루이스 스티븐슨의 말이 정답이 될 수 있다. 부부에게는 자기희생이 필요하다. 사랑과 용서로 똘똘 뭉친 생활만이 행복한 결혼을 가져온다는 뜻이다. 결과적으로 사랑과 헌신으로 서로를 키워나가는 것이 진정한 결혼의 목적이라고 하겠다.

★ **사랑과 결혼은 하나가 되어야 한다**

미국의 문필가 피노드는 "사랑은 결혼의 여명이요, 결혼은 사랑의 일몰"이라고 말했다. 연애할 때는 아름다운 환상의 베일Veil 속에서 서로 대한다. 그러다

가 결혼하면 이 환상의 베일이 다 벗겨져서 평범해지고 진부해진다. 남자는 오로지 처자를 부양할 생활의 의무와 책임이 따르고, 여자에게는 집안의 살림살이, 아이를 낳고 육아의 책임을 짊어진다. 이 생활의 의무에 얽매이고 인생의 무거운 책임을 감당하며 살아갈 뿐이다.

그러면서도 사랑과 결혼은 하나가 되어야 한다. 그래야 행복이 유지된다. 아무리 힘든 삶을 영위할지라도 사랑과 결혼이 악수하지 못하면 불행하다. 인생이라는 기나긴 길을 함께 걸어가야 하는 운명체인 부부는 서로 믿고, 서로 의지하고, 서로 위로하면서 가파른 세파를 헤쳐가는 강한 의지와 노력이 있어야만 한다. 내 노래와 네 노래가 하모니Harmony를 이루어야 행복하기 때문이다.

· 내조의 덕

결혼하면 '내조'의 덕이 필요하다. 훌륭한 남편 뒤에는 반드시 훌륭한 아내가 건네는 내조의 공이 있다. 아내가 뒷바라지를 잘할 때 남편은 그의 재능과 역량을 마음껏 발휘할 수 있을 것이다. 발자크Balzac의 말대로 "아내는 훌륭한 남편을 만드는 천재"가 되어야 한다. 또한, 태공太公은 "어진 아내는 남편을 귀하게 만들고, 아첨하는 아내는 남편을 천하게 만든다"라고 했다.

· 몸 숭배

역사적으로 여성은 자신의 몸을 중시해왔다. 여성이라면 누구나 꿈꾸는 일일 것이다. 현대는 세대와 성별, 계층적 차이를 막론하고 누구에게나 몸의 관리가 지상과제인 것처럼 인식되어 있다. 외모가 여성의 의무처럼 굳어져버렸다.

사람이라면 남녀노소 누구나 좋은 얼굴을 갖고 싶어 하지만, 그것은 마음대로 되는 일이 아니다. 그렇다고 인위적으로 다이어트 식품이나 약품을 남용, 오용해서 나타나는 부작용은 영양결핍, 골다공증, 각종 부인병을 달고 살아야 한다. 지금 많은 여성이 코를 조금 높이기만 하면 인생이 달라질 거라고 믿는다. 변신과 변화가 자신을 살릴 것이라는 믿음에서 하는 행동이다. 이처럼 많은 여성이 가당치도 않은 욕망과 환상에 사로잡혀 있다. 쌍꺼풀을 만들고 코를 높이고 턱을 깎아내는 행위는 이성까지 마비시킨다는 것을 알아야 한다.

성형으로 자칫 외모 관리에 실패하여, 현대 의학으로도 수습할 수 없는 지경에 처한다면 어찌할 것인가? 생각하기조차 끔찍하다. 매스컴을 통해 그 흉측한 몰골을 자주 목격했을 것이다. 사람이라면 저마다 온화한 빛을 띤 바람직한 얼굴의 주인공이 되고 싶어 한다. 그 사람이 바로 자연 그대로의 모습이다. 사람은 외모가 아니라 내면의 향기를 자아내게 해야 아름다운 법이다. 사람들 역시 모두가 그것을 원한다.

· 홍복

아름다운 외모가 여성의 취업을 비롯해 공적 영역에 진출할 수 있는 전제조건인 것처럼 여기는 것은 넌센스Nonsense다. 매력적인 외모를 가져야 여자로 인정받고, 성에서도 주체적인 존재가 될 수 있다는 생각 또한 넌센스다. 그렇게 그릇된 사회적 분위기에 동조해서는 안 된다. 겉만 화려하면 화려해질수록 속은 텅 비고 허황해지기 쉽다. 그것은 깊이가 없고 가식적이다. 아름다운 성격, 아름다운 정신을 가꾸고 그윽한 인품을 가꾸어야 한다. 아름다운 마음씨, 아름다운 말씨, 아름다운 생각을 지녀야 한다. 그것이 아름다워지는 조건이다.

나이 들어서도 지혜롭고 성실하게 산 사람만이 곱게 늙을 수 있다. 인생이 곱게 늙는 것은 홍복이다. 남성의 경우는 온화한 빛과 준엄한 빛이 조화된 얼굴이 바람직하다. 여성에겐 인격의 높이와 혼의 깊이를 생각하게 하는 원숙의 미를 풍기는 여인이 이상적인 얼굴이요, 인품일 것이다. 그리고 레싱Lessing의 말처럼 여자는 아름다울수록 더욱 정결해야 한다. 여성은 정결에 의해서만 자신의 아름다움이 낳는 위험한 해악에 대항할 수 있기 때문이다. 이상이다. 거듭 되새겨, 행복한 삶, 가치 있는 삶을 영위하길 바란다.

제22과

이성애
Heterosexual Love

인간의 삶에서 '사랑'보다 더 중요한 단어는 없을 것이다. 사랑은 인간이 느낄 수 있는 최고의 향기이자, 인생에서 빼놓을 수 없는 행복의 핵심적 원리이기 때문이다. 따라서 인간은 자신의 마음속에 사랑이 충만할 때 비로소 허무주의에 빠지지 않으며, 남의 사랑을 받을 때 살아가는 의미와 보람을 느낀다. 그래서 인생을 풍부하게 하는 온갖 과실이 사랑이라고 했는지도 모른다.

"사랑이야말로 인간이 추구해야 할 가장 궁극적이고도 가장 숭고한 목표"라는 빅터 프랭클Frankl의 표현처럼 사랑 없이 살 수 없는 것이 인간이기 때문이다.

◆ 불 같은 사랑

사랑엔 소년과 소녀의 풋풋한 첫사랑이 있고, 패기 넘치는 청춘의 낭만적 사랑이 있는가 하면, 중년의 애잔한 사랑도 있다. 그들의 사랑에는 그 사랑을 뛰어넘는 영혼조차도 초월하는 고귀하고 가치 있는 아름다운 사랑이 있다. 그러나 불같이 뜨거운 사랑이 감격과 기쁨의 원천인 동시에 때로는 불행과 파멸의 씨앗도 된다는 사실이다. 사랑이 눈물과 복수와 폭력을 낳기도 하기 때문이다. 역사상 폭풍과 파도와 활화산活火山과 같은 정열 때문에 파멸하는 사람이 얼마나 많았던가?

그래서 사랑에도 지혜가 필요하다. 열렬한 사랑에 빠진 사람이 상대방을 제대로 판단하지 못한 데서 파멸의 씨앗이 되기 때문이다. 따라서 사랑을 나눌 때도 열정熱情을 적절히 조절할 줄 알아야 한다. 열정은 일시적인 감정의 변화이다. 그리고 사랑이란 지속하는 시간이 무척 짧다는 것을 결코 잊어서는 안 된다.

◆ 사랑은 한 방향을 향하는 마음

내 전부를 줄 듯 격정 앞에서도 진정한 사랑을 나누기 위해서는 그가 과연 어떤 성향을 가진 사람인지 제대로 파악하는 것이 순서다. 그리고 사랑하는 사람의 마음이 항상 나와 똑같으리라고 단정해버린 것처럼 어리석은 게 없다. 세상에는 향기 없는 미인이 오죽 많은가? 인생에서 가장 강렬하고 놀라운 사건은 대부분 사랑이라는 감정에 의해 만들어진다는 쇼펜하우어의 경고 메시지처럼, 낭만적인 사랑에 맹목적으로 빠지거나, 어리석은 사랑 때문에 자칫 인생의 행복을 송두리째 날려버릴지도 모르기 때문이다. 과연 어떤 사랑이 진정한 사랑인가?

· 비익조와 연리지

"하늘에 있을 때는 비익조連理枝가 되길 원하오며, 땅에 있을 때는 연리지連理枝가 되길 바랍니다" 당나라의 현종과 양귀비楊貴妃의 사랑을 읊은 〈장한가長恨歌〉에 나오는 사랑을 맹세하는 구절이다. 비익조와 연리지는 모두 부부의 깊은 애정을 비유할 때 쓰이는 말이다. 비익조는 날개가 하나뿐인 새로 두 마리가 합쳐져야 비로소 날 수 있다. 연리지 역시 따로 성장한 두 나무가 붙어서 하나로 보이는 형상으로 떨어질 수 없는 사이를 상징한다. 그것이 진정한 사랑이다.

· 한 방향을 쳐다보는 것

작가 생텍쥐페리는 말했다. "사랑한다는 것은 두 사람이 서로 마주 보는 것이 아니고, 두 사람이 함께 같은 방향을 쳐다보는 것"이라고…. 사랑은 사랑하는 사람끼리 서로 닮아가며 마침내 둘이 아닌 하나의 몸이 되기 위해서 하나의 방향을 함께 쳐다보는 것이다. 이것이 곧 한 몸을 이루는 참사랑의 길인 것이다.

◈ 사랑하는 사이의 대화

사랑하는 사이는 함께 있는 것만으로도 달콤하고 행복하다. 얼굴의 표정과 짧은 말 한마디로도 즐거움과 행복이 충만해지고 상대방의 마음을 얻을 수 있다는 것 때문이다. 그래서 사랑하는 사람들의 '대화'는 말을 많이 하지 않는 것이 더 효과적이라고 했는지도 모른다. 나누는 대화도 많지 않지만 취미나 스포츠, 독서, 여행 등 일상생활을 느끼게 할 수 있는 내용이 바람직하다고 한다. 직장 이야기나 자신의 자랑 등은 마음을 나눈 남녀의 대화로는 적합하지 않다는 것이다. 또 자신의 결점이나 약점 등을 고백하는 것도 좋지 않다는 것. 모두 상대의 판단에 맡기면 된다는 것이다.

그리고 교제 중 둘 사이에 오해가 생겼을 때 잘못했다는 생각이 들면, 머뭇거리지 말고 미안하다고 말하고 사과하는 솔직함도 필요하단다. 아주 작은 오해로 훌륭한 파트너 Partner 를 잃은 경우가 많기 때문이다.

◈ 남자와 여자의 차이

이 세상에는 남자가 인구의 반, 여자 역시 인구의 반을 차지한다. 남자와 여자는 서로 다르다. 인간이라는 종種에 속한다는 것만이 유일한 공통점일 뿐, 육체적 형상, 생각하는 관점이나 발달한 능력, 표현하는 방식 등에서 서로 다른 차이를 보인다는 것이다.

남성은 여자에 비해 공간 지각 능력이나 손과 눈의 협응 능력이 뛰어나다고 한다. 따라서 운전이나 기계 조립에 있어서 여성은 좀처럼 남성을 따라잡을 수가 없다. 반대로 여자는 모든 것을 말로 잘도 표현하지만, 언어 표현 능력이 부족한 남자는 그러지 못한다. 또 여자는 남자보다 감정적 성향이 강하다. 여자들이 드라마나 영화를 보며 쉽게 주인공의 입장에 동화되거나 일상의 사소한 일에 감동하는 것도 여자만의 특유한 감정주의와 무관하지 않다.

· 남녀의 차이

《화성에서 온 남자, 금성에서 온 여자》에 나타낸 남녀의 차이를 보면, 남자와 여자의 가치관이 본질적으로 다르고, 스트레스를 해결하는 방법도 다르다고 한다. 또한 남녀는 서로 다른 언어를 사용하고, 친밀감의 욕구도 다르고, 원하는 사랑에도 차이가 있다고 한다. 여자의 사랑은 마치 파도처럼 리듬 있게 오르내림을 반복한다는 것이다.

· 인식의 차

영국의 데일지 메일지의 조사 결과에 의하면, '누구와 있을 때 가장 좋은가?'라는 질문에 대해서 아내는 응답자의 70%가 '남편과 있을 때 좋다'라고 응답한 것에 비해, 남편은 '혼자 있을 때 행복하다' 41.3%, '친구와 있을 때 행복하다' 22%, '아내와 있을 때 좋다' 18%로 나타나, 이 역시 남녀 간의 인식차가 큰 것으로 나타났다. 이를 잘 이해해두면 유용할 것이다. 다만 사람에 따라 다소 차이가 있음을 유념할 일이다.

◈ 원만한 결혼생활을 위한 지혜

대니 사피로Safiro가 "이 세상에 결혼생활처럼 외로운 일은 없다"라고 갈파한 것처럼 결혼생활은 누구에게나 어렵다. 기대하는 게 너무 많아지기 때문이다. 이러한 기대가 지나치면 실망을 부르고 실망이 쌓여 증오가 된다.

부부간 다툼의 근본 원인은 가족의 사랑을 너무 많이 받고 자라 다른 사람의 사랑에 만족하지 못한 경우, 반대로 사랑을 충분히 받지 못해 애정 결핍 증세에 따른 배우자의 무조건적인 사랑을 갈구하는 비현실적인 예도 있으며, 자녀와 돈, 성격 차이, 친정과 시댁과의 관계도 원인이 된다. 때로는 남과 무엇을 비교하면서 애정을 저울질하며, 존경과 자존심의 대결로 이어져, 그 다툼 때문에 본인에게도 자녀에게도 엄청난 타격을 안기기도 한다.

· 애정 탱크

그래서 원만한 결혼생활을 영위하기 위해서는 배우자의 애정 탱크愛情 Tank를 채울 것을 권한다. 게리 채프먼Chapman의 《5가지 사랑의 언어》에 나온 얘기다. 부부간에 사랑을 받고 싶으면 먼저 사랑하라고 조언한다. 나 자신을 사랑하듯 배우자를 사랑할 수 있다면 훌륭한 결혼생활을 지속할 수 있을 것이란다. 화목한 가정을 원한다면 무엇보다 아내에게 친절해야 하며, 또한 상대에게 너무 터무니없는 기대를 줄이라고 충고한다. 이처럼 사랑도 공부가 필요한 세상이 되었다.

나폴레옹이 아내, 조세핀에게 보낸 편지다. "단 하루도 당신 생각 없이 보낸 날이 없고, 그 어떤 밤도 당신을 마음에 품지 않고 잔 적이 없소. 부대部隊를 돌보고 지휘할 때도 내 마음은 당신으로 가득 차 있다오" 알렉산드르 1세가 지휘하는 러시아-오스트리아 연합군을 격퇴시키고 조세핀에게 "나는 두 황제가 지휘하던 연합군을 격퇴시켰소. 나는 조금 피곤하오. 나는 지금 당신을 껴안고 싶소"라고 썼다. 사랑하는 연인에게 보낸 애틋한 사연 같다. 이렇게 부부간에도 서로 자신의 말을 들어주고 이해해주고 소중히 여겨주기를 간절히 소원한다.

· 순결

심리학자들이 보는 견해로는 사랑의 순결을 으뜸으로 친다. 아무리 견고해 보이던 사랑도 순결의 신의를 저버리면 한순간에 물거품이 된다는 사실 때문이다. 결혼 이후에도 절대 순결이 의무이자 행복의 절대 기반이라는 점을 명심해야 한다고 경고한다.

· 인연

우리 주위에는 소위 불가佛家에서 말하는 인연도 있다. 찐빵처럼 생겼어도 당신이 최고라는 사랑도 존재한다. 어쩌면 그 사랑이 진정한 애정관계인지도 모른다. 나를 있는 그대로 봐주고, 배려해주고, 믿어주는 사람이 내 곁에 있다면 축복받은 삶일 것이다.

◈ 애욕이 낳은 시련

세상을 살아가며 한 남성이 한 여성만을, 한 여성이 한 남성만을 사랑할 때 인생의 비극은 생기지 않는다. 반대로 한 여성을 두 남자가, 한 남성에게 두 여성을 관련시켜서 '애욕'을 낳는다. 이는 운명적으로 비극을 내포한다. 현대 사회에 흔히 있는 사연들이다. 어느 모로 보나 깨끗하고 지극히 훌륭한 사람이 애욕 때문에 인생의 큰 실수를 범하는 예를 목격한다. 그만큼 애욕의 문제는 인생에서 다루기가 어렵고 힘이 든다는 사실이다.

사상가 에머슨의 말대로 "아무리 학문이 훌륭해도 완전한 인물이라고 할 수 없다. 내 말이 거짓말 같이 들린다면 그들에게 여자와 금전을 안겨보라. 거기에 마음이 동하지 않는 사람이 몇이나 되는가. 이 유혹에 이길 힘이 없다면 완전한 인물이 아니다" 돈과 여자가 남자의 수양 또는 테스트하는 가장 좋은 방법인 셈이다. 조선 시대 명기名技이자 시인이었던 황진이 때문에 한 수도자가 겪은 비극은 애욕이 부른 결과였다.

◆ 자승자박

톨스토이Tolstoy는 자신의 결혼이 곧 그 일생의 비극이었다. 그의 아내는 사치스러웠지만 그는 사치를 경멸했고, 그녀는 명예를 뽐내고 사회적인 찬사를 한몸에 받고 싶어 했지만, 그는 명예 따위는 거들떠보지도 않았다. 그녀는 많은 부와 재산을 원했지만, 그는 소유를 죄악으로 치부했다. 이렇게 맺어진 결혼생활 내내 아내의 잔소리와 불평, 불만, 비난은 점점 더 거세어졌고 그런 그녀를 톨스토이는 단 한순간도 쳐다보지 않으려 했다.

프랑스 황제 나폴레옹 3세도 같은 운명이었으며, 악처를 두었던 소크라테스도 그랬다. 저 유명한 미국 대통령 링컨의 가장 큰 비극 역시 결혼이었다. 그는 결혼생활 내내 아내의 잔소리와 불평 속에서 보내야만 했다. 그녀는 원수처럼 끊임없이 불평하고 남편을 비난했다. 결국, 심한 잔소리와 욕설을 피하기 위해 줄곧 타지他地에 머물렀다. 물론 세상엔 완벽한 사람도 흠이 없는 사람도 없다.

그렇게 현실 속의 사랑은 고통스럽고 자신의 힘으로는 어쩔 도리가 없는 것들이 훨씬 많다. 고난과 고통을 동반하는 애정은 오래가기가 힘들다. 오로지 유쾌함을 유지하는 애정이라야 오랫동안 지속된다. 훌륭한 아내의 특징은 온화하고 재치있으며 겸손하고 부지런하다고 입을 모은다.

◈ 인간 로봇

과학기술의 획기적인 발달로 2050년경에는 인간과 구별하기 어려울 정도로 정교한 인간 로봇까지 탄생한단다. 아니 그 이전에 탄생할지도 모른다. 이 로봇은 대화까지 가능하여 애인 역할도 가능할 정도가 될 것이라니 놀랄 일이다. 그러나 한편 문명과 기술이 발전한 덕분에 대부분의 욕망을 소비할 수 있게 되었으나, 그것이 자칫 부조리不條理가 판치는 세상으로 번질까 봐 걱정이 앞선다. 이런 세상을 건너가기 위해서는 세상의 흐름에 대처할 수 있는 각별한 지혜가 요구된다 하겠다.

사람처럼 대화하는 현존하는 'AI 챗봇'은 목소리로 말을 걸면 마치 사람과 얘기하는 것처럼 진지한 대화를 할 수 있다. 농담도 이해할 정도로 똑똑하단다. 그리스 신화에 나오는 피그말리온은 피와 살이 있는 여자들을 싫어해서 자신이 만든 조각상과 결혼했다. 21세기에 그것이 현실이 될 전망이다. 영국의 미래학자 이언 피어슨도 2050년이면 인간과 로봇의 동거도 자연스러운 현상이 될 것이라고 내다봤다.

제23과

인생
Life

지구상에 존재하는 생물 중에서 인간을 콕 짚어 '살아 있는 물체'이자 '우주의 기적'이라고 일컬으며 유일무이唯一無二한 존재로 간주한다. 인간 역시 스스로를 만물의 영장靈長 또는 이성적 동물이라고 칭하며 다른 동물과의 차별을 강조한다. 그러나 생각해보면 인간이라고 특별한 생명체도 우월한 존재도 아닌 그저 동물적 본능에 이끌리고 갈등과 좌절을 반복하는 나약한 존재이다.

그저 시간에 쫓기는 포로처럼 하루하루를 살아가야 하는 삶 속에서 걱정과 근심거리가 떨어질 날이 없고 끊임없이 천박한 물질적 욕구에 시달리며, 저마다 힘든 무게를 짊어지고 고독하게 살아가야만 하는 것이 우리네 인생이다. 인간 세상이 불가의 가르침 그대로 고해苦海요, 화택(火宅)이라고 바라본 불가의 가르침 그대로이다.

◆ 인생이란 무엇인가?

사람이 태어나 성장해가면서 어느새 성인이 되고, 다시 부모와 같은 전철을 밟아 중년이 되고 노인이 되는 과정이 인생살이다. 모든 인간은 '같지는 않지만 대등'하다. 이 인생살이를 일컬어 아동·청소년기가 1시기, 부모에게 독립하여 사회적 책임을 지는 성인기成人期가 2시기, 그다음이 노후인 3시기로 나뉘는 3분할이다. 이 과정은 불변이며 신이 아닌 이상 이 세상에서 영생을 누릴 수 없는 것이 또한 인간이다.

• 희미한 꿈의 그림자

철인哲人들은 인생을 가리켜 짧고도 허무한 뜬구름으로, 풀잎 끝에 맺힌 이슬처럼, 불꽃처럼 찰나적인 인생으로 심오하게 비유했다. "고독하고 비참하고 더럽고 잔인하고 짧다"고도 했다. 신약성서 〈야보고서〉에서도 육체적 인간에 대해 "너희는 잠깐 보이다가 없어지는 안개니라"라고 했다. 인생은 일장춘몽一場春夢같은 것이다. 광활한 우주 한 귀퉁이에서 존재하는 그 티끌들이 부귀공명富貴功名 찾아 아귀다툼 속에 헤매다가 거품처럼 그림자처럼 사라지고 마는 것이 인생이란 것이다.

• 인간은 어디서 와서 어디로 가는가

인간은 태어날 때부터 자신의 의사로 태어난 사람은 단 한 명도 없다. 그저 부모로부터 생명을 받아 부모의 비호 아래 성장하는 것이 우리 인생의 시작일 뿐이다. 누구는 부자로 태어나고 누구는 가난하게 태어난다. 누구는 좋은 집에서 호의호식하며 사는가 하면 다른 누군가는 가난에 찌들어 다 쓰러져가는 오두막에서 굶주림과 추위에 시달리기도 한다. 또 누구는 유복하고 마음씨 고운 부모 밑에서 자란 사람이 있는가 하면, 가난하고 성격이 포악한 부모 밑에서 자란 사람도 있다.

이렇게 인간의 삶이 천차만별이다. 인생이 불공평하다. 그러나 그 어느 집을 보더라도 밝은 면이 있는가 하면 어두운 면도 존재하는 것이 우리네 인간 세상이다. 그렇게 벅찬 삶을 이어가면서 힘들 때면 인생의 의미를 묻게 되고 인생의 가치를 찾으며 살아간다. 그러나 우리네 인간은 어디서 와서 어디로 가는지 모른다. 우리는 왜 사는지, 왜 세상에 왔는지도 모른다.

그 답을 찾을 수가 없다. 지금까지 지성과 지혜를 겸비한 위대한 철학가와 신령한 종교들이 다양한 견해를 피력해왔으나 시원스러운 대답을 내놓는 사람은 단 한 명도 없었다. 오로지 과학자들의 천문학을 발판 삼아 이러한 보편적인 질문의 해답에 차츰 다가가고 있다고 말할 뿐이다.

동서고금을 막론하고 철학가들의 가장 크고도 어려운 명제가 바로 인생이었다. 우리는 누구인가? 우리는 어디서 와서 어디로 가는가?

◈ 인생은 어떻게 살아야 하는가?

나의 인생을 어떻게 살아야 할까? 그 답이 참 어렵다. 사람이 사람답게 산다는 것, 결코 쉬운 일이 아니기 때문이다. 그렇다고 어렵게 생각할 일도 아니다. 지구상에 존재하는 대부분의 사람들은 그저 담담하고 소박한 삶을 살아간다. 내 앞에 숨을 쉬기조차 버거워지는 삶일지라도 무릎 꿇지 않고 청빈과 검소로서 부귀 앞에 당당하게 살아간다. 비록 적은 것일지라도 만족할 줄 알고, 절제하는 삶 속에서 여유로운 한 잔의 차, 그 순간 행복이 내 곁에 머물도록 마음에 담아둔 일 없이, 흐르는 물처럼 자유롭게 살아간다. 현재에 몰두하고 매 순간을 충실하게 살아가는 것이다.

스님들이 수도하는 방 앞에 조고각하照顧脚下라는 현판이 걸려 있다. 멀리 보지 말고 자기 발밑을 잘 살피라는 뜻이다. 현재에 집중하며 살아가라는 선禪불교의 방향성이 담긴 말이다.

당장에 취할 수 있는 작은 이익보다 먼 미래를 바라보는 자세로 그저 열심히 살다 보면, 어느새 행운이 내 곁에 와 있을지도 모른다. 인간의 삶은 전화위복轉禍爲福과 새옹지마塞翁之馬의 연속이다. 눈앞의 작은 일에 일희일비一喜一悲할 일이 아니다.

◈ 청춘의 길

내게 주어진 삶이 비록 가난할지라도 야박하고 꿈이 없는 덧없는 세상이라고 부정적으로 생각하지 마라. 그렇게 생각하면 살아갈 용기를 잃게 되고 생활에 활기가 사라질 뿐이다. 우울하게 살아도 즐겁게 살아도 어차피 살아야 하는 건 마찬가지다. 발을 동동 구르며 얼굴을 찡그리며 우울하게 살아봐야 내게 아무런 도움이 되지 않는다. 오로지 현실을 있는 그대로 받아들이고 긍정적으로 살아가는 것이 현명한 처사란다.

에머슨의 말대로 '오늘이 1년 중에서 최선의 날' 인 것처럼 살든지, 로맹 롤랑의 말대로 "언제까지고 계속되는 불행은 없다. 가만히 견디고 참든지 용기로 내쫓아 버리든지 이 둘 중 한 가지 방법을 택해야 한다."

· 세월을 헛되이 보내지 말라

인생은 지나가는 바람과 같다. 세월을 헛되이 보내지 말라. 우리 인생에서 4분의 1은 어떻게 살아야 할지 미처 알기도 전에 지나가 버리고, 마지막 4분의 1은 이미 인생의 즐거움을 느끼지 못하는 나이대에 찾아온다.

청춘은 절대로 다시 돌아오지 않는다. 젊은 시절에 가능한 많은 것을 배우고 경험해서 인생을 저축해 놓아야 나이 들어 후회하지 않는다. 뜻있는 길에 탐욕스러울 정도로 달려들어 보자. 광명의 길을 열기 위해 나만의 길을 개척해야 할 때, 그 길에서 의지할 수 있는 사람은 오로지 자기 자신뿐이다.

· 큰 뜻을 품어라

사람이 큰 뜻을 품지 않고 노력도 하지 않는다면 이룰 일은 아무것도 없다. 뜻은 크고, 목표는 높으면 높을수록 좋다. "하늘을 무대 삼고 땅을 객석客席 삼아"라는 말처럼, 청춘이라면 이 정도의 꿈은 품어야 하지 않겠는가? 출발이 순조롭지 못하다면 처음부터 다시 시작하면 된다.

산에 오르는 사람들은 정상이 구름 저편에 숨어 보이지 않지만, 그 고통을 참을 만한 가치가 있기 때문에 오르는 것이다. 정상에 서서 펼쳐진 정경은 건강과 기쁨과 만족감을 준다. 그 기쁨은 뼈가 부러질 것 같고 숨이 끊어질 것 같은 고통을 이겨냈기 때문에 찾아온 것이다. 그것이 인생인 것이다.

· 포기를 모르는 사람

사람이 많은 실패와 가슴이 무너지는 좌절을 겪고도 다시 일어선 사람은 실패해도 처음부터 다시 시작하면 된다는 마음이 마음속에 자라난다. 이것이 '자신감'이다.

내가 어렵고 힘들 때 손 하나 까딱하지 않고 좋은 결과를 얻는 것은 있을 수 없는 일이다. 우두커니 앉아 무無에서 유有를 창조할 수는 없다. "인생은 고통 없는 승리 없고, 가시 없는 왕좌 없고, 고뇌 없는 영광 없고, 수난 없는 명예 없다" 윌리엄 펜의 말이다. 포기를 모르는 강인함이 필요하다.

· 세상에 고민할 일은 없다

거대한 꿈을 향해 정진하다가 어쩌다 막다른 골목에서 길을 잃고 나오지 못하는 경우가 있다. 이 길을 자기 자신의 힘으로는 도저히 해결할 수 없다고 포기해버린 예도 있다. 그러나 아무리 복잡하게 꼬인 길일지라도 반드시 출구가 있다. 어차피 해도 안 된다는 마음을 버리고 우선 일어서서 걷기 시작해야 한다. 그래도 안 되면 시간에 맡겨라. 반드시 해결될 것이다. "이 세상에 진정으로 고민할 일은 없다" 그리스 철학자 플라톤의 말이다.

◈ 자아의 확립

프랑스의 문호 빅토르 위고는 "인생에는 세 가지 싸움이 있다"라고 했다. 그 첫째가 자연과 인간 간의 싸움이다. 자연은 우리에게 큰 덕을 베풀기도 하지만, 때로는 잔인한 적이 된다. 한여름에 뜨거운 태양과 싸우고, 겨울에는 추위와 싸우며, 또 가뭄과도, 홍수와도 때로는 휘몰아치는 태풍과도 싸워야 한다. 더 큰 싸움은 일 년 내내 수많은 질병과 싸우는 일이다. 이 같은 싸움에서 지면 인간은 건강을 잃어 살아갈 수가 없다.

두 번째 싸움은 사람과 사람끼리 서로 경쟁하는 싸움이다. 이 경쟁에서도 이겨야 한다. 패배하면 인생의 실패자요, 승리하면 인생의 성공자가 된다. 패배는 자멸을 의미하며 노예로 전락한다. 노예는 자유가 없고 평화가 없다. 이것이 우리가 사는 세계사의 냉엄한 현실이다.

그다음은 내가 나하고 싸우는 싸움이다. 내 자아 속에서 두 개의 내가 맞서 싸운다. 나의 마음속에 나태, 탐욕, 시기, 게으름, 교만, 무책임, 악의, 이기심, 비굴 등의 정신적인 악과 싸워 이겨야만 한다.

이 싸움은 평생 끊임없이 계속해야 하는 싸움이다. 그러나 이 싸움에서 내가 나를 이기기가 쉽지 않다. 그리스도, 석가, 소크라테스, 공자와 같은 위대한 스승들은 싸워 이긴 분들이다. 이 싸움이 바로 참된 인간 형성의 길이다.

또 하나는 실러Schiller가 말한 "선과 악의 투쟁, 정의와 불의의 투쟁, 자유와 폭압, 이타弛惰와 이기주의의 투쟁"이 있다. 개개인의 생존 경쟁, 나라와 나라의 전쟁, 민족과 민족의 싸움, 공산 세력과 자유 세력과의 투쟁에 이르기까지 수많은 싸움이 있다. 모두가 이런 싸움은 원치 않는다. 그러나 생존을 위한 싸움과 자위를 위한 싸움, 자유와 정의를 위한 싸움은 해야 한다. 그리고 싸우면 반드시 이겨야 한다.

인간이라면 이 힘들고 어려운 싸움들을 피해갈 수가 없다. 편안함 속에서는 아무것도 얻을 수가 없다. 어떤 고통이든 즐거워하며 감수해야 한다. 내가 어떤 문제에 봉착하든 부딪혀 해결해보려고 애쓰는 가운데 고차원의 인생을 배우며 발전해나갈 것이다.

◆ 창조의 탑

인간은 무언가를 이루기 위해 이 세상에 왔다. 자기에게 부여된 인생의 사명使命과 직분을 다하기 위해서 이 세상에 태어난 것이다. 이를 성취하기 위해 사람으로서 할 수 있는 온갖 정신과 노력을 다해야 한다.

인도 격언에 "사람으로 태어나서 나무 한 그루를 심어놓고 죽으면 산 보람이 있다"라고 했다. 역사의 방향을 바꾸는 큰일이 아니라도 좋다. 자기 인생의 자랑스러운 창조의 탑을 건립해놓아야 한다. 내가 이 세상에 왔던 존재의 의미와 생존의 업적을 남기는 일 말이다.

사람에 따라 다르겠지만 어떤 이는 수천 그루의 나무를 심어놓고, 어떤 이는 위대한 인격과 정신을 남겨놓고, 어떤 이는 훌륭한 저술이나 작품을 남겨놓고 간다. 물론 명작을 남기는 이도 있고, 졸작을 남기는 사람도 있을 것이다.

졸작이면 어떠냐. 그저 양심에 가책되는 일 없이 위로는 하늘에 부끄럽지 아니하고, 아래로는 인간에게 부끄럽지 않은 업적으로 족하다. 시간은 도망자이다. 인간으로 태어나 일할 수 있도록 주어진 시간이 무제한으로 있는 것이 아니다. 주자朱子의 말처럼 "소년은 늙기 쉽고 학문은 이루기 어렵다. 한 치의 시간도 가볍게 여기지 말라"

★ EQ: 정열 지수

내 인생의 업적을 이루기 위해서는 정열이 필요하다. 인생이 정열 없이 대업이 이루어진 일이 없고, 정열 없이 역사의 홍업이 성취된 예가 없다. 하나의 명작을 만들기 위하여 침식을 잊고 작업에 전심전념全心專念하는 예술가는 마치 신들린 사람과 같다.

러셀Russell도 "학창 시절에 나보다 재주가 뛰어난 친구들이 많았다. 그러나 결국 내가 승리를 하였다. 왜냐, 나에게는 정열이 있었기 때문이다"라고 했다. 정열이 없는 사람은 절대로 승리자가 될 수 없다. 그래서 신성한 광기는 천재의 본질이다.

◈ 전진하는 삶

인생 백 년에 잠자는 것이 반이요, 근심, 걱정과 병든 날이 반이다. 강보에 싸인 어린 시절과 늙어 아무것도 할 수 없는 날이 또 반을 차지한다. 겨우 남는 것은 열에 하나나 둘뿐, 백 년 인생에 내 의지로 쓸 수 있는 날이 불과 10년도 안 된다. 그렇게 생명처럼 귀중한 순간을 가벼이 흘려보낼 수는 없다. 그래서 '깨알같이 많은 날' 운운하는 것은 시간에 대한 모독이요 망언이다.

　무절제한 삶을 살아서는 안 된다. 어떤 기적이나 뜬구름 같은 꿈만을 좇지 말라. 뜻하는 것에 나만의 색깔과 열정을 불태우며 전진하는 삶을 살아야 한다. 그 목표를 향하여 성실히 그리고 책임감 있게 임무를 다하는 데 인생의 가치가 있다. 그렇게 매 순간 몰두하면서 최선을 다하는 삶이 진정한 삶이란다. 베이컨의 말대로 '있으나 마나 한 사람'으로 살아가서는 안 된다. 백주대낮에 램프 Lamp 를 들고 그리스 아테네의 대로를 걸어 다니며 "인간을 찾고 있다"는 그리스 철학자 디오게네스가 찾아 헤매는 그런 '인간다운 인간'으로 살아야 한다.

제24과

교훈
Teaching

세상사 호사다마好事多魔라고 했다. 사람이 하는 모든 일이 잘되가다가도 뜻하지 않게 발목을 붙들려 헤어날 수 없는 처지에 놓일 수도 있다는 사자성어四字成語다. 그것은 곧 개인이든, 기업이든, 국가든 내 앞에 불어 닥친 어떤 최악의 사태 속에서도 살아남을 수 있는 탁월한 능력을 길러두어야 한다는 의미로도 해석된다. 지혜로운 사람은 어떤 난관에도 결코 방황하지 않는다. 인생길을 헤쳐나가는 데 요긴한 지혜와 교훈들을 피력해본다.

◈ 인생 대가들의 통찰
· 믿음을 키워라

작금의 세계 경제가 침체의 늪에서 헤어나지 못하면서 취직과 돈벌이가 삶의 지상 목표로 변해버린 이 시대 젊은이들은 가는 길이 벅차면 스스로를 '저주받은 세대'라고 되뇌며 우왕좌왕右往左往한다. 그 힘든 상황을 벗어나기 위한 어떤 노력도 해보지 않고 그저 나는 무엇을 하여도 되지 않는다고, 스스로 자책해버리는 예가 많다.

그러나 사람은 누구나 힘들어하지만 잘 살아간다. 지금까지 그랬듯이 잘 살아갈 것이다. 생각지도 않은 일로 걱정하는 것은 바보나 하는 짓이라는 메시지는 인생 대가들의 공통된 통찰이다. 아무리 불황일지라도 기회는 주위에 널려 있다. 할 수 있다는 것을 믿으면 된다. '나는 무엇이든 할 수 있고, 마음만 먹으면 무엇이든 이룰 수 있다'는 믿음을 키우면 된다. 그리고 노력을 게을리하지 않는 것이다.

· 세상 풍파 견디려면

괴테는 "서러움에 눈물 흘리며 '밥'을 먹어보지 않는 자, 잠 못 이루는 밤, 침대에 누워 소리 죽여 울어보지 않은 자, 그런 자는 따뜻한 행복이 주는 고마움을 알 수 없다"라고 했다. 사람이 행복을 느낄 수 있는 이유는 난관과 고통, 어려움, 역경이 있기 때문이다.

세상살이 불행이나 시련을 겪어보지 않은 사람만큼 불행한 사람도 없다. 배고픔과 가난, 시련은 몹시 고통스럽지만 이런 재앙과 공포를 극복해야 인생은 더 단단해지고 미래에 대한 감각을 키워갈 수 있으며 위대한 존재로 거듭나게 된다. 그런 사람이 진정한 '강자强者'다.

그런데 오늘날의 사회는 내 자식, 내 새끼만은 특별나서 손끝에 물 한 방울 묻히기가 아깝고, 땅에 굴러 흠집 하나 잡힐까 겁난다. 하지만 세상 길은 험하고 위험하다. 그 자식을 애지중지 아껴 아낌없이 재물까지 안겨주지만 정작 그것이 독인 줄 모른다.

◈ 현세를 보는 안목
· 단정한 옷차림

옷은 항상 단정하게 입어야 한다. 화려하게 치장하라는 뜻이 아니다. 옛말에 "집에 땟거리가 없어 굶어도 옷은 잘 입어야 한다"라고 했다. 대부분의 사람은 옷과 겉모습만으로 사람들을 평가한다. 그래서 의복이 단정치 못하면 스스로 천한 시각을 사는 것이다. 화려하지는 않지만 호감이 가는 외모는 사람의 마음을 연다. 옷을 잘 차려입자. 내가 가진 재능과 지식만으로는 사람의 마음을 얻기가 힘들기 때문이다.

· **배움의 힘**

"내가 아무것도 할 수 없는 역경에 처했을 때 유일한 구명부표였던 것은 배움이었다. 배움은 내가 의지할 수 있는 유일한 의탁처이자 암흑 속의 횃불과 같았고, 나의 양식이자 병을 막아주는 백신과 같았다. 배움이 있었기에 비관하지 않을 수 있었고 절망하지 않을 수 있었으며, 의기소침 意氣銷沈 해지거나 타락하지 않을 수 있었다" 중국 위구르 Uighur 자치구로 16년간 유배당한 왕멍이 한 말이다. 그는 중국에서 관우와 함께 가장 존경하는 인물로 손꼽히는 대표적인 지식인이다.

오늘날처럼 경제적인 문제가 가장 큰 현대 사회에서도 실직이나 사업 실패로 큰 역경에 처했을 때, 하늘이 무너지는 듯한 절망감에 흔들리는 사람이 있을 것이고, 그 큰 역경을 의연하게 대처하는 사람도 있을 것이다. 그 둘의 차이는 지혜를 가진 준비된 정도의 차이일 것이다. 왜 내게 이런 역경이 오느냐며 세상을 원망할 것이 아니라, 그 마음을 극복하는 방법이 바로 배움뿐이다. 배움은 훌륭한 삶의 원천을 인도한다. 배움의 힘이 단련되면 어떤 역경에도 쉽게 굴하지 않게 되기 때문이다.

★ **가까이해서는 안 될 인간 유형**

사람이 부끄러운 줄 모르면 금수禽獸와 다를 바 없다. 부끄러움을 모르는 것만큼 천한 것이 없다. 맹자도 "사람이라면 부끄러워하는 마음이 없어서는 안 된다"라고 했고, 세종대왕도 "부끄러워하지 않는 자에게는 희망이 없다"라고 했다.

사람이 부끄러워하는 것은 미덕이다. 탈무드에도 사람에서 칭찬할 만한 점은 부끄러워하는 마음이다. 왜냐하면, 부끄러워하는 사람은 쉽게 죄를 짓지 않기 때문이라고 적고 있다. 그런데 세상에는 부끄러움을 모르는 철면피 같은 위인들이 참 많아 걱정이다.

내가 높은 자리에 있을 때 뭇사람이 나를 찾고 받드는 것은 나보다 나의 권력과 지위를 받드는 것이다. 그래서 현인이라도 세력이 없어지면 모두가 떠나버린다. 사람은 배고프면 돈 많은 이에게 달라붙고, 배부르면 언제 보았냐는 듯 쌀쌀하게 돌아서며 내팽개치듯 떠나가는 것, 이것이 동서고금을 통한 세상인심이다.

제게 조금만 이익이 되면 입에는 꿀을 바르고 손해가 날라치면 어금니를 드러내며, 여차하면 비수를 들이대는 짐승만도 못한 인간들이 세상에 너무도 많다. 평생 땀 흘려 돈 한 푼 벌어본 적 없는 모리배들이 그렇다. 권력자에게 빌붙어 온갖 감언이설 甘言利說 로 제 잇속을 차리는 배은망덕 背恩忘德 한 무리들이 너무 많다.

그들은 편을 갈라 뜻이 같으면 한패가 되고 다르면 인신공격까지 서슴지 않는 짓, 은혜를 원수로 원한을 품는 짓, 이루 다 꼽을 수가 없다. 상종해서는 안 될 인간 유형이다.

◈ **인격자 판단**

현대 사회에서 인격자의 판단은 필요요건이다. 사랑하는 배우자를 선택할 때, 우정을 나누는 친구 혹은 비즈니스Business 사회에서 유용하게 활용할 수 있도록 경멸하는 유형, 호감형의 유형, 극단적이고 충동적인 사람 등 여러 유형을 하나하나 파악해 보고 기억해둔다면 인생을 살아가는 데 대단히 유용할 것이다.

그런데 그 판단이 결코 쉽지는 않다. 사람이라면 누구나 인격과 품성 그리고 성격이 서로 다르다. 불같은 성격을 가진 사람이 있는가 하면, 온화한 성격을 지닌 사람도 있고, 친절하고 솔직한 사람이 있는 반면에, 가식적이거나 음흉한 사람도 있다. 또 어떤 사람은 남을 돕는 일을 기쁨으로 여기지만, 어떤 사람은 옹졸하고 이기적이다. 그래서 사람을 쓸 때는 제일 먼저 그의 도덕성을 본 연후에 그의 능력을 가늠해보아야 하는데, 그 판단이 어렵다는 것이다. 소객택인_{김客擇人}! 사람을 잘 가려야 욕을 당하지 않는다. 가위지인_{可謂知人}! 큰일을 하려면 사람을 알아보는 안목이 중요하다.

융통성은 부족하지만 올곧은 사람, 멍청한 구석은 있지만 순박한 사람, 속은 좁지만 굳센 사람, 뒤가 무르지만 민첩한 사람, 입이 무거운 사람들은 그런대로 지조가 있는 사람들이다. 반대로 사람을 능수능란_{能手能爛}하게 속이는 교활한 수단가, 트집 잡기 좋아하는 사람, 궤변가, 늘 제 말만 옳다며 노발대발하거나 자신의 관심사만 대단한 줄 아는 거만한 자들은 요주의 대상이다.

이들이 하는 말치고 귀담아들을 만한 말은 하나도 없다. 이러한 대표적인 인간 유형들을 잘 파악해두면 비즈니스 사회에서 유용하게 활용할 수 있을 것이다.

◈ 인생시험
● 돈의 유혹

자본주의 사회는 돈을 추구하는 사회다. 그래서인지 사회 지도층이라는 위인들이 뇌물수수_{賂物授受}나 탈세를 비롯한 범죄 혐의로 고통받는 것을 매스컴을 통해 수없이 목격한다. 돈 때문에 양심을 팔고 인격을 포기하는 사람, 돈 때문에 죄를 짓고 파렴치한 행위를 하는 배은망덕_{背恩忘德}한 인사들이 차고 넘친다. 청렴하게 살고자 애쓰는 사람도 물욕의 유혹을 받아 자칫 동_動하기 쉽고, 혹_惑하기 쉬운 세상이다.

그러기에 돈 때문에 양심이 흐려지지 않는 사람, 돈 때문에 인격과 지조를 팔지 않는 사람, 안심하고 천만금을 맡길 수 있는 사람, 돈의 다과多寡에 의해 판단과 처신이 달라지지 않는 사람은 대장부의 자격을 가졌다 할 수 있다. 맹자도 부귀에도 음淫하지 않고, 빈천에도 변하지 않고, 위무威武에도 굴하지 않는 사람을 가리켜 대장부라고 하였다. 돈은 인간의 본성을 시험해볼 수 있는 시금석의 하나다. 사람이라면 누구나 돈의 유혹을 이기는 공부가 절대적으로 필요하다. 분수에 넘치는 복이 들어오는 경우 혹은 정당한 이유 없이 굴러들어오는 부정한 돈은 파멸을 초래할 뿐이다. "돈을 받으면 자유를 잃는다"라는 독일 속담을 기억해둘 일이다.

★ 지족

불도佛道에서 지켜야 할 항목 중에 족한 줄 아는 것을 '지족知足'이라 한다. 지족이란, 분에 넘치게 살지 말고 어떤 경우에나 만족할 줄 알라는 처세술이다. 족한 줄 알면 몸에 욕되는 일이 없다. 생명과 행복을 오래 보존할 수 있기 때문이다. 지족을 모르는 사람은 천계天界에 살고 있어도 만족하지 못하며, 아무리 재산이 많아도 그 마음은 항상 가난에 허덕인다는 것이다. 대단히 중요한 가르침이다.

● 여자의 유혹

인생 시험에서 또 하나가 돈 다음으로 아리따운 여자의 유혹이다. 돈보다 여자 앞에서 약한 것이 남자의 통성通性이다. 돈의 유혹보다 여인의 유혹은 인간의 본능과 직결되는 것인 만큼 더 어려운 일인지도 모른다. 단순호치丹脣皓齒의 젊은 여인 앞에서 본능의 손아귀에 넘어가기 쉽다. 여자에겐 마성魔性이 있다고 한다. 역사적으로도 한 여성의 미와 사랑 때문에 개인의 신상과 망국亡國의 한을 남긴 영웅호걸들이 얼마나 많은가.

현대 사회에서도 여인 때문에 망하거나 파렴치해지거나 부도덕에 빠진 사람이 한둘이 아니다. 여인의 유혹에 굴하지 않는 사람, 애욕 때문에 이성의 판단이 흐려지지 않는 사내대장부가 되어야 한다. 돈과 애욕의 유혹은 자칫 인생을 파탄의 구렁텅이로 몰아넣기 때문이다. 한시도 잊어서는 안 될 교훈이다. 한때의 과오가 내 인생을 좌우한다.

◈ 위인의 사상과 교훈

사람이 불타는 신념과 실력 그리고 열정으로 무장한 사람은 불가능하다고 여겨지는 일도 포기하지 않는다. 위대한 업적을 남긴 위인들의 일생을 보면 예외 없이 자신을 발전시키기 위해 채찍질하며, 불타는 의욕과 뛰어난 실력 그리고 열정으로 가득 차 있었음을 알 수 있다. 그 위인들을 따라가본다.

● 예술 분야

① 미켈란젤로Michelangelo는 바티칸의 시스티나Sistina 성당 천장에 창세기의 이야기, 〈천지창조〉를 무려 4년 동안 틀어박혀 하루도 빠지지 않고 누워서 그린 작품이란다. 목과 눈에 이상이 생길 정도로 온 정성과 열정을 바쳤다. 몸을 움직일 수조차 없었다. 그러나 하루도 쉬지 않은 노역으로 시대를 뛰어넘는 명작을 남겼다. 그러면서도 그 피나는 작품 위 어디에도 자신의 솜씨를 알리는 흔적조차도 남기지 않았다.

② 피카소Picasso는 어려서부터 몹시 가난하여 배고픔에 시달려왔다. 슈베르트도 피카소 못지않게 늘 돈이 궁했다. 그러나 그들에게 가난은 삶의 고난과 어려움이 아닌 생활의 불편함으로 여겼을 뿐이

다. 그들은 자기 일에 목숨을 걸었다.

● 지도자 분야

① 중앙아시아에서부터 그리스 발칸반도, 모스크바, 베를린에 이르는 지상 최대의 대제국을 건설했으며, 몽골Mongolia 제국을 창업한 사나이 칭기즈 칸Genghis Khan. 그의 어릴 적 이름은 '단단한 쇠'라는 뜻의 테무친이다. 그는 글을 모른 까막눈이었다. 그런데도 그는 한 세기도 안 되는 사이에 세계에서 가장 넓은 제국을 건설케 한 장본인으로, 정복자 알렉산더와 나폴레옹 그리고 히틀러가 차지한 땅을 합한 것보다 더 넓다. 그것은 경이 그 자체였다.

그는 일갈했다. "가난을 탓하지 마라. 나는 들쥐를 잡아먹으며 연명했다. 집안이 나쁘다고 탓하지 말라. 나는 아홉 살 때 아버지를 잃고 마을에서 쫓겨났다. 작은 나라에서 태어났다고 탓하지 마라. 나는 적들의 100분의 1, 200분의 1에 불과한 병사로 세계를 정복했다. 배운 것이 없다고 탓하지 마라. 나는 내 이름도 쓸 줄 몰랐지만 남의 말에 귀 기울이면서 현명해지는 법을 배웠다. 너무 막막하니 포기해야겠다고 말하지 마라. 나는 목에 칼을 쓰고도 탈출했고 뺨에 화살을 맞고도 살아났다. 또한 그림자 말고는 친구도 없다. 그러나 나는 나를 극복하는 순간 내가 되었다"라고 일갈했다. 그 강인함을 배워야 한다.

② 미국의 16대 대통령 링컨Lincoln은 집이 너무 가난하여 초등학교 1학년까지밖에 못 다녔다. 그는 "만나는 사람마다 교육의 기회로 삼으라"라는 좌우명을 만들고 일생 동안 독학자습獨學自習했다. 매

일 독서하면서 빌린 책이 비에 젖어 다음날 노동으로 갚자 책 주인이 그 책을 선물로 주었다. 그는 스무 살이 넘을 때까지 손에서 도끼를 놓아본 적이 없다. 빈곤의 밑바닥에서 적수공권赤手空拳으로 몸을 일으켜 영광스러운 대통령의 자리에 오르기까지 걸어온 생애의 발자취는 칠전팔기의 생활이요, 악전고투의 기록이요, 백절불굴百折不屈의 투쟁이었다.

③ 미국 17대 대통령 앤드류 존슨Johnson은 학교에 갈 수 없는 처지라서 결혼 후 겨우 읽고 쓰기를 배운 사람이다. 그래도 정치에 입문해서는 주지사, 상원의원, 부통령, 대통령까지 지냈다. 대통령에 출마할 때 상대 후보가 "한 나라를 이끄는 대통령이 초등학교도 나오지 못하다니 말이 됩니까?"라며 맹공격하자 "저는 지금까지 예수께서 초등학교를 다녔다는 말을 들어본 적이 없습니다. 그래도 전 세계를 구원의 길로 이끌고 있습니다. 나라를 이끄는 힘은 학력이 아니라 긍정적 의지요, 국민의 적극적 지지입니다"라고 응수하여 상황을 역전시켰다. 그는 시베리아와 마주 보고 있는 알래스카Alaska를 러시아로부터 사들인 대통령이다. 먼 미래를 내다본 위인이다.

④ 루즈벨트Roosevelt 대통령은 자서전에서 "나는 태어났을 때부터 허약 체질이고 무능한 소년이었기 때문에 성인이 되고 나서도 신경질적이고 자기의 능력에 대해서도 회의적이었다. 그래서 나는 피눈물 나는 노력을 통하여 육체는 물론 정신적으로 나를 단련시키지 않으면 안 되었다"라고 술회했다.

제2차세계대전에서 연합국에 동참하여 나치 독일과 이탈리아

왕국, 일본 제국을 승리로 이끌었으며, 대통령직에서 세 번이나 당선되어 12년간 백악관을 차지한 장본인이다. 하반신을 쓰지 못하는 장애인이었으나, 세련된 언변과 유머를 구사했으며, 미국인들에게 대통령 중 가장 존경받는 인물들 중 상위에 속한다.

⑤ 맹렬하게 내달리는 커브길 마차에서 떨어진 아이가 아파 일어서지도 못하는 것을 보면서도, 그 아버지는 아들에게 "그래도 털고 일어서서 다시 마차에 올라야지?" 이에 서운했던 어린 아들은 울고 싶은 마음을 억누르고 안간힘을 써서 힘겹게 일어나 마차에 올라탔다. 아버지가 물었다. "왜 너를 일으켜주지 않고 혼자 일어나라고 한 줄 아니?" "아뇨" "용감한 사람은 마땅히 그래야 하기 때문이란다. 넘어지면 일어나고, 또 넘어져도 다시 일어나야 하는 거야"

　그날 이후 아무리 어려운 일이 생겨도, 어떤 곤경에 빠져도, 물러서거나 도망가지 않고 계속해서 앞으로 나아갔고, 이러한 노력 끝에 그는 대통령_{케네디}이 되었다. 좌절과 마주했을 때, 실망감에 젖어 있는 것은 우리 인생에 아무런 도움도 되지 않는다. 먼저 좌절을 대하는 마음가짐부터 바꿔야 한다. 좌절을 딛고 일어서면 그 경험은 인생의 자산이 된다.

⑥ 초등학교 출신인 다나카 일본 수상이 이름 높은 도쿄대 출신이 많기로 유명한 '대장성' 장관으로 임명되었을 때의 이야기다. 엘리트 Elite 관료 집단의 집결체라 불리는 대장성의 관료들은 노골적으로 그에 대한 불만을 표출했다. 그러나 다나카 장관이 1분도 안 되는 취임사 한마디로 모든 사람의 입을 다물게 했다.

"여러분은 천하가 알아주는 수재들입니다. 하지만 저는 초등학교까지밖에 나오지 못한 사람입니다. 더구나 대장성 일에 대해서는 아무것도 모르는 까막눈이지요. 그러니 대장성 일은 여러분들이 하십시오. 저는 책임만 지겠습니다" 우리는 다른 사람의 신뢰를 받고 있다고 느낄 때, 그 무엇과도 바꿀 수 없는 만족감과 삶의 보람을 얻는다. 일을 맡긴다는 것은 '당신을 신뢰한다'는 의미다. 비록 학업은 밑바닥이었지만, 거대 인물임이 분명하다.

이외에도 위대한 위인들이 헤아릴 수 없이 많다. 지면상 기록할 수 없을 뿐이다.

제25과
독서
Reading

독서란 책으로부터 지혜의 주머니를 얻어내는 일이다. 그 지혜는 바로 내 인생의 무지無知에서 자신을 일으켜 세우고 내 삶의 무기가 된다. 그것은 생존을 위한 현실적이고도 실질적인 왕도王道가 될 것이다. 그 가치를 감히 비교해볼 만한 것이 없다.

독서의 대상인 책은 인간과 우주, 역사와 철학 같은 무궁무진한 심오한 사상이 펼쳐져 있는 전 인류의 스승이다. 책장에 꽂혀 있는 책만 봐도 마음이 풍요로워진다는 성인들, "책만큼 믿을 수 있는 친구는 없다"라는 헤밍웨이의 말처럼 책 없는 삶이란 상상할 수 없다. 그 책이 자신에게 천만 배의 은덕을 베풀어주기 때문이다. 그래서 한 권의 책이 운명의 만남과 흡사하다고 느껴지는 이유다.

◈ 독서의 궁극적 목적
· 독서는 왜 해야 하는가

독서의 이유나 목적은 사람마다 다르다. 저마다 필요한 목적에 따라 읽기 때문이다. 단순한 지식과 정보를 습득하기 위해 혹은 감동과 깨달음 혹은 성현들의 가르침을 얻기 위해 읽을 수도 있다. 오늘날에는 '제4차 산업혁명'이라는 미래 사회에 필요한 능력 때문에 더 읽어내는지도 모른다. 미래 사회에는 지식이 바로 생존과 직결될 것으로 예측하기 때문이다.

인공지능 시대가 아니더라도 지식과 정보를 정확하게 이해하고 분석하기 위해서는 책으로부터 논리적, 비판적, 창의적 사고 능력을 길러야 한다. 읽지 않으면 살아갈 수 없다.

> ★ 독서의 목적
>
> 독서로 습득한 지식과 지혜는 우리의 눈을 크게 뜨게 하고, 우리 생활의 폭과 양과 질을 무한히 심화시킨다. 그렇게 깊은 사유思惟의 힘과 인생의 안내자 역할을 해주는 것, 이것이 독서의 궁극적 목적이다. 따라서 지혜의 서재는 다른 어떤 금은보화金銀寶貨와 재산보다도 귀중하다 하겠다.

◈ AI 시대, 필연의 독서

하루에도 수십억 건의 정보가 업로드Upload되고 검색되는 빅 데이터Big Data 시대다. 공부도 어느 한 분야의 공부로서는 부족하고, 폭넓은 지식을 요구하는 AI 시대다. 살아가며 여러 직업을 거쳐야 하기 때문이다. 이제 평생 학습은 의무이자, 독서는 필연이다. 외부의 압박에 떠밀려서 선택하는 것보다, 언제라도 책과 함께 숨 쉬는 자발적인 습관이 풍요로운 삶을 약속해줄 것이다.

· 필연의 독서

내가 가장 마음을 쏟아 읽어야 할 필연의 독서라는 책들은 어떤 것들이 있는가? '내 삶의 버팀목이 되어줄 책, 내 마음을 단련하여 자신을 조절할 수 있는 책, 나의 인격 형성과 정신수양을 위한 책, AI 시대에 나의 전문 지식을 넓혀줄 책, 나의 신념과 용기를 얻기 위한 책'들이다.

다만 책은 목적을 둔 분야의 정립된 것만을 간추려야 한다. 가치 있는 책, 좋은 책은 늘 곁에 두고 특별 관리해서 평생의 반려로 삼아 읽고 또 읽어 완전히 내 것으로 만들어야 한다. 볼 때마다 또 다른 지혜와 지식을 얻어올 수 있을 것이다.

· **여행도 공부**

배움은 독서에만 그치지 않는다. 집을 떠나 여행하며 견문을 넓히는 것도 큰 공부다. 옛사람은 "독만권서讀萬券書, 행만리로行萬里路" 즉, 만 권의 책을 읽고 만 리의 길을 여행하는 속에 인생의 대답이 들어 있다고 보았다.

◈ 독서 아포리즘

"책이 없는 방은 영혼이 없는 육체다", "성인에게 필요한 진짜 공부는 독서밖에 없다", "하루라도 책을 읽지 않으면 입에 가시가 돋는다", "한 권의 책이 인생의 방향을 바꾼다", "책 읽는 시간이 없으면 책을 쓰다듬기라도 하라", "책이 없다면 신도 침묵을 지키고 정의는 잠자며, 자연과학은 정지되고 철학도 문학도 말이 없을 것이다", "5천 권의 책을 읽지 않은 자는 내 방에 들어오지 말라", "책 읽어 1만권을 독파했더니 글을 씀에 신기神氣가 있는 듯하다" 등 일일이 다 열거할 수가 없다. 책의 고마움과 소중함과 함께 독서의 필연성을 강조한 명언들이다.

이 시대 최고의 저널리스트 다치바나 다카시는 "책 없이는 깊이 있는 사고思考를 할 수 없다. 책이란 만인萬人의 대학이다. 돈 들어 대학에서 배울 수 있는 것은 극히 일부분에 불과하다. 대학을 나왔건 나오지 않았건 일생 동안 책이란 대학을 계속 다니지 않는다면 아무것도 배울 수 없다"라고 역설했다.

구글Google에 따르면, 이 세상에 출간된 책은 현재 1억 3천만 권 정도라고 한다.

◈ 책을 외면한 국민

책은 회초리와 매가 없고 질책이나 노여움이 없는 우리의 착실한 스승이다. 그 스승을 만나기 위해 독서광들은 때와 장소를 가리지 않는다. 방안에서, 도서실에서, 화장실에서, 반신욕과 함께, 매일 밤 잠들기 전에, 이동하는 차 안에서, 회사 앞 엘리베이터를 기다리며, 식사 전후 쉬는 시간에도 읽는다. 나폴레옹은 총알이 날아오는 위험천만한 전쟁터에서, 링컨은 농사일을 끝낸 밭에서 읽었다.

그러나 이 나라 한국은 초, 중, 고교생 시절부터 '객관식 문제 푸는 도사 공부' 이외에 독서는 중요하지 않다. 인간의 고유 능력을 키울 수 있는 핵심 도구가 책만이 유일한 선택인데 외면하고 있다. 인공지능 시대 최고의 교육이 독서임을 모르고 있는 것이다. 진득하게 눌러앉아 두툼한 고전을 읽는 학생은 어디에도 찾아볼 수가 없다.

서점에서도 많이 팔리는 책이 참고서, 처세술 등 실용서적이고 격조 높은 이론서나 고전은 서가書架에 움츠리고 있다. 미국인들이 "한국인은 책은 읽지 않으면서 노벨상만 바란다"라는 일침—鍼이 한없이 부끄러울 뿐이다.

◈ 하루도 그만둘 수 없는 일

현대인에게 책을 읽으라면 "한가한 소리, 따분한 얘기 그만두라"라고 빈정대기 일쑤다. 그들은 온통 돈 벌 궁리, 권력을 휘어잡아 떵떵거리고 살 생각뿐이다. 한국에 유학 온 학생들이 한국에는 책 이야기를 할 친구가 없다는 말이 실감 난다. 지하철이나 버스 안에서 책 읽는 사람을 발견하기가 어려운 지경이 됐다. 그 자리를 채운 것은 말초적未梢的인 인터넷 게임, 웹툰Web Toon 따위다.

거기에다 문화 융성의 뿌리가 출판인데, 생존을 걱정하는 학술 출판까지 위기다. 이래서야 어찌 나라의 백년지대계百年之大計를 기약할 수 있겠는가? 24시간 불 꺼지지 않는 하버드대를 가보라. 중국 베이징의 '심야서점'도 성황리에 운영 중이다. 프랑스는 철학자인 사르트르Sartre의 어려운 책도 읽어내는 나라, 핀란드는 책과 신문을 많이 보는 나라로 연평균 독서율이 83.4%다. 일본도 예외가 아니다. 심각한 것은 한국뿐이다.

"지금 이 순간에도 적들의 책장은 넘어가고 있다" 하버드대학 도서관에 쓰인 글귀란다. 책을 많이 읽는 국민은 결코 얕잡아 보아서는 안 된다. 독서는 총체적인 국력의 잣대이기 때문이다. 늦었지만 이제라도 깨우쳐야 할 때다. 하루도 그만둘 수 없는 것이 독서다.

◈ 독서로 성공한 사람들

부자가 될 기미를 보이는 사람들은 하나같이 책을 많이 구입한다. 박봉薄俸에 시달리는 가난했던 시절부터 없는 돈을 털어 책을 사서 공부한다. 이렇게 해서 산 책이 10년이 넘으면 수천 권에 육박한다. 그 책의 정보량은 과히 상상을 초월한다.

이렇게 끊임없이 공부한 대가는 나도 모르는 사이에 연봉 상승으로 이어질 것이다. 또 환난이 닥치면 특별한 역량을 발휘하는 저력이 생기며, 조직력과 지휘력을 발휘하여 큰일을 이루어낸다.

· 세종대왕의 독서

세종대왕은 조선 시대 왕 중 독서를 가장 많이 했던 왕이다. 세자
世子 시절 몸이 편치 않은데도 글을 읽어 자식의 건강이 걱정된 왕이
그 책들을 거둬들일 정도였다. 슬기로운 지혜의 정수인가! 세종이 재
위 32년 동안 이룬 업적만 해도 후대 왕들의 업적을 다 합친 것을 능
가할 정도로 방대하다. 세종의 가장 큰 업적은 역시 우리 민족의 문
화유산인 '한글 창제'이다. 훈민정음 창제創製의 획기적인 아이디어
도 역시 창조성의 배경이 된 독서였다.

세종은 어린 시절부터 '백독백습百讀百習[7]'을 했다고 한다. 이토록
책을 되풀이해서 읽다 보니 '창조의 섬광'이 순간 머릿속을 지나간
것이다. 창조의 섬광閃光은 하늘의 계시로 착각을 일으킬 정도로 한
순간에 일어나기도 한다. 이것이 바로 '창조 독서'다. 한글 창조는 결
코 우연이 아니다.

· 다산의 독서

다산 정약용 선생이 전라도 강진으로 유배되면서 두 아들에게 "너
희들이 나를 살리려면 독서를 해야 한다"라고 당부했다. 다산은 독
서를 자신의 생존전략으로 생각했으며, 폐족廢族의 처지를 잘 대처하
기 위해서는 오직 독서 한 가지라고 다짐했다. 다산은 독서에서 시작
해 독서로 끝난 인생이라고 해도 과언이 아니다. 유배지에서 그 피눈
물 나는 고초를 겪으면서도 독서와 함께 《목민심서》 등 500여 권에

---

7) 100번 읽고 100번 익힌다

이르는 방대한 저술著述을 남긴 조선 최고의 지식인이다.

그렇게 견디기 힘든 질병과 마음의 방황에 시달리는 폐인의 고통 속에서도 아침부터 저녁까지 하루도 쉬지 않고 정진하였다. 독서와 글쓰기로 입신立身의 경지에 오른 것이다.

· 빌 게이츠의 독서

마이크로소프트사의 빌 게이츠 회장은 "하버드대 졸업장보다 독서 하는 습관이 더 중요하다"라고 역설했다. 그만큼 독서가 인성 형성에 결정적인 역할을 한다는 뜻일 게다. 어릴 적부터 책벌레였던 그는 하루 한 시간씩, 주말에는 서너 시간씩 반드시 책을 읽는 읽기 중독증 환자다. 그는 내가 살던 마을의 작은 도서관이 지금의 나를 만들었다고 술회했다. 고희古稀를 넘긴 지금도 한해 50권을 독파한다는 데, 한 해의 독서량이 200권 이상을 넘나드는 사람들도 부지기수不知其數다. 독서광들은 철저한 계획 독서를 한다. 하루 서너 시간은 꼭 책을 읽는다. 자투리 시간을 활용하는 이도 많다.

· 토크 여왕의 독서

세계에서 가장 영향력 있는 인물 1위이자 토크의 여왕 오프라 윈프리Oprah Winfrey, 그는 25년간 낮 시간대 TV 토크쇼 시청률 1위를 지켰고, 전 세계 140개국에 배급되며 최고의 자리에 올랐다. 그러나 오늘날 부와 명예를 모두 거머쥔 대표적인 인물이지만, 그는 가난한 가정에서 흑인 사생아로 태어나 갖은 폭력과 성적 학대에 시달리며 고통스러운 유년 시절을 보냈다. 희망이 보이지 않는 삶이라 마약에 빠져들기까지 했다. 그런 그가 어떻게 그런 삶에서 벗어나 미국에서 가장 성공한 여성이 될 수 있었을까.

비참한 오프라의 인생을 일으켜 세운 것은 바로 '독서'였다. 그는 책을 통해 아픈 마음을 치유했고, 책에서 얻은 지혜로 삶을 변화시켰다. "책은 저에게 성공한 사람들과 그 사람들이 이룬 업적에 저도 도달할 수 있다는 가능성을 보여주었어요. 독서가 바로 제 희망이었습니다" 독서에 대한 그의 열정은 성공한 이후에도 계속되고 있으며, 25여 년이 지난 지금까지도 여전히 미국 전역의 책 읽기 열풍을 주도하고 있다.

· 선현들의 독서

허균許筠은 대단한 천재이며 소설, 《홍길동전》의 작가로 더 유명하다. 이익李瀷은 조선 후기 실학자로서 《성호사설》, 《곽우록》외에 사서삼경에 대한 독서 비망기에 해당하는 질서 연작을 남겼다. 양응수楊應秀는 문집 《백수집》 30권 17책이 전하며, 성리학에 관한 《사서강설》과 공부법의 방향을 엮은 《위학대요》가 있다. 조선 후기 학자 안정복安鼎福은 저서 《동사강목》, 《가례집해》 등이 있으며, 실학자 홍대용洪大容은 북학파 지식인으로 천문, 과학, 음악 방면에 해박한 식견을 지닌 분이다.

조선 당대의 가장 영향력 있는 문인 박지원朴趾源의 문장과 《열하일기》는 늘 뜨거운 쟁점의 중심에 놓여 있었으며, 조선 후기의 문인 이덕무李德懋는 책만 보는 바보라고 했을 만큼 평생 손에서 책을 놓지 않았다. 그의 해박한 식견과 정감 넘치는 개성적 문장으로 많은 사랑을 받았다고 한다. 어려서부터 천재로 소문난 홍석주洪奭周는 이조판서, 대제학, 좌의정 등의 직임을 맡았으며, 방대한 문집과 《연천집》, 《학해》, 《동사세가》 등의 여러 저작을 남겼다. 조선 후기의 문인 학자인 홍길주洪吉周는 과거에 급제했으나 벼슬길에 뜻을 버리고, 《현수갑고》, 《표롱을첨》, 《항해병함》 등의 방대한 글을 남겼고, 《서림일위》, 《숙수》 등의 여러 저작을 남겼다.

◆ 독서의 실패와 완성

책 읽기는 정독 精讀 이 좋다. 정독은 한 글자 한 구절을 읽어가며 거기에 쓰여 있는 모든 내용을 알고자 하는 읽기 방법이다. 책에 지명이 나오면 지도를 펼치고, 인명이 나오면 인명사전을 펼치며, 모르는 도구나 식물이 나오면 도감이나 백과사전을 찾아 용어의 의미를 확인한다.

요즘에는 스마트폰이 발달했으니 검색 포털사이트를 활용해도 좋다. 그러면서 그 의미를 책의 여백에 기록하고 표현의 의미를 조사하며, 문장의 특징을 토대로 글의 사상적 핵심을 파악해간다. 그것이 정독의 기본이다. 이 방법은 아주 성가셔 보이지만 많은 이득을 가져다준다. 하나하나의 지식을 확실히 깨닫고, 그 지식을 다른 지식과 유기적으로 연결할 수 있기 때문이다.

· 독서의 실패

"책을 읽어도 남는 게 없다"라는 이야기는 독서의 실패를 의미한다. 수박 겉 핥기 식으로, 소일거리로 읽어서는 안 된다. 또 하나 범하는 과오는 자신이 전혀 이해하지 못하면서 이해하는 것으로 착각하며 읽어 나가는 것이다. 이러한 과오를 범하지 않기 위해서는 읽어나가는 도중, 책의 전체 줄거리를 의식적으로 반추反芻해보고 책의 전체 구도構圖를 재구성해보는 것이 필요하다. 그리고 사색을 통해 읽어낸 책 내용의 정확성과 저자의 고찰이 얼마나 정당한지를 판단할 수 있어야 한다.

· 독서의 완성

독서는 의미 해석이다. 책을 읽을 때 모르는 단어나 해석이 어려운 문장을 만나면 널리 고찰하고 근본적인 뿌리를 파헤쳐 글 전체를 이해할 수 있어야 한다. 그래서 읽어내는 그 책이 열흘이 걸리는 것이 있는가 하면, 한 달이 걸릴 수도 있다.

독서는 글 쓴 사람의 마음과 책 속의 논리 구조까지 이해하고, 책속의 사람과 내가 대화할 수 있는 경지에까지 이르러야 한다. 그래야 식견識見이 생기고 지혜의 샘이 열리며, 안목이 터진다. 애초에 독서의 보람은 여기에 있다. 이것이 독서의 완성 상태다.

◈ 어떤 책을 읽을 것인가

독서에서 중요한 것은 어떤 책을 읽느냐. "군서群書를 잡간雜看하지 말지어다" 일본의 뛰어난 학자의 말이다. 많은 서적을 조잡하게 보지 말고 골라 읽으라는 뜻이다. 쓸데없는 독서는 하지 말고, 무료함을 달래기 위해 책을 읽지 말라고 언급한 것이다. 내 업무에 도움이 되는 책, 나 자신을 돌아보게 하는 책, 삶의 의미를 되새기게 해준 책, 외롭고 쓸쓸할 때 힘이 되어줄 책, 힘들고 고통스러울 때 위로가 되어줄 책들이 있다.

◈ 독서의 전략

· 독서의 방향

독서의 방향은 문학, 철학, 역사, 심리학, 자기계발 등 다양한 분야의 책들을 두루 섭렵하는 것이 좋다. 한 분야에만 집중하면 다른 측면들을 놓치게 되고, 생각하는 방향도 한 방향이 되기 때문이다. 읽어야 할 양은 천천히 깊이 있는 이해와 함께 일주일에 한 권 정도가 적합하다. 독서량이 많은 사람은 1년에 정독할 책 100권, 단락段落의 핵심만 골라서 읽는 책 100권 정도라고 한다.

독서법에 대해서는 그간 많은 이들이 소개하고 있으나 특별한 방법은 없다. 그저 많은 책을 읽고 메모하고, 의문을 갖고 깊이 생각하며, 토론하고 논쟁하여 명쾌한 결과나 답을 깨닫게 되었다면 이를 독실하게 실천하는 것뿐이다.

★ 선현들의 독서법

독서백편의자현讀書百遍意自見이 옛사람의 독서법이었다. 한 가지 책을 한 백 번쯤 되풀이해서 읽으면 그 의미가 저절로 환해진다는 뜻이다. 조선 최고의 독서광 김득신 같은 분은 《백이열전》을 1억 1만 2천 번이나 읽어, 당호를 아예 억만재億萬齋라고 지었을 정도다. "일찍이 책은 1만 번을 읽은 뒤라야 그 정신과 통할 수 있다"라고 한 김안국 선생의 말씀과 같이, 이러한 독서의 온축蘊蓄 위에서 그 웅혼한 학문과 문장이 터져 나온다.

같은 책을 되풀이해서 읽으면 몰입이 잘 되면서 많은 지혜를 얻을 수 있다. 되풀이는 몰입을 낳고, 몰입은 깨달음을 낳는다. '백독백습'하신 세종대왕의 공부법과 같은 의미다.

제26과

글쓰기
Writing

인간은 '사고思考하는 존재'다. 사고는 언어를 통해 표출하기 때문에 말은 사상의 표현이고, 글은 말을 나타내는 수단이자 사상을 형성하고 소통하는 매개체이다. 따라서 글은 말과는 달리, 울림이 있고 도덕적 권위가 실려야 하며, 논리적으로 앞뒤가 맞아야 한다. 정신이 담기고 바른 표현을 얻어야 바른말, 진짜 글이 되는 것이다. 글은 불특정不特定 다수에게 전달되기 때문이다. 이토록 소중한 글을 옛날에는 배울 수 있는 사람이 한정되어 있었다. 옛 봉건 시대에서는 일반 농민이나 노동자, 노예 등은 공부할 시간도 없었지만, 공부가 허락되지도 않았다. 글은 양반의 전유물이었던 것이다.

서양에서도 16세기 활자가 발명되기 전에는 책은 어느 나라를 막론하고 손으로 써야 했으니 일반인들은 그 책을 볼 기회조차 드물었다. 그래서 중세 후기까지만 해도 대부분의 사람은 글을 전혀 몰랐다고 한다. 오늘날에야 누구든 배울 수 있고 쓸 수 있게 된 것이다. 인류의 문자 기록 역사는 3,520여 년으로 추정하고 있다.

◆ 글쓰기 능력이 성공을 좌우한다

· 하버드대 글쓰기 프로그램

미국에서는 정확하게 자신의 의사를 글과 말로 표현하는 능력이 전공과 직업에 상관없이 누구나 갖추어야 할 가장 중요한 덕목으로써 인정받고 있다. 따라서 미국 대학들은 학문적 글쓰기 과목을 두

과목 이상 필수로 요구하고 있다. 글에 대한 평가가 학업 역량을 잘 발휘했는지에 대한 평가로 이어지고 있는 것이다.

하버드대 역시 글쓰기를 강조한다. "대학 지식인은 글쓰기로 완성된다"라며, "졸업 후 자기 분야에서 진정한 프로가 되려면 글쓰기 능력을 길러야 한다"라고 하버드대 글쓰기 프로그램에서 강조한 말이다. 하버드대 졸업생을 대상으로 "현재 직장에서 가장 중요한 능력은 무엇인가?"라는 물음에, 90% 이상이 거침없이 "글쓰기"라고 답변했다고 한다. "공대생이든 사회대생이든 전공과 관계없이 글로 논리적인 주장을 펼 줄 알아야 논문도 쓰고 연구 결과를 인정받을 수 있다"라면서 대학 교육의 근간은 글쓰기가 돼야 한다고 강조하고 있다.

· 논술 시험

우리나라 대학 입시에서도 논술 시험은 비중이 크다. 논술의 주요 요점은 여러 글을 읽고 저자의 논지論旨와 결론이 무엇이며, 그 논점들을 비교하며 자기 입장을 정리하는 것이다. 이 공부는 자기 생각을 글로 표현하는 능력을 키우는 일이다. 이러한 능력은 글쓰기 훈련을 통해서만 성취할 수 있다. 따라서 대학 논술 시험의 준비는 여러 방면의 독서를 통한 그 속에 담긴 핵심 내용의 파악, 실제에 적용하는 생각의 힘을 키우는 훈련이 필요하다. 풍부한 어휘력과 다양한 사고력 그리고 독해력이 없이는 좋은 답안이나 기획서 한 장 작성할 수 없다. 그래서 글쓰기 훈련이 필요한 것이다.

· 작문 공부

평소에 많이 읽고 생각하고 써온 학생은 어떤 문제가 나오더라도 걱정 없이 써낸다. 초등학교까지도 논술 대비 교육을 하겠다는 요즘의 세태로 볼 때 어렸을 적부터 일기나 편지, 논설문, 기행문 등을 통해 공부해둬야 한다. 혹은 그날의 관심사에 제목을 붙이고 생각을 정리하는 일기 형식이 훗날 글쓰기에 많은 도움을 줄 것이다.

사소한 습관 하나가 위대한 작가를 만들고 철학자를 탄생시킨다. 《마틸다》로 잘 알려진 로알드 달Dahl이 세계적인 동화 작가로 우뚝 설 수 있었던 것은 여덟 살 때부터, 집 마당 앞 나무 꼭대기에 올라가 매일 쓴 '비밀일기'가 바탕이 됐다. 또 철학자 아미엘Amiel은 42년간 쓴 일기가 바로 불후의 걸작이 된 《아미엘의 일기》이며, 톨스토이도 무려 63년간 일기를 쓴 장본인이다.

또한, 다른 공부 방법으로는 일간 신문의 사설社說 한 꼭지를 골라 옮겨 적는 공부를 해도 좋다. 마음에 드는 "사설 한 꼭지"를 그대로 3개월만 옮겨 쓰다 보면 글 쓰는 능력이 저절로 생긴다.

신문 사설 공부는 논술 시험을 치러야 하는 사람들에겐 꼭 필요한 공부다. 사설은 한정된 지면 안에서 논리적 구조를 가지고 여러 사람을 설득하기 위해 쓰인 글이라, 자연히 기획서나 보고서를 쓰는 능력이 향상될 수밖에 없다. 거기에다 사설은 지식뿐 아니라 세상의 흐름까지 일깨워준다. 그래서 신문은 배우는 자에게 훌륭한 교과서 역할도 하는 것이다.

◈ 누구나 작가가 될 수 있는 세상
· 글쓰기 붐

'글쓰기' 붐이 일고 있다. 직장에서 '기획서'나 '보고서'를 쓰기 위해서 혹은 내 생각을 문서로 명확하게 표현하기 위해서 등 그 이유는 많다. 또 동화책이나 시, 소설 등의 작가가 되기 위해 문을 두드리는 사람, 배달 앱App을 통해 주문하는 고객이 늘면서 '글쓰기'가 중요해진 자영업자까지 성황이다.

· 작가의 꿈

오늘날은 누구나 '작가'가 될 수 있는 세상으로 변모했다. 지난날 작가가 되는 전형적인 방법은 대학의 국문과나 문예창작과를 졸업해 공모전에 도전하고 수상 경력을 인정받아 정식 작가로 등단했었으나, 오늘날은 이런 정석이 무너져 개인 채널이나 소셜미디어 등에 글을 쓰다가 작가로 데뷔하는 경우가 많아진 것이다. 시나 소설 말고도 동화, 드라마, 라디오, 웹 소설, 웹툰, 여행기 등의 작가로서 활동할 수 있는 영역이 폭넓게 펼쳐져 있기 때문인 것으로 보인다.

· 글쓰기 수련

그렇다고 글쓰기는 아무나 도전할 수 없는 길이다. 공부하지 않으면 안 된다. 웹 소설 작가가 되고자 한다면 웹 소설을 쓰는 구체적 작법 등을 배워야 한다. 시나 소설, 동화, 드라마 등도 마찬가지다. 특별한 글쓰기 지름길은 존재하지 않는다. 많은 책을 읽고 사고하고 쓰고 경험하는 수련이 뒤따라야 한다.

● 꿈의 무대

'작가'가 되는 길은 많다. 기업에서 운영하는 콘텐츠Contents 양성 프로그램이나 출판사에서 지원하는 작가 양성 프로그램을 통해 작가가 되어 실제 책 출판으로 이어지는 경우도 많단다. 또 드라마나 영화 창작 생태계 활성화와 신인 작가 양성을 위한 프로그램도 있으며, 대본과 시나리오 완성, 단막극 제작, 편성과 데뷔까지 신인 창작자를 위한 꿈의 무대도 있단다. 그렇지만 오로지 실력이 문제다. 실력이 특출하지 않으면 살아남지 못한다. 신중히 다가가야 할 이유다. 어떤 작가가 좋을까 알아본다.

① 웹 소설

미래에 가장 각광받는 분야로 꼽는다. 인기 웹 소설은 드라마나 영화로도 제작되는 등 콘텐츠 파워가 대단하다. 웹 소설에는 로맨스, 판타지 로맨스, 무협, 역사, 전쟁, 미스터리, 라이트 노벨 등의 장르가 있다. 웹 작가가 되기 위해서는 예술대학의 평생교육원 웹 소설 전문 과정이나 전문 양성 기관에서 기초부터 튼튼히 쌓고 기본기를 다지는 것이 필수다.

② 드라마

내 작품이 TV로 방영되는 것만으로도 큰 성취감을 느낄 수 있는 보람찬 직업이다. 드라마 작가는 전문 양성 교육원을 수료하고, 작가로서 첫발을 내딛거나 대본 공모전이나 작가 채용 공고를 통해 데뷔할 수도 있다.

③ 라디오

생활 속 감성과 유머 감각이 있다면 도전해볼 만하다. 드라마 작가처럼 전문 양성 기관을 거치거나, 방송사 라디오 구성작가 채용 공고 등을 통해 도전할 수 있다.

④ **여행작가**

좋아하는 여행을 하면서 자유롭게 살 수 있는 여행Travel 작가는 작가가 여행 중 느낀 재미와 여행지에 대한 애정 등을 책 속의 구석구석에 여행의 감흥을 고스란히 써 내려가는 것이다.

◆ 필력

글을 쓴다는 것은 말하는 것처럼 쉬운 일이 아니다. 좋은 글을 쓰려면 공부도 중요하지만 타고난 문필文筆의 재능과 소질이 필요하다. 부단한 노력과 훈련도 중요하지만 재능과 소질이 없는 사람은 대성하기가 어렵다고 한다. 따라서 문학과 예술에는 어느 정도 천부적인 재능이 요구된다고 하겠다. 그렇다고 배우지 않고서는 안 된다.

· 읽고 필사하기

범상한 문학도라도 뼈를 깎는 문장 수업을 해야 한다. 유명 작가들도 좋은 작품을 골라 쓰면서 문장 수련을 했다. 이 수련은 자신이 알지 못했던 어휘와 표현력을 자연스럽게 습득하게 되고, 이것이 글을 쓸 때 정확한 문장을 구사하는 데 많은 도움을 주기 때문이다.

동서고금의 좋은 글들을 많이 읽고 많이 쓰고 많이 사색하고 기록하는 습관을 길러야 한다. 깊은 사상과 풍부한 감정에서 위대한 글이 탄생하기 때문이다. 글이 안 써지는 것은 글솜씨나 글재주보다 읽는 것이 없기 때문이다. 그토록 좋은 문장을 읽었는데도 문장이 늘지 않았다면 무엇을 해도 헛수고다.

· 셰익스피어의 공부

세계적인 극작가 '셰익스피어Shakespeare'를 두고 영국 여왕은 국가를 모두 넘겨주어도 그만큼은 못 넘긴다고 했고, 비평가 칼라일도 그를 영국의 식민지 '인도'와도 바꿀 수 없다고까지 했다. 그를 '한 시대에만 한정되지 않은 영원한 작가'로 꼽은 이유일 것이다. 그러나 셰익스피어는 11세에 입학한 그래머 스쿨Grammar School이 학력의 전부라고 한다. 그러니 그 얼마나 피나는 문장 공부를 했겠는가?

· 글 올려보기

읽고 필사하는 공부를 했다면 요즘 세상에서는 유튜브에 글을 올려보는 것도 좋은 공부법이 될 것이다. 유튜브와 같은 영상 콘텐츠도 내용을 풀어가는 구성이 중요하기 때문에 결국 글쓰기와 같다. 자신의 생각을 잘 드러낼 수 있는 구성력은 글쓰기와 본질적으로 같기 때문이다.

◆ 창작

글쓰기에 '정석'이 있을까 싶지만, 시대와 장르를 초월한 위대한 글쓰기 거장들에게도 글쓰기는 '고통'이다. 아무리 훌륭한 문장가일지라도, 직업적 저술가라도 글을 쓸 때 서두부터 매끄럽게 잘 쓰는 사람은 거의 없다. 어쩌다 고뇌 없이 술술 써 내려가는 경우가 더러 있으나, 대개는 한두 줄 쓰고는 찢고, 또다시 두세 줄 쓰고 찢기를 반복하면서 며칠 동안 계속 서두를 붙잡고 있는 경우도 있다. 이처럼 창작은 피를 말리는 작업이다. 그래서 책 한 권 쓰는 데 쏟아내는 노력과 시간을 흔히들 '창작의 고통'이라고들 말한다. 글쓰기 과정을 추론해본다.

● 주제 탐색

집필할 주제는 필자 자신이 흥미를 가지고 있거나, 어느 정도의 지식을 갖추고 있는 주제를 선택해야 한다. 그 주제는 독자가 흥미를 느낄 수 있는 주제로서, 독창성이 있고 참신한 것이어야 한다. 다만, 그 주제가 너무 특별하거나 광범위하다면 좋지 않다. 이처럼 주제를 어떻게 선정하느냐에 따라서 글의 내용과 그 흐름이 결정되는 것이다.

주제에는 가주제, 참주제가 있다. 가주제는 문제를 해결하기 위해 특별히 어떤 부분에 초점을 맞추지 않은, 주제의 원초적인 단계를 말한다. 참주제는 필자가 관점을 명확히 하여 자신이 나타내고자 하는 내용을 직접적이고 구체적으로 드러낸 주제를 말한다.

· 자료 수집

주제가 결정되었다면 다음 단계가 자료 수집이다. 글은 저절로 써지는 것이 아니다. 자료를 모으고 구상을 익히는 데서부터 시작된다. 따라서 저술은 널려 있는 정보를 수집하고 배열해서 체계적이고 유용한 지식으로 탈바꿈시킨 것이다. 수집 방법은 주제를 결정하고 '주제에 대한 소주제 즉 목차와 범례'를 세워놓고 단계를 밟아, 그 '목차'에 따라 관련 자료들을 취합하는 것이다. 혹은 광범위하게 실험과 관찰을 통해 자료를 얻어야 하는 주제도 있다.

이 시대 최고의 저널리스트 다치바나 다카시는 한번 집필 주제를 정하면, 그 주제에 관한 책, 약 5백 권 정도를 참고해 글을 쓴다고 한다. 그만큼 광범위한 자료가 필요하다는 뜻일 게다.

· 자료 수집 방법

제일 먼저 쓰고자 하는 주제의 성격을 분명히 파악하기 위해서 우선 도서관에 소장된 국어사전, 백과사전, 문학사전, 역사사전, 철학사전, 사회과학사전, 과학사전 등 각종 사전류나 개론서를 찾아본다. 다음으로 주제와 직접 관련된 논문이나 저서 등을 취합한다. 도서관의 자료 검색용 단말기나 인터넷을 통해서 주제와 직접 관련된 논저들의 목록을 뽑을 수 있다. 또한, 정기 간행물실에서 연구 분야의 학술지, 신문이나 잡지, 정부나 민관 기관의 자료집, 각종 통계와 도록, 영상 자료 등을 구할 수 있다. 이렇게 어떤 정보를 어디에서 찾을 수 있는지 알아내는 데 집중적으로 시간을 투자해야 한다.

최근에는 거의 모든 대학이나 기관들이 소장된 자료들을 디지털 Digital하여 관련 정보를 검색할 수 있도록 서비스하고 있으므로 이를 먼저 이용하고, 여기에서 찾을 수 없는 경우에는 더욱 전문적인 기관의 서비스를 이용하면 된다. 각 대학 도서관과 국립중앙도서관, 국회도서관, 한국과학기술정보연구원, 한국교육학술정보원, 과학기술전자도서관, 한국기초과학지원연구원 등의 사이트에서는 회원 등록을 마치면 각종 자료를 검색할 수 있으며, 필요에 따라 원문 제공 서비스도 이용할 수 있다. 그래도 원하는 자료를 받을 수 없을 때는 외국의 유명 웹사이트를 이용할 수 있다. 필요하면 국외 도서관, 국외 출판사, 기술 보고서 관련 사이트, 특허/표준 관련 사이트 등도 있다.

그러나 어느 자료라도 100% 완벽하게 수집하는 것은 불가능하다. 그렇다고 아무 자료나 대충 수집해서는 안 된다. 반드시 검증된 자료라야 한다. 그러나 자료들이 너무 많고 메시지가 넘쳐나면 자칫 길을 잃게 만든다는 사실이다. 단순하지만 자료가 명확하고 생각이 하나로 모일 때 논리도 정연해지면서 글도 잘 써진다. 필요 없는 지식과 정보, 인터넷으로 얻는 잡다한 지식, 혼란스러운 생각들은 오히려 글쓰기의 장애물이 된다는 사실, 각별히 유념할 일이다.

마가렛 미첼은 《바람과 함께 사라지다》를 쓰기 위해 자료 수집에만 20년을 바쳤다. 《로마제국의 흥망사》를 쓴 애드워드 기번Gibbon도 20년을 소비했고, N·웹스터가 그 유명한 《웹스터 사전》을 만드는데 무려 36년이나 걸렸다고 한다.

● 자료 요약

자료가 수집되었다고 바로 글쓰기를 할 수 있는 것이 아니다. 수집된 자료에서 자신에게 필요한 정보와 지식을 찾아내어 정리하는 작업이 필요하다. 따라서 조사한 자료와 문헌들 가운데 가장 핵심적인 내용을 추려내어 정리한다는 점에서 요약은 대단히 중요한 과정에 속한다.

· 자료 요약 방법

요약 방법은 자료에서 중요 사항을 추려내는 과정과 그 중요 사항을 바탕으로 전체적인 글의 구성에 맞추어 요약문을 작성하는 것이다. 다만 배경적인 논의, 여담이나 추측, 부연 설명, 예시된 구체적인 사례, 그림이나 도표의 설명, 불확실한 자료 등은 중요 내용에 포함될 수 없는 사항이다.

· 요약문 작성

끝으로 요약문은 독자성을 지닌 글이 되어야 한다. 다만 중요 내용의 핵심적인 사항만을 바탕으로 글을 구성하되, 요약하는 사람의 견해를 덧붙이거나 새로운 자료나 내용을 추가해서도 안 된다. 불필요한 사항을 생략하고 간결한 글이 되도록 한다.

● 글쓰기 요점

자료 요약이 완성되었다면 글쓰기에 돌입한다. 이때 각별히 유의할 것이 있다. '처음 써낸 내 글이 세상에 인기가 있어야지, 그 글로 이름을 알려야지.' 이런 천박한 마음이 있어서는 안 된다는 점이다. 그 글이 저열해지거나 비속해질 우려 때문이다. 따라서 그 글이 사람들 마음에 들기 위해, 자기 재능을 과시하고 팔아넘기기 위해 글을 써서는 안 된다는 뜻이다. 각별히 유념할 일이다.

· 좋은 글이란

좋은 글이란 표현이 멋지거나 화려한 글이 아니다. 독자가 읽기 편하고 읽을수록 감칠맛이 더해지는 문장이라야 좋은 글이다. 독자들을 빨아들이는 흡인력을 지닌 그런 책이면 명작이 될 것이다. 다만, 그 글은 문장가들의 글을 흉내 내는 것이 아니라, 나의 목소리, 나의 개성이 있는 생산적인 글이어야 한다는 점이다.

· 감동의 글

글에는 교언영색巧言令色이 난무하고 허세나 과장이 넘치거나 속된 표현을 나열해서는 안 되며, 화려한 문장보다 간결한 표현 속에 마음에 사무치는 목소리가 있어야 한다. 그리고 혼이 있고 작가의 피와 눈물과 땀이 스며있어야 한다. 걸작을 쓰고 싶거들랑 지성과 정열을 가지고 써야 사람의 마음에 감격과 생생한 공명을 불러일으킬 수 있는 것이다.

도스토옙스키는 소설을 쓰면서 가끔 울었다고 한다. 베토벤도 작품 활동을 할 때 혼자 낙루落淚하는 일이 많았다고 한다. 이처럼 남을 감동시키려면 먼저 스스로가 감동해야 한다.

● 글쓰기 방법

글은 필요 자료에다 '자신만의 내용'을 더해 완성된다. 즉, 기존의 자료를 직·간접적 방식으로 활용해 쓰게 되는 것이다. 글쓰기 방법을 추론해본다.

① 구성 요령

글은 첫째, 문장이 쉽고 되도록 짧게 표현한다. 둘째, 내용이 새롭고 충실하며 독특한 개성을 지녀야 하며 화제와 주제, 구성과 문체 등에서도 독창적이어야 한다. 셋째, 독자의 흥미를 유발할 수 있어야 한다. 넷째, 글의 내용과 표현이 정직해야 하며 어문규범을 지켜야 한다. 한글 맞춤법, 표준어 규정, 로마자 표기법, 외래어 표기법 등을 지키는 것이다.

② 단어 선택

단어가 모여 문장이 되고 문장이 모여 글을 이루므로, 단어의 의미를 정확하게 알고 써야 한다. 또 표현을 간단하고 명확하게 할 수 있는 단어를 써야 하며, 불필요하게 외국어를 사용하지 않는 것이다.

③ 문장 구성의 골격이 되는 요소

문장은 정확히 문법에 맞는 문장이라야 한다. 그리고 문장 성분의 호응이 맞는 문장을 써야 한다. 예를 들어 주어主語는 그에 맞는 서술어敍述語가 있어야 하고, 목적어도 적절한 서술어가 있어야 한다. 문장의 뼈대는 주어와 서술어다. 예로서 "이것은 책이다"라고 했을 때, '이것은' 주어고 '책이다'가 서술어다. 이처럼 주어와 서술어는 어떤 경우에도 없어서는 안 될 문장의 필수 성분이다. 또 주어와 서술어의 호응관계도 중요하지만 부사어와 서술어도 잘 어울리는지 고려해야 한다. 가능한 수식어는 절제하고, 주어에 신경 써야 한다. 수사법에도 관심을 갖는다. 또 문장을 간결하고 읽는 맛이 나게 하려면 바로 앞뒤 문장을 '자연스럽게' 이어주는 일종의 연결고리인 '이', '이처럼', '그와 같이' 등의 접속부사를 적절히 활용할 줄도 알아야 하며, 문장에서 단어, 어절, 어구를 이어 쓸 때 그 관계의 고려도 중요하다.

또한 조사와 어미를 잘 활용할 줄도 알아야 하며, 특히 '~은/는'과 '이/가'도 올바로 사용해야 한다. 조사 '~에게'와 '~에'도 마찬가지다.

④ 혜경과 요령

보통 글쓰기의 핵심으로 '혜경과 요령'을 꼽는다. 내가 지금 무엇을 말하려 하는지를 따져 아는 것이 혜경이다. 그다음이 요령이다. 요령은 핵심을 장악하고 쟁점을 파악하라는 말이다. 내가 왜 여기에 있는지, 어디로 가는지 아는 것이 혜경이라면, 내가 이 문제를 해결하기 위해 어떻게 해야 하는지를 아는 것이 요령이다. 그다음은 가설이다. 가설은 자신의 관점을 세우는 과정이다. 가설은 일종의 질문이자 의문이다.

⑤ **단락과 여운과 파란**

한 편의 훌륭한 문장은 단락과 단락이 유기적으로 긴밀하게 연결되어야 하며, 여운이 있어야 한다. 여운이란 길게 남는 뒷맛, 한 번더 음미하게 만드는 힘이다. 여기에 더해 파란波瀾이 있어야 한다. 평면적인 설명이나 서술만으로는 안 된다. 문장에는 변화와 곡절이 있어야 한다는 뜻이다.

⑥ **문체의 과잉**

파스칼Pascal은 "나는 과장된 언어를 싫어한다. 최선의 책이란, 그것을 읽는 사람이 나도 그것을 쓸 수 있다고 생각하는 책이다"라고했다. 수식어가 많은 글은 좋은 글이 아니다. 지나친 미사여구는 도리어 문장을 해친다. 문장은 전달하려는 뜻이 간결해야 한다. 문장을아름답게, 때로는 강렬하게, 때로는 담백하게 만들어 뜻을 강화해야글을 읽는 맛도 더해지는 법이다.

● **작문**

① **시 쓰기**

아름답고 고결한 시詩, 영혼의 고독과 적막, 인생의 슬픔과 괴로움,사랑의 아픔과 그리움을 위무하고 포용하는 간절하고도 애절한 것이 시다. 그런 시를 처음부터 계획과 의도를 가지고 완벽한 방법으로계산해서 쓰는 글이 아니기에, 소리만 요란할 뿐 무의미한 단어를 나열하는 시인이어서는 안 된다.

소크라테스 말처럼 "제정신이라면 어떻게 시인이라 할 수 있는가?영감을 얻고 미쳐야 시인이 탄생한다" 남들이 매일 보면서도 보지 못하는 사실, 내게만 들려오는 사물들의 이야기 없이는 시를 쓴다고 하지 말아야 한다. 글은 내 안의 언어가 저절로 커서 자연스럽게 폭발해야 한다.

> **★ 시인의 영감**
>
> 매우 저명한 한 시인에게 "선생님, 어떻게 그다지도 좋은 시를 쓸 수 있습니까?" 묻자 "그건 내가 많은 시를 알고 있기 때문이라네. 지금 바로 오천 수를 읊을 수 있을 정도이지. 구성을 알고 있는 시라면 오만 수는 될 걸세. 그렇게 머릿속에 들어 있는 시를 지을 때 도움을 준다네" 좋은 시를 쓰기 위해서는 가능한 많은 책을 섭렵해야 한다는 의미의 말이다.
>
> 괴테의 《파우스트Faust》를 보면 시인의 힘과 사명을 아름답게 그려낸 말이 있고, 문학의 목적과 보람이 그 속에 잘 압축되어 있다고 한다. 한 번쯤 숙독해볼 만한 고전이다.

② 소설 쓰기

팀 페리스는 70편이 넘는 소설을 쓴 작가다. 그에게 어떻게 그렇게 꾸준히 작품을 쓰면서 영감과 동기를 잃지 않을 수 있냐는 질문에 이렇게 답했다. "전 하루에 쓰레기 같은 단어 200개를 쓴다. 그게 전부다" 그렇게 단어를 쓰다 보면 쓰는 행위 자체에서 영감靈感을 얻는다고 했다. 이걸 알기 전에는 종이에 수천 단어를 쓰곤 했다고 한다.

③ 학술적 글쓰기

문학적인 글은 독자를 감동시키는 것이 목적이기 때문에 저자는 함축과 비유 등을 활용하여 독자의 상상력을 자극한다. 이에 반해 학술적인 글은 그 목적이 독자를 설득하거나 이해시키는 데 있기 때문에 무엇보다 말하고자 하는 바가 명확하게 기술되어야 한다.

내가 피력할 관심사에 대한 문제의식은 무엇인지, 또 그 문제에 대해 어떻게 생각하며 이를 해결할 방법은 무엇인지 그리고 그 이유와 근거는 무엇인지 등을 명확히 기술해야 한다. 이것이 분명하게 기술되어야 나의 생각이 독자에게 온전히 전달될 수 있다. 그러기 위해서는 제시한 근거들이 견해를 뒷받침하기에 충분한지 혹 논지論旨에서 벗어난 내용은 아닌지 등등 자신이 기술한 내용을 스스로 평가할 수 있어야 한다.

★ 글짓기 인공지능

시대가 변천하면서 '글짓기 인공지능'까지 출현했다. 그러나 인공지능의 글쓰기 실력이 너무 뛰어나 '악용惡用이 우려된다'며 퇴출시켰단다. 책 한 페이지 분량의 글을 어색하지 않게 논리적으로 문장을 구성할 정도, 이 인공지능은 판타지Fantasy 소설부터 신문 기사, 학교 숙제 등 모든 분야에서 읽어보면 놀라울 정도란다. 어휘력은 인간 소설가를 월등히 뛰어넘는 수준이며, 인류가 창작한 온갖 이야기 패턴도 꿸 수 있다고 한다. 그런 인공지능을 가짜 뉴스나 편향된 글을 우려해 퇴출한 것이다.

하지만 AI는 막는다고 막아지지 않는다. 결국엔 AI가 쓴 글을 읽게 될 것이다. 이미 AI가 그리는 그림, 찍는 사진을 보고 감탄하는 시대다.

◆ 산책과 명상

어느 과학자가 "요약문을 쓰려고 자리에 앉기만 하면 집중이 안 되는데, 어떻게 하면 집중을 잘 할 수 있을까?" 하고 물었다. 친구인 작가가 대답했다. "나는 일하기 전에 반드시 어떤 운동이나 움직임을 계획한다. 그게 바로 내가 아이디어를 얻는 방법이다"라고 했다. 레이먼드 인먼Inman도 "창의적인 아이디어를 구한다면 밖으로 나가 걸어라"라고 했다. 틱낫한 스님도 산책을 하다 보면 무엇인가 결정해야 할 순간에도 선명한 의식 상태에서 통찰력 있는 지혜로운 판단을 내릴 수 있게 된다고 강조한다.

신문사 논설 위원들에게만 전해지는 글쓰기 비결도 있다. "사설이 잘 쓰이지 않으면 방안에서라도 걸어라!" 옥상에도 올라가고, 주차장에서라도 걸으면 사설이나 칼럼이 쉽게 써진다는 것이다. 이렇게 걸으면 어느 순간 창조적 아이디어가 떠올라 해법을 찾을 수 있다는 것. 걷는 것이 지혜를 여는 열쇠인 셈이다. 산책이 뇌의 시냅스와 커넥톰Connectome을 활성화하는 촉매제로 작용하는 것이다.

◈ 교정

교정敎正이라는 작업은 문장의 문법적 오류, 구문론적構文論的 오류로부터 의미가 불분명한 대목까지 지적하는 작업을 말한다. 내가 쓴 문장이 매끄럽게 읽히지 않는다면 매끄러워질 때까지 손을 보는 것이 '교정'이다. 수식어구를 덜어내고 혹은 문장구조를 바꿔본다. 그래도 매끄럽게 읽히지 않으면 그 부분을 과감히 전문 삭제해버린다.

이처럼 글을 쓴 후 다듬는 것이 교정이다. 당대 최고의 문장가가 쓴 최고의 걸작이라도 교정한 것과 당시의 글을 비교해보면 심한 경우 같은 문장이 거의 하나도 없다. 평론가는 그 글이 그만큼 진보했다는 증거라고 칭찬한다. 교정은 완성에 이르도록 만지고 단련하고 조탁彫琢해서 쥐어짤 대로 쥐어짠 글이다.

시와 문장을 다루는데 당대 최고의 수준을 가진 위나라의 시인 조식曹植은 시와 문장, 산문의 언어가 아름답고 풍격이 독특하여 후세의 문학에 지대한 영향을 끼친 인물이다. 그는 다른 사람이 자기 문장의 결점을 지적해준 것을 늘 고맙게 생각했으며, 거기에다 한 글자만 고쳐줘도 그는 상대를 선생이라 부르며 존중했다고 한다.

시의 경우 한 글자만 고쳐도 작품의 정채가 확 달라지며, 빼어남이 시 전체를 기이하게 한다. 한 글자만 바꿔도 미감의 차이가 확연하며 예술의 의경미意境美를 형성하는 핵심처가 되는 것이다.

헤밍웨이의 《노인과 바다》는 무려 203차례나 교정을 단행하여 세계적인 명작으로 탄생할 수 있었다. 작품을 바스라질 정도로 고치고 또 고친 것이다. 소동파가 시 적벽부赤壁賦를 짓느라 버린 초고草稿가 수레 석 대에 가득하였으며, 《파우스트》는 괴테가 25세 때부터 82세까지 60여 년이란 긴 세월 동안 집필하여 완성한 작품이다.

제27과

노년
Old Age

세상의 모든 일을 상상의 영역으로 끌어들이던 피 끓는 내 청춘이 엊그제인데, 그 생명력 넘치던 내 젊음과 아름다움은 어디로 갔는가? 장강長江처럼 도도하고 장엄했던 그 젊음이 부단한 변화의 흐름에 휩쓸려 한낱 힘없는 늙은이로 변해 찾을 길이 없구나.

지난 세월 꽃다운 청춘을 허비해가며 한평생을 붐비는 길 위에서 허둥지둥 달리며 살아왔다. 남보다 더 잘살기 위해 온갖 수단과 방법을 동원해야 했던 멈출 수 없는 생활이기에 정해진 궤도軌道 위에서, 정해진 규칙에 따라 시시각각 돌아가는 기계와 같이 일만 하며 살아왔다. 그 길이 절대다수가 걷고 있는 인생의 길이기에 그저 치밀하게 설계된 로봇과 같은 척박한 일상을 살아온 것이다.

그 인생이 이제 가을과 겨울 냉기冷氣에 시들어 떨어지는 초목과 같이 남은 것은 늙고 병든 고단한 몸뚱이가 나날이 쇠퇴해져만 가고, 정신도 날로 제 기능을 잃어만 가는 노인이 된 것이다. 이보다 무상한 것이 다시 어디 있을까. 석양빛에 곱게 물들다 욕심 없이 스러지는 노년의 꿈을 그래서 새털구름이라 했던가. 저물녘 저 넓은 허허벌판에 눈사람처럼 적막하기만 하다.

짧은 머리 듬성듬성 빗대기도 미안한데 / 거울 속 마주한 이 남김없이 하얗구나.
백설白雪이 잦아진 골에 구름이 머흐레라 / 반가운 매화는 어느 곳에 피었는고 / 석양에 홀로 서서 갈 곳 몰라 하노라.

고려 말 성리학의 대학자이신 이색 선생께서 인생의 허망함을 노래하신 것이다. 머문 듯 가는 세월, 역시 나이 듦은 애절한 설움이다. 애련한 들꽃 같은 내 인생, 아름답던 짙은 눈썹, 잠깐 사이 흰머리 실처럼 날린다. 이토록 애절한 노년의 삶이 '젊은 세대가 반드시 살아서 가 닿을 미지의 대륙'이라는 점, 한시라도 잊지 말아야 할 것이다.

◈ 무심한 세월의 강

나이 먹은 것도 서러운데 노쇠老衰한 몸에 온갖 병들을 내 한 몸으로 감당해야만 하는 힘든 삶을 살게 되는 것이 노년이다. 아프며 나이 드는 과정이 유난히 길고 험하다. 그러하니 세상에 늙고 싶은 사람이 어디 있겠는가?

석양의 낙조를 바라보는 처량한 신세, 변치 않을 것 같았던 사랑도, 용서할 수 없는 미움과 증오도, 부귀도 영화도 눈앞을 스쳐 지나가는 잠시 동안의 광경이다. 얼굴에 번져가는 깊고 굵은 주름과 무너져 내린 내 몸의 골격, 불안과 초조, 자기혐오와 분노, 무력감과 체념, 고독과 멸시 모두가 노인들만이 안고 살아가야 하는 주제이다.

그런 그들이 있어 이 나라가 누리는 고도의 경제성장을 이루어낸 세대이다. 산업 개발의 기적을 일구어 이 나라를 가난에서 구한 역전의 용사들인데, 그러나 그들은 남다르게 힘든 삶을 영위하고 있다. 인류의 기대수명이 점점 높아지고 있는 인류 역사상 전대미문前代未聞의 이 나이를 기뻐하기보다 불안하고 처연하게 맞이하고 있는 것이다.

나이 듦보다 나이 들지 않음을 미덕으로 여기는 작금의 사회마저 그들을 부담으로, 부정적 이미지로 받아들이고 있다. 소외와 차별,

학대와 방임의 토양이 된 그들은 쓸모없는 존재로 밀려나 있다. 그들이 설 자리는 세상 어디에도 없다.

◆ 호모 헌드레드 세대

UN이 도래를 알린 '호모 헌드레드 세대'라는 말이 유행이다. 100세까지 사는 인류의 첫 세대라는 의미다. 인간은 누구나 오랫동안 살아남고자 하는 본능과 남보다 더 잘 살고 싶은 욕구가 있다. 그렇게 오래 사는 것을 바라지 않는 사람은 없을 것이다. 하지만 그것도 경제적인 문제 해결뿐 아니라 육체와 정신이 건강할 때 이야기다. 어느 한쪽에만 문제가 생겨도 본인에게나 가족에게나 과혹한 형벌이기 때문이다.

오늘날 은퇴한 세대의 대부분이 현실적인 준비가 안 되어 있어 어려움을 겪는 사람들이 너무 많다. 모 신문에 "빨리 늙는 한국, 아프고, 외롭고, 돈 없고… 3중고三重苦 굴레 속의 노년"이라는 머리기사에서 보듯, 여전히 많은 노인이 사회적 배제와 빈곤, 차별을 겪고 있다. 초고령화 사회로 진입하면서 노인 빈곤율이 경제협력개발기구 평균보다 월등히 높은 세계 제1위다. 일자리를 전전하는 노인들까지 1위라는 딱지가 붙었다. 게다가 노인 4명 중 1명은 학대에 시달리고 노인 10만 명당 160명은 자살하는 나라가 되었다. 거기에다 노인 대부분이 공황장애와 범불안장애 및 사회공포증 등 많은 장애를 겪고 있다.

그중에서도 가장 큰 불안 요인이 경제적인 빈곤이다. 정작 의지할 곳이 없다. 노후에 중요한 것이 '건강'과 '경제력'이라는 사실을 누군들 모르겠는가. 그러나 쓰라린 전쟁과 혁명을 겪어온 이 시대 노인들은 노년을 알뜰하게 준비해온 사람은 드물 것이다. 그렇다고 이 힘든 불안 요인들을 자식에게만 기대는 것은 더더욱 환영받지 못할 일이다.

다람쥐 쳇바퀴 같은 직장에서 탈출, 언젠가 65세가 되면 순간 모든 것이 자유를 누리게 될 것이라고 스스로에게 다짐해보지만 꿈에 불과하다. 연금으로 생활을 유지한다는 것은 망상에 지나지 않기 때문이다.

· 철이 덜 든 노인

개중에는 철이 덜 든 노인들도 많다. 젊었을 적 맘껏 골프Golf 하고 맘껏 여행하고 친구들과 흥청망청 쓰임새도 헤펐다. 아내에겐 밍크 코트로 치장해주고, 자식들에겐 집 장만도 해줬다. 매일 돈이 "화수분"처럼 샘솟는 줄 알고 번 만큼 써버린 것이다. 노후 대비는 사실상 제로였다는 게 그들의 답변이었다. 자식에게 퍼주고 노후에 버림받는 상속 빈곤층이 많은 나라다. 이에 대해 셰익스피어의 인생 교훈이 있다. "젊은 사람에게 재물을 넘겨주지 마라. 두 딸에게 배신당한 '리어왕'처럼 춥고 배고픈 노년을 보낼 것이다"

· 행복한 은퇴 생활을 방해하는 위험 요소

노후 준비가 전혀 되어 있지 않은 부모는 자식에게 감당키 힘든 거추장스러운 짐이다. 말이 좋아 웰빙Well-Being이고 여가 활동이지, 경제적인 마련 없이는 하루 세끼 먹고 살기도 버겁다. 사회가 이모작, 삼모작을 외치고 있지만, 늙은이에게 취업이라 한들 초라한 일자리뿐이다. 그래서 몸을 움직일 수 있을 때, 자신이 살 둥지를 찾아 텃밭이 딸린 시골까지도 찾아 헤매보지만, 그것마저 뾰족한 해결 방법이 없다. 지금 부자 나라 일본도 노인 가구 절반이 생활보호수급자다.

"돈 없는 젊은이는 되어도 돈 없는 노인은 되지 마라"라는 셰익스피어의 교훈이 뼈저리게 다가온다.

· 청년기 저축

늙어 실버Silver 파산을 막기 위해서는 남의 시선을 의식하며 자식들의 학원비, 호화스러운 결혼식, 뒷바라지에 낭비할 돈으로 노후 대책을 세웠어야 한다. 여윳돈이 있다면 연금 등에 투자해야 살아남는다. 그래서 청년기 절약은 고금리 저축과 같은 것이다. 젊은이가 노후의 삶을 대비하는 것은 더 이상 장기적인 포석일 수가 없다. 이제 한 가지 직종으로 정년을 맞이하는 것도 위험하다. 적어도 두세 번 이상의 자기 변신은 선택이 아니라 필수가 된 지 오래다.

자기의 역량을 강화하고 숨은 잠재력을 더 일찍 발견하여 발전시키는 것은 생존을 위한 절박한 처지가 되었다. 세상이 광속으로 변화하는 시대다. 더 빠르게 적응하고 세상을 바라보는 시선도 달라져야 한다. 국가가 존엄성과 권리, 행복한 노년의 삶을 보장한다는 것은 한낱 꿈에 가깝기 때문이다.

작은 것이 쌓여 큰 것이 된다. 부자가 되는 것은 간단하다. 버는 것보다 덜 쓰는 것이다. 번 돈의 일부를 저축하면 반드시 부자가 된다. 노후에 초라해진 사람들을 보면 적은 돈을 우습게 여겼기 때문이다. 저축만이 나의 존엄을 지켜주는 든든한 성채城砦가 된다는 것을 한시도 잊어서는 안 될 것이다.

· 과도한 자녀 교육비

대부분의 부모는 은퇴 준비도 하지 못한 채 자녀에게 투자한다. 자녀에 대한 사랑과 관심은 당연하지만, 지나친 자녀 교육과 결혼 자금, 주택 마련은 노후 준비의 가장 큰 적이다. 그런데도 자녀의 사교육비 지출은 늘어나고만 있다. 공부란 원래 혼자 외롭게 스스로 터득하며 성장해가는 것인데, 왜 사교육비로 경제적인 어려움을 감수하면서까지 무리수를 두는가? 결코 사교육이 자녀의 인생을 책임지지 않는다.

그 경제적 어려움 속에서도 힘든 모습을 보이기 싫은 부모의 특성상 내색하지 않는 경우가 많은데, 가정 경제 상황에 대해 자녀와 이야기할 수 있어야 한다. 자신의 은퇴자금을 줄여 과도하게 자녀에게 지원하는 것이 바람직한 일인가? 노후생활비 부족 시 대안은 무엇인가? 자칫 경제적으로 힘들어하는 부모나 자녀 모두가 고통이다. 이제라도 정말 현명한 것이 무엇인지 심사숙고해 보아야 할 것이다.

· 반퇴푸어

반퇴푸어半退poor라는 신조어는 퇴직하고 나서도 노후 준비가 되지 않아 생계를 위해 재취업이나 창업을 하는 것을 말한다. 그런데 준비되지 않은 창업은 얼마 못 가 퇴직금을 날리는 경우가 허다하기 때문에 문제가 심각하다. 준비 없는 창업은 위험하다. 이에 대해 '돈일꿈 연구소' 소장도 '창업보다 재취업 성공 확률'을 높이라고 조언한다.

인터넷 구직광고를 보지 말고 본인이 몸담았던 회사의 임원이나 대표에게 직접 접근할 것을 권한다. 연봉의 70%를 마지노선으로 기업에 내가 무엇을 얼마나 이바지할 수 있을지 고민하는 것이 더 합리적이란 것이다. 또 다른 방법으로는 '중장년일자리희망센터' 활용이다.

◈ 삶의 귀감

세상이 참 많이 변했다. 자식들도 부모의 은혜에 보답해야 할 의무나 한탄하는 하소연에 언제까지나 귀 기울일 수 없는 세상이 돼가고 있다. 시래기죽이라도 세 끼 끼니 걱정만 면할 수 있다면, 사랑하는 자식들에게 폐 끼치지 말고 노년의 상실감을 품위와 의지로 견뎌내야 할 것이다.

자식이 연락을 안 하든, 찾아오지 않든 서운해할 것도 없다. 자식에 대한 집착을 내려놓아야 행복해진다. 그 시간에 다가올 미래에 내가 해야 할 뭔가를 지향하는 것이 오히려 현명한 처사일 것이다. 자녀들도 성장하면 자기만의 삶을 살고 싶어 한다. 그들에게 관심을 쏟게 되면 오히려 그들에게 짐이 되기 십상이다. 물론 자녀들과 손자들의 삶에 개입하지 못할 때 인생이 허무하다고 느낄 수도 있을 것이다. 그러나 그들에게 용돈을 주거나 선물을 준들 이미 성장한 그들은 함께 있는 것을 좋아하지 않는다는 사실을 깨달아야 한다.

자식에 대한 기대와 집착은 오히려 괴로움만 쌓인다. 아무리 사랑하고 헌신하며 키웠더라도 내 품을 떠난 뒤에는 기대와 집착을 내려놓아야 한다. 세월 앞에 속수무책束手無策으로 허물어지는 예측할 수 없는 인생의 우여곡절 속에서 의연하게 노년의 신체적, 정신적 변화를 참고 견디는 귀감이 되어야 한다. 늙어서 초라해지지 않고 오히려 당당하고 아름다워지기 위한 준비가 필요하며, 자신의 존재 의미는 스스로 찾아야 할 것이다.

◈ 효의 도

옛날엔 사랑채에서 며느리가 받쳐 든 밥상을 받으며 위엄 있고 당당했던 노인들, 그렇게 오랫동안 연장자는 절대적으로 존경받는 존재였다. 그러나 효도관이 희박해지고 효경의 중요성을 망각한 21세기 사회에서는 '어른'이 실종된 지 오래다. 이제 어른은 많으나 '어르신'은 없는 사회다. 노인들의 말言語의 값이 떨어져버렸으니 누가 그의 말을 듣겠는가? 뒷골목 후미진 곳에서 흡연하는 학생들 하나 훈계하지 못하는 사회에서 진정한 어르신이 존재하겠는가.

지난날 가슴이 울컥하던 사나이들의 진정한 용기와 의리도 존재하지 않는다. 태고太古의 순후한 풍속은 추억 속에도 없다. 이 기이한 현상이 차라리 역사적 필연이라고 해야 할까?

· 인간의 존엄성

중동 속담에 "노인이 없는 집은 우물이 없는 과수원과 같다"라고 했다. 우물이 없는 과수원에는 과일이 자라지 못한다. 가정에서 노인을 절대적인 존재로 여긴다는 의미다. 지금 서구의 영국은 오늘날에도 어른을 높이 모신다. 그런데 우리 사회에서는 노인을 보면 존경하기는커녕 경멸하는 분위기가 더 강한 세상이 되어버렸다. 그렇게 노인들을 쓸모없다고 버리는 사회는 찰나주의刹那主義의 쾌락 속에 허물어져 갈 것이다. 노인들을 쓸모없다고 쓰레기처럼 버린다면 인간의 존엄성은 영원히 사라지게 될 것이다. 그 사회는 점차 파멸의 길을 피할 수 없을 것이다.

인간이라면 누구나 세월을 피해갈 수 없어 언젠가는 노인이 된다. 세월이란 나뭇가지에서 새잎이 움트는가 하면, 어느새 냇가에는 살얼음이 서린 것과 같다. 젊은이들은 흔히 "우리는 부모 세대와는 다르다"라고 말한다. 그러나 그들 또한 나이를 이기지 못하고 중년이 되어 간다. 그리고 부모들의 세대가 한 잘못을 똑같이 반복하게 된다. 역사가이자 문명비평가인 토인비Toynbee의 말이다.

· 효

효도란 "자녀가 부모에게 경애敬愛의 감정에 토대를 두고 행하는 행위"로서 부모님을 잘 섬기는 것을 말한다. 《예기》에서는 "가장 큰 효는 부모를 공경하는 것이요, 그다음이 부모를 욕되게 하지 않는 것이며, 마지막 단계가 부모를 봉양하는 것이다"라고 설명하고 있다. 나를 낳아 지극 정성과 사랑으로 키우신 어버이에게 항상 감사하고 보답하는 마음을 갖는 것이 인지상정人之常情이다. 이것이 효孝다.

그러나 지상의 가치로 여겨졌던 효의 개념이 사라진 오늘날, 젊은 세대에게 효란 듣기 싫은 도덕 훈화訓化의 진부한 래퍼토리Repertory 에 불과하다. 부모 봉양 인식도 사라졌다. 부모를 자식이 봉양하는 것이 아니라, 국가가 책임지라는 세상이 된 것이다.

셰익스피어가 "아비가 누더기를 걸치면 자식은 모르는 척하지만, 아비가 돈주머니를 차고 있으면 모두가 효자가 된다"라는 말을 상기시킨다. 그 말을 따른다면 인간이기를 포기하는 것과 다를 바 없다. 부모와 자식 간의 효에 돈의 개입이란 있을 수 없는 일이기 때문이다.

결코 잊어서는 안 될 효에 대한 위대한 교훈이 하나 있다. "어버이에게 효도하면 자식도 나에게 효도할 것이나, 내가 이미 효도하지 않은데, 자식이 어찌 효도하겠는가?" 태공太公의 말이다.

◈ 노년의 삶과 철학

· 노익장

나이 듦은 깊은 성숙을 향한 여정이다. 삶의 끝자락에서 남은 인생을 품위를 유지하기 위해 노력할 것과 시간 가는 줄 모르게 열중할 수 있는 일을 찾는 일, 말을 가능한 삼가는 일, 늙음과 가난을 탄식하지 말

일, 허송세월 보내지 말 일 등 노년으로 살아가는 데 유의 사항도 많다.

노인이 사회의 보호를 받는 대상이 아니라 사회에 봉사하는 주체가 되라는 '신노인운동'까지 전개되고 있다. 늙을수록 더욱 씩씩하고 궁할수록 굳세야 한다. 노익장이란 말이 여기서 나왔다. 100세 시대다. '늙은 청년'으로 살아가기 위해서 활기찬 인생 설계가 필요하다는 얘기다. 늙을수록 나이로 살기보다 생각으로 살아야 한다. 그렇게 동심을 잃지 않고 살아가야 행복한 사람이다.

· 새로운 삶이 열리는 배움: 내 인생의 대전환

나이가 들수록 친구가 적어지고 활동의 폭이 좁아져 삶의 반경이 축소된다. 그래서 돈이나 명예보다 인간의 내면에 담긴 것이 중요해지는 법이다. '오늘도 아무 일도 없이 끝나버렸구나'라는 허탈감보다 작은 배움이라도 상관없다. 나이가 들수록 '하루 한 가지 배움'을 마음속에 새기며 나아가보자. 그것이 공부다.

끊임없이 뭔가를 배우려는 의욕, 어모털리티Amortality란 말처럼 자기혁신을 통해 나이를 잊고 살아가는 것이 필요하다. 흐르는 물은 썩지 않는다. 꿈과 열정을 가졌다면 나이를 더해가는 것만으로 사람은 늙지 않는다. 화장실 한 모퉁이에 작은 붙박이 책장에 식물도감, 곤충도감, 조류도감, 우주도감, 세계유산도감 등을 진열해놓고, 하루에 한 번 풀 이름이나 별 이름을 외우는 사람도 있다.

· 내면을 채우는 공부

책 속의 선인을 벗 삼고, 저 하늘에 떠가는 구름과 노을로 내 벗으로 삼으라. 책은 정신 건강의 유토피아Utopia다. 내면을 채우는 공부만으로 인생 후반기를 활기차게 보낼 동력이 되어줄 것이다.

옛 선비들은 '토실土室 하나를 지어 책 수천 권을 소장하고, 그 가운데 거처하면서 여생을 보내고자' 하는 것이 꿈이었다. 그분들은 가난한 가운데서도 책을 읽고 시를 외운다. 이것으로 여생을 보내기에 더없이 충분하다고 여긴 것이다.

· **무아지경**

여유가 있다면 사방이 짙푸른 전원 속에서 자연을 벗 삼으며 노년의 여생을 보내는 것도 좋을 것이다. 온갖 공해와 몰인정한 도시에서 벗어나 깊은 사색과 독서로 정신세계를 연마해 나간다면 금상첨화일 것이다. 대자연의 무아지경無我之境 속에서 명상에 잠기고 시흥詩興에 겨워 노래하는 노년이 이와 같다면 얼마나 아름다운가. 마음속에 풍파 없으면 이르는 곳이 청산녹수青山綠水이리라.

제28과

인성 교육
Personality Education

요즘 사회적 이슈로 떠오르는 학교폭력과 집단 따돌림, 부모들의 영유아 학대 사건, 직장 내 성추행, 성폭력, 마약에 취한 젊은이, 묻지 마 폭행 등 방향을 잃은 분노 범죄가 곳곳에서 기승을 부리고 있다. 그뿐인가? 지하철과 버스에 노약자 배려석이 따로 마련될 만큼 장유유서長幼有序 문화가 뿌리 깊은 사회였지만, 윗사람을 존경하는 사람은 이제 어디에도 없다. 인간의 존엄성과 도덕성이 무너지고 있는 사회로 가파르게 치닫고 있는 것이다. 한 사회가 번영하고 부강하려면 공정과 신의의 도덕에 따른 기본 질서가 확립되어야 하는데, 어렵다는 생각을 지울 수가 없다.

그것은 모두 인성 교육의 부재 때문이다. 효를 중시하고 어른을 공경하고 이웃을 사랑하는 윤리·도덕을 강화한 인성 교육을 외면한 탓이다. 동서고금을 막론하고 인류에게 빛나는 성취를 남겨준 현인들의 탁월한 가르침을 철저히 외면했기 때문이다. 더 큰 원인은 국민 간 갈등을 부추긴 정권도 나라와 사회를 망가뜨린 주범이다. 인간의 분노와 복수의 불길만큼이나 사나운 것이 갈등이기 때문이다.

◈ 인성 교육의 기본

인성 교육은 "사회적으로 인정되는 바람직한 인간적 특성 또는 사람됨을 교육하는 것"이다. 이 교육은 자신의 내면을 바르고 건전하게 인간다운 성품과 역량을 길러주는 데 목적을 둔다. 소용돌이치는 분노, 만연된 악덕을 근본적으로 예방할 수 있는 최고의 대비책이 인성 교육이다. 이 교육은 가정에서 '부모'로부터, 학교에서는 '선생님' 으로부터, 사회 구성원들로부터 배우게 된다.

인성 교육보다 인간의 으뜸가는 양식은 없을 것이다. 선조들이 지켜온 윤리, 도덕을 한 단계 업그레이드하는 교육만이 분명 빛과 소금이 될 것이다. 진정한 교육은 '참된 인간'을 배양하는 것이다. 그 교육을 이해하고 실천하고자 노력하며 성과를 거두는 것만이 바른 교육이다.

· 인의예지신

인성 교육의 길은 본성을 따르는 것으로부터 시작된다. 인·의·예·지·신仁義禮智信이 바로 그것이다. 남을 자신과 똑같이 여기고 배려하는 인仁, 양심에 부끄러운 일을 하지 않는 의義, 남과 조화를 추구하는 예禮, 옳고 그름을 판별하는 지智, 양심의 구현에 성실한 신信이다. 즉 인간은 늘 사랑하고, 정의롭고, 겸손하고, 지혜로우며, 성실해야 한다는 것이다.

맹자도 "학문의 길은 다른 것이 아니라, 오직 그 잃어버린 본심本心을 찾는 것"뿐이라고 하였다. 인간 본래의 양심과 본심을 다시 회복하는 것이야말로 '수기修己'의 핵심이며, 인격도야의 핵심이다. 이것이 최고의 교육이다.

다산 선생께서 강조하신 효제 사상을 일깨우는 교육, 부모와 자식은 물론 형제, 인척, 이웃 모두 서로 이해하고 사랑하고 배려하는 마음이 인간의 가장 기본이라고 가르치는 일이다.

· 인문학 공부

지금 우리 사회가 절실하게 요구하고 있는 것이 바로 인성人性과 덕성 공부다. 기업에서도 취업조건으로 '사람됨'을 으뜸으로 친다. 따라서 인성과 덕성德性을 갈고 닦는 인문학 공부는 필수과목이 될 수밖에 없다. 문文, 사史, 철哲, 이것이 학문의 알파이자 오메가다. 인문학은 인간에 관한 학문으로서 교양과 인성의 기초가 되기 때문이다. 서양에서는 인간이 갖추어야 할 기초 교양의 전부로서 인간에 관한 학문을 의미하며, 동양에서는 사람 노릇을 하도록 만드는 도덕적 자기완성을 목표로 인격도야人格陶冶를 말한다. 또한, 그 공부는 깊은 사고력과 통찰력을 갖게 한다.

· 효의 숭상

예의범절 반듯한 사람, 효심이 지극한 사람이 절실히 요구되는 세상이다. 그러나 사회 윤리가 땅에 떨어지고 황금만능주의가 판을 치고 있는 오늘날의 실정에 비추어 볼 때, 효를 기대하기란 불가능에 가깝다 하겠다. 그렇다고 남 따라 해서는 안 된다. 효는 바른 삶을 살아가는데 의미심장한 교훈이 될 것이기 때문이다. 나만이라도 효를 숭상하길 바란다. 그것이 자식으로서, 인간으로서 반드시 행해야 할 도리이기 때문이다.

제29과

운명
Destiny

인간은 누구나 어제의 삶보다 오늘의 삶이 더 윤택해지길 바라며, 우리 가족 모두가 건강하고 풍요롭게 살기를 희망한다. 그리고 모두가 성공하기를 기원하며 행복을 추구한다. 그러나 세상이 내 마음, 내 뜻대로 되는 일은 없다. 누구는 쉽게 좋은 대학에 들어가지만, 누구는 열심히 노력해도 떨어지고, 직장에서 아무리 큰 성과를 올려도 제자리걸음이고, 성과가 별로 없는데도 승승장구乘勝長驅한다.

그런 인간의 생사와 부귀가 모두 천명에 의해서 결정된다고들 말한다. 현대적 명사들 역시 인간은 생물학적 사회적 운명을 지니고 있다고 술회한다. 다른 한편에서는 자유 의지도 어느 정도 작용하지만, 궁극적으로는 운명이 미리 정해져 있다고 보는 견해도 적지 않다. 사람의 힘으로는 어떻게 할 수 없다는 것이다. 취업을 못 하는 젊은이, 저임금에 시달리는 비정규직, 실직자, 조기 퇴직자들이 넘쳐나고 막막하기만 한 세상, 그것이 소위 운명의 폭풍인가.

◆ 운명이란 무엇인가?

우리 인간은 어떤 영문인지는 모르지만, 신의 뜻에 의해서든, 부모의 뜻에 의해서든 '우연히' 이 세상에 내던져진 몸이다. 내가 이 시대를 원해서, 이 사회를 좋아해서 태어난 것도 아니다. 그것은 내 뜻이 아니었다. 모든 것이 내 의지와 아무 상관없이 결정된 것이다.

대자연의 법칙에서도 중력重力은 우리를 끌어당기고 있고, 지구는 적도 기준으로 시속 약 1,670km로 돌고 있다. 이와 동시에 태양 주위를 시속 약 108,000km로 공전하고 있다. 이 역시 인간의 의지와는 아무런 관계없이 대자연의 법칙을 따르고 있는 것이다.

우리네 삶도 그렇다. 변함없이 성실하고 신의를 지키는 자는 가난하고, 감언이설甘言利說로 남을 속이고 권모술수權謀術數를 쓰는 자는 부귀영화를 누리며 고대광실高臺廣室에서 호의호식好衣好食하며 살아간다. 또 아무리 노력해도 번번이 실패하는 사람이 있는가 하면 무얼 하든 성공하는 사람도 있다. 그 사람의 인격이 훌륭하다고 해서 반드시 행복한 운명을 사는 것도 아니다. 결론적으로 세상의 불공평이다.

오로지 착하고 성실하게 산 죄밖에 없는데 왜 내 삶은 이렇게 고단할까? 불행이 닥치면 왜 나는 남들보다 불우한 운명을 타고났느냐며 하늘을 원망하고 자신의 운명을 탓하며 특별한 대책 없이 하루하루를 힘겹게 살아간다. 이 모든 것이 과연 세상 밖에 있는 어떤 파워Power에 의해 지휘된 것일까?

◈ 운명의 존재

세상에는 사람들의 직감을 무시해야 하는 일들이 비일비재하다. 그것은 인간으로서 어찌할 수 없는 초월적이고 초자연적인 힘이 삶을 지배했다고 볼 수 있는 일들이다. 그러나 근현대 교육에서는 운명을 하나의 웃음거리로 간주할 뿐 기초 교육도 실시하지 않는다. 운명의 존재는 근현대 과학에서 증명할 수 없다고 판단한다.

하지만 철학자 니체Nietzsche가 "네 운명을 사랑하라"라고 가르친 것처럼, 유사 이래 인류에게 운명은 한낱 웃음거리로 여길 만큼 간단한 것이 아니었다. 만약 운명이 있다면 자신의 미래는 어떻게 되는 것일까? 하고 연구해왔다.

· 동서양의 견해

서구의 기독교문화권에서는 운명을 Fate 또는 Fatum이라고 하여 신의 섭리로 생각하였고, 동양의 유교 문화권에서는 천명이라 생각하였다. 인간은 신의 섭리나 천명에 따라 살아가야 한다고 인식한 것이다. 그래서 인간은 자기의 타고난 운명이 무엇인지를 알기 위해 서양에서는 점성학占星學의 황도黃道 12궁宮으로, 동양에서는 명리학의 12운성運星으로 점쳐왔었다.

이 운명을 알기 위해서 동양에서는 주역周易의 음양陰陽 사상이 생겨났고, 서양에서는 황도 12궁의 별자리에 대한 신화가 생겨난 것이다. 그 결과 동양에서는 점대를 흔들어 점을 치는 역학이 발전했다. 이는 중국에서 수천 년 동안이나 연구돼 위대한 학문의 형태로 자리잡았다. 서양에서는 점성술이 뛰어났다. 이 또한 대단한 연구 축적을 이룬 학문으로 발전했다.

· 운명적 체념론의 굴레

현대과학이 발전하여 우주를 정복했다고 한들 9·11 테러로 수많은 사람의 희생을 막지 못했으며, 세계 경제 붕괴로 인한 수많은 기업의 부도를 예방하지 못했으며, 코로나 19를 비롯하여 각종의 악질 세균을 막지 못해 지구촌을 강타했다. 토네이도Tornado나 허리케인과 같은 천재지변 역시 미리 알 수도 없지만, 안다고 해도 피할 수는 없다.

일찍이 중국의 진시황은 불로초를 구하여 영구히 살려고 하였으나 생로병사라는 자연의 섭리를 벗어날 수가 없었고, 나폴레옹은 불가능이 없다고 주장했으나 자기의 생명을 보존하는 것조차 불가능했다. 내 운명을 내가 결정할 수 없는 것이다. 모두가 자연의 섭리에 따라 결정된 것인지도 모른다.

모든 사물은 생성生成→변화變化→성장成長→쇠퇴衰退→몰락沒落이라는 프로세스Process를 따랐다. 예외는 없다. 한때 세계를 장악했던 로마나 몽골 같은 거대한 제국들도 그 길을 따랐다. 우리 개인의 삶 또한 절대 피해갈 수 없는 길이다. 오늘날 첨단 과학 시대에 살고 있다고 자부하면서도 속으로는 대부분 운명적 체념론의 굴레 속에서 맴돌고 있는 것이다.

◈ 사라지지 않는 미신

뒤얽힌 실꾸리처럼 답답한 인생사를 풀길 없어 과학의 시대라고 일컫는 오늘날에도 미신은 존재하는가? 대학 수능시험을 전후해서 이른바 '대학 합격 기원 엿'이나 시험 날 악귀를 쫓고 시험 운을 잡는 영험한 힘을 가져다줄 것이라는 인터넷 부적符籍이 부지기수로 팔린다. 첨단 과학의 시대에도 여전히 그 위력을 발휘하고 있는 것이다.

또한, 미신가가 아닐지라도 우리 민족은 소위 9자가 든 해를 액년으로 본다. 특별히 어떤 재앙이나 불행을 겪지 않고 평범하게 지나면서도 정상적 환경에서 자란 사람일지라도 모두 겪는 단계다. 한 증권거래소 직원 중에는 매주 금요일이면 특정 셔츠를 입어야 하고, 지하철역에서 나올 때는 특정 개찰구만을 이용하는 등 사소한 것들까지 철저히 지키는 사람들이 있다고 한다.

변화가 잦고 불안정한 사회의 현실이 점이나 사주팔자와 같은 미신에 빠지게 하는지도 모른다. 가뭄이 오면 기우제를 지낸 것도 같은 의미다. IMF 이후 고용이 불안정할 때, 선거 기간 동안 입후보자들, 수험생 부모들로부터 고객이 많아졌다는 '점집'과 '역술원', 왜 사람들이 이처럼 미신적 행위에 맹신하는지, 그 심리적 배경을 유추해볼 수 있다. 이는 한마디로 내 인생을 좌우하는 보이지 않는 힘을 갈구하기 위한 것이다.

· **신내림**

인간이 신내림이라는 운명을 벗어날 순 없을까? '신내림'을 "무당 巫堂이나 박수의 운명을 타고난 사람에게 신이 붙는 일"이라고 적고 있다. 한국민족문화대백과에는 "무속 사회에서 무당이 될 사람이 걸리게 되는 병"으로 정의했다. 그런데 이 병은 의약으로는 낫지 않고 무당이 되어야 비로소 낫는다고 적고 있다. 그런 신내림이 21세기에도 예외일 수 없이 일어나고 있다.

초등학교 때부터 피겨Figure스케이팅 유망주였던 한 어린 소녀가 눈물겹게 쌓아온 상장과 트로피는 수없이 많다. 13년이라는 긴 세월을 오로지 세계 정상만을 향해 달려온 피와 땀의 결실이었다. 경기 때마다 관중으로부터 뜨거운 갈채와 환호를 받던 선수, 매스컴을 통해 더 잘 알려진 촉망받던 세계적인 선수에게 불어닥친 '신내림'

그 어린 소녀가 경기에 출전할 때마다 자신의 눈앞에 귀신이 나타나 경기를 방해하고, 때로는 애당초 경기 출전 자체를 가로막아 견딜 수 없는 지경에 이르렀다니 믿기지가 않는다. 그런데도 피나는 훈련을 게을리할 수 없었으며, 어느 경기든 다부진 마음을 먹고 출전해왔다. 그런 그에게 평창 국제 경기 대회장에서 '출전 미접수'라는 청천벽력青天霹靂같은 얘기를 듣고 아연실색啞然失色하지 않을 수 없었다고 한다. 선수에게 피나는 훈련과 경기 출전 접수는 피할 수 없는 정해진 일이다. 그런데 어찌하여 미접수란 말인가? 어떻게 이런 일이 있을 수 있단 말인가? 이 기이한 현상을 현대과학으로 설명할 수 있는가?

부정할 수도 없고 믿기지도 않는 현실, 내가 왜 하필 무속인巫俗人이 되어야 한단 말인가? 울고 또 울었다. 넉넉지 못한 가정 형편에도 많은 자금을 투자한 애절한 부모, 어린 소녀의 가슴에 피멍이 들었다. 그러나 시간이 반복될수록, 귀신을 거부할수록 본인으로서는 더 이상 경기를 지속할 수 없었고 피할 수 없는 한계에 다다르게 된다. 이것이 소위 운명이란 말인가? 그 운명은 여자 무속인뿐 아니라 남 부럽지 않게 부유한 금수저 청년도 예외는 없다. 그 길은 가족도 받아들일 수 없는 길, 외로운 신의 길이다.

◆ 운명론

사람에게 닥쳐오는 모든 화복과 길흉, 존망이나 생사에 관해, 숙명론적으로 하늘에서 타고난다는 것이 운명에 관한 사전적 의미다. 인간에게 운명이 존재한다면 그 운명을 결정하는 것은 도대체 누구일까? 운명론을 따라가 본다.

· 공자의 운명론

성인 공자는 착한 제자의 병문안에서 그의 손을 잡고 "운명이로구나! 이런 훌륭한 사람이 이런 병에 걸렸다는 것은 운명이 아니겠는가"라고 탄식했으며, 이런 것을 두고 서양에서는 신을 의심하기도 했다. 정말로 신이 있다면 어떻게 착한 사람이 이토록 비참하게 살 수 있단 말인가? 그러나 공자는 의심하지 않고 모든 것이 하늘의 뜻이라고 받아들였다. 다만 운명이 언제 시작되고 어떻게 달라지고 언제 끝나는지는 알 수도 없고 알 필요도 없다고 하였다. 운명이란 인간이 통제할 수 없는 힘으로 인식한 것이다.

어느 날 공자가 여행 중 송宋나라 사람들에게 포위되는 상황이 벌어졌을 때도 태연하게 금琴을 타며 노래를 불렀다. 제자들의 물음에 이것은 운명이라고 할 수 있을 것이다. 우리는 지금 운명에 의해 이렇게 되고 있을 뿐이라고 여기서도 운명을 강조했다.

· 부처의 12 연기론

종교는 대부분 인간보다 높은 전지전능全知全能의 조물주가 있다고 믿는다. 인간과 인간의 눈에 보이는 대자연을 비롯해 세상의 모든 것이 조물주의 피조물이라고 주장한다. 하지만 부처석가모니의 12 연기는 전혀 다르다. 그것은 무명無明, 행行, 식識, 명색名色, 육처六處, 촉觸, 수受, 애愛, 취取, 유有, 생生, 노사老死다. 12 연기는 윤회輪廻와 인생의 비밀을 담고 있다. 외부의 조물주는 없으며 인간 스스로 자신을 창조하고 자기 눈에 보이는 모든 것을 창조했다고 말한다. 우리 자신이 쌓은 업業이 이 모든 것을 만들었다. 운運이나 신령한 존재가 아니라 우리의 의식과 행동이 뿌린 씨앗이 자라서 맺은 열매란다. 따라서 인과응보因果應報를 중요하게 여기는 불교에서는 세상의 많은 일을 '인과'의 관점에서 바라본다. 사람의 운명을 주재하고 결정하는 것은 외부 요인이나 우연에 의한 것이 아니라 자신의 업보에 따른 것이라고 본 것이다.

· 기독교 차원의 운명론

기독교인들은 사주팔자나 점성술 같은 것을 미신이라고 경멸하면서도 '하나님의 섭리'에 복종하는 것을 당연시하는 예정설豫定說의 교리를 신조로 받아들이고 있다. 신의 뜻에 따라 인간의 운명이 결정될 수밖에 없다는 예정설이 중세기 이후 지금까지 기독교 교리의 근간을 이루어왔다. 그러나 초기 기독교의 교부 아우구스티누스는 운명의 그 자체에 의미가 있을 수 있다고, 운명의 본질을 위해 사는 것이 유일한 참된 삶이라고 지적했다.

· 명리학자가 본 운명론

명리학자들은 운명에 대해 사주팔자四柱八字라는 정교한 이론을 앞세운다. 사주팔자는 사람이 태어난 연월일시의 사주와, 이에 따라서 결정되는 하늘의 기운 천간天干과 땅의 기운 지지로 구성되는 8자를 말한다. 동양철학에서는 그 사람이 태어나는 생, 년, 월, 일, 시의 사주팔자가 인간의 운명을 결정한다고 본다. 좋은 팔자와 나쁜 팔자의 차이가 바로 전생업보前生業報에서 비롯된다고 본다. 쉽게 말해서 태어날 때부터 운명을 타고난다는 취지로 풀이한다. 전생, 현생, 내생이라는 삼세三世가 인과因果로 이어져 있다는 것이 수천 년 동안 동양 철인들의 가르침이다.

· 주역에서 본 운명론

운명을 얘기할 때 우리 사회에서 가장 많이 거론되는 것이 바로 《주역》이다. 주역은 약 3천 년 전 중국 주周나라 초기에 이루어진 책이다. 주역은 고대 중국인의 자연관과 인간관, 그리고 특히 운명관을 연구하는데 가장 긴요한 문헌이다.

주역은 인생의 길흉화복을 64괘 384효爻의 상징적 지시에 의탁하여 판별하는 것이다. 주역은 일종의 형이상학적形而上學的 논리를 상징적 표현으로 응집시킨 동양 철학의 진수라고 할 수 있다.

★ 운칠기삼

미국의 트루먼Truman 대통령은 농부의 아들로 고등학교를 졸업하고 할아버지 농장에서 12년간 쟁기질을 하며 세월을 보내다가, 어느 날 법원의 행정담당 판사로 선출되는 행운을 얻는다. 이를 두고 그는 "인생에서 가장 중요한 것은 운이다. 내 경우에는 행운의 여신女神이 항상 나와 함께 했다"라고 술회했다. 운명을 불변의 원리로 받아들인 것이다. 오늘날에도 "능력이나 도덕성에서 결정적인 하자가 있어도 장관으로 임명되는 것을 보면서 사람은 역시 운이 있어야 한다"라고 결론짓는다.

운칠기삼運七技三! 어떤 일의 성패를 좌우하는 것은 운이 7할, 재주가 3할이라는 의미의 고사성어다. 우리의 삶이 과연 운명에 의해 결정되어 있을까? 아니면 자신의 운명은 자신의 손에 달린 것일까? 지금까지 살아온 길을 되돌아보면 이 두 가지가 알록달록 섞여 있는 것처럼 보인다.

◈ 초월적인 힘의 대처

인간에게 운명이 존재한다면 어떻게 해야 통제할 수 없는 운명을 움직일 수 있을까? 모든 결과에는 반드시 원인이 있다는 이치를 이해한다면 운명을 바꿀 수도 있을 것이다.

운명이 인간에게 존재한다는 논리와 불교의 관점을 통합해 볼 때 정말 운명이라는 것이 있다면, 그 운명의 방향키를 쥔 것은 신비한 힘이나 신령한 존재가 아니라 바로 자기 자신이다. 우리는 그 운명을 바꾸기 위해서는 어떻게 해야 할까?

· 실천 철학 《주역》의 가르침

천명이 아무리 지엄한 것일지라도 인간의 노력으로 천명을 바꿀 수 있다는 것이 동양 민중들의 운명관이었다. 《주역》에서도 '마음의 힘'에 의하여 운명의 지배자가 될 수 있고 스스로 신의 위치에 이를 수도 있다고 보았다. 잡초같이 끈질긴 생명력과 투쟁 정신이 유연성 있는 운명 대처법으로 제시되고 있는 것이다.

"인생은 운명으로 정해져 있다. 하지만 그것은 천명일 수 있어도 숙명일 수는 없다" 그 사람의 생각과 행동에 따라 운명은 바뀔 수 있다고 '운명과 입명'에서도 명확히 설명해놓고 있다.

· 운명을 바꾸는 마음 성찰

제임스 알렌의 《사람은 생각하는대로》, 《인생연금술》 모두 "운명을 결정하는 신은 내 마음속에, 신은 바로 우리 자신인 것"이라고 써놓았다. 사람의 성공과 실패도 다름 아닌 자기 자신에 달려 있다는 해석이다.

· 긍정의 힘

간절히 바라면 희망이 이루어진다는 '긍정의 힘', 긍정적 기대만으로 학생 성적이 오르는 것을 하버드대에서 실험으로 입증했다. 자신을 긍정하는 힘은 성공에 이르는 과정에서 강력한 에너지가 된다는 것이다. 안 좋은 일을 생각하면 좋지 않은 결과로, 반대로 좋은 일이 있기를 바라는 마음이 좋은 결과로 이어진다는 것이다. 긍정이 긍정을 부른 것이다.

로마제국을 통치한 위대한 철학자 마커스 알레류스도 우리가 행복을 생각하면 행복할 것이요, 우리가 비참한 생각을 하면 비참해질 것이다. 무서운 생각을 하면 무섭고, 약한 생각을 하면 병들 것이다. 만약 실패할 생각을 하면 실패할 것이다. 이 말은 적극적이고 긍정적인 태도를 취해야 한다는 뜻이다.

풍자 시인 유베날리스도 "늘 운이 좋은 사람은 흰 까마귀보다 드물다" 가슴을 펴고 걸어라. 얼굴색을 밝고 온화하게 하라. 그것이 운명을 바꾸는 비결이라고 역설했다.

· 운명을 바꾸는 인성

"인성人性이라는 씨앗을 심으면 운명을 수확하게 될 것이다" 하버드대 윌리엄 제임스 교수의 말이다. 투자계의 대부 모건, 세계 최고의 거부 빌 게이츠의 말이기도 하다. 어떠한 인성을 지녔냐가 그 사람의 행동을 좌우하고 습관을 만들며, 운명을 결정짓는다는 뜻이다.

인성이란 사람과 일을 대하는 태도 및 행동 양식에서 드러나는 개개인의 특징을 말하는데, 여기에는 용감함, 강인함, 독립적 사고력, 겸손함, 부지런함, 배움을 향한 열정과 노력 등이 포함되어 있다. 이렇게 좋은 인성을 두루 갖추면 세상의 그 어떤 시련과 고난, 장애도 성공의 걸림돌이 될 수 없다는 것이다.

· 동양 철인들의 가르침

동양 철인들의 운명 개조를 보면 ① 덕, ② 명, ③ 적선, ④ 명상, ⑤

독서를 강조한다. 또 지명知命, 운명을 아는 일을 꼽는다. 운명을 바꾸는 데에는 첫째가 적선, 즉 남에게 철저히 베풀라는 얘기다. 남에게 식사를 대접하고 어려울 때 물질적 도움을 주는 것이다. 둘째가 명상이다. 하루 2시간 정도 단전호흡으로 명상과 기도를 하는 사람은 그 사람의 안색과 눈빛부터가 다르다는 것. 셋째는 독서다. 운명을 바꿀 수 있는 보편적인 방법이다. 넷째는 분수도 모르고 과욕을 부리는 행위를 피하는 것이다. 그것이 운명을 바꾸는 일반적인 처신이라고 본 것이다.

또 하나, "남을 속이지 않고 선하게 살면 반드시 좋은 일이 생길 것이다" 수경학壽鏡學 대가大家의 말씀이다. 수경학은 '목숨 수' '거울 경' 자, 운명을 통찰하는 동양 철학의 정수가 담긴 학문이다.

· 종이 위의 기적

마코 맥코맥Mccormack의 저서 《하버드 경영대학원에서도 가르쳐주지 않은 것들》, 헨리 앤 클라우저의 《종이 위의 기적, 쓰면 이루어진다》 편에는 어릴 적부터 작은 종이 위에 자신의 '소원'을 쓰고 또 쓰면서 그리고 그것을 늘 보이는 곳에 붙여두고 자신이 가야 할 길을 매일 매일 스스로의 심장에 새겨 들이면 종이 위의 기적이 이루어진다고 적고 있다. 마음을 담아 써 내려간 글자 하나하나가 운명을 바꿀 변화를 가져온다는 내용이다.

R. 이안 시모어도 "자나 깨나 앉으나 서나 내가 설정한 목표를 잊지 않고 챙겨라. 너의 목표가 과학자이거든 '과학자'를 화두처럼 들고 다니면 된다. 목표가 확실하면 실패는 없다"고 성공한 사람들이 공통으로 하는 말이다.

제30과
미래 예측
Future Forecast

인간이 다른 동물과 다른 점은 '미래에 대한 의식'으로 말하는 사람들이 많다고 한다. 동물들과는 다르게 인간은 미래에 일어날 일들을 예측하려고 한다는 것이다. 그 예측은 국가 정책에 있어서나 기업 경영에 있어서나 개인에게도 매우 중요하기 때문일 것이다. 다만 문제는 그 누구도 미래를 정확히 예측할 수는 없다는 점이다.

지난 역사를 보면 언제나 탁월한 혜안慧眼을 가졌다는 명사들의 예상들이 전적으로 부합하여 전개된 적이 없었다는 점이다. 예수는 자기가 죽은 후 얼마 안 있어 곧 말세가 닥칠 것이라고 예언했고, 마르크스는 자본주의가 곧바로 망할 것이라고 예언했다. 명석한 철학자요 문명 비평가라고 할 수 있는 버트런드 러셀은 1950년에 발표한 《인류의 장래》라는 글에서, 20세기가 끝나기 전에 인류가 멸망하든지 '세계 정부'가 생기든지 둘 중 하나일 것이라고 예언했다. 조지 오웰은 《1984년》이란 소설을 통해 1984년에 가면 혹독한 독재 체제가 지구상에 만연할 것이라고 예언했다. 그러나 20세기가 끝나도록 그들의 예언은 모두가 빗나갔다.

그런데도 국가나 기업에서의 미래 예측은 필연에 가깝다고 판단한다. 한국이 겪은 IMF 외환 위기, 금융 위기의 징후와 실물경제 인프라Infrastructure의 취약함을 사전에 감지하지 못해 맞은 국가 부도는 치명적이었다. 그 위기를 감지하고 미래를 예측하는 기능을 전혀 갖추지 못했던 것이 큰 원인이었다. 이처럼 미래 예측은 정확성을 기할 수는 없다하더라도 과거와 현재까지의 추이를 잘 살펴보면 미래의 방향을 어느 정도 가늠할 수 있다는 크나큰 이점을 내포하고 있다.

◈ 미래 예측 분야

· 지구의 미래

현생 인류의 미래가 비관적인 것으로는 기상이변에 따른 지구 기온의 상승이 크나큰 과제로 대두되고 있다는 점이다. 또 대기질의 악화, 물 부족과 토양 파괴, AI의 혼란, 식량 불안, 인구 포화, 감염성 질환, 핵무기, 원거리 정밀 무기와 사이버 공격, 테러리즘, 자원 고갈 등도 날로 지구와 인류의 생존을 위협하고 있다. 이것들의 일부가 인류의 종말을 예측하고 있기 때문이다. 전 세계 대부분의 명사도 미래에 대해 비관적으로 보고 있다는 점이 심각하기만 하다.

· 지구 분쟁

2022년 초강대국 소련이 방어 능력도 없는 '우크라이나'를 일방적으로 침범하여 반년이 넘도록 선량한 민족을 살상하는 장면을 지켜보았다. 기후 변화와 함께 국가 간 분쟁, 정치·경제, 국가주의와 테러의 위험 예측이 적중했다.

또 로봇 시스템과 대량의 살상 무기, 바이오 테크놀로지의 위협까지 증가, 전쟁이 전장에만 국한하지 않고 멀리서는 사이버 무기로, 내부에서는 테러리스트를 이용해 국가 간 충돌은 냉전 이래 가장 격렬한 상황으로 치달을 것으로 세계 정상급 싱크탱크Think Tank들이 미래의 판도를 예측했다. 이 예측들이 명확성을 벗어날지라도 극렬하게 변화해가는 것만은 분명해 보인다.

◆ 기후 변화와 인류의 미래

지금 지구는 '지구온난화'로 인해 극심한 폭염과 함께 산불의 대형화, 꿀벌 개체 수 감소, 빙하 손실, 가뭄, 국지성 호우에 의한 홍수 등 지구촌 곳곳이 다양한 기상이변을 겪고 있다. 기후학자들이 지구온난화 현상을 '느리지만 확실한 멸망'이라고 주장할 정도로 심각하다. 남극과 북극의 빙하, 그린란드Greenland 빙하가 유실되는 속도가 급격하게 빨라졌다고 한다. 남극 대륙 빙하의 녹는 양이 40년 새 6배, 그린란드 빙하 유실속도는 4배가 증가했다고 한다.

지구온난화로 펄펄 끓는 지구, 2016년 중동中東의 기온은 섭씨 52~54도, 미국의 26개 주州가 폭염 경보, 상하이 40도, 일본 동부는 39도에 달해 도시기능이 마비됐다. 2020년 6월 러시아 기상청은 모스크바 시내 기온을 31.4도로 측정했다. 동토凍土의 땅 시베리아에서도 6월에 섭씨 30도가 넘는 무더위가 찾아왔다. 북극에 가까운 곳이지만 한반도나 유럽의 한여름과 비슷한 기온이 측정된 것이다. 지구 역사상 처음 있는 일이다.

2021년 6월에는 북서부 미국과 북극권에 가깝다는 캐나다 밴쿠버 인근 기온이 섭씨 50도로 치솟았다. 잔인하고 위험한 폭염이 북미를 포함해 북반구를 덮친 것이다. 2022년 7월에는 유럽 전역이 40~47도를 넘나들며 폭염으로 많은 사상자를 내면서 국가 비상 사태에 해당하는 적색 경보까지 발령했다. 대기 중이든 버스에 불이 붙고 철길 선로는 복사열로 휘고 공항 활주로가 부풀어 비행기 이착륙이 금지되었다. 미국에선 폭염으로 부품에 이상이 생겨 다리를 지나던 지하철에 화재가 발생했다. 이뿐이 아니다. 이상기온은 북극권 그린란드를 5도 이상 달아오르게 했다. 한반도 역시 폭염과 열대야로 곤혹을 치른 건 마찬가지다. 이런 추세라면 인간의 생명을 위협하고, 농업 생산량 감소, 바다의 어종 변화, 어획량 감소, 양식장 집단 폐사 등의 피해가 늘 수 있다.

"이 폭염을 위해 인류가 할 수 있는 일은 벌써 늦었는지 모르겠지만 지구온난화를 늦추는 일뿐이다"라는 외그놋 교수, IPCC 역시 긴박한 현실을 누차 경고하고 있지만 지구촌은 반응이 없다.

● 기후 변화의 원인

① 이산화탄소의 증가

현재 진행 중인 지구온난화가 진정 인간이 방출한 이산화탄소 때문인가? 아니면 자연스러운 변화인가? 학자들 사이에도 의견이 분분하다. 과거에도 지구의 기후는 수시로 변해 왔다. 지난 수억 년 사이에 지구는 얼음으로 뒤덮인 적도 있었고, 거대한 찜통으로 변한 적도 있었기 때문이다.

② 지구 자전축의 변화

지구온난화의 또 다른 원인 중 하나가 현재 지구의 자전축自轉軸이 공전에 대하여 23.5도쯤 기울어져 있는데, 이 값이 4만 년을 주기로 변하고 있다는 것. 변화 폭은 22.5도~24.5도이다. 자전축의 경사가 클수록 겨울은 더 추워지고 여름은 더 더워진다는 것. 또 한 가지는 공전궤도의 이심률도 약 10만 년을 주기로 변한다는데, 이심률이 변하면 지구와 태양 사이의 거리가 변하기 때문에 당연히 기후에 영향을 미친다고 한다.

③ 태양 흑점의 증감

또 하나는 천문학자가 주목하는 요점으로서, 요즘 태양의 움직임이 조금 이상하게 느껴진다는 점이다. 태양의 표면을 관찰하면 검은 점, 바로 흑점이 보이는데, 이 흑점黑點의 증감과 지구의 평균 기온 변화를 여러 해에 걸쳐 비교하면 흑점이 늘어나는 극대기極大期에는 지구가 따뜻하고, 극소기에는 지구가 매우 추운 경향이 있다는 사실 때문이다. 그러나 그 이유나 구조에 관해서는 아직 해명하는 단계까지는 이르지 못했으나, 이산화탄소의 증가로 지구가 온난화한다는 주장과 태양 활동이 정체되어 한랭화한다는 주장 사이에 논쟁이 벌어지고 있다.

지금으로부터 약 45억 년 전부터 현재에 이르기까지 태양의 광도光度는 약 30% 강해졌다고 한다. 따라서 앞으로 태양의 빛은 계속 강해져 핵융합 반응이 끝날 무렵까지 현재의 2배 정도로 밝아지며, 그 여파로 인해 지구의 온도는 계속 높아질 것으로 예측하고 있어서 충격이다. 그렇다면 오늘날 지구온난화 주범이 이산화탄소가 아니란 말인가?

④ 빙하기 논란

다른 하나는 지금이 마지막 빙기氷期라고 생각되는 뷔름 빙기Wurm Glaciation가 끝나고 후빙기가 전개되는 시기라는데, 지금 우리가 살아가고 있는 시기가 후빙기인가 아니면 새롭게 빙하기가 닥쳐온 것인가? 뷔름 빙기란, 지질시대의 제4기 빙하 시대에 있었던 최후의 빙하기를 말한다고 한다.

이 많은 원인 중에서 지구 기온의 상승 원인을 알 길이 없다.

● 기온 상승에 따른 지구의 종말

인간이 온실가스溫室Gas 배출을 줄이지 못한다면 2021년에는 지구 기온이 1도 상승하고, 2041년에는 2도 상승, 2056년이면 3도 상승할 것으로 예측한다. IPCC 보고서와 스턴 보고서에 의하면 지구 온도가 1~2도만 상승해도 관련 질병으로 인한 사망과 홍수 피해, 생물의 종 감소, 극심한 가뭄 등의 피해와 함께 일부 섬들이 지구상에서 사라지기 시작하게 될 것이란다.

2도 상승하면 일부 농작물이 완전히 사라지고, 다른 농산물 생산 역시 급감하면서 인구의 4분의 3이 굶주릴 수도 있으며, 곤충번식이 극심해져 숲 대부분이 소멸하거나, 많은 국가가 만성적인 물 부족으로 물 전쟁까지 우려된다는 예측이다. 2도의 재앙이다. 이대로는 산업화 이전 대비 지구 전체 온도가 2도 이상 오르는 것을 막을 수 없다는 점이 더 큰 문제다.

3도 상승은 북극의 영구 동토층이 소멸되어 지구온난화가 급속도로 진행될 것이며, 극단적 기상 현상인 가뭄, 집중호우, 홍수, 태풍이 심화되어 사람이 살아가기에 점점 힘들어질 것이다. 특히 고온에 취약한 고령 인구가 많은 손상을 입을 것이며, 지구 생명체의 90%가 멸종할 것으로 전망되고 있다.

4도 상승을 예측하는 2070년경에는 결국 인간이 적응할 수 있는 한계를 넘어서서 지구가 사람이 더 이상 살 수 없는 곳이 될 수도 있다는 극단적인 처방이다. 나라마다 식량과 자원을 차지하려는 싸움이 사상 최대치에 이를 것이며, 재앙 속도는 날로 심화될 것이다. 여기에 만약 5도 이상 상승할 경우는 대규모의 인구 이동과 함께 대재앙이 일어날 것으로 전망하고 있다. 끔찍한 전망이다. 현재의 속도라면 21세기 후반 한반도 평균 기온은 최대 4.7도 상승, 해수면은 최대 65cm 상승할 것으로 예측하고 있기 때문이다.

그래도 인류가 계속 화석연료에 의존한 대량 소비형 사회를 지속한다면 금세기 말, 2099년 지구 평균 기온은 최고 6.4도, 해수면은 59cm 상승한다고 전망했다. 많은 과학자도 기후 변화가 기존에 예상했던 점진적인 변화보다 훨씬 강하고 빨라지리라 내다보고 있다. 이 온도라면 인류가 더 이상 살아갈 수 없을 것이다. 그런데도 '환경을 보호하자'는 허울뿐인 캠페인뿐이다. 각국 정상이 온실가스 배출량을 감축하자는 유엔기후 변화협약에 서명하고도 다시 탈퇴하고 불참을 선언한 나라도 있다. 희망이 보이지 않는다.

● **대기질 악화**

또 하나 인류에게 위협이 대기질 악화다. 대기 질을 개선하지 않는 한 2035년 무렵부터는 실외 공기 오염으로 환경 관련 사상자가 속출할 것으로 전망한다. 세계보건기구에 따르면 도시 인구의 80% 이상이 이미 안전 한계치를 넘어서는 공기 오염에 노출되어 있다고 경고한 바 있다.

● **인류를 위협하는 질병**

지구촌의 기후 변화와 급격한 환경 변화는 코로나19, 원숭이두창처럼 전염병이 창궐할 가능성을 예측한다. 특히 인구 밀집 지역은 질병 확산이 더 쉬워져 유병률이 높은 국가는 심각한 경제적, 인적 부담을 안게 될 것이다. '어디에서 어떻게 살 것인가'가 더욱 어려운 문제가 될 전망이다.

다행히 생명공학은 ICT정보통신기술보다 빠른 속도로 발전하고 있어서 더 나은 진단과 치료를 가능하게 하고, 새로운 병원체의 조기 발견을 통해 질병의 확산을 막음으로써, 삶의 질과 전 세계 인류의 건강을 증진할 것이라는 예측이 과연 가능할 것인가 의문이다.

◆ 세계 인구의 증가와 도시화

세계 인구는 더욱 증가하고 노화하며, 그 인구는 도시에 집중될 것이다. 현재 전 세계 인구의 50%가 도시에 거주하고 있다. 2022년 말 세계 인구를 약 80억 명으로 추산하고 있다. 2035년 무렵이면 88억 명으로 증가하리라 예상하며, 2050년경에는 지구의 한계치인 97억 명에 이를 것으로 유엔은 예측한다. 그러나 다행히 여성의 교육 수준 향상, 산아 제한에 대한 접근권, 노동시장에 대한 평등한 참여로 출산율이 계속 감소할 것으로 예측한다.

그다음이 급격한 도시화다. 한국은 전체 인구의 약 90%가 도시에 살고 있다. 이렇게 계속되는 도시화는 나라마다 적절한 계획과 효율적이고 지속 가능한 성장이 제공된다면 모르지만, 잘못 관리된 도시와 도심지는 빈곤, 불평등, 범죄, 오염, 질병의 배양기 역할을 할 수도 있으며, 사람들이 뒤섞여 단기적으로 일자리와 자원에 대한 경쟁을 심화시키고 새로운 집단에 대한 혐오를 키울 것이라는 점을 우려하고 있다.

> ★ 성비의 불균형
>
> 또 하나의 문제는 여자 신생아 수에 대한 남자 신생아 수의 비율이 늘어나면서, 성비性比의 불균형으로 인해 범죄와 폭력은 물론 유괴, 인신매매와 같은 인

권 침해와도 연결된다는 것이다. 특히 중동과 동아시아, 남아시아의 여러 국가에서 여성에 비해 남성이 증가하여 성 불균형으로 인한 범죄와 폭력이 일어날 것이라는 전망이고 보면, 여성의 삶이 가진 가치에 대한 인식을 더 부진하게 만들 것으로 예측한다.

◈ 긴장 고조와 전쟁

거대한 정부, 억압적인 독재자, 통제받는 국민, 인류를 지배하는 로봇 등 지구적인 심각한 위기에 관한 미래학자들의 예견이 심각하다. 강대국 사이의 이해관계가 복잡해지고 테러 위협과 약소국의 불안이 계속되며, 기술의 발전으로 살상 및 파괴 기술이 확산되면서 국가 간 분쟁을 포함해 위험도가 갈수록 증가할 것으로 예측하고 있기 때문이다. 우리의 미래가 유토피아가 될 것인가, 비관적인 디스토피아Dystopia가 될 것인가?

세계의 종말을 우려하는 말들이 급격히 오가고 있다. 전염병의 창궐, 환경오염과 기후 변화, 경제 위기와 국가 간의 전쟁까지 전 세계 곳곳에서 어두운 그늘을 드리우는 탓이다. 2022년 2월 강대국인 사회주의 국가 소련이 방어력도 없는 약소국인 우크라이나를 세계가 보는 앞에서 무력 침공한 사실을 보았을 것이다. 그들은 상대국을 돕는 나라가 있다면 핵무기까지 불사하겠다는 거침없는 말들을 해대고 있다. 자신들의 야망을 위해 인류의 종말을 거침없이 섬뜩하게 내뱉고 있는 것이다. 그것이 사회주의 국가다.

"전쟁은 늙은이들이 일으키지만 싸워서 죽어가야 하는 존재는 젊은이들이다" 하버트 후버의 말이다. 그러나 세계는 오직 힘의 논리만이 지배하는 약육강식弱肉强食의 먹이 사슬만이 존재한다. 예나 지금이나 힘이 없는 나라는 존재할 수 없다.

∙ 국가 간 전쟁

국가 및 비국가 관련자들까지 계속해서 원거리 공격의 역량을 강화하고 있다. 특히 러시아와 중국은 궤도를 순회하는 위성을 파괴할 무기 시스템을 계속 연구하여 미국과 다른 국가의 위성들을 위협할 것이라고 예견한다. 더욱 무서운 것은 강대국 간 불균형이 심화함에 따라 핵무기와 다른 형태의 대량 살상 무기WMD의 위협이 증가할 것이라는 점이다.

미래의 분쟁은 컴퓨터 네트워크, 전자기 스펙트럼, 소셜미디어, 우주 공간, 환경을 아우르는 다수의 영역에서 벌어질 것이다. 여기에 사이버, 유전학, 정보 시스템, 컴퓨터 프로세싱, 나노 기술, 지향성 에너지, 자율 로봇 시스템 등 기술 발전이 미래 충돌에서 예기치 못한 사태의 발생 가능성을 높일 것이다. 고속 장거리 타격 시스템과 무인 자동화 무기 시스템 같은 군사력의 발전이 위기 시의 확전의 역학을 만들 것으로 예측한다.

더욱 불안한 것은 가까운 미래에 유럽이 휘청거리고 미국이 수행하는 역할이 불확실해지며 분쟁 예방과 인권을 위한 기준이 약화되면 세계는 더욱 무질서해지고 국제 사회의 규칙과 제도, 힘의 분배에 악영향을 끼칠 것이다. 분쟁의 성격 변화로 강대국의 충돌 가능성을 키우는 계산 착오의 위험도 커질 것이라는 점이다.

∙ 대량 살상 무기, 핵

뭐니 뭐니 해도 인간이 만든 원자탄이 일촉즉발－觸卽發의 최대 위기로 우려한다. 핵보유국들은 핵전력을 끊임없이 유지할 것이다. 핵무기를 전쟁 억제 수단이자 강대국의 지위에 이르는 입장권으로 여기는 것이다. 핵무기 대신 화학 작용제를 전쟁 억제 방안으로 여기는 나라들도 있다. 그러니 세계 곳곳에서 기술 진보에 따라 핵과 다른 형태의 대량 살상 무기들로 경쟁 세력 사이의 불균형 확대로 위험은 지속될 것이다. 2017년 1월 기준 세계의 핵탄두는 러시아 7,000기, 미국 6,800기, 프랑스 300기, 중국 270기, 영국 215기, 파키스탄 130~140기, 인도 120~130기, 이스라엘 80기, 북한 40~60기 등 총 9개국에 15,000기가 있는 것으로 추정한다.

특히 화학 무기는 제조가 쉽기 때문에 테러리스트나 반란국이 이용할 가능성도 있다. 핵과 화학 무기까지 보유한 북한의 무력 과시, 핵확산방지조약에서 했던 약속을 저버리고 핵무기 개발을 꿈꾸는 이란, 사정거리가 짧은 '전장' 핵무기를 도입해 인도India의 침입에 대응하는 데 사용하겠다며 위협하고 있는 파키스탄Pakistan 등이 위험을 더욱 부추기고 있다. 이처럼 대규모 전쟁의 발발 가능성과 확대 가능성은 불확실한 상태이지만 예측하기 어렵기 때문에 문제의 심각성이 있다.

· 핵보다 무서운 AI 무기

인공지능AI을 활용한 군사 무기가 고도화하면서 핵보다 더 무서운 무기로 지목한다. 미국의 랜드RAND 연구소는 이 무기는 타국의 무기와 통제 시스템을 선제공격하고 핵 보복 능력까지 제압하려는 재앙적 결정을 내릴 수 있다고 밝혔다. 특히 AI 무기는 매 순간 결정이

'마이크로초秒[8]'로 공격을 판단할 만큼 기존 재래식 무기나 인간을 압도한다. 버튼만 눌러 놓으면 알아서 척척 해결한다. 이 순간도 미국과 중국이 신분을 숨긴 군 과학자를 활용해 AI 무기 개발에 치열하게 경쟁 중이다.

떼로 몰려가 지형 정보를 교신하며 표적을 골라 공격하는 드론 Drone, 전장을 누비며 기관총을 쏘는 AI 보병, 며칠씩 공중에 떠 있다가 적의 신호가 감지되면 바로 폭격하는 드론 미사일… 실전 배치된 AI 응용 무기들이다. 항공모함도 더 이상 안전하지 않다. 폭탄을 실은 수많은 드론이 고속으로 공격해온다면 항공모함도 견딜 수 없기 때문이다.

러시아는 "사람의 의지 없이 주변 6km 내의 사람과 물체를 추적해 저격할 수 있는 "킬러Killer 로봇"을 이미 국경에 배치한 지 오래이며, 이스라엘도 은밀하게 접근해 적을 살상할 수 있는 12kg짜리 소형 킬러 로봇을 운영 중이다. 미국은 살상용 무인 드론부터 잠수함을 자력으로 격침할 수 있는 무인 전투함까지 개발했다. 원한다면 무엇이든지 "킬러"로 만들 수 있다는 의미다. 무서운 것은 이들 킬러 로봇이 여성과 아이를 포함한 민간인들까지 무차별 살상할 가능성이 있다는 것이다.

또 AI는 사이버 전쟁에서도 상대의 정보통신 인프라와 무기 가동 소프트웨어의 약점을 발견해 교란할 수 있다는 점이다.

---

8) 100만분의 1초 단위

· 극초단파 신무기

극초단파 무기가 논란이 되고 있다. 극초단파는 주파수가 촘촘해 귀를 거치지 않고 사람의 뇌를 손상시켜 이명, 환각, 두통을 유발한다는 것 때문이다. 사람에게서 이미 효과가 입증된 이 무기는 러시아에서 개발된 잔인한 무기다. 또 하나는 중국군 연구소에서 두뇌 조종 무기를 개발하고 있다는 미국발 뉴스도 있다. 사람의 뇌파로 생각을 읽고 조종해 전쟁에 활용하려 한다는 것이다. 현재 하반신 마비 환자가 생각만으로 로봇 다리를 조종해 일어서고 걷는 단계에까지 발전했다. 이를 악용하면 총 한번 쏘지 않고 적을 무력화할 수 있다고 한다. 점점 세상이 인류의 종말을 향하고 있다는 생각을 지울 수가 없다.

· 혼란을 조장하는 비국가 집단

비국가나 하위 국가 활동 세력인 파괴 집단인 테러리스트, 폭도, 운동가, 반란군, 범죄 조직 등 다양한 행위자가 여러 분쟁에 참여하고 있다고 우려한다. 파괴 집단들은 휴대 가능한 대전차용 미사일, 지대공 미사일, 무인 드론, 그 밖의 정밀 유도 무기의 개발이 활발해져서 일반화할 가능성도 있기 때문이다. 특히 어나니머스Anonymous처럼 자제할 이유가 적은 운동 단체가 파괴적인 공격을 택할 가능성은 무한하다.

현재 내전과 국가 간 분쟁은 시리아, 아프가니스탄, 이란, 이라크, 리비아, 소말리아, 에멘, 이스라엘과 팔레스타인에서 진행 중이다. 통제하지 못한 지역, 극단주의가 발생하기 쉬운 환경 때문에 교전 상태가 지속되고 있다. 또, 대만과 중국의 전쟁, 서방과 미국, 소련과 우크라이나까지 갈등이 고조되고 있다는 사실이다. 이렇듯 세계가 불안하다. 이뿐만이 아니라 아프리카, 중동, 남아시아 등지에서 계속해서 테러리즘이 번성할 환경이라는 점도 심각하다.

◆ 우주 전쟁

국가는 물론 민간 산업까지 우주 여행, 소행성 채굴, 공기 팽창식 우주 거주 공간과 같은 중대한 프로그램을 추진하고 있다. 스페이스-X, 블루 오리진Blue Origin, 버진 갈락틱Virgin Galactic과 같은 민간 기업들까지 우주 프로그램을 진행, 사람들을 우주로 보낼 예정이다. 지구 대기 너머에서 완전히 자급자족하며 살아가는 우주 식민지 건설에 매진하고 있는 것이다. 이제 지구에 어떤 재앙이 닥쳐도 인류는 살아남을 수 있게 될 것이다. 우주 식민지는 다른 행성이나 위성 위가 설 수 있으면, 다른 행성 혹은 위성 주위를 돌고 있는 우주정거장이 될 수도 있다.

우주는 더 이상 일부 국가가 독점하는 곳이 아니다. 그러나 주요 강대국미국,러시아,중국들의 전용 공간이었던 우주가 우주 자산이 제공하는 무한한 전략적, 산업적 가치를 고려할 때 우주는 점점 접근과 사용, 통제권을 놓고 국가 간 경쟁 무대가 되고 있다. 우주가 점점 혼잡해지면서 우주에 대한 경쟁이 치열해지고 있기 때문이다.

★우주선 속도 기술

스티븐 호킹 박사는 마크 저커버그 페이스북 창업자, 러시아 벤처 투자자 유리 밀너 등과 함께 태양계에서 수십조 킬로미터 떨어진 알파센터 우리별로 우주선을 보내는 '브레이크스루 스타샷 Breakthrough Starshot' 프로젝트를 진행 2015년

중이라고 밝혔다. 태양계 밖으로 이주할 기술의 하나로, 얇은 돛을 단 우주선에 레이저를 쏘아 바람을 받는 것처럼 속도를 내게 하는 방식이다. 호킹 박사는 "이 기술이 완성되면 시속 1억 6천km로 날아갈 수 있어 화성은 1시간 이내, 명왕성 까지도 하루면 갈 수 있으며, 1977년 발사돼 40년 이상 날아간 보이저 1호를 일 주일 이내에 따라잡을 수 있다"라고 했다. 이 기술이 현실로 다가올 수 있을지는 의문이지만 실현된다면 우주 정착이 한걸음 바짝 다가설 것으로 판단된다.

◈ 인류의 종말론

영국의 세계적 물리학자 스티븐 호킹 박사가 지금 인류가 기후 변화, 핵무기, 인공지능 등으로 지구와 인류의 생존이 위협받고 있다고 경고2016년하면서, 서기 2,600년이면 지구는 인구 포화와 자원 낭비로 불덩어리가 될 것이고, 인류는 그 이전에 다른 행성이나 외계 은하로 빠져나가 '인류의 종말'에 대비하라고 강조했다.

이보다 이스라엘 역사학 교수 유발 하라리는 2,100년이면 현생 인류는 사라질 것이라고 예언했다. 태양 소멸설보다 더 섬뜩한 미래 전망이라 충격적이다. 그러면서 유전공학, 인공지능 그리고 나노 기술을 이용해 천국을 건설할 수도 있고, 지옥을 만들 수도 있다고 현명한 선택을 주문했다. 만약 어리석은 선택을 한다면 인류의 멸종을 초래할 것이라고 경고한 것이다.

· 지구온난화

주지하는 바와 같이 지구는 이미 오존층의 파괴와 함께 지구온난화가 당장 눈앞에 닥친 재앙이다. 세기말쯤이면 지구 온도가 7도 이상 상승할 것이라는 기후학자들의 경고는 곧 파멸을 의미한다. 지금도 지구촌 전역이 여름에는 더 덥고 겨울에는 더 추운 이변, 가뭄과 기근, 대홍수, 모래, 흙 폭풍 등 피할 수 없는 재앙까지 기상이변이 속출하고 있다. 지금 지구는 진퇴양난進退兩難에 빠져 있다.

· 인공지능

전술한 바와 같이 인공지능까지 개인의 자유와 인권을 침해하는 최악의 도구가 될 수도 있다면서, 인류의 종말을 예고하고 있다. 인간이 만든 로봇 즉 '의식 없는 고등지능'이 어쩌면 인류 최고의 재앙이 될 수 있다고 경고하고 나선 것이다. 물리학자, IT 전문가, 실리콘밸리 사업가까지 모두 인공지능이 핵무기보다 더 위험한 기술로 인식한 것이다. 스티븐 호킹도 보스 트룀 철학과 교수도 '초지능 인공지능'을 꼽았다. 누군가는 스스로 진화하고 복제하는 AI를 만들 것인데, 이로 인해 AI가 인간을 완전히 대체할지도 모른다고 본 것이다.

인공지능학자 한스 모라비치는 "인간보다 빠르고 뛰어나며 영원히 존재할 수 있는 기계가 인간을 지구에서 불필요한 존재로 판단해 멸종시킬 것이다"라고 예측한다. 그것이 바로 자연의 법칙이라니 끔찍한 예측이다. 이미 인간처럼 감정을 느끼는 AI까지 탄생했고 특정 분야에까지 무섭게 활용되고 있기 때문이다.

이 무서운 무기를 독재 정권이나 테러리스트들이 인종 청소 도구로 악용할 수도 있음을 경고하고 있다. 이미 세계의 과학자들까지 킬러 로봇의 개발을 공개적으로 통제하도록 자국에 경고해놓고 있으나, 걱정하는 목소리만 메아리칠 뿐이다.

◈ 인간은 어떻게 살 것인가?

미래의 트렌드Trend들은 도시 인구의 증가, 인구 포화, 지구 기온의 상승, 대기질의 약화, 물 부족, 자원 고갈, 식량 불안, 감염성 질환들이 지금 인간을 궁지로 몰아가고 있다고 예측한다. 특히 인류의 파멸을 부를 핵무기 등으로 인한 전쟁까지 불확실하며 예측하기도 어렵지만, 결코 불가능한 것은 아니라는 사실이다.

미래에 대한 예측이 복잡하고 결코 녹록지 않다지만, 지금 세계가 아직도 끈질긴 전염성 질환코로나19와 싸우고 있고, 한편에서는 전쟁으로 많은 재산과 인명을 살상하고 있으며, 그것이 자칫 한순간의 판단 착오로 지구를 멸망에 이르게 하지 않는다는 보장도 없다. 지구촌을 강타하고 있는 기후 현상 역시 갈수록 혼란의 강도를 재촉하고 있고, 앞으로 예상 밖의 놀라운 상황도 예견하지 않을 수 없다.

이 벅찬 난제들을 풀기 위해 우리 세대 또는 다음 세대에 모든 지식을 총동원하여 아직 태어나지 않는 후손들의 생존책까지 강구해야 할 순간이 찾아올지도 모른다. 이 어려운 임무를 성공적으로 수행한다면, 아마도 그것은 생명의 역사 아니, 우주의 역사를 통틀어서 전례를 찾아볼 수 없는 유일한 업적이 될 것이다. 지금까지 미래와 좀 더 먼 미래에 도래하는 다양한 트렌드를 심도 있게 전망해보면서 이 트렌드에 대응하기 위해 할 수 있는 중대한 선택이 무엇인지, 미래에 관한 혜안을 가져볼 일이다.

제31과
우주 이야기
Space Story

아주 먼 옛날 인간의 지혜가 덜 발달했던 고대인 古代人 에게 우주와 천체는 두려움과 경이 그리고 지대한 관심과 흥미를 불러일으킨 대상이었을 것이다. 물론 현대에 와서도 우주에 대한 인간의 궁금증은 끝이 없다. 아마 그 끊임없는 호기심 때문에 오늘날의 과학이 싹 텄는지도 모른다. 3천 년 이상 된 고대 바빌론 Babylon 의 설형문자 서판 書板 들은 천문학에 대한 기록으로 남겨진 최초의 증거라고 한다. 천문학은 모든 학문의 시초라고 불리며, 우주의 미스터리 Mystery 로 남아 있는 의문점들을 파헤치는 고도의 학문으로 인식한다. '하나의 유기적 전체' '이성적인 총체성'이라는 베일에 싸인 이 거대한 우주의 구조와 천체의 생성과 진화 등을 연구하기 위해 천문학이 탄생한 것이다.

끝도 없고 시작도 없이 무한히 수축과 팽창을 반복한다는 이 넓은 우주가 언제, 어떻게 태어났으며, 지금까지 어떻게 변해 왔고 앞으로는 어떻게 될까? 우주의 나이는 얼마일까? 별과 은하는 어떻게 만들어졌을까? 빛까지 빨아들인다는 무시무시한 중력장의 구멍, 블랙홀은 어디 쯤에 있을까? 우리가 살고 있는 지구는 우주의 어디쯤이고, 태양계와 은하계 너머에는 또 다른 어떤 세계가 있을까? 우주의 끝은 어디인가? 그리고 이 지구 밖에서는 과연 지구와 같은 생명체가 존재하는가? 이렇게 온갖 물질의 기원과 생명의 탄생, 우주의 기원과 구조, 우주와 인간과의 관계에 이르기까지 매우 광범위한 분야까지 의문을 품고 있다.

이처럼 우주의 비밀이 어쩌면 끝이 없을지도 모르는 지난한 과정일 수도 있기에, 미지의 세계인 천문우주과학Astronomical Space Science에 관한 공부가 필요한 것인지도 모른다. 여기에 지금 인류의 삶이 지구에서 우주 저 너머 화성으로 진입하기 위해 박차를 가하고 있다는 점에서 천문 공부가 더 절실해졌다. 현자賢者들 역시 우주의 원리, 삶의 이치, 인간 본성에 대한 공부를 권유한다. 세상을 제대로 살아가려면 모든 원리와 이치를 알아야 자유롭게 살 수 있기 때문이다.

◆ 우주 창조

우주는 아무것도 없는 그야말로 '무無'에서 탄생했다고 본다. '무'란 빛, 물질, 시간, 공간 등 아무것도 없는 세계를 말한다. 대략 150억 년 전, '무'의 흔들림으로부터 매우 작은 초미시적인 우주가 온도와 밀도가 매우 높은 '불의 구슬'이 갑자기 한 번의 찬란한 진동을 일으키며 상상을 넘어서는 거룩한 크기로 폭발하여 팽창하기 시작해 우주가 되었다고 본 것이다. 따라서 우주의 비밀을 푸는 첫 번째 열쇠, 우주를 탄생시킨 대폭발 '빅뱅'이 우주를 창조했다는 것이다.

현재 추정되는 우주의 나이는 허블Hubble의 법칙에 따라 약 150억 년이며, 그 크기는 인간의 상상력과 이해력을 초월한다. 우주 크기의 그 폭을 930억 광년光年으로 보기 때문이다. 이처럼 우주론은 상상을 초월하리만큼 늘 호기심의 끈을 놓지 못하게 하는 흥미진진한 분야이다. 앞으로도 우주에 관한 새로운 발견이 지속해서 이루어져 우주의 역사에 관한 새로운 이론들이 끊임없이 제기될 것이다.

◆ 우주 관측

국제적인 정의에 따르면 "우주는 지구 표면 위 100km 상공에서부터 시작"된다. 그 우주란 차가운 진공이며 영원한 밤의 세계이다. 다만 우리가 알고 있는 광대하고 지극히 평탄한 우주 공간은 아무것도 없는 진공Vacuum 상태가 아니라, 사실은 에너지로 가득 차 있다는 것이다. 최신 양자론量子論에서 정의하듯 이 에너지를 '진공 에너지 Vacuum Energy'라고 부른다. 우주가 완벽한 진공이 아니라는 사실을 증명하는 데에 실로 오랜 시간이 걸렸다.

· 우주 관측의 유래

우주의 관측은 1608년 네덜란드에서 처음 망원경을 발명한 이래, 이듬해 이탈리아의 천문학자 갈릴레오 갈릴레이G. Galilei가 처음으로 천문 관측을 시작, 근대적인 이해의 길을 열었다고 한다. 1627년, 독일의 요하네스 케플러Kepler는 세상에서 가장 자세한 행성의 목록과 운행표를 완성하여 행성들이 타원 궤도를 그리며 움직인다는 사실을 명확히 밝혀내면서, 그의 법칙이 뉴턴의 만유인력萬有引力 법칙의 기반이 된다고 한다.

그 이후 영국의 아이작 뉴턴I. Newton이 '만유인력의 법칙'을 확립, 망원경까지 제작하여 천체 관측에 놀라운 업적을 남겼으며, 영국의 윌리엄 허셜Herschel도 천왕성과 성운 및 성단을 발견, 은하계에 관한 선구적인 천문학자가 되었다. 독일의 요세프 폰 프라운호퍼는 분광계를 발명하여 멀리 떨어진 천체의 구성성분을 알게 하였으며, 프랑스의 샤를 메시에는 1759년 핼리 혜성을 관측, 21개의 혜성을 검출하였다고 한다.

1913년에 이르러서는 미국의 할로 새플리가 식쌍성에서 별의 크기를 측정하는 방법을 발견하고, 은하계의 모습과 규모까지 추정하였으며, 1920년대 초 미국의 에드윈 파월 허블E. Hubble은 나선성운에서 세페이드 변광성을 발견하고, '허블의 법칙'을 발견, 우주팽창설에 대한 초석을 마련했다고 한다. 다른 과학자들의 이견에도 불구하고 우주가 팽창한다고 주장, 그 치열한 논쟁 끝에 천문학계는 허블이 옳았다는 것을 인정했다. 이 발견은 우주가 뜨겁고 밀도가 높은 상태에서 시작되었다는 이론에 입각하여 훗날 '빅뱅'으로 불린다. 결국, 허블은 '외부 은하'와 '우주의 팽창'까지 발견한 천문학자가 된 것이다.

　이어 미국의 베스토 슬라이퍼가 우주팽창설에 대한 실험적 증거를 제시, 우주 진화에 대한 연구를 촉진했으며, 독일의 알베르트 아인슈타인A. Einstein은 일반 상대성 이론9)으로 빅뱅 이론의 수학적 토대를 제공, 그 업적을 모두 열거하기가 어렵다. 벨기에의 조르주 르메트르는 허블의 팽창 우주에 근거하여 대폭발 이론을 제안하였으며, 미국의 조지 가모브는 르메트르의 우주 팽창 이론을 발전시켜 대폭발설 빅뱅, Big Bang 을 제안하였다. 그가 주장한 대폭발설은 많은 과학자가 받아들이는 20세기의 대표적인 우주론이 되었으며, 그 당시 영국의 스티븐 호킹은 우주 창생의 연구와 '블랙홀 증발' '양자우주론' 등 획기적인 혁명적 이론을 제시, 이를 계기로 한때 세계물리학계에서는 물리학의 계보 系譜 를 갈릴레이-뉴턴-아인슈타인 다음으로 호킹을 포함하려는 움직임까지 있었다고 한다.

---

9) 공간의 휘어짐에 대한 이론

★ 제임스 웹 우주 망원경

현재 과학의 획기적인 발달에 힘입어 인류의 새로운 눈으로 불리는 "제임스 웹 우주 망원경JWST이 2021년 말에 발사됐다. '제임스 웹'은 지구에서 약 150만km 떨어진 목표지점으로 이동하여, 약 10년간 대기권에 보내졌던 최초의 우주 망원경인 기존의 허블 우주망원경보다 100배 뛰어난 성능으로 136억 년 이전 초기의 우주까지 살펴본다고 한다. 우주의 기원을 밝히고 외계 행성의 다른 생명체를 찾기 위해서라니 기대해도 좋을 것 같다.

우리나라도 21m 전파 망원경 3대를 운용하는 한국우주전파관측망 시대를 맞이하였으며, 대형 광학 망원경까지 남미 칠레에 공동으로 설립해놓았다. 나아가 과학기술 위성에 원자외선 우주 망원경을 탑재시켜 연구를 수행하고 있으며, GPS 국제기준점을 기반으로 한 정교한 우주측지 기술, 태양 연구에 기반을 둔 우주 환경 기술까지 확보하고 있어 한국 천문학의 전망도 밝다고 보아도 좋다.

◈ 태양계

태양계Solar System, 太陽系란 "태양을 중심으로 해서 돌고 있는 행성인 수성, 금성, 지구, 화성, 목성, 토성, 천왕성, 해왕성 등과 위성, 왜소 행성, 소행성 그리고 혜성과 다른 소천체 전부"를 말한다. 1543년 폴란드 천문학자인 코페르니쿠스가 태양을 중심으로 주위의 행성들이 원 궤도를 돈다는 지동설을 정확하게 밝힌 이후, 오늘날의 국제 천문학연합회IAU 역시 행성을 "우리 태양계 안에서 태양 주변을 공전하는 천체"로 정의하고 있다.

태양계의 끝은 태양에서 나온 빛과 물질의 영향이 미치는 곳으로 본다면, 그 끝은 100AU쯤에 있는 태양권계면까지라고 할 수 있다고 보는 견해와, 보통 장주기 혜성의 기원인 '오르트 구름Oort Cloud'까지를 태양계라고 인식한다. 오르트 구름은 태양의 중력으로 태양 주위를 공전하는 천체가 존재하는 범위 내를 말하며, 이는 네덜란드의 천문학자 얀 오르트가 주장한 내용이다.

그렇다면 지구에서 오르트 구름까지의 거리는 얼마인가? 태양에서 지구까지의 거리보다 약 1만 배나 떨어진 1조km나 된단다. 하루에 150만km를 날아가는 우주선일지라도 '오르트 구름'이 시작되는 태양계 끝자락까지는 약 300년이 걸린다고 한다. 이처럼 태양계는 우주 속에서는 매우 작은 일부분에 지나지 않지만, 인간의 감각으로 보면 상상을 초월할 만큼의 스케일Scale이 큰 세계이다. 여기서 행성이란 단어는 '방랑자'를 뜻하는 그리스어Greece語에서 유래됐다.

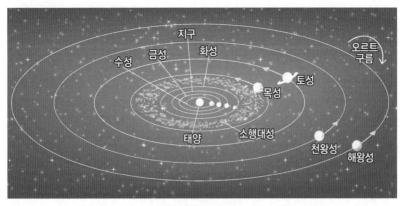

태양계 행성의 궤도

※ 지구가 자전하면서 태양 주위를 돈다는 가설을 처음 내놓은 사람은 사모스 섬의 아리스 타르크스B.C.310~230였다고 한다.

· **태양계의 탄생**
태양계는 이론상 45억 전에 성간 공간을 떠돌던 가스와 먼지들이 혼합된 차갑고 어두운 수소 운으로부터 탄생했다고 본다. 소용돌이 치는 성운 속에서 먼지들이 모여들어 밀도가 높은 덩어리를 형성하면서 암석 덩어리와 금속 덩어리로 성장했을 것으로 믿는다. 그러나 태양계의 탄생 역시 아직 이론적 추측의 영역을 벗어나지 못한 채 많은 수수께끼에 둘러싸여 있다. 이제 세계 각지에 설치된 거대 망원경이나 우주 망원경 등의 새로운 관측 기술과 컴퓨터 시뮬레이션 Simulation 등의 도움으로 머지않아 베일에 싸인 태양계의 탄생 수수께끼도 밝혀질 것으로 기대한다.

· 공전하는 행성

태양계의 중심인 태양은 매우 거대한 별로서, 태양계를 구성하는 천체 전체 질량의 99.86%를 차지한다고 한다. 이 거대한 질량에서 발생하는 중력으로, 모든 천체를 태양 둘레로 끌어당기고 있는 것이다. 태양 중력의 영향 아래에 있는 수성, 금성, 지구, 화성, 목성, 토성, 천왕성, 해왕성수금지화목토천해 등 행성 8개와 위성, 왜소행성, 혜성, 그리고 유성체 등의 집단이 태양을 중심으로 공전公轉하고 있는 것이다. 이 행성들은 케플러와 뉴턴 법칙에 따라 태양 둘레를 타원을 그리면서 공전한다. 공전하는 행성들을 지구 궤도면 위에서 내려다볼 때, 태양 주위를 반시계방향으로 돌고 있다. 이러한 공전운동을 순행順行이라고 한다.

이 천체들의 집합이 하나의 계係를 형성한 것은 오로지 태양의 중력 때문에 가능한 일이다. 따라서 만약 태양이 없다면 지구를 비롯하여 모든 행성은 뿔뿔이 우주 공간으로 날아가 흩어져버릴 것이다.

★ 태양계 행성의 종류

물리적 특성을 근거로 행성을 나눌 때는 소행성대 안쪽에 자리한 수성, 금성, 지구, 화성을 지구형 행성Terrestrial Planet이라 부르고, 목성, 토성, 천왕성, 해왕성을 목성형 행성Jovian Planet이라 부른다. 지구형 행성들은 표면이 암석으로 이루어져 있는 반면에, 목성형 행성들은 기체로 이루어져 있다. 이 두 그룹 사이에는 소행성대Asteroid Belt로 알려진 암석 파편의 무리가 돌고, 거대 가스 행성 너머에는 카이퍼 띠Kuiper Belt라고 왜소행성으로 부르는 얼음 파편의 무리가 돈다. 현재 왜소행성에는 세레스Ceres, 명왕성Pluto, 에리스Eris, 하우메아Haumea, 마케마케Makemake로 5개다. 현재까지 발견된 위성의 수는 205여 개 정도이다.

· **지구에서 본 행성들**

지구에서 맨눈으로 볼 수 있는 행성은 태양계 8개의 행성 가운데 수성, 금성, 화성, 목성, 토성의 5개 정도라고 한다. 그보다 멀리 있는 천왕성과 해왕성은 망원경이 없으면 볼 수 없으며, 태양 옆의 수성도 볼 수 있다고는 하지만 해뜨기 직전이나 일몰日沒 후 짧은 시간대에, 맑은 날에만 지평선 부근에서 볼 수 있다. 이는 태양광의 방해를 받기 때문에 허블 망원경으로도 촬영할 수 없는 단점이 있다. 지구와 가까운 금성은 해뜨기 직전이나 해가 진 직후 한층 밝게 빛나는데, 금성이 가장 잘 보일 때는 태양으로부터 멀리 떨어져 있는 '최대 이각離角'일 무렵.

제2의 지구로 점찍은 화성은 약 2년 2개월마다 지구에 대접근할 때가 관측하기 가장 좋은 기회이며, 망원경으로 본 그 모습은 풍화한 철 산화물이 지표면을 덮고 있어서 새빨갛게 보인다. 태양계 행성 중 가장 큰 목성은 구경 5cm 정도의 소형 망원경으로도 표면의 줄무늬까지 관측할 수 있으며, 그 위성까지 볼 수 있다. 천체 망원경으로 가장 볼만한 행성은 역시 토성이다. 구경 8cm 이상의 망원경이라면 그 아름다운 고리Ring까지 분명히 확인할 수 있다. 또 망원경이 있다면 청록색을 띤 천왕성과 해왕성도 관측이 가능하다고 한다. 이처럼 행성을 본다는 것은 맨눈으로는 큰 의미가 없다. 망원경이 없다면 지역 천문대 등에서 천체 관측을 체험하는 것이 좋은 방법이다.

태양 그리고 태양의 인력을 중심으로 도는 천체집단을 살펴본다.

● 태양

태양Sun, 太陽의 나이가 46억 년이라는 것은 지구의 바위가 아닌 운석隕石을 분석하여 얻은 결론이다. 태양은 약 46억 년 전에 우주에서 폭발한 거대 초신성의 잔해들로 이루어진 기체 덩어리가 응축하여 형성되었다고 천체학자들은 믿고 있다. 우주에 떠 있던 수소 가스가 모여서 태양이 생겼고, 그 주위에 행성이 생겼다는 것이다. 이런 사실을 알 수 있었던 것은 지구의 핵을 이루고 있는 철과 같이, 태양이 만들 수 없는 금속 원소들의 존재 때문이다. 이렇게 탄생한 거대 태양은 가장 강력한 수소폭탄 십억 개의 폭발과 맞먹는 4×10^{26}J의 에너지를 초마다 빛으로 내보내고 있다고 한다.

지구상의 모든 생명체에 빛과 에너지를 제공하여 생명을 지탱케 하는 '태양'은 우주 속에서 돌고 있는 큰 소용돌이인 나선형 은하, 즉 은하수에 있는 약 1천억 개의 별 중의 하나로서, 태양계의 힘의 중심이자 태양계에 빛과 열을 공급하는 전자기 에너지의 근원이다. 따라서 태양이 없는 지구는 존재할 수 없다. 지구뿐이 아니라 모든 행성이 같은 운명이다.

그런 태양을 육안으로 쳐다보는 것은 위험하다. 쌍안경이나 망원경으로 태양을 보거나, 선글라스나 검은 필름을 통하여 태양을 보는 것 역시 안전하지 않다. 오직 적외선이나 자외선 복사를 차단하도록 설계된 필터Filter만을 사용해야만 한다.

① 태양의 형상과 구조

태양은 지구에서 약 1억 5천만km 거리에 있으며, 지름은 139만 km로 지구의 109배나 된다. 질량은 33만 배, 체적은 130만 배, 적도반경은 69만 6천km에 이르는 거대 천체이다. 밝기 또한 보름달보다 40만 배 이상 밝다. 지구에서 태양이 제일 밝게 보이는 까닭은 다른 별보다 지구와 가깝기 때문이란다. 그러나 태양이 지구에서 가까운 별이라고는 하지만 시속 100km의 자동차 속도로 170년이 걸리며, 빛의 속도로도 8분이 넘게 걸리는 거리다.

② 태양의 자전

태양은 지구 공전면과 약 7도 기울어진 자전축自轉軸을 중심으로 좌측에서 우측으로 자전한다. 태양이 회전하는 속도는 초속 약 250km, 자전 속도는 적도에서 빠르고 극으로 갈수록 느려지는데, 적도 부근에서 26일이지만, 위도 45도 부근에서 32일, 극 근처에서 37일로 길어진다고 한다. 이처럼 태양은 날마다 광막한 우주의 공허 속을 2천만km씩 움직이고, 한번 지나간 자리로는 결코 돌아오지 않는다고 한다.

③ 태양의 내부 구조

태양을 초고온·초고압의 핵융합로로 본다. 태양의 표면은 황색黃色을 띠며, 표면 온도는 절대온도로 약 5,780K켈빈이다. 태양의 내부는 크게 핵, 복사층, 대류층으로 구성되어 있고, 뜨거운 열의 원천은 중심부에 있는 핵에서 나온다. 이곳에서 수소의 원자핵양성자이 충돌하는 핵융합 반응이 쉴 새 없이 일어나는데 이로 인해 중심부 온도가 약 1,600만 도에 달하는 것으로 추정한다. 태양에서 가장 뜨거운 곳이다. 이렇게 뜨거운 것은 질량이 크기 때문이란다.

중심핵을 폭 40만km에 걸쳐 감싸고 있는 '복사층'은 중심핵에서 만들어진 에너지를 바깥쪽으로 전달하는 역할을 담당하며, 복사층을 폭 20만km의 두께로 감싸고 있는 '대류층'은 대류에 의해 복사층의 열을 태양 표면으로 운반하는 역할을 담당하고 있다는 것이다. 신기한 것은 태양 표면 광구의 온도가 약 5,500도인 데 반해 가장 바깥에 있는 코로나의 온도가 100만도라는데 매우 놀랄 만한 발견 분광 관측이었다. 플레어 2,000만 도, 홍염 1만 도에 달한다고 한다.

④ 태양 바깥 대기층

태양 바깥 대기층의 구성성분은 대부분이 수소 약 92%와 헬륨 7.8%이다. 이밖에도 산소 0.8%와 탄소 0.3%가 있고 철, 황, 네온, 질소, 규소, 마그네슘 등의 흔적이 있어 원소 중 약 70여 종이 기체 상태로 존재하는 것이 확인된 상태다.

⑤ 태양의 표면 광구

태양 표면에 나타난 '흑점黑點, Sunspot'은 광구光球에 보이는 검은 반점 무늬로서, 군을 이루어 발생하며 온도가 낮고 강한 자기장을 띤 다고 한다. 흑점이 많을수록 태양은 더 밝고 흑점 수가 증가하면 태양 활동도 증가한다는 것. 하지만 그 정확한 원인은 여전히 미스터리 Mystery다.

⑥ 태양의 수명

태양은 지금까지 46억 년 동안 매초 6억 톤의 수소를 소비하면서 막대한 에너지를 내뿜어왔다고 추정. 그 결과 천문학자들의 계산대로라면 앞으로 40~50억 년은 더 빛날 것으로 예측한다. 그러나 이 거대한 태양의 중심부에 핵반응의 찌꺼기인 헬륨He이 계속 쌓이고 중심부의 질량이 증가하면 점차 수축하면서 온도와 밀도가 올라가게 되고, 이렇게 부풀어 오른 태양은 마지막 단계에서 인근 행성인 수성과 금성을 모두 삼켜버리고, 지구의 바다까지 증발시키며, 지구의 온도를 거의 모든 물질이 녹아내릴 수 있는 온도까지 올려놓게 될 것이라고 예언하고 있다.

과학자마다 견해가 다르지만 이런 일은 앞으로 수십억 년 혹은 50억 년 후에나 일어나게 될 것이란다. 이는 태양계의 종말을 뜻한다. 이 같은 태양의 비밀을 밝히기 위해 태양 탐사선을 지속해서 발사하고 있다.

● 지구

지구Earth, 地球는 태양 둘레를 돌면서 공전과 자전을 한다. 지구는 1년 365일을 주기로 공전하고 있으며, 1일에 1번 자전한다. 지구의 오랜 동반자인 달Moon과 함께 태양 둘레를, 달은 지구 주위를 원圓에 가까운 궤도를 그리며, 거의 한 달에 한 바퀴씩 돌고 있는 것이다.

지구는 우주에서 보면 푸른색의 바다, 녹색의 산과 갈색의 흙, 흰색의 구름이 조화를 이루고 있는 아름답고 신비한 행성이다. 과학이 발달하여 바위나 광물의 동위원소同位元素를 분석해 지구의 나이가 46억 6천만 년이라는 것도 이렇게 해서 알아냈다. 지구는 태양을 만들고 남은 먼지와 작은 암석 덩어리들이 수백만 년에 걸쳐 뭉쳐서 형성되었을 것으로 추측하며, 지구상에 인간이 나타난 것은 불과 수만~수십만 년쯤으로 예측한다.

① **지구의 형상**

지구는 태양으로부터 너무 가깝지도 너무 멀지도 않은 적당한 거리의 세 번째에 자리한 행성으로서 '골디락스' 존이다. 표면은 평평하지도 둥글지도 않으며, 극점 지역은 평평하고 적도 지역은 볼록한 타원체다. 그래서 지구에서 지평선은 시각적 한계다. 행성 표면이 둥글게 굴곡져 있기 때문이다. 따라서 지평선 혹은 수평선까지의 시야는 놀라우리만치 짧다. 바다에서 어떤 방향을 보든 우리가 볼 수 있는 거리는 고작 5km 정도다.

지구는 육지 가운데 약 1/8은 사막이고 약 1/5은 산이며, 지구 표면의 약 1/7은 물이다. 바다의 평균 깊이는 3,790m다. 가장 깊은 지점은 서태평양의 마리아나 해구Mariana海溝로, 그 깊이가 무려 11,034m에 달한다. 또 지구에 존재하는 생물은 동물이 120만 종, 식물이 50만 종에 이르고, 아직 알려지지 않은 것들도 상당수 있을 것으로 추측한다. 표면 온도는 14도 정도이다.

② 지구의 구조

지구의 지름은 약 12,756km적도, 12,714km극, 지구 둘레는 약 40,000km이고 질량은 $5,970 \times 10^{18}$톤으로 행성 중 작은 편에 속하지만, 평균 밀도는 $5,515kg/m^3$로 행성 중에서 가장 크다. 중력은 지구의 1배 정도다.

지구의 구조는 지각, 맨틀, 핵 등 3개 층으로 구성되어 있단다. 지구를 둘러싸고 있는 얇은 지각Crust은 맨틀 위에 떠 있으며, 평균 두께가 10km 정도인 해양 지각과 30km 정도인 대륙 지각으로 구분된다. 그리고 지각은 모두 17여 개의 크고 작은 판 조각으로 모자이크를 이루고 있는데, 이 판들은 맨틀의 파동에 따라 끊임없이 움직인다. 지각판을 좌우로 밀어내어 지각판끼리 서로 분리하거나 충돌하게 하며, 혹은 서로 위로 밀어 올려 지각판을 깨뜨리기도 한다. 또 지표면의 약한 틈을 따라 마그마Magma를 뿜어내는 등 다양한 지각변동을 일으킨다. 오랜 세월을 두고 천천히 일어나는 대륙의 이동과 같은 지각 변화와 지진이나 화산 활동과 같은 갑작스러운 변화가 바로 그것이다. 이 힘의 원천은 바로 지구 내부의 에너지인 것이다.

그리고 지각판 그 밑에는 액체와 고체의 중간 성질을 가진 두께 2,800km의 맨틀Mantle이, 그 아래에는 5,000~6,000도에 이르는 뜨거운 핵이 있다고 한다.

③ 지구의 자전과 공전

지구는 남극과 북극을 잇는 상상의 축을 중심으로, 1년 365일을 주기로 태양의 주위를 대략 시속 10만 8천km의 속도로 타원형으로 공전하고 있으며, 또 공전면과 23.45도 기울어진 자전축을 중심으로 1일에 1번 자전하고 있다. 지구는 서에서 동으로 자전한다. 자전 주기는 23시간 16분 4초이다. 자전 속도를 계산하면 시속 1,670km, 초속 464m가 나온다. 2초 동안에 928m나 돌아가는 셈이다. 이처럼 지구가 소리의 속도보다 더 빨리 움직일 정도로 자전 속도가 엄청나지만, 지구상의 그 누구도 이 속도를 느낄 수가 없다. 왜냐하면 지구를 둘러싸고 있는 지상의 모든 것들이 지구와 똑같이 움직이고 있기 때문이란다.

지구의 자전은 매일 해가 뜨고 지는 것으로 알 수 있으며, 공전운동은 계절의 변화로 미루어 알 수 있다. 계절 변화가 나타나는 까닭은 지구의 자전축이 공전궤도면에 대해 23도 26' 기울어져 있기 때문이다. 이 때문에 지표를 비추는 태양의 고도와 낮의 길이가 달라진다. 그리고 지구는 태양 주위를 타원 궤도를 그리며 돌고 있어서 지구와 태양 사이의 거리는 멀어졌다 가까워졌다 한다. 6월이 되면 지구의 북극은 태양 쪽 방향으로 기울어지는데, 이때 북반구는 여름이 되고 남반구는 겨울이 된다. 반대로 12월이 되면 북극은 태양 반대쪽을 향해 기울게 되어 북반구는 겨울이 되고 남반구는 여름이 되는 것이다.

④ 지구의 대기

지구 대기의 주성분은 질소N 78%, 산소O 21%, 아르곤Ar 0.93%, 수증기 0.1%이며, 이외에도 여러 성분이 소량으로 존재한다. 지구 대기의 21%가 분자 상태의 산소로서, 그 어떤 행성에도 이렇게 산소가 많지 않다. 따라서 이들 대기가 지구 표면을 따뜻한 온도로 유지시켜서 물이 액체 상태로 머물게 하며, 생명체들의 조직에 필요한 물질을 공급하는 것이다.

⑤ 지구 대기권

지구의 대기권大氣圈은 지구를 둘러싸고 있는 공기의 층으로, 지상으로부터 약 1,000km까지를 가리킨다. 그 대기권은 다시 대류권, 성층권, 중간권, 열권으로 나뉜다. 대류권에는 전체 지구 공기의 4분의 3이 있어서 인간이 숨 쉴 수 있는 공간으로 대체로 지상 10~15km까지이며, 그 높이에 따라 온도가 내려가고 상승기류와 하강기류가 있으며, 구름·비·눈·태풍 등의 기상 현상이 나타나 인간의 생활에 직접적으로 영향을 끼치는 부분이기도 하다.

대류권 위의 공기층인 성층권成層圈은 지상 약 50km까지 뻗어 있으며, 평균 온도는 약 -55도로 대체로 일정하다. 이 성층권에서는 태양으로부터 오는 강한 자외선 때문에 오존층이 만들어지는 곳이다. 그리고 성층권 위로는 고도 100km까지를 중간권, 그 위로 밀도가 희박한 600km 이하의 열권이 있고, 그 위 1만km까지를 외기권이라 한다. 지상 100~500km 중간권, 열권의 범위에서는 산소와 질소와 같은 무거운 원소는 거의 존재하지 않는다. 따라서 실제로 공기의 밀도가 너무 낮기 때문에 우주 공간으로 볼 수도 있다. 특히 열권은 기온이 높아서 지구로 떨어지는 운석隕石을 태워버려 운석의 공격을 받지 않도록 해준다. 그리고 우주왕복선과 국제우주정거장 궤도역시 모두 열권에 포함된다. 이처럼 대기권은 지구의 기온까지 일정하게 유지해 주기 때문에, 만약 대기권이 없다면 지구 표면의 기온이 낮에는 100도까지 올라가고, 밤에는 -150도까지 내려갈 것이다. 마지막으로 외기권 밖으로 나갔을 때에야 비로소 우주로 보는 것이다.

★ 오로라

녹색과 붉은 색의 비단 커튼이 바람에 날리는 듯한 오로라는 극 지역으로 갈수록 더욱 웅대하고 신비로워 '극광 極光'으로도 불린다. 오로라는 지자기 북극과 가까운 알래스카 Alaska 나 캐나다, 북유럽 또는 남극의 최상층에서 주로 나타난다. 태양에서부터 날아온 하전 입자들이 지구 자기력이 가장 센 극지방에 집중되는데, 이 입자들이 가지고 있는 큰 에너지가 대기를 이루는 공기 입자를 들뜨게 하여 빛을 발생시키는 현상이다. 오로라가 출현하는 고도는 90~700km 범위이다.

오로라가 나타나는 북위 66.6도 이상의 장소를 북극권이라고 하는데, 여름에는 태양이 온종일 저물지 않는 백야白夜 현상이 나타나는 곳이기도 하다.

● 달

지구의 위성인 달은 지구에 없어서는 안 될 동반자인 천체로서, 지구의 역사에 막대한 영향을 끼친다. 달의 크기는 지구의 4분의 1로서, 지구에 대한 상대적인 크기가 다른 위성들에 비해 월등히 큰 독특한 특징을 갖고 있다.

1960년대 말 달에 착륙한 우주비행사들은 잉크처럼 까만 하늘 아래에 분화구가 흩어져 있는 회색의 황량한 땅을 보았다. 모든 것이 더럽고, 숨 막히고, 몸에 달라붙는 달의 먼지로 덮여 있는 이상한 풍경이었다. 이처럼 달은 매우 건조하고, 공기도 없고, 생명체도 없는 불모의 땅이다.

그런 달에 많은 탐사선을 발진시켜 달이 과거 다양한 화산 활동을 했다는 걸 발견했으며, 달 남극에는 막대한 양의 얼음이 있다는 사실까지 확인했다. 남극에서 표층의 약 3% 그리고 북극에서 약 4.6%의 물이 존재한다는 것을 확인한 것이다. 과거에 예상했던 것보다 훨씬 더 활동적인 달의 역사가 밝혀진 것이다. 달에 물이 있다는 것은 인류가 만약 달에서 살아간다면 물을 분해하여 인간에게 필요한 산소와 로켓Rocket 연료로 사용될 수소를 얻을 수도 있기 때문에 엄청난 경제적 가치를 가진다는 것이다. 달에 물과 공기가 없는 이유는 대기大氣가 물을 잡아두기에는 달에 미치는 중력이 너무 약하기 때문이다.

① 달의 구조

달과 지구까지의 거리레이저 관측는 약 38만km이다. 달의 지름은 3,476km이고, 부피는 220억km³로 지구의 약 1/14 정도이며, 질량은 74×10^{18}톤으로 지구 질량의 1/81 정도 된다. 달의 대기 구성은 헬륨He 50%, 아르곤Ar 50% 정도이다.

② 달의 생성

달은 지구와 마찬가지로 암석으로 이루어져 있다. 내부 구조도 지구와 비슷하다. '코어, 맨틀, 지각'의 세 가지로 이루어져 있다는 점과 코어Core가 철과 니켈의 합금이며, 맨틀과 지각은 규산염이 주성분이라는 점도 공통이다.

달이 어떻게 생성되었는가에 대해서는 '동시 성장설'과 '거대 충돌설', '포획설' 등이 있다. 아직 어느 학설도 달의 생성 원인을 만족스럽게 설명하지 못하고 있다. 2011년 미국 UC산타크루즈 연구진의 발표대로 '거대 충돌설'이 가장 유력하다.

③ 달의 자전과 공전

달은 태양의 약 1/400밖에 안 되는 가까운 거리에서 지구의 인력

引力에 붙들려 타원 궤도를 그리며 지구 주위를 돌고 있다. 지구 주위에 있으면서 지구와 함께 태양의 둘레를 도는 것이다. 달은 천구 북극에서 보았을 때 반시계방향으로 지구의 둘레를 공전하고 있는 것이다. 자전 주기와 공전 주기는 약 27.3일로 거의 일치한다. 달의 하루는 지구의 한 달에 해당하는데, 그것은 달이 동주기자전同週期自轉을 하고 있기 때문이다. 이 때문에 지구에서는 달의 반쪽달 표면의 59%만 볼 수 있다. 그래서 우리가 지구에서 달을 보고 있는 한 달의 뒷면은 볼 수가 없는 것이다.

다만 우리가 보는 초승달, 반달, 보름달만월 등 위상의 변화가 생긴 것은, 달이 지구를 공전하면서 햇빛을 받는 달의 부분이 달라지기 때문이다. 달의 궤도는 완벽한 원보다는 타원에 가깝다. 지구에서 달과 가장 멀리 떨어질 때의 거리는 40만km 정도이고, 가장 근접하면 36만km 정도다.

④ 달의 중력

달의 강한 중력은 지구의 회전을 안정시킨다. 이 회전축을 잡아주는 달이 지구의 바다에서 조류潮流를 끌어당기고 심지어 지구의 기후를 안정시켜서 생물이 살기에 더 좋은 환경을 만들어준다. 만약 기후가 안정하지 않았더라면 지구의 생명체들은 진화할 수 없었을 것이라니 달은 지구에 매우 중요한 천체다.

바닷물이 빠져나가고 들어오는 조석潮汐 현상 역시 달과 태양의 인력, 지구의 원심력에 영향을 받는다. 자전하던 지구의 해양이 달과 가까워지면서 당기는 힘인력에 의해 바닷물이 불룩 솟아오르고, 지구의 정 반대편 해양은 도망가려는 힘원심력에 의해 바닷물이 불룩 솟아

오르게 된다. 이때 불룩 솟아오르는 지역은 밀물이, 두 물마루 사이에는 물이 빠져나가 수심이 얕아지는 썰물이 된다. 이렇게 지구는 자전하기 때문에 하루에 두 번 밀물이 나타나게 되는데, 한 번은 달의 인력에 의해, 다른 한 번은 지구의 원심력에 의해 나타나는 것이다. 만조滿潮와 간조干潮는 이렇게 지구에 작용하는 달의 중력 차에 따라 일어나는 현상이다.

⑤ 달의 표면과 온도

달 표면은 수많은 크레이터Crater, 화구로 뒤덮여 있는데, 망원경으로 관측하면 울퉁불퉁한 산악 지형을 볼 수 있다. 달 표면이 울퉁불퉁한 이유는 달에는 대기가 없어 운석이 그대로 충돌하기 때문이다.

달의 표면 온도는 낮에는 햇빛이 그대로 내리쬐어서 107도까지 올라가고, 밤에는 온도가 급강하하여 -153도까지 떨어진다. 특히 햇빛이 전혀 들지 않는 극지방 동굴 같은 곳은 영하 250도에 달한다고 한다. 이토록 온도 차가 큰 것은 태양열을 붙잡아 둘 공기가 없기 때문이며, 밤과 낮의 길이가 길기 때문이기도 하다. 달에 대기가 없는 것은 달의 질량이 지구의 1/81 정도로 매우 작기 때문인 것으로 판단하고 있다.

★ 달에서 보는 세상

달에서 보는 세상은 태양 빛의 산란이 일어나지 않아 하늘은 낮에도 까맣게 보이고, 소리가 들리지 않으며, 바람이나 구름과 같은 기상 현상도 일어나지 않는다. 그리고 달은 오로지 태양 빛을 반사하여 빛이 날 뿐, 실제론 어둡다. 달은 스스로 빛을 못 내고 태양 빛을 받아 반사할 뿐이다. 그런데도 달이 환하게 보이는

건 워낙 지구와 가깝기 때문이란다. 태양 빛을 받아 비교적 밝게 빛나는 지역은 고원高原이고 어두운 지역은 넓은 화산 평원인 것으로 알려져 있다.

그리고 달에서는 중력이 지구의 1/6에 불과해 몸이 한결 가벼워 높이 뛰어오를 수 있고, 지구에서보다 훨씬 더 멀리 공을 던질 수도 있다고 한다. 그래서 달에서 집을 짓는다면 중력이 작기 때문에 지구에서보다 작업이 훨씬 쉬울 것이라고 말한다. 일부 생물학자들은 달에서는 사람의 몸무게가 6분의 1로 줄기 때문에 심장의 부담이 가벼워져 오히려 지구에서보다 더 오래 살 수 있다고들 말한다.

★ 달에 대한 호응도

아폴로 11호가 달에 착륙한 지 50년이 지났다. 그런데 다시 세계 각국은 탐사 경쟁이 불붙었다. 미국을 비롯하여 소련, 일본셀레네 1호, 중국창어 1호, 인도찬드라얀 1호, 이스라엘, 한국까지 경쟁에 불붙은 것이다. 달은 화성 등 먼 우주로 가는 '우주 기술을 개발'하는 테스트 베드Test Bed가 될 수 있으며, 여기에다 달에는 우라늄과 백금·희토류, 헬륨 등이 풍부하다고 알려져 있다. 헬륨은 태양이 빛을 내는 원리를 이용하는 핵융합발전의 연료가 된다. 지금 미국은 달 유인 탐사가 한창이다. 달기지 확보 때문이다.

---

⑥ 월식과 일식

달은 1년에 2~5번 지구와 태양 사이를 곧바로 통과한다. 그러다가 지구와 달, 태양이 드물게 일직선에 오게 되는 현상이 생기는데 이것이 개기일식 皆旣日蝕 이다. 달이 지구의 그늘에 들어갈 때 생기는 현상이 월식 月蝕 , 달이 태양을 가림으로 생기는 현상을 일식 日蝕 이라 한다. '블러드 문 Blood Moon '은 개기월식 때 달이 붉은색으로 보이는 것을 말한다. '일식' 때 유의할 것은 태양 빛이 달 주변을 통하여 지구로 오기 때문에 무서운 자외선이 계속해서 방출되어 눈과 피부를 해칠 수 있으므로, 맨눈으로 태양을 쳐다보는 것은 매우 위험하다는 사실이다.

● 수성

태양계에서 8개의 행성 중 가장 작은 '수성Mercury, 水星'은 목성의 위성인 가니메데보다도 작은 지구형 행성이다. 수성은 태양계의 가장 안쪽 궤도를 돌고 있는 천체로서, 태양과의 거리가 겨우 5,790만 km로 태양 옆에 붙어 다녀 관측하기도 쉽지 않으며, 이 근접성 때문에 한낮이면 지표면 온도가 섭씨 약 427도화씨 800도 정도로 이글이글 타는 듯이 뜨겁고, 태양 반대쪽은 영하 173도까지 내려갈 정도로 극심한 일교차와 함께 평균 온도가 180도에 이르는 고열高熱의 세계이다. 이는 수성도 태양열을 저장할 수 있는 대기층이 얇아 열을 저장하지 못하기 때문이다.

표면은 수많은 화구크레이터로 덮여 있고, 약간 오렌지색을 띠는 수성은 형성 시기를 달과 비슷한 시기로 본다. 지구에서 수성의 관측은 매번 3번 정도는 해가 지는 지평선 근처에서 밝은 저녁 별로, 또는 먼동이 트기 전 새벽 별로 나타난다.

① 수성의 구조

수성의 지름은 약 4,876km로 작으나 밀도는 지구 다음으로 크다. 질량은 330×10^{18}톤이며, 평균 밀도는 5,430kg/m^3으로 전형적인 지구형 행성값이다. 중력은 지구의 0.378배다.

수성의 내부는 암석질의 맨틀Mantle과 반지름의 거의 75%를 차지하는 금속철과 니켈의 핵으로 추정하는데, 그 핵은 지구형 행성보다 아주 거대한 핵을 가졌으며, 지구보다 2배나 철을 많이 함유한 것으로 예측한다. 따라서 수성은 줄어들고 있는 행성이다. 커다란 철 핵이 냉각하면서 줄어들고 있다는 것이다.

② 수성의 자전과 공전

행성 중 가장 빠른 초속 47km 속도로 태양 주위를 공전하기 때문에 수성의 공전 주기년는 약 88일, 자전 주기일는 약 59일쯤 된다. 이처럼 공전 주기와 자전 주기가 비슷한 편이어서 수성에서의 하루의 길이는 약 176일이나 된다.

③ 수성의 대기

수성에는 길고 뜨거운 태양열과 낮은 이탈속도 때문에 대기가 거의 없으며, 수성의 표면은 언제나 바싹 말라 있고 달 표면과 흡사하게 절벽과 울퉁불퉁한 크레이터Crater투성이다. 지름 10km 이상의 구덩이 수가 달의 3배 정도 된다.

수성의 대기를 이루는 기체는 수소 99%, 헬륨 1% 그리고 태양풍에 실려 온 기체들로, 그 밀도는 극히 희박하여 지구의 1,000조분의 1, 기압은 2×10^{-12mb}에 불과하여 관측하기조차 어렵다. 수성에는 위성이 없다.

● 금성

금성Venus, 金星은 약 225일 주기로 한 번씩 태양 둘레를 일주한다. 미美의 여신 비너스의 이름을 따서 명명된 금성의 표면 지형은 지구의 판 이동 현상과 같은 대륙과 높은 고원, 거대한 화산, 충돌 구덩이 그리고 완만한 평야로 이루어졌다고 한다. 금성에서 가장 높은 장소는 높이 11km인 '맥스웰산'이며, 금성에서 가장 낮은 지역은 평균 지면보다 2km 낮은 '다이애나 계곡'이란다. 그리고 금성 전체의 약 27%가 저지대다. 이들 지형은 약 80%가 화산 활동으로 생긴 것으로 추측한다.

우주선 마젤란이 금성의 궤도를 공전하면서 보내온 데이터로부터 만들어진 지도와 이미지들은 화산과 그 지질학적 영향이 금성을 장악하고 있음을 밝혀줬다. 유황산의 구름 아래에 있는 금성의 표면 온도는 태양과 가까운 수성보다도 높은 460~500도로, 납을 녹일 정도로 뜨거운 불타는 지옥별이다. 금성은 지구와 비슷한 양의 내부 열을 만들어내는 것으로 생각되지만, 판의 경계가 없기 때문에 행성 전체가 안전벨트가 없는 압력솥처럼 돼버렸다. 유독 물질로 뒤덮인 대기로 인해 금성의 표면은 지옥 같은 고온·고압의 오븐Oven이 된 것이다.

우리는 금성을 옛날부터 태백성, 또는 샛별로 불려왔다. 계절에 상관없이 저녁의 서쪽 하늘이나 새벽의 동쪽 하늘에 유난히 밝게 빛난다. 최대의 밝기를 가질 때는 태양과 달 다음으로 밝은 천체이다. 그 표면은 두꺼운 구름으로 뒤덮여 있어서 태양 빛을 그대로 반사하므로 일등성의 100배나 밝은 마이너스 4등성이다.

① 금성의 구조

금성은 태양으로부터 약 1억 820만km 거리에 있으며, 지구와는 최대 4,200만km까지 접근한다. 크기는 지구보다 5% 정도 작은 12,100km의 지름을 가지며, 질량은 44,870×1018톤, 평균 밀도는 5,240kg/m3로 지구와 거의 같다. 중력은 지구의 0.905배 정도 된다. 이처럼 지구와 크기0.94%나 질량지구 대비 0.82% 및 중력 등이 흡사하며, 그 내부 구조도 유사하여 지구의 쌍둥이 행성이라 불릴 만하다.

다만, 태양계에서 얼음이 없는 유일한 행성이자, 표면 온도가 섭씨 470도에 이르러 납Lead이 녹을 정도로 극심한 고온·고압高溫高壓의 불지옥과 같다는 것이 다르다. 자체 환경만이 지구와 완전히 다를 뿐이다.

② 금성의 대기

금성 대기의 주성분은 이산화탄소 96%와 질소 3.5% 그리고 극히 희박하지만 산소 0.003%, 이산화황·아르곤·헬륨·수증기·규소·마그네슘 등의 기체도 소량 들어 있다.

대기는 밀도가 높기 때문에 외부에서 유입되는 작은 물체라도 땅에 닿기도 전에 기화氣化되어버린다. 대기의 상층에는 소용돌이치는 황산의 구름이 자욱하고, 대기 중 풍속은 시속 360km, 때로는 400km가 넘는 바람이 불고 있으며, 뜨거운 대지 위에는 때때로 짙은 황산黃酸의 비가 내린다. 그래서 금성의 구름은 노랗다. 이는 구름을 만들고 있는 황산이 반사하는 색이 노란색이기 때문이다.

③ 금성의 공전과 자전

금성은 행성 중 가장 특이한 공전과 자전을 한다. 천왕성이 누워서 자전하고 있기는 하지만, 궤도 방향을 완전히 거슬러 뒤집혀서 역 자전하고 있는 행성은 금성 외에는 없다. 거기에다 금성의 자전 주기는 매우 느려서 약 243일이며, 공전 주기는 약 225일이므로, 이 두 가지 운동으로 일어나는 금성의 낮 길이는 지구의 117일에 해당한다.

따라서 금성의 하루는 일 년보다 더 길고, 일 년의 반 이상이 밤인 셈이다. 또 금성은 지구 바로 안쪽 궤도를 돌고 있고 수성 바깥 궤도를 돌고 있어 수성보다 더 높이 떠오른다최대 이각= 46도.

④ 금성의 기압

금성의 기압은 91로서, 지구의 90배가 넘는다. 웬만한 물체는 곧바로 찌그러져버린다는 뜻이다. 이 때문에 금성은 오래전부터 생명체가 존재할 수 없는 곳으로 여겨져왔다. 금성에 생물체가 있을 것으로 기대했던 학자들은 가혹한 환경에 실망했지만, 아직도 완전히 포기한 것은 아니다. 지구상의 미생물 중에서는 아주 가혹한 환경에서도 생명을 유지하는 것이 있기 때문이다. 금성에도 위성이 없다.

● 화성

인간이 이주하여 살아갈 '제2의 지구' 후보로 꼽힌 화성Mars, 火星은 태양으로부터 네 번째에 자리한 행성이다. 화성의 지름은 6,800km로 지구보다 작고, 질량은 지구의 10분의 1수준으로 가벼우며, 중력은 지구의 38%밖에 되지 않는다. 그러나 지구에서 가깝고 그나마 생명체 서식에 가장 유리한 행성으로 알려져 있다. 더구나 지구와 유사한 생명체가 존재할 개연성이 가장 높고 인간이 살기에도 가장 나은 곳이라는 점에 이견이 없다. 서식 가능한 또 다른 행성 후보로는 얼음으로 덮여 있는 유로파목성의 위성와 엔셀라두스토성의 위성도 강력한 후보이다.

화성은 사람이 살 수 있는 땅이 있고, 물도 존재2008년 피닉스호 탐사하며, 대기도 주성분이 이산화탄소이긴 하지만 대기도 있다. 이 이산화탄소를 방출하면 화성을 온화하게 만들 수 있다고 예측한다. 또 화성에서 메탄이 꾸준하게 관측되고 있어서 생명체가 있지 않을까도 추측한다. 메탄은 주로 생물의 대사 과정에서 배출되기 때문이다. 동물의 배설물이나 식물의 부패과정에서 나온다. 물론 암석의 화학반응으로 생긴 메탄 가능성도 있지만.

① 제2의 지구

화성표면은 계곡과 사막이 있는 지구와 같고 수많은 화구 火口 도 달을 닮았다. 그리고 지구와 가장 비슷한 봄·여름·가을·겨울 사계절이 있다. 지구의 자전축[10]과 같이 23.5도 기울어진 상태로 태양 주변을 돌아 사계절이 나타나며 자전 주기도 지구와 비슷하다. 그래서 화성의 하루가 지구와 비슷한 것이다. 다만 화성과 태양과의 거리가 너무 멀어 태양 에너지가 훨씬 적게 미친다는 점과 화성의 1년은 지구보다 2배 가까이 긴 687일이고, 평균 기온은 영하 60도 정도로 몹시 춥다는 점이다. 그래서 만일 화성에 산다면 계절의 길이가 지구보다 2배나 된다는 것 외에는 지구에서 사는 것과 비슷한 느낌을 받을 것이다.

그러나 미국은 지금 지구와 가장 닮은 화성을 인류가 사는 식민지로 만들기 위해 도전을 멈추지 않고 있다. 달 궤도에 우주정거장을 성공시킨다면 2030년경에는 화성 이주가 가능할 것으로 보고 있다. 태양이 지나는 길 황도 부근, 즉 동쪽 하늘에서 남쪽 하늘로 이동하여 서쪽 하늘로 저물어가는 경로에 유달리 붉게 빛나는 별, 그곳이 화성이다.

---

10) 남극과 북극을 수직으로 연결한 축

② 화성의 지형

화성의 표면은 붉고 철이 풍부한 암석과 모래로 구성되어 있다. 화성이 붉은 이유는 표면의 70% 이상이 붉은 흙으로 덮여 있는 녹투성이의 표면을 햇빛이 반사하기 때문이라고 한다. 화성에는 거대한 화산과 화산 활동으로 융기된 거대 지형과 함께 주름진 용암 평원, 깊은 협곡과 바람에 풍화된 것들이 지구의 지형과도 흡사하다. 특히 탑 모양의 화산들이 즐비한 것으로 유명한데 가장 대표적인 것이 올림푸스Olympus 산으로서, 그 높이가 27km에 이르는 태양계에서 가장 높은 화산이다.

그 화산들이 처음에는 오래전 이미 불이 꺼진 것으로 생각됐지만 최근에까지 활동한 것으로 보이는 북극에 가까운 소규모의 화산 분화구들이 존재하는 지역이 밝혀졌다. 이전에는 모두 사화산死火山으로 그 활동이 거의 10억 년 전에 끝난 것으로 판단했었다.

★ 화성에 생명이 있는가?

"인간의 입장에서 보면 화성의 환경은 가혹하다. 그러나 미생물이 살아가는 데는 문제가 없다" 극한 환경의 생물을 연구하는 일본 도쿄 약과대학의 야마시키 아키히코 교수의 말이다. 따라서 화성에서 생육하는 미생물이 있더라도 전혀 이상할 것이 없다는 것이다. 화성에 생명을 찾는 계획이 진행 중이다. 탐사에서 1단계로 막, 유기물, 효소 반응, DNA를 관찰해 생명을 찾는다. 유기물이 발견된 경우 2단계로 아미노산Amino酸을 분석한다. 화성에 존재하는 아미노산의 종류를 알면 지구 생명과의 관계 등을 밝힐 수 있다고 한다. 이것들은 화성 착륙 탐사 프로젝트의 하나로 검토되고 있는 단계라고 한다.

---

③ 화성의 자전과 공전

화성은 태양과의 평균 거리가 약 2억 2천700만km1.5AU이며, 지름은 약 6,800km로 지구 지름의 0.53배다. 질량은 642×10^{18}톤, 평균 밀도는 $3,930kg/m^3$인데, 지구의 밀도보다 많이 적다. 중력은 지구의 0.379배 정도에 불과하다. 또 1.88년687지구일 주기로 공전[11]하는 것은 지구보다 2배 길다. 다만 공전면과 약 25.2도 기울어진 축을 중심으로 1.1일을 자전하는 주기는 지구와 비슷하다. 또한, 하루의 길이가 24시간 37분으로 매우 유사하다는 점이다. 표면 온도는 -63도 정도 된다.

④ 화성의 구조

화성의 내부 구조는 지구와 비슷한 금속으로 된 핵과, 그 외각에 맨틀과 지각으로 형성되어 있다고 본다. NASA가 탐사선를 보내 화성의 내부 지각과 핵을 연구하고 있다. 화성의 핵이 지구처럼 액체인지 아니면 고체상태인지 알지 못하기 때문이다.

⑤ 화성의 대기

사람이 생존하기에는 화성의 희박한 대기가 문제다. 95%가 이산화탄소이고, 산소분자는 0.1~0.4%, 질소분자 2~3%, 아르곤 1~6%를 포함하고 있어, 금성의 대기와 비슷한 조성을 가진다. 거기에다 기압도 현저히 낮아서 보호 장구가 없으면 인간이 생존할 수 없다.

---

11) 공전 속도는 지구가 초속 30km, 화성은 24km다

지구 대기는 화성 대기보다 100배 이상 밀도가 높다. 평균 대기압이 6mb지구의 0.6%에 불과하다. 이것은 지구의 1%도 안 되며, 지구의 지상 40km 높이의 성층권成層圈에 해당한다. 이 때문에 화성의 일교차는 100도가 넘는 것이다.

　태양 빛을 수직으로 받는 적도 지방의 경우에도 낮에는 25도 정도를 유지하지만, 저녁에는 -85도까지 내려간다. 바이킹 탐사에 의하면 화성의 표면 기온은 여름에는 평균 -60도, 겨울에는 -120도였다. 여기에다 1년의 1/4은 모래 폭풍이 부는 것으로 여겨지고 있다. 봄에서 여름에 걸쳐 남반구에서 거대한 모래 폭풍이 자주 일어나는 것은 지구에서도 관측할 수 있다는 것. 가장 큰 회오리바람은 폭이 1.6km, 높이는 에베레스트보다 더 높다. 이 거대한 회오리를 따라도는 바람의 속도는 초속 90m가 넘는다고 한다.

⑥ 지구와의 거리

　화성과 지구가 각각 자신의 속도로 궤도 천체의 운행 경로 를 운행하면 2년 2개월마다 태양과 지구, 화성의 각 위치가 같은 직선상에 일렬로 정렬하게 되는데, 이 시기에 화성이 지구에 가장 가까이 접근하는 때이다. 이때를 '화성 대접근 大接近'이라고 부르며, 이때 지구와 화성의 거리는 최대 5,500만km까지 접근하고, 가장 먼 때를 '화성 소접근'으로 부르며 9,900만km 이상 멀어진다는 것. 접근 거리가 이 정도로 다른 것은 화성의 궤도가 타원이기 때문이다. 지구도 엄밀히 말하면 타원이지만 궤도가 찌그러진 정도는 화성에 비해 아주 작은 편이다.

★ 화성의 비밀의 호수

 2018년 NASA는 물론 이탈리아 연구진이 화성의 남극 얼음층 1.5km 아래 지름 20km 규모의 호수가 있다는 사실을 확인했다고 밝혔다. 과학자들이 지구의 남극에서 400여 개의 지하 호수를 발견한 것처럼, 그 관측 경험에 따른 발견이었다. 따라서 화성 남극에 있는 얼음 극관極冠이 다 녹으면, 그 물로 화성 전체를 11m 깊이로 덮을 수 있다는 것이다.

 화성의 남극은 기온이 섭씨 영하 68도이다. 지구의 남극은 영하 60도 정도이다. 두 곳 모두 얼음층 아래에 물이 액체 상태로 존재할 수 있는 것은 염분 때문이다. 목성木星의 위성 유로파와 토성의 위성 엔켈라두스에 생명체가 발견될 가능성이 가장 큰 곳으로 꼽는 것도 두꺼운 얼음층 아래에서 바다가 확인됐기 때문이다.

 과학자들은 화성 생명체의 발견 가능성을 기대하고 있다. 그러나 현재로서는 화성의 어딜 가나 물의 흔적은 있으나, 마실 물은 한 방울도 없다. 족히 20~30억 년 사이에 비가 내린 적도 없다는 것이다.

 화성은 표면 압력이 낮기 때문에 물이 액체 상태로 존재할 수 없다고 한다. 다만 압력이 높고 깊은 협곡의 경우에는 가능하다고 한다.

⑦ 화성의 위성

 화성의 위성에는 작은 소행성과 같은 포보스공포라는 뜻와 데이모스혼란이란 뜻가 있다. 포보스Phobos는 럭비공 같은 모양을 하고 있으며, 크기가 달의 1/170 정도로 작다. 화성까지의 거리는 9,240km로 아주 가까운 거리에 있다. 지름은 22km 정도.

 데이모스Deimos는 지름이 6km 정도로 포보스보다 더 작은 위성이다. 이 위성에는 지구의 1/1,000 정도의 중력만이 존재하므로 만약 뛰어오른다면 지구에서보다 천 배 더 높이 상공으로 뛸 수가 있단다.

채 몇 분 사이에 수천km 상공에 이를 것이다. 다만 너무 멀리까지 날아 데이모스가 궤도를 따라 움직여 자칫 착륙할 곳이 없다면 우주 미아迷兒가 될 수가 있다는 점이다.

● 목성

목성Jupiter, 木星은 태양계의 어느 행성보다 최대의 크기와 질량을 가진 거대巨大 행성이다. 태양계의 8개 행성을 모두 합친 질량의 3분의 2 이상을 차지할 정도로 크며, 지구보다 무려 320배나 무겁다. 다만 기체 행성이라 다른 행성들처럼 딱딱한 표면이 아니라 거의 액체 상태이거나 액체와 기체가 섞여 있어 우주선 등이 착륙할 수가 없다는 점이 특별하다.

목성의 밀도1,330kg/m³는 지구의 4분의 1에도 미치지 못한다. 그것은 목성을 구성하고 있는 원소가 주로 수소H, 헬륨He 등 가벼운 원소로 둘러싸여 있어 마치 태양의 화학 조성과 흡사하기 때문이다. 그런데도 태양이 되지 못했던 것은 질량이 태양의 1/1,000에도 못 미치기 때문이다. 육안으로도 쉽게 발견할 수 있을 만큼 밝은 목성은 엄밀히 말해 행성이 아니라 갈색왜성이란다.

① 목성의 구조와 대기

목성계는 태양으로부터 다섯 번째 행성으로서, 태양에서 약 7억 8천만km5.2AU 떨어진 곳에 있는 소형 태양과도 같다. 목성의 지름적도은 약 142,984km, 질량은 1.9×1024톤, 중력은 지구의 2.39배 정도다.

목성은 태양과 멀기 때문에 단위 면적이 받는 평균 태양 에너지는 지구에서 받는 에너지의 1/27밖에 안 된다. 따라서 목성의 표면은 평균 -150도 정도의 저온이다. 그리고 대기 온도가 매우 낮으며, 목성의 대기는 태양계에서 가장 복잡하다는 평이다. 주로 수소 98%와 헬륨 3% 그리고 소량의 메탄 0.4%, 암모니아 0.01%, 중소소화물, 수증기H_2O도 각각 포함되어 있다고 한다.

그리고 목성의 핵은 무거운 원소로 되어 있으나, 중심핵의 외곽에 있는 핵은 강한 압력 때문에 수소가 압축된 금속 수소로 예측한다.

② 목성의 자전과 공전

목성은 크기에 걸맞지 않게 9시간 55분이라는 행성 중 가장 빠른 속도로 자전하고 있으며, 공전 주기는 약 12년이다. 태양 공전 궤도에서 시속 5만km의 엄청난 속도로 우주 속을 치닫는다. 그 영향으로 외태양계로부터 오는 혜성, 소행성 등이 목성의 중력에 큰 영향을 받아, 이들을 던져 버려질 정도란다. 그리고 목성은 자전할 때 대기는 한 덩어리로 자전하지 않는다는 점도 특이하다. 이는 적도로부터 위도 10도 사이에서 매시 540km 정도로 대기가 자전의 방향과 반대 방향으로 회전하고 있기 때문이다.

③ 목성의 중력

목성의 거대한 중력은 가벼운 수소마저도 탈출하기가 쉽지 않게 하고, 혜성들을 정기적으로 끌어당겨 파멸에 이르게 할 정도로 거세다. 태양계 바깥쪽 멀리에서 어쩌다 태양계 안쪽으로 들어오는 큰 물체들도 대부분 목성이 막아준다. 목성은 구름의 최상층 부분에도 지구의 2.4배나 되는 중력이 작용하기 때문에 기체마저 압축되어 있다고 한다.

④ 목성의 대적반

목성에는 남반구에 희귀한 대적반Great Red Spot이란 소용돌이무늬가 있다고 한다. 대적반은 규모가 지구의 두 배에 달하는 지름을 가진 초특급 태풍으로 1831년에 관측된 이래 현재까지 소멸되지 않고 남아 있다고 한다. 남적도 벨트와 남열대 지역 사이에서 행성을 도는 대적반은 7일에 한 번씩 회전하며, 모서리의 풍속은 시속 430km에 이른다는 것이다. 또한, 이 대적반은 하나가 아니라 두 개의 다른 적반들이 목성의 대기에 존재한다는 것이다. 다만 허블망원경의 관측에 따르면 그 크기는 계속 줄어들고 있다고 한다.

또 하나 희귀한 것은 목성의 남북극 근처에서 오로라Aurora가 관측된다고 한다. 목성은 지구보다 14배나 강한 자기장을 지니고 있어 지구의 오로라와는 비교도 안 되게 거대하다는 것. 하지만 자전축의 기울기가 3.12도로 작아서 지구나 화성에서와 같은 계절 변화는 없다고 한다.

⑤ 목성의 고리

목성의 둘레에는 표면으로부터 약 5만 7천km 지점에 한 가닥의 얇은 3개의 고리가 존재하고 있는데, 토성의 고리에 비해 폭이 매우 좁은 것이 특징이란다.

⑥ 목성의 위성

목성의 위성군 역시 작은 태양계와 다름없다. 목성에는 태양계에서 가장 큰 위성 6개 중 4개를 포함하여 현재 79개가 있다. 그중 4개의 큰 위성 외에는 대개 지름이 10km 미만인 소행성에 불과하다.

가장 크다는 가니메데, 칼리스토, 이오, 유로파는 1610년 갈릴레이가 망원경으로 발견, 갈릴레이 위성이라고도 한다. 이들 위성은 다른 위성들을 모두 합친 것만큼 무겁다. 그리고 행성과 비슷한 내부 구조를 지녔다는 것이다.

▶ 가니메데

가니메데Ganymede는 행성인 수성보다도 더 크고 무겁다. 하지만 질량은 수성의 반 정도다. 주성분이 얼음이라 가벼운 편이다. 유로파처럼 암석과 얼음이 뒤섞인 혼합물로 뒤섞여 있으며 또, 자기장이 있는 유일한 위성이라는 점 때문에 지구처럼 역동적인 내부 구조를 가졌다는 신호이다.

놀라운 것은 지각 아래쪽에 바다를 감추고 있다는 것이다. 이처럼 액체 상태의 물이 존재한다는 것은 생명체가 존재할 가능성이 있다는 것 때문에 제2의 지구로 물망에 오른 위성이다.

목성과의 거리는 107만km, 지름은 5,268km 정도이며, 대기는 산소 99.999%, 수소 0.001%로 이루어져 있다.

▶ 유로파

유로파Europa는 지름이 3,122km로 달보다 조금 작은데, 완전히 당구공 모양으로서, 산, 심지어 깊은 도랑이나 크레이터도 없으며, 가끔 운석 충돌의 흔적인 푹 꺼진 구덩이를 가진 완만한 언덕과 계곡들만을 갖고 있는 큰 빙상장 같은 얼음 위성이다. 이 얼음 덩어리는 언뜻 보기에 희고 특징이 없어 보이지만, 핑크빛과 푸른빛의 조각들로 얼룩져 있다는 것이다. 이 위성 역시 표면 아래에 수km가 대양★

제31과 우주 이야기   503

¾일 것이라는 상징적 정황과 1990년대 말 목성 탐사선 갈릴레오가 지나면서 자기력을 조사해 얼음 아래에 100km 수심의 소금물 바다가 있다는 사실을 밝혀냄으로써, 이 위성 역시 생명의 흔적을 기대하게 되었다. 놀라운 것은 물의 양이 지구보다도 많다는 것이다. 이처럼 유로파와 가니메데처럼 커다란 위성들은 얼음층과 암석층 아래에 축축한 바다를 숨기고 있는 게 확실하다고 판단, 앞으로 탐사선을 발사하여 다시금 조사가 이루어질 것으로 전망한다.

그리고 2012년, 2016년에는 이곳 남극 근처에서 높이 160~200km의 물기둥이 솟구치는 장면까지 포착된 사실도 있다. 21년 전에도 물기둥이 솟구치는 장면을 포착했다는 사실도 뒤늦게 확인됐다.

유로파는 철-니켈로 된 핵에, 규산염 바위와 얼음으로 된 지각이 있으며, 목성까지의 거리는 67만 km, 목성 주위를 3.6일 주기로 돌며, 질량은 48×10^{18}톤이다. 대기는 100% 산소로, 태양계에서 가장 신비한 세계로 여겨지고 있다.

▶ 이오

이오는 크기와 밀도가 달과 거의 비슷하며, 외행성의 위성들이 대부분 얼음으로 되어 있는 것과 달리 이오는 바위로 되어 있다는 점이 특이하다. 또 철 또는 황화철로 된 핵을 규산염의 바위가 둘러싸고 있고, 표면은 황과 이산화황으로 덮여 있어 노란색을 띤다는 것.

여기에다 이오는 400개가 넘는 활화산을 가지고 있으며, 활발한 화산 활동과 지진 활동은 모두 거대한 목성의 인력과 이웃한 위성의 인력에 의한 강력한 조석작용 때문에 발생하는 것으로 밝혀졌다. 화산 폭발로 이어질 때는 황黃의 기둥이 표면 위 300km까지 솟구친다

고 한다. 지구에서 화산폭발은 겨우 20km에 비하면 상상을 초월한
다. 표면은 화산과 용암으로 뒤덮여 있고, 지구의 에베레스트산보다
높은 산이 여럿 있는 것도 그 때문으로 추정한다.

　목성까지의 거리는 42만km, 지름은 3,643km, 중력은 지구의 0.18
배, 대기는 이산화황 90%, 일산화황, 염화나트륨이 3%, 황과 산소가
2% 등으로 구성되어 있다고 한다.

▶ 칼리스토

　칼리스토Callisto는 가니메데와 토성의 타이탄에 이어 태양계에서
세 번째로 큰 위성이다. 이 위성은 크레이터가 많은 암석 덩어리로
서 내부는 대부분 바위와 얼음이다. 크레이터가 태양계에서 가장 많
은 것은 목성의 강력한 중력에 의해 끌려온 소행성들과 혜성들을 위
한 '시팅 덕Sitting Duck'으로서 평생 겪은 수많은 충돌로 인해 크레이
터가 포화상태에 달해 있다는 것. 이 위성 역시 가니메데와 같이 지
각 아래에 바다를 감추고 있어 액체 상태의 물이 존재하므로 생명체
가 존재할 가능성을 점친다. NASA의 연구에서 칼리스토가 바깥쪽
탐사를 위한 기지를 만들기에 최적의 장소로 선정되기도 했다.

　목성까지의 거리는 1백 88만km이며, 지름은 4,821km, 대기는 이
산화탄소 99%, 산소 1%이다.

● 토성

　토성Saturn, 土星은 지구보다 10배나 더 큰, 목성 다음 두 번째로 큰
웅장함을 갖춘 거대 기체 행성이다. 또한 많은 위성을 거느리며, 그
허리엔 장대한 고리의 밝은 띠까지 걸친 그 우아한 모습이 크게 돋보

이는 멋진 행성이다. 거기에다 폭풍과 거친 기상 현상들이 가득한 곳이기도 하다.

토성의 모양은 구형이 아니며, 그 지름은 대략 목성의 80% 정도이지만, 그 무게는 1/3밖에 되지 않는다. 목성과 주된 차이점은 토성의 낮은 밀도이다[12]. 그 결과 토성은 중력이 약하고 적도 주위가 눈에 띄게 불룩한 경향이 있다. 또한 토성은 빠르게 자전하고 있어서 형상은 목성처럼 극極 쪽이 편평한 모습이며, 눈에 띄게 납작하거나 찌그러진 모양을 하고 있다. 적도면은 공전 궤도면에 대하여 26.73도 기울어져 있으며, 표면 온도는 -180도의 저온이다.

① 토성의 구조

태양까지의 거리는 약 14억 4천만km이며, 지름적도는 약 120,536km, 중력은 지구의 1.1배 정도 된다. 지름이 지구 지름의 9.5배 정도, 질량은 지구의 95배에 이르러, 태양계 행성 전체 질량의 21%를 차지하고 있다. 다만 행성 중 평균 밀도가 690kg/㎥ 정도로 가장 작으며, 물의 밀도보다도 작은 값을 가졌다. 그래서 토성은 태양계 행성 중 유일하게 물에 뜨는 행성이라고 한다.

구조는 목성과 비슷하다. 다만 목성보다 작고 무게가 덜 나가며 밀도도 목성보다 작다. 또 토성의 그 중심에는 지름 25,000km의 핵을 가지고 있으며, 그 위에 금속 수소층이 11,000km의 두께로 덮고 있다는 것. 그러나 이 금속 수소층 역시 목성의 1/10에 지나지 않는

---

12) 토성의 평균 밀도는 물보다 낮은 것으로 알려져 있다.

단다. 그리고 토성의 중심온도는 15,000K에 이르는 고온이며, 중심 압력도 1,000만 기압이나 된다고 한다.

② 토성의 자전과 공전

토성은 태양으로부터 지구의 9.5배 거리에서 29.5년의 주기로 공전하고 있으며, 10.6시간에 한 번씩 자전하는데, 이는 지구의 자전 속도보다 두 배 이상 빠르다.

③ 토성의 대기

토성의 대기는 수소가 96%로 대부분이며, 약간의 헬륨 3%, 메탄 3%가 존재한다. 토성의 기후는 목성보다 훨씬 더 난폭하고, 대기는 목성과 마찬가지로 황색 구름으로 덮여 있으며, 많은 소용돌이가 있는 것이 밝혀졌다. 특히 적도에는 항상 서쪽에서 동쪽으로 시속 1,700km의 강한 바람이 불고 있는 것이 확인되어 사람들을 놀라게 하기도 했다. 북위 50도 근방에도 적도 지방보다는 느리지만 비슷한 바람이 불고 있다는 것. 그 이유에 대해서는 아직 잘 모르고 있다.

④ 토성의 고리

토성의 고리는 지름이 매우 커서 토성 자체 지름의 2배가 넘는 무려 25만km나 된다. 이들 고리가 태양 빛을 반사하여 장관을 연출하는 것이다. 2009년도에 NASA가 토성의 초거대 고리까지 새로 발견했다고 한다.

⑤ 토성의 대백점

목성의 대백점Great White Spot은 300년이 넘도록 그대로 있는 것과 달리, 토성의 대백점은 약 30년마다 나타나 수개월 후에는 사라지는 것으로 관측되고 있다. 토성의 공전 주기인 29.5년과 비슷하다. 대백점이라고 부르는 이유는 토성의 대기 중에 타원형의 회오리바람이 밝은 색으로 보이기 때문이다. 이보다 더 특이한 것은 우주 공간에서 번개를 보는 것은 쉬운 일이 아닌데, 토성에서 발견되는 지글거리는 슈퍼번개Superbolt도 관측되고 있다는 점이다. 또 오로라도 관측되는데 발생 이유는 토성이 가지고 있는 자기장에, 태양에서 온 태양풍이 작용하기 때문인 것으로 본다. 토성의 강한 자기장은 지구의 약 600배나 된다.

⑥ 토성의 위성

토성은 현재 공식적으로 82개의 위성을 가지고 있다. 그 위성들은 거의 원 궤도를 움직이며 동주기자전을 하고 있다. 그 크기는 반경이 10km 정도밖에 안 되는 것에서부터 5,000km로 거대한 타이탄까지 다양하다.

▶ 지구를 닮은 타이탄

타이탄은 지름이 5,151km로 태양계 내에서 목성의 가니메데 다음으로 큰 위성으로, 행성인 수성보다 크고 화성보다는 약간 작다. 이 위성이 태양계의 위성 중 유일하게 짙은 대기층을 가지고 있는 것으로 알려져 천문학자들의 주목을 받고 있다. 놀랍게도 지구와 꼭 닮은 산이 있고, 강이 있고, 호수가 있으며, 구름이 있어 비도 내린다.

다만 지구와의 차이점은 구름과 비, 강과 호수를 만드는 것이 물이 아니라 메탄Methane이라는 사실이다. 타이탄의 표면 온도가 -180도의 저온으로 우리에게는 몹시 추운 곳이지만, 이 온도에서 메탄은 딱 물과 같은 역할을 한다는 것.

이처럼 타이탄에는 액체 상태의 메탄과 라이터 액체인 에탄Ethane이 호수와 바다를 이루고 있는 곳이란다. 물이 어는 온도가 180도 낮다는 것만 제외하면 지구와 비슷하다는 결정적인 증거가 된다는 것. 지구의 물처럼 메탄은 티탄Titan에서 고체, 액체, 기체의 세 가지 상태로 존재한다. 비록 그 액체가 물이라기보다는 메탄과 에탄의 호수로 이루어져 있지만 말이다. 따라서 타이탄에는 지구 전체의 석유 저장량보다 더 많은 액체 탄화수소炭化水素가 들어 있으며, 적도 근처에는 지구의 석탄 매장량의 100배가 넘는다니 거대한 연료 탱크인 셈이다. 그래서 과학자들은 오랜 세월 동안 동결상태인 타이탄을 생명의 낙원이 될 수도 있다고 말한다.

대기의 주성분은 98%가 질소이고 메탄 1.4%, 수소 0.2%가 존재한다. 질소가 주성분을 이루는 곳은 타이탄 외에는 지구뿐이다. 이렇게 지구의 원시 대기와 유사한 점 때문에 지구에서의 원시 생명 탄생의 메커니즘을 풀어 줄 단서를 제공할지도 모른다는 점에서 더욱 주목 받고 있는 곳이다. 토성까지의 거리는 약 120만km이며, 중력은 지구의 0.14배 정도 된다.

▶ 엔셀라두스

태양계에서 가장 '하얀' 위성인 엔셀라두스는 지름이 500km 정도이지만 놀랍게도 살아서 꿈틀거리는 위성이란다. 이 위성 역시 표면 아래쪽에 물을 가져 단순한 생명체 진화에 적합한 환경일지도 모른다는 것이다. 이곳 환경이 열수분출공과 비슷하다고 한다. 그래서 과학자들은 이곳에 생명이 존재할 가능성을 점치고 있다. 태양계에서 유일하게 유로파와 같이 생명을 포함하고 있을 가능성을 가진 위성이라는 것이다. 따라서 엔셀라두스는 지구 외부에 존재하는 생명체 탐사와 관련된 첫 번째 목표물로 여겨지고 있다.

그리고 이 위성은 표면이 태양계에서 제일 밝은데, 이는 그 표면에 도달하는 빛의 99%를 반사하기 때문이다. 토성까지의 거리는 23만 8천km이며, 약 33시간에 걸쳐 공전한다.

▶ 이아페투스

이 위성은 태양계의 모든 천체 중 가장 뚜렷한 두 얼굴을 가진 위성이란다. 부조화를 이루는 어둡고 밝은 반구半球들을 가진 태양계에서 가장 이상한 천체라는 것이다. 그리고 이 위성은 얼음으로 된 원래 표면에 검은 물질이 느슨하게 입혀진 것처럼 보이며, 적도에는 높이가 10km나 되는 산맥들이 있다는 것. 지름은 1,470km, 대기는 수소 96%, 헬륨 3%이며, 메탄, 에탄 등이 소량 포함된다.

● 천왕성

천문학자 윌리엄 허셜이 발견한 천왕성Uranus, 天王星은 태양으로부터 일곱 번째 행성으로서, 태양까지의 거리가 19AU, 약 28억 7천만km로 태양에너지를 거의 받지 못하는 청록색青綠色의 거대 얼음 행성이다. 이 행성은 푸른색 구슬처럼 매끈하게 보인다. 청록색을 띠는 것은 메탄의 적색광 흡수 때문인 데, 해왕성보다 메탄이 더 적기 때문에 덜 푸르고 더 청록색으로 보인다고 한다.

목성과 토성처럼 기체 행성은 주로 수소와 헬륨으로 되어 있는 데 반해 얼음 행성은 물, 메탄 등 휘발성 물질들의 얼음이 주성분이다. 바깥쪽에는 기체 행성들처럼 수소와 헬륨으로 이루어진 두꺼운 대기가 있지만, 얼음 행성인 천왕성의 대기에는 그 밖에도 메탄이 포함되어 있다는 것. 이 메탄이 긴 파장의 붉은 쪽 빛을 흡수해버려서 푸른색으로 보인다는 것이다.

천왕성이 더 특이한 것은 극도로 기울어진 자전축自轉軸을 가졌다는 점이다. 수직으로부터 98도나 기울어져서 행성 중에서 가장 큰 기울어짐이다. 이토록 옆으로 쓰러진 천왕성의 양극兩極은 밤과 낮의 길이가 매우 길어 하루가 지구 시간으로 84년이나 된다고 한다. 이런 자전 주기 때문에 극점極點들은 42년의 낮과 42년의 밤을 경험하는 반면, 적도 지역은 긴 주기의 황혼기와 상대적으로 평범한 낮-밤의 주기가 번갈아 나타난다는 것이다. 천왕성도 토성의 고리에 비하면 얇고 흐릿하지만 여러 개의 고리가 있다.

① 천왕성의 구조

천왕성의 지름적도은 약 51,118km, 중력은 지구의 0.903배쯤 된다. 천왕성의 질량은 지구의 14.5배 정도로 태양계의 행성 중에서 세 번째로 크다. 다만 밀도는 1,290kg/m³로 낮은 것을 보면 가벼운 원소를 품고 있다는 증거다. 대체적인 화학 조성은 태양의 원소함량비로 혼합된 수소와 헬륨의 기체와 물 얼음, 메탄, 알루미늄이 혼합된 얼음, 철과 니켈과 함께 존재하는 이산화규소 형태로 구성되어 있다고 본다.

내부 구조는 주로 철과 실리콘으로 된 지구 크기만 한 핵을 가지고 있으며, 그 주위에는 물, 암모니아, 메탄 등의 액체 상태의 맨틀층이 있고, 그 위에 기체층이 형성되어 있다고 예측한다.

② 천왕성의 대기

대기는 수소 83%, 헬륨 15%, 메탄 2% 정도가 포함되어 있으며, 대기의 온도는 매우 낮아서 최상층의 온도가 -215도쯤 될 것으로 예상한다. 그리고 천왕성은 태양을 한 바퀴 도는 데 약 84년이 걸리므로 극한의 여름이 약 21년이나 계속되는데, 다행히 봄, 가을은 어느 정도 정상적이라고 한다. 그리고 멀리서 보면 고요해 보이지만 대기 안에서는 여러 기후 현상이 일어나고 격렬한 바람이 불고 있다는 것. 거대한 봄철 폭풍, 극지방의 구름 고리 생성, 허리케인Hurricane 같은 회오리 등이 발견됐다고 한다.

③ 천왕성의 자전과 공전

천왕성의 자전축이 공전면에서 98도나 기울어진 상태에서 약 18시간을 주기로 공전 방향과 역자전 Retrograde Rotation 하고 있는 것을 보면, 목성이나 토성에 비하면 상당히 느린 속도이다. 그런 천왕성이 태양 둘레를 돌 때는 다른 행성들처럼 팽이같이 도는 것이 아니라, 흥미롭게도 거의 옆으로 누워서 굴러가는 것처럼 자전하기 때문에 자전축이 공전 궤도면과 거의 일치한다고 한다. 이는 태양계 생성 초기에 지구 크기의 천체와 충돌하여 옆으로 눕게 만들었다고 보고 있다.

이 예외적인 기울기가 천왕성의 계절에 대혼란을 가져왔다. 여름에는 자전과 관계없이 낮이 이어지고, 겨울에는 밤이 이어진다. 봄과

가을에도 자전에 의해 밤낮이 바뀐다. 극지방 부근에서는 42년간 낮이 지속되고 이어서 42년간 밤이 지속된다는 것이다.

★ 뜨거운 얼음

천왕성은 태양계 행성 중 가장 추운 행성이다. 대기 온도가 영하 224도로, 태양으로부터 더 멀리 있는 해왕성보다도 춥다. 그러나 표면은 차갑지만, 행성의 안으로 들어갈수록 온도와 압력이 점점 높아져서 중심부에 이르면 태양의 표면 온도와 맞먹을 정도로 온도가 올라간다는 것. 이는 천왕성과 해왕성은 행성의 대부분이 얼음으로 되어 있지만, 행성 내부 깊숙한 곳에 있는 얼음은 우리가 생각하는 차가운 얼음이 아니라 온도가 수천 도나 되는 뜨거운 얼음이라는 것이다. 이 높은 압력 때문에 그렇게 높은 온도에서도 얼음으로 존재한다는 것이다.

④ 천왕성의 위성

천왕성에는 27개의 위성이 있다. 천왕성의 위성들은 모두 천왕성의 공전궤도면에 거의 수직으로 기울어진 적도면 상에 놓여 있어서 지구에서 관찰하면 위성들은 천왕성을 중심으로 아래위로 운동하는 것처럼 보인다는 것이다. 이러한 운동이 천왕성의 자전축이 누워 있다는 것을 발견하는 단서가 되었다고 한다.

▶ 미란다

천왕성의 가장 안쪽에 있는 미란다는 표면이 대부분 얼음으로 뒤덮이고, 지름이 470km밖에 안 되는 작은 위성이지만, 거대한 협곡과 높이가 16km나 되는 단구Terrace, 段丘를 갖고 있다. 20km 높이의 절벽은 에베레스트산보다 두 배 정도 높다고 한다. 그리고 표면은 V

자형 등 각기 다른 지층을 가진 위성이다.

● 해왕성

태양계의 행성 중 가장 바깥쪽에 있는 마지막 행성인 해왕성 Neptune, 海王星은 천왕성과 같이 쌍둥이와 같은 '얼음 덩어리' 행성이다. 목성과 토성은 깊이와 압력에 따라 다른 형태를 띠는 수소로 뒤덮여 있지만, 천왕성과 해왕성은 수소를 거의 갖고 있지 않고, 대신 화학 용어로 결정結晶이라고 불리며 녹는점이 낮은 무거운 원소들로 가득 차 있다고 한다. 이 안에는 얼음H_2O, 메탄CH_4 그리고 암모니아 NH_3가 포함된다.

크기는 천왕성보다 살짝 더 작지만 무게는 조금 더 나간다. 행성의 색도 천왕성과 푸른색으로 비슷한데 색감은 조금 다르다. 대기권 내에 약간의 메탄대략 2%이 존재하기 때문에 푸른색을 띤다. 천왕성이 옥빛의 옅은 푸른색이라면 해왕성은 짙은 파란색이다. 천왕성이 큰 특징 없이 매끈해 보인다면, 해왕성은 구름 띠를 비롯해서 기후 현상을 짐작할 수 있는 무늬들이 드러나 보이며, 태양과 너무 멀어 지구가 받는 태양 빛의 1/900 정도밖에 받지 못해 태양광선의 양이 너무 미미해서 정오가 되어도 지구의 어스름한 황혼이나 새벽 여명 정도와 비슷하다고 한다.

그리고 이 행성은 고요함과 평온함을 풍기지만 태양계에서 바람이 가장 많이 부는 곳으로, 가까이서 관찰하면 적도 근처에서 토성과 비슷한 시속 17,000km의 바람이 하얀 얼음 메탄 구름과 시커먼 회오리를 동반한 폭풍으로 휘몰아치며, 또 남반구에는 허리케인 같은 폭풍까지 인다는 것. 다만 목성의 대적반과 다르게 겨우 몇 년 정도만 지속된다는 것이다.

해왕성의 반지름은 지구 반지름의 4배 정도로 24,764km이며, 태양과 약 45억 3백만km 거리에 있다. 이 행성은 지구와 가장 멀리 떨어져 있어 시속 42,000km가 넘는 속도를 가진 우주선으로도 12년이나 걸린다고 한다.

① 해왕성의 구조

내부 구조와 표면은 천왕성과 거의 닮은꼴이며, 뜨거운 암석질 핵과 다른 화합물로 구성되어 있다. 그리고 목성이나 토성 및 천왕성의 고리에 비해 미약하지만 적도 상공에 메탄 덩어리로 된 5개의 명명된 고리와 다소 모호한 고리들을 갖고 있다고 한다. 해왕성의 지름_{적도}은 약 49,527km, 중력은 지구의 1.137배이며, 표면 온도는 약 -201~-218도 정도 된다.

② 해왕성의 자전과 공전

해왕성은 아주 긴 반지름의 공전 궤도를 돌고 있기 때문에 공전 주기가 165년이나 되며, 자전 주기는 16시간 7분밖에 안 돼, 해왕성의 1년은 매우 길고 하루는 무척 짧다고 할 수 있다.

③ 해왕성의 대기

해왕성의 대기는 천왕성과 매우 비슷한 수소 80%, 헬륨 19% 그리고 메탄 1.5%가 주성분이다. 대기 최상층은 영하 220도 정도로 매우 차갑지만, 대기 아래층으로 갈수록 온도는 빠르게 올라간다. 그래서 해왕성의 저온 대기가 아마도 가스 상태의 메탄, 수소, 헬륨 등으로 혼합된 물 얼음과 암모니아 얼음이 있을 것으로 추측하는 것이다.

④ 해왕성의 위성

해왕성에는 공식적으로 현재 14개의 위성이 있다. 대부분의 목성과 토성의 위성들처럼 천왕성과 해왕성 위성들도 얼음으로 덮인 표면을 갖고 있는데, 그 표면 아래에는 액체의 물로 된 바다가 있을 가능성 때문에 천체생물학자들은 가니메데, 칼리스토, 타이탄처럼 생명체를 찾을 수 있는 유력한 장소로 보고 있다.

▶ 트리톤

해왕성의 거대 위성인 트리톤Triton은 외행성계에서 매우 특이하게 보이는 복잡한 천체로 알려져 있다. 해왕성이 자전하는 방향과 반대로 공전하는 위성이기 때문이다. 지구의 달과 마찬가지로 언제나 같은 면을 해왕성으로 향하고 있으면서, 해왕성의 적도에 대해 크게 기울어진 각도로 해왕성 주위를 역방향으로 공전한다는 것.

트리톤은 태양계에서 7번째로 큰 위성으로서, 해왕성으로부터 약 35만km 거리에 있으며, 5.88일 주기로 원 궤도를 돌고 있다. 지름은 2,700km, 중력은 지구의 0.08배이다. 대기는 질소 99%, 일산화탄소와 메탄이 소량 있다. 이 위성은 섭씨 영하 235도 정도로 매우 추운 곳이어서, 입김을 내 쉴 때면 바로 딱딱하게 얼어 버릴 정도란다. 안타까운 것은 이 위성이 먼 미래에 해왕성과 충돌하거나 해왕성의 중력에 의해 파괴될 것으로 예측하고 있다는 점이다.

● 왜소행성

왜소행성Dwarf Planets, 矮小行星도 행성보다는 작은 태양계 천체로서, 행성과 같이 태양 주위를 공전하지만, 위성처럼 천체 주위를 공전하지는 않는다. 국제천문연맹IAU은 '행성'은 ① 항성태양 주위를 공전해야 하고, ② 자기 중력의 영향으로 구형球形의 형태를 유지해야 하며, ③ 그 궤도상에 위성을 제외하고 다른 천체가 없어야 한다고 정의했다. 그래서 위 세 번째의 조건을 충족하지 못하여 왜소행성이라고 부르게 된 것이다.

▶ 명왕성에서 명왕체로

지구에서 망원경으로 본 명왕성Pluto, 冥王星은 희미한 별로 보이며, 명왕성에서 본 태양은 하늘에 떠 있는 밝은 별에 지나지 않는다. 명왕성은 9번째 행성으로서의 그 특별한 지위가 강등됐지만, 해왕성 너머의 카이퍼 벨트Kuiper Belt 천체는 그 자체로 신비로운 세계이다. 명왕성은 오렌지색, 어두운 색, 밝은 색의 뚜렷하게 다른 표면을 갖고 있다.

명왕성은 이제 국제천문연맹의 새로운 항목의 규정에 따라 태양계에서 이미 제외된 왜소행성이 된 것이다. 이제 명왕성은 명왕체Plutoid라고 하는 새로운 태양계 천체 종류의 일원으로 정의하고 있다.

명왕성은 태양으로부터 평균 60억km39.5AU의 거리에서 약 248년이라는 공전 주기로 돌고 있으며 지름은 2,306km, 중력은 지구의 0.067배이다. 대기의 주성분은 질소가 90%이고, 이 밖에 지구의 1만 분의 1기압 정도의 엷은 메탄 대기가 존재하는 것으로 예측한다. 이토록 작은 명왕성에도 카론Charon, 닉스, 히드라의 세 위성이 있음이 밝혀졌다. 명왕성도 카론도 서로 영원히 한쪽 면만 보여 주면서 동주기자전[13]을 하고 있다.

▶ 세레스

세레스Ceres는 영국 제도만 한 크기의 공 모양 바위 왜소행성으로서, 1801년 이탈리아 성직자 주세페 피아치가 그리스로마신화의 곡물의 여신 이름을 딴 최초의 왜소행성이다. 케레스는 화성과 목성 사이의 소행성대에 속하는 왜소행성이며, 지름은 952km, 질량은 9.43×10^{17}톤이다.

▶ 에리스

2003년에 발견된 에리스는 천문학계에 매우 충격적인 일이었다. 에리스는 거대한 눈덩이로, 명왕성보다 훨씬 먼 곳에서 디스모니아Dysmonia라는 작은 위성을 데리고 움직인다. 현재 에리스 그쪽에는 명왕성만 한 천체가 몇백 개도 넘는다는 것. 지름은 2,600km이며, 질량은 17×10^{18}톤, 중력은 지구의 0.067배이다. 태양까지의 거리는 56억 5천만~146억km이며, 궤도 기울기는 44.19도, 표면 온도는 약 -235도쯤 된다. 그리고 에리스는 궤도가 굉장히 큰 데다 매우 느리기 때문에 태양 주변을 한 바퀴 도는 데 약 557년이나 걸린다고 한다.

▶ 하우메아

2004년에 발견된 하우메아Haumea는 현재 4번째로 큰 왜소행성으

---

13) 공전 주기와 동일한 주기로 자전하는 위성의 자전운동

로, 폭보다 길이가 2배나 길어서 5개의 왜소행성 중에서 모양이 가장 특이하다. 그리고 4시간에 한 바퀴씩 돌아 자전 속도가 빠른 것에 대해 아직 아무도 모르지만, 아마도 다른 천체와 충돌한 것으로 예측한다. 지름은 1,436km이며, 중력은 지구의 0.053배이다. 태양까지의 거리는 51억 9천만~77억 1천만km이며, 공전 주기는 약 283년으로 본다.

▶ 마케마케

2005년에 발견된 마케마케Makemake는 지름이 명왕성의 3/4 정도이며, 표면이 메탄, 에탄 또는 얼음 형태의 질소 때문에 매우 반짝거리고 굉장히 밝으며, 현재 3번째로 큰 왜소행성이다. 마케마케는 이스터Easter 섬의 신화에서 활약하는 신의 이름을 따 지은 이름이다. 지름은 1,500km이며, 중력은 지구의 0.036배이다. 태양까지의 거리는 57억 6천만~79억 4천만km이며, 표면 온도는 약 -240도쯤 된다. 공전 주기는 약 310년쯤으로 본다.

● 소행성

소행성Asteroidt, 小行星이란 행성으로 성장하지 못한 행성의 잔해로서, 표면이 산산이 조각 난 것이나 부서진 타원형이고 울퉁불퉁하거나 모양이 불규칙적으로 멋대로 생긴 순수한 암석 덩어리를 말한다. 이들은 우주 공간을 떠돌아다닌 것들로 하늘의 해충害蟲이다. 그 표면에는 작은 크레이터 자국들이 수없이 많이 나 있다. 물질은 탄소, 규산염, 금속 등이며, 총질량은 3×10^{18}톤으로 추정한다.

현재 가장 큰 소행성으로는 베스타, 팔라스, 하이지어, 마틸드 등이 있으며, 그 숫자는 200km 이상인 것만 200여 개 이상으로 추정한다. 이보다 주 소행성대[14] 안에는 지름 1km 이상의 천체가 170여만 개 정도 있는 것으로 추정하며, 그보다 작은 500m 이상 되는 것들은 약 50여만 개 이상, 별처럼 많을 것으로 추산하고 있다.

① 소행성의 위험성

수천 개의 소행성이 태양 주위를 돈다. 역사적으로 지구는 이러한 많은 소행성과 충돌했다. 소행성은 대부분 화성과 목성의 궤도 사이에 존재하지만 5% 정도는 이심률이 큰 타원형 궤도를 돌고 있어서, 안쪽으로는 지구와 화성, 바깥쪽으로는 목성과 토성의 궤도를 가로질러 간다.

이들 소행성이 지구 궤도와 교차하여 지구에 더 가까이 다가가기도 하는데, 대부분이 지름 1km 정도의 작은 것들이지만 지름이 30km가 넘는 것들도 있다. 이러한 소행성들이 물론 확률이 아주 낮기는 하지만 지구형 행성과 충돌할 가능성이 존재하고 있어서 문제다. 다행한 것은 크기가 10km 이상인 물체들끼리의 충돌은 천만 년에 한 번 정도 일어난다고 알려져 있다.

그렇지만 NASA는 미래에 지구와 충돌할 가능성이 있는 소행성 베누Bennu에 무인 탐사선을 보낼 정도다. 그러나 더 반가운 소식이 전해진다. 우주선 충돌로 소행성 궤도를 바꿨다는 지구 방어 실험 성공을 알렸기 때문이다. 2022년 9월 나사의 장엄한 쾌거다.

---

14) 소행성이 많이 모여 있는 화성과 목성 사이의 지역

② 소행성은 보고

소행성들을 금속과 광물의 훌륭한 보고寶庫로 간주하기도 한다. 최근의 한 추산에 따르면 소행성대가 품고 있는 광물의 자산가치가 전 세계인에게 1,000억 달러씩 나눠줄 수 있을 정도라고 한다. 소행성의 화학 조성은 철, 석질石質, 철-석질운석과 비슷하다.

③ 소행성의 종류

▶ 에로스

지구와 화성 사이를 선회하는 소행성 '에로스Eros'는 공룡시대를 충돌로 끝낸 것으로 의심되는 10km짜리 소행성보다 3배는 더 크기 때문에 지구와 충돌한다면 끔찍한 현상이 발생할 것이다. 6,600만 년 전 멕시코의 유카탄Yucatan반도와 충돌하여 공룡을 멸종시킨 천체도 지름 10km 정도의 소행성이 아니었을까 추측한다. 에로스의 지름은 117km다.

▶ 가스프라

'가스프라Gaspra'는 맨해튼Manhattan 크기의 감자 모양의 바위로, 우주탐사선이 접근한 첫 번째 소행성이다. 지름은 12.2km다.

▶ 이다

'이다Ida'는 태양계에서 분화구가 가장 많은 천체인 것처럼 보이는 소행성이다. 이다는 위성을 가진 것으로 확인된 최초의 소행성이기도 하다. 지름은 56km, 중력은 지구의 0배이다.

▶ 이토카와

'이토카와Itokwa'는 대형 유조선 크기의 작은 소행성으로 분화구가 없다. 지름은 0.3km다.

> ### ★ 우주 쓰레기
>
> 지구의 주위에는 소행성 외에도 이미 못쓰게 된 로켓이나 인공위성들이 이리 저리 날아다니는데 이것이 '우주 잔해물' 즉 우주 쓰레기다. 이 쓰레기들이 해마다 늘어나는 추세라 인공위성이나 국제우주정거장과 충돌하여 큰 피해를 일으킬 가능성이 크다는 것. 이 때문에 NEO지구 근접 천체나 혜성, 우주 쓰레기 등 지구에 가까이 있는 소천체를 발견하고 감시하는 국제 스페이스 가드 재단까지 생긴 것은 다행한 일이다.

● 혜성

혜성Comet, 彗星도 태양계의 작은 천체 중 하나다. 태양이나 질량이 큰 행성 주위를 타원이나 포물선 궤도로 돌고 있는 혜성彗星은 해왕성 너머에 있는 '에지워스 카이퍼 벨트Kuiper Belt'나 1만~10만 AU떨어진 '오르트 구름Oort Cloud'이라는 영역에서 오는 소천체로 본다. 이들 혜성은 암석과 얼음의 혼합물로 만들어져 있으며, 태양으로부터 1~2광년 떨어진 보이지 않는 저장소에 이와 같은 어두운 천체들이 수조 개나 모여 있다고 한다.

혜성은 밤하늘을 가로지르며 마치 지옥의 불처럼 빛나는 물체로 태양에 가까이 접근했을 때에야 길게 꼬리를 드리우며 밝게 빛난다.

① 혜성의 구조

혜성은 물이나 이산화탄소, 메테인과 암모니아 등 다양한 물질이 얼어붙은 공 모양의 바윗덩어리와 같다고 한다. 혜성의 구조는 크게 핵, 코마, 꼬리의 세 부분으로 나뉘는데, 핵은 혜성의 머리 중심에 점처럼 밝게 빛나 보이는 부분으로 그 크기는 수백m에서 수십km까지 다양하다.

코마Coma는 혜성의 머리 부분의 성운상으로 빛이 퍼져 보이는 부분을 말하며, 혜성의 꼬리는 수백만km까지 뻗치며, 때로는 지구에서 태양까지의 거리보다 더 길 수도 있다는 것. 다만 그 꼬리는 항상 태양의 반대쪽으로 나간다고 한다. 꼬리에는 티끌 꼬리와 이온 꼬리 두 종류가 있다.

② 혜성의 단서

1910년 회귀 때의 헬리Halley 혜성은 꼬리의 길이가 1억 1천만km에 달했고, 18431혜성은 꼬리의 길이가 3억 2천만km에 달했다고 한다. 이와는 반대로 태양에 접근하지 않는 혜성의 경우는 꼬리가 보이지 않는 경우도 있다고 한다. 혜성들을 가리켜 45억 년 전 태양계의 행성과 달들이 어떻게 형성되었는지 알려줄 단서를 갖고 있다고 말한다.

③ 혜성도 보고

현재 우리가 가진 귀금속들은 태양계의 형성을 목격했던 혜성이 준 선물로 본다. 이를 계기로 1967년 유엔 우주조약은 어떤 국가도 우주 광물 산업은 물론 달과 임의의 소행성과 혜성에 대해 그 소유권을 주장할 수 없다고 선언한 것이다.

④ 혜성의 위험도

혜성을 지구에 대양을 만들어준 물을 포함해 아미노산과 같은 생명의 기본적인 자재들을 지니고 있다고 보지만, 과거 5억 년 동안 몇 차례의 충돌로 지구의 역사에 기록될 만한 대파괴와 대멸종을 불러왔다는 사실이 있다. 따라서 혜성은 생명의 전령인 동시에 죽음의 사자이기도 하다는 것이다. 1994년도에 혜성이 목성과 대충돌이 있었는데, 만약 지구가 이런 충격을 경험하게 된다면 인류 문명은 지구에서 완전히 제거될 것이라는 점 때문이다.

● 유성

유성Meteor, 遊星이란 혜성이 남긴 물질이나, 소행성의 작은 덩어리가 지구 대기권을 통과하면서 반응하여 불타 밤하늘에 화살처럼 반짝 빛났다가 1초 혹은 2초 후에 사라지는 빛의 점을 말한다. 지구 밖에서 얼음이나 바위의 작은 덩어리가 날아와 지구 공기와의 마찰로 인해 뜨거워지면서 빛을 발하는 것이다. 우주 공간에 있는 지름 1mm에서 수 센티미터 정도의 작은 입자티끌가 지구 중력에 이끌려 대기 안으로 들어오면서 대기와 충돌해 생긴 것, 이것이 유성이라고 알려진 빛의 현상이다. 우리말로는 '별똥별'로 불린다. 그와는 반대로 유성 중에는 운석이 되어 지상으로 낙하하는 무거운 돌덩이의 별똥별이 떨어지기도 한다.

유성이 빛을 내기 시작하는 것은 보통 고도 100km부터다. 유성이 움직이는 속도는 초속 11~72km 정도, 유성이 지나가는 시간이 1초 안팎이어서 사방이 캄캄한 시골에서나 주로 볼 수 있다. 이 빠른 속도 때문에 운동 에너지가 대단히 큰데, 대기 분자들과 충돌할 때 열이 발생해 금방 타버리거나 폭발하기도 한다. 유성은 우주에서 일어나는 현상이 아니라 대기권 내에서 일어나는 일이다. 유성체의 99%가 혜성에서 왔다고 추산한다.

● 운석

태양계 바깥쪽에서 돌덩이 하나가 태양으로 끌려 들어가다가 지구와 충돌한다면 어떻게 될까? 돌덩이의 속력은 약 53km란다. 만약 이 돌덩이가 1km인 거대한 공 모양이라면 일본 히로시마Hiroshima에 투하된 핵폭탄의 3억 배나 되는 위력을 가진다니 대재앙일 수밖에 없다. 태양계 내, 먼 바깥쪽에 카이퍼Kuiper 대나 오르트 구름에 있던 소행성들이 혜성이 되어 안쪽까지 들어올 수 있다는 것이다. 혜성은 바깥쪽에서는 느리게 움직이지만 안쪽으로 오면서 빠르게 움직인다. 이들이 지구와 부딪힐 가능성이 있다는 것이다. 만약 이것이 소행성이라면 지구는 위험해진다.

사실 지금도 이 작은 돌덩이들이 자주 지구로 떨어진다. 이것이 바로 운석Meteorite, 隕石이다. 운석은 지구의 대기와의 마찰력 때문에 지면에 도달하기 전에 다 타 버리지만, 돌덩이가 아주 크면 다 타지 않고 잔해들의 파편으로 떨어진다. 그러면 자칫 큰 재앙이 일어날 수 있다. 유성체의 일부가 지상에 떨어질 때 주위가 한순간 대낮처럼 밝은 불덩어리가 큰 굉음과 함께 하늘에서 돌이 떨어져 내리는 것이다. 지구 대기권에 진입하는 천체는 하루에 약 100톤이 넘는다고 한다. 그렇지만 대기권에 진입하면서 대부분 불타 없어져서 지상에 도달하는 경우는 극히 드물다고 한다.

역사에 기록된 최대의 운석 충돌 사건은 1908년 시베리아 퉁구스카 사건이다. 직경이 60m가 넘는 운석이 지면까지는 도달하지 않았지만 5~19km 상공에서 일어난 대기 폭발로 서울 전체의 3배가 넘는 2,150km2 넓이의 원시림을 쑥대밭으로 만들었고, 폭발 충격으로 꺾인 나무가 8,000만 그루였다니 놀라운 일이 아닐 수 없다. 그에너지를 히로시마 핵폭탄의 천 배로 추정한다.

또 2013년 러시아 첼랴빈스크 상공에서 폭발한 운석 역시 직경이 20m에 달했으며, 폭발할 때 태양보다 30배 밝은 빛을 냈다고 한다. 이 폭발로 많은 사람이 다쳤다. 섬광閃光을 바라보다가 눈에 화상을 입은 사람, 아파트 창문이 부서져 다친 사람들도 있었는데, 이들 운석은 거의 모두 소행성대에서 오지만, 때로는 달이나 화성에서도 오는 것으로도 예측한다. 또 어떤 운석은 과거에 일어난 초신성 폭발의 흔적이 있는 것도 있다. 이 모두가 태양계 행성을 만든 재료였던 천체의 화석化石인 셈이다.

이렇게 떨어진 운석은 소행성의 기원과 성분의 단서를 제공하며, 또 생명과 진화의 열쇠를 쥔 우주의 보물 상자가 될 수도 있다. 또 운석은 천문학자들에게 태양계의 원재료를 연구할 드문 기회를 제공한다.

NASA는 직경 30m 이상인 암석은 지구에 '위협'이 된다고 보고 소행성과 혜성을 찾아내 감시하고 있다. 다행히 지구는 '대기'라는 보호막을 갖추고 있어서, 크고 작은 우주 암석이 지구 대기권에 진입할 때 불타오르거나 폭발해 잘게 분해된다. 이런 현상을 화구Fireball, 火球라고 부른다. '불타는 공'이라는 뜻이다.

① 운석의 종류와 구성
지구상에 떨어져 내리는 운석의 2/3는 대부분 바다에 떨어지고,

나머지는 육지에 떨어진다고 한다. 운석이 한해에 2만여 개 정도가 떨어진다는 연구 결과도 있지만, 한 해에 전 세계에서 발견되는 운석의 수는 10여 개 정도에 불과하다. 지금까지 지구에 떨어진 운석은 6만 개_{과기부2020우주개발백서}가 넘는다고 한다. 운석은 국제적으로 1g당 5~10달러에 팔려서 '하늘의 로또'로 불리기도 한다. 2014년 우리나라에서도 '운석'의 가격에 대해 소유주_{所有主}와 국가가 흥정하는 것을 보았다.

운석에는 철질운석, 석질운석, 석철질운석의 3개의 분류로 나뉘는데, 그중 철 90%, 니켈 9%로 구성된 철질운석이 대부분이란다. 석질운석은 지구의 크리스트와 비슷한 성분의 감람석 물질로 되어 있으며, 돌과 철이 반씩 섞여 있는 석철질운석으로 구분된다. 철질운석의 평균 밀도는 7,500~8,000kgm^{-3}이며, 석질운석은 3,000~3,500kgm^{-3}, 석-철질운석은 5,500~6,000kgm^{-3}의 범위에 들어온다.

석질운석일지라도 안에는 철의 알갱이가 들어 있어 지구의 돌_{비중 2.4}보다 검고 무거우며_{비중 3.5}, 센 자석에 약하게 끌린다는 것. 운석의 표면에는 대기와의 마찰로 인해 녹은 검은 껍질을 갖고 있으며, 손바닥으로 누른 듯이 얇게 패인 부분을 볼 수 있는 것이 특징이란다.

◈ 별의 세계

별은 태양처럼 기체로 이루어진 구체이며 밤하늘에 스스로 빛을 내는 천체다. 그 빛을 방출하기 위해 천연의 열핵융합으로 에너지를 생성한다. 그 별들의 색깔은 붉은색에서부터 푸른색까지 다양하게 빛난다. 태양보다 훨씬 밝은 '거성_{Giants}', 훨씬 어두운 별 '왜성

Dwarfs', 또 희미한 푸른 흰 별백색왜성 밝은 오랜지색과 붉은색의 별적
색거성 들, 그리고 매우 밝고 다양한 색의 '초거성' 등이 있다고 한다.

별의 색깔이 다양한 것은 별 표면의 온도가 다르기 때문이며, 그
별의 온도와 밝기를 알면 별의 나이와 질량을 알 수가 있단다. 온도
가 높은 별은 푸른 빛, 온도가 낮은 별은 붉은빛을 띤다는 것이다. 푸
른 별은 보통 태양보다 10배나 높은 표면 온도를 가진 별들이며, 붉
은 별들은 대개 태양 표면 온도의 반 정도밖에 안 되는 저온의 별로
연료를 아주 천천히 소모하기 때문에 장수하는 별들이라는 것이다.

태양보다 10배 더 많은 연료를 가진 별은 2,000만 년을 살며, 태양
질량을 갖는 별은 100억 년, 태양 질량의 6~40%의 질량을 갖고 태
어난 별은 희미하게 빛나며 1조 년을 살 수 있다고 한다. 이처럼 별
의 수명은 그 질량에 따라 달라지는 것이다.

● 별의 탄생

별을 형성하는 것은 성간 기체와 먼지들의 거대한 구름, 수리 성운
이다. 성운Nebula이란 가스와 먼지 등으로 이루어진 대규모의 성간
물질을 말한다. 겨울밤 하늘을 보면 '소삼태성'이라는 별 한가운데에
오리온 대성운 M42가 있는데, 육안으로도 그 존재를 확인할 수 있
는 대표적인 성운이며 바로 별이 탄생하는 현장으로 알려져 있다. 지
구에서는 1,400광년 떨어져 있다고 한다. 오리온 대성운을 대형 망
원경으로 조사하면 작은 구름 모양의 가스 덩어리가 잔뜩 있는 모습
을 볼 수 있다고 한다. 그 덩어리 하나하나에서 항성이 탄생하는 것
이다. 이처럼 별은 우주의 기체와 먼지가 농축되어 탄생하는데 그 주
성분은 수소H이다.

또 '창조의 기둥'으로 알려진 독수리 성운에서도 새로운 별과 태양계가 수시로 탄생하고 있으며, 별들은 단독으로 태어나는 것이 아니라 한꺼번에 무리 지어 태어나는 것이 관측된다는 것이다. 이처럼 별은 대부분 성운에서 태어나 성장하고, 진화의 마지막 단계를 거쳐 폭발하면서 다시 새로운 성운을 만들어내고 있다.

> ★ 별의 생성과 소멸
>
> 우주 안에 존재하는 모든 것에는 생성과 소멸이 있듯이, 별도 일생의 마지막 단계에서 초신성 폭발을 일으킨다. 초신성에서 방출된 물질이 다시 성간물질星間物質이 되어 새로운 별의 탄생을 촉진하는 모체가 된다. 이렇게 몇 세대에 걸쳐 신성과 초신성이 반복되면서 생성된 기체와 먼지, 탄소, 규소, 기타 금속들이 뒤섞인 구름에서 또다시 새로운 별들과 그들에 딸린 행성들이 태어나는 것이다.

● 별의 거리

별들도 태양과 같이 행성을 가지고 있으며, 태양과 같이 밝고 훨씬 큰 별도 수천억 개나 있다고 한다. 그런데 그 별들의 거리가 상상을 초월한다. 우리와 가장 가깝다는 프록시마Proxima 별도 41조km, 태양보다 28만 배나 더 먼 빛으로도 4.2광년이 걸리는 거리에 있다는 것이다. 은하 역시 가깝다는 것이 250만 조km 거리에 있다고 한다.

이 거리를 나타내는 단위에는 태양계 내에서 사용하는 '천문단위'와 별자리를 형성하는 별들의 세계처럼 좀 더 먼 우주에서 사용하는 '광년'이 있다. 태양과 지구 사이의 약 1억 5천만km 거리를 빛이 나아가는데 8분 19초가 걸리고 이것을 1천문단위라고 부른다.

빛이 1년 동안 진행한 거리를 '광년光年, Light Year'이라 한다. 빛은 1초에 30만km를 진행하므로 1광년은 9조 5천억km에 해당한다. 천문학자들은 때때로 광초Second, 광분Minute, 광시Hour로 나타내기도 한다. 또는 광년보다 '파섹 pc'이라는 단위를 많이 사용하기도 하는데, 1초= 3,600분의 1도= 3광년이 1파섹에 해당한다. 메가파섹은 Mpc라고 쓰며, 1Mpc은 326만 광년에 해당한다. 전자계산기가 그 숫자를 표시할 수 없다.

빛이 달에서 지구까지 오는 데 걸리는 시간은 1.3초38만km, 태양에서 오는 시간은 8분1억 5천만km이 넘게 걸리며, 태양계의 가장 먼 행성인 해왕성의 우주선에서 보내는 신호가 지구에 도착하는 데는 4시간이 넘게 걸린다고 한다. 따라서 별에서 오는 빛이 지구에 도착하기 위해서는 몇 년 동안을 여행해야 한다. 은하계의 별들은 수만 광년 떨어진 거리에 있기 때문이다. 특히 케이사Quasar라 알려진 밝은 천체에서 빛이 우리에게 도달하는 데에는 110억 년이 넘게 걸린다는 이야기다.

● 별자리

하늘 전체에는 별자리 88개가 있다. 그중 한국에서 볼 수 있는 별자리는 67개이고, 일부만 보이는 별자리는 11개, 완전히 보이지 않는 별자리는 10개라고 한다. 별자리란 "이 별과 저 별을 이었더니 이런 모양이 된다"라는 유래를 국제천문연맹IAU 총회에서 오리온자리, 머리털자리, 작은곰자리 등의 이름을 붙여 통일시킨 것이다. 그 이름들은 그리스로마신화일 수도 있고, 견우와 직녀織女의 이야기일 수도 있다. 그런 이름을 가질 수 있는 건 별자리나 1등성뿐이다. 2등성북극성 등 이하의 별은 이름이 없으므로 마음대로 불러도 된다.

① 계절별 별자리

봄철 별자리에는 다리를 쭉 뻗고 포효하며 동쪽 하늘에서 떠오르는 사자자리Leo와, 황도 12궁 중 하나이며 사자자리와 쌍둥이자리 사이에 있는 게자리Cancer, 봄철 밤하늘에 아름다움이 숨어 있다는 처녀자리Virgo, 별들이 비교적 밝고 영롱한 오각형 모양의 목동자리 Bootes 등이 있다.

여름철 별자리에는 밤하늘의 십자가로 불리며, 은하수를 누비는 새하얀 백조자리고니자리, Cygnus를 비롯하여 직녀성 베가가 있는 거문고자리Lyra, 은하수와 함께 밤하늘을 아름답게 장식하는 날개 펼친 독수리자리Aquila, 오리온자리와 더불어 많은 사람에게 사랑받는 전갈자리Scorpius, 우리 은하의 중심에 있어 많은 성운과 성단이 있는 궁수자리Sagittarius 등이 있다.

여름철 밤하늘에 천제天帝의 딸인 직녀와 소를 모는 목동牧童인 견우가 1년에 단 한 번 7월 7석七夕날 오작교에서 만난다는 애절한 사랑 이야기가 전해 내려온다. 지구에서 직녀성거문고자리의 베가까지는 25광년, 견우성독수리자리의 알타이르까지는 17광년이 걸린단다. 따라서 직녀가 견우에게 만날 것을 연락하더라도 그 전파는 15년에나 도착하고, 견우성에서 그 답을 해도 30년 후에나 직녀성에 도착하게 되어, 천문학적으로 따지면 견우와 직녀는 해마다 만날 수 없다는 것이다. 또한, 견우성과 직녀성이 어떤 별인지 아직 정확히 찾지 못한 상태란다.

가을철 별자리에는 각 방위와 춘분점을 찾기 위한 자료도 된다. 가을밤을 대표하는 별자리인 페가수스자리Pegasus와 가을철 밤하늘에서 가장 유명한 변광성 알골인 페르세우스자리Perseus, 밤하늘에 빛나는 공주 안드로메다자리Andromeda 등이 있다.

겨울철 별자리에는 겨울 밤하늘의 상징인 오리온자리Orion와 황소자리의 왼쪽 뿔 위의 마차부자리Auriga, 형제간의 우애를 보여주는 쌍둥이자리Gemini, 밝기에 비해 너무 외로운 작은개자리Canis Minor, 밤하늘에서 가장 밝은 별인 시리우스가 있는 별자리의 큰개자리 Canis Major 등이 있다. 시리우스Sirius는 마이너스 1.5등성, 지구에서 8.6광년 떨어진 위치에 있는 근거리의 별이기도 하며 밤하늘에 유난히 빛나는 항성이다.

오리온자리에는 가까운 미래에 초신성 폭발이 일어날 가능성 때문에 주목받고 있는 항성이 있다. 바로 오리온자리의 붉은색 일등성 베텔케우스Betelgeuse다. 일반적으로 항성은 일생을 보낸 후에 크게 부풀어서 적색거성이 되는데, 그 후 가벼운 별은 행성상 성운을 거쳐 백색왜성이 되며, 무거운 별은 초신성 폭발을 일으켜서 마지막에는 중성자별이나 블랙홀이 된다는 것이다. 베텔게우스는 지름이 태양의 1,000배 가까이 되는 적색 초거성 중 하나라고 한다.

북쪽 하늘의 별자리에는 북극성과 그 주변에 북두칠성으로 불리는 큰곰자리Ursa Major와 북쪽을 알려주는 작은곰자리Ursa Minor, 북극성 주변 하늘을 휘감은 용자리Draco, 또 카시오페이아자리Cassiopeia, 케페우스자리Cepheus 등이 1년 내내 함께 떠 있다. 2등급의 북극성은 항상 같은 자리에 머무르며, 어두운 밤하늘에서 나침반 역할을 해준다.

② **이정표**

밤하늘에 보이는 별자리는 시각에 따라 위치가 달라진다. 이것은 지구가 자전하기 때문이다. 지구는 하루 동안 태양 둘레를 약 1도 공전하므로 별자리는 매일 3분 56초씩 더 빨리 떠오른다. 이 때문에 별자리의 위치가 계절에 따라 다르게 보이는 것이다.

인류가 수렵이나 유목 민족이었을 적부터 낮에는 태양을 이용하고 밤에는 별자리를 단서로 삼아 방위나 지구상의 위도, 경도를 알아왔다. 별자리는 농작물의 파종 시기와 수확하는 시기를 알려주었고, 여행자나 항해자의 길잡이 역할도 했다. 지도로 그려진 적도 없는 지구 표면의 광대한 영토와 사막과 불모지들을 여행할 때 또한 망망대해茫茫大海를 항해할 때, 별들의 위치는 방향을 일러주는 이정표로 쓰인 것이다. 이렇게 자신이 사는 곳의 방위, 계절, 시각을 알려주는 밤하늘의 별자리는 삶에서 빼놓을 수 없는 존재였다.

북극성을 기억하면 북쪽을 알 수 있으므로 어릴 때부터 별자리를 배웠을 것이다. 움직이지 않고 늘 하늘의 같은 위치에 떠 있는 별, 바로 정북쪽 하늘에서 빛나는 북극성은 폴라리스Polaris라고도 불리며, 여행자에게 길잡이가 되어주는 믿음직한 별이다. 북극성을 기억하면 북쪽을 알 수 있었다. 지구가 자전해도 움직이지 않는 방향, 언제나 똑같은 궤도상에 그 모습을 드러내어 가능했던 것이다. 북두칠성과 짝을 이루는 별자리인 카시오페이아자리W 자 모양 사이에 위치한 빛나는 이등성이 바로 북극성北極星이다. 봄부터 여름까지는 북두칠성에서, 가을부터 겨울까지는 카시오페이아자리에서 찾기 쉬운 높이에 나타난다. 북극성은 작은곰자리의 방향으로 지구에서 430광년 떨어진 곳에 자리한 항성태양처럼 스스로 빛을 내는 별이란다.

이처럼 밤하늘의 별들은 시간당 15도씩 동쪽에서 남쪽을 거쳐 이동한다. 별들이 반짝이는 이유는 별빛이 지나오는 대기가 끊임없이 흔들리고 있기 때문이란다. 하지만 우주나 공기가 없는 달에서 관측한다면 행성뿐 아니라 별들 역시 반짝이지 않는다고 한다. 현재 학술적으로는 전 세계에서 통일된 88개의 별자리가 쓰이고 있다.

★ 별을 보고 싶다면?

전문 장비를 사용해 별을 좀 더 가까이 보고 싶다면 천문대나 과학관을 찾는 것이 좋다. 그곳에서 별자리와 관련된 강의를 들을 수 있는 곳도 있다.

① 해발 1,010m에 자리한 곳, 연간 별 관측 일수가 130일 이상인 최적지, 조경철천문대강원도 화천군 사내면는 오후 2시·3시·4시주간와 7시·8시·9시야간에 천체관측이 가능하다. 다만 설·추석에는 휴관한다.

② 증평읍에 소재한 증평좌구산천문대는 매일 오전 10시~오후 9시에 관측이 가능단, 월요일·공휴일 휴무. 특히 여름에 토성과 목성을 직접 관찰할 수 있어 인기가 높다.

③ 경기도 과천에 자리한 국립과천과학관 천문우주관은 구경 1m의 반사망원경을 갖추고 있으며, 일반인이 관측할 수 있는 최대 구경이란다. 스크린에 비치는 우주의 생생한 모습을 볼 수 있다. 초등생을 대상으로 낮에는 태양을, 밤에는 별자리와 행성·성단 등의 천체를 관측해보는 프로그램이 마련되어 있단다.

④ 해발고도 800m의 강원도 영월군에 소재한 별마로천문대는 국내 시민 천문대로서는 최대 규모의 80cm급 반사망원경이 설치된 메인 돔을 비롯해 보조 망원경 10대를 갖춰 밤하늘의 다양한 모습을 구경할 수 있단다. 쾌청 일수가 192일이나 돼서 별을 보기에 알맞은 천문대로 알려져 있다.

◈ 은하의 세계

우주는 '은하Galaxy, 銀河'라고 불리는 커다란 별의 집단으로 이루어져 있다. 따라서 은하는 우주를 구성하는 기본 단위이며, 우주에서 가장 거대한 천체다. 중력이란 힘으로 여러 광년 떨어져 있는 수많은 별들을 하나로 묶어서 은하를 만든 것이다. 우리의 태양은 고작 46억 살이지만, 태양보다 훨씬 오래전인 약 130억 년 전에 만들어지기 시작한 은하는 정확한 수는 알 수 없지만, 우주에 수천억 개나 있다고 한다.

은하들은 서로 간에 매우 가까운 것처럼 보여도 심지어 같은 은하단 내에 속해 있는 은하들도 평균적으로 150만 광년 정도 떨어져 있다고 한다. 하지만 은하들이 서로 접근하여 중력효과重力效果를 미치거나 심지어 충돌을 일으킬 수 있다는 것이 밝혀졌다. 또 밝은 핵이 없는 은하가 있는가 하면 많은 가스를 품고 있어서 별이 폭발적으로 형성되는 은하가 있고, 기체 가스뿐으로 먼지가 거의 없는 은하들도 발견된다고 한다. 그러나 초기 우주에서 어떻게 은하가 형성되었는지는 아직도 자세히 알지 못한다.

・ 은하의 구조

은하도 정지해 있는 것처럼 보이지만 중력이 작용하므로 회전한다고 한다. 우주 배경복사에 대해서도 우리 은하는 시속 210만km의 속도로 우주를 질주하고 있다는 것이다. 그리고 은하의 중심에는 별이 밀집해 있어서 대단히 밝은데, 그 중심 부분을 '중앙 팽대부Bulge'라고 부르며, 그 주위를 "원반Disk"이라고 부른다. 은하는 이러한 구조를 갖고 있다는 것이다.

・ 은하의 집단

에드윈 허블이 1926년에 은하를 겉모양의 형태에 따라 몇몇 유형으로 나눴다. 타원은하, 나선은하, 막대나선은하 등이다. 이러한 분류에 포함되지 않은 것은 '불규칙은하' 혹은 '특이은하'라고 불린다. 관측된 은하의 77%가 나선은하이고, 20%가 타원은하, 3%가 불규칙은하로 본다.

그리고 은하는 단독으로 존재하는 것이 아니라 별들처럼 수십 개이하의 은하집단이 모여서 은하군Group of Galaxies을, 1천만 광년 이내의 범위에 있는 수천 개 정도의 은하가 모인 은하단Cluster of Galaxies, 여러 은하단의 모임으로 크기는 수억 광년이라는 계층을 만들어 은하 분포를 이룬 듯한 초은하단이 있다는 것이다.

· 은하수

은하수Milky Way Galaxy, 銀河水란 밤하늘을 대략 대원大圓을 따라 한 바퀴 도는 폭이 약 10도 희미한 빛의 불규칙한 띠를 말한다. 즉 별, 가스, 먼지 등으로 이루어진 원반 모양으로 하늘을 따라 둥그렇게 둘러싸고 있는 희미하게 빛나는 별들의 띠이다. 다만 폭이나 밝기가 일정하지 않고 어두운 부분과 밝은 부분이 뒤섞여 있다는 것. 그 상태에서 은하수는 우주 공간 안에서 초속 약 600km의 속도로 움직이고 있다고 한다.

우리에게 은하수는 무더운 여름밤 하늘을 아름답게 수놓고, 칠월七月 칠석七夕이면 견우牽牛와 직녀織女가 만난다는 전설이 전해져 내려온다.

★ 퀘이사

퀘이사Quasar는 지구에서 관측할 수 있는 가장 먼 거리에 있는 천체란다. 퀘이사는 한동안 우리 은하 내에 있는 평범한 별로 간주되었지만, 초속 5만km라는

엄청난 속도로 멀어지고 있다는 것이 판명되면서 지구로부터 20억 광년이라는 매우 먼 거리에 있다는 것을 알게 되었다고 한다. 최근에는 관측 정밀도의 향상으로 퀘이사 주위에서 은하의 모습을 가진 구조가 발견되기도 했으며, 또 대폭발 후 10억 년도 안 된 우주 탄생 초기 무렵의 퀘이사도 발견되고 있다고 한다.

결론적으로 퀘이사는 우주 초기에 만들어진 거대한 블랙홀을 가진 은하의 중심핵中心核으로 간주된다. 따라서 퀘이사를 초기 우주 연구에 매우 중요한 천체로 보고 있다.

◈ 우주의 시나리오

과학자들이 우주를 지금처럼 이해하는 데는 '빅뱅'의 잔광과 잔열인 우주 마이크로파배경복사Microbar Background Radiation를 발견하고 그 지도를 작성한 것이 결정적인 계기가 되었다고 한다. 20세기 초반까지 30년 동안에도 우주가 늘 존재함은 믿었으나, 100인치 망원경이 설치되기 전까지 우주의 깊이를 알지 못했다고 한다.

망원경을 발명하면서 획기적인 발전을 가져온 것이다. 이제는 허블 우주망원경보다 성능이 100배 뛰어난 '제임스 웹 우주망원경'이 2021년에 발사되어, 우주의 기원을 밝히고 외계 행성의 다른 생명체까지 찾을 수 있다니 광활한 우주의 세계가 한걸음 바짝 우리 곁에 다가선 느낌이다.

● 빅뱅: 우주의 탄생

빅뱅이란 약 138억 년 전 태초에 우주 대폭발을 말한다. 모든 원소와 물질만이 아니라 시간도, 공간도 바로 그때 생겨났으므로 빅뱅은 모든 것의 처음이다. 우주가 빅뱅으로 탄생했다는 가설을 설명하는 과학자들의 용어로 답한 것으로, 빅뱅을 이론적으로 입증하는 데 결정적으로 기여한 사람은 영국의 스티븐 호킹Hawking이란다. 그동안 우주는 어떻게 태어났으며 어떻게 변해 왔고 앞으로는 어떻게 될까? 인류 역사상 대부분의 기간에 이 의문은 철학과 상상의 영역으로 남아 있을 것만 같았던 의문에 과학적인 해답을 제시한 것이다.

10만 분의 1초의 찰나에 더는 쪼개질 수 없는 원자로부터 터져 나와 해일海溢처럼 사방에 퍼지더니 물질, 에너지, 공간과 시간으로 구성된 우주가 생성됐다는 것. 이후 우주는 점점 더 팽창해 졌으며, 10억 년이 지나면서 중력의 작용으로 질량 덩어리들이 생기기 시작, 시간의 경과와 함께 은하계와 별들이 생성되었고 그 후 다시 약 12억 년이 지나면서 더 많은 별과 은하계가 생겨났다고 본 것이다.

● 우주의 팽창

20세기 전반에 허블Hubble이 우주에 존재하는 모든 은하는 서로 멀어지고 있다고 제기했다. 이것이 우주 전체가 팽창하고 있다는 관측적 증거가 되어 빅뱅 우주론의 탄생을 이끄는 중대한 발견이 되었다. 결국, 우주의 팽창 속도가 가속화하고 있다는 사실을 밝힌 천문학자에게 노벨상 수상으로까지 이어졌다.

그렇다면 우주는 끝없이 팽창할 것인가 아니면 팽창에는 끝이 있는 것일까? 그러나 현재로서는 아무도 모른다. 돌멩이 하나를 허공으로 쏘아 올렸을 때, 그 돌멩이는 속도가 점점 줄어들다가 결국에는 지상으로 떨어진다. 지구의 중력 때문이다. 그러나 돌멩이를 초속 11.2km 이상의 속도로 쏘아 올릴 수만 있다면, 그 돌멩이는 지구의 중력을 뿌리치고 우주 공간으로 날아갈 것이다. 우주도 마찬가지라는 이야기다.

우주도 내부에 있는 물질-에너지가 아주 크다면 팽창 속도가 줄어들어 결국 다시 수축하게 될 것이라는 설과, 우주의 물질 에너지 밀도가 임계밀도Criticality Density[15]보다 작다면 우주는 공간이 바깥으로 휜 열린 우주가 되어 팽창 속도가 조금씩 느려지면서 영원히 팽창을 계속하게 된다는 설들이다. 따라서 팽창하고 있는 우주의 미래는 우주에 얼마만큼의 물질 에너지가 있느냐에 달려 있다고 본다.

● 중력

1687년경 영국의 아이작 뉴턴Issac Newton이 물체가 아래로 운동하는 것은 지구의 중력重力 때문이며, 달이 지구 주위를 도는 것도, 행성이 태양 주위를 공전하는 것도 모두 같은 중력 때문이다. 이 중력은 우주에 보편적인 것이다. 뉴턴 역학은 이렇게 완성되었다. 태양계 내의 천체운동을 놀라우리만치 정확하게 예측하여 우주를 보는 새로운 패러다임Paradigm을 제시한 것이다.

중력은 물체가 서로 끌어당기는 힘, 즉 인력이다. 작용하는 힘은 물체의 질량에 비례하여 세지고, 거리가 멀어짐에 따라 거리 제곱에 반비례해서 약해진다. 따라서 태양에서 가장 가까운 수성水星은 공전 주기가 84일인 반면에 태양에서 가장 먼 해왕성海王星은 165년이나 된 것이다. 이처럼 우주에 존재하는 물질은 모두 끌어당기는 힘을 갖는다. 질량이 클수록 힘도 더 강해진다. 이는 중력의 영향을 강하

---

15) 우주론에서 말하는 열린 우주에서 닫힌 우주로 넘어가는 밀도의 경계값

게 받기 때문이며 중력이 바로 회전의 원동력이기 때문이다. 지구의 위성인 달도 지구에 미치는 중력, 그 영향력이 바다의 밀물과 썰물의 조수潮水에서 매일 나타난다. 지구에서는 달이 미치는 기조력起潮力에 의해 바닷물이 움직여 밀물과 썰물이 생기는 것이다.

17세기에 뉴턴이 만유인력萬有引力을 발견한 이후 그 지식을 바탕으로 하여 과학은 중력을 벗어나는 로켓과 우주선을 개발하고 인류는 달을 탐사하고 우주여행을 하게 된 것이다. 결국 뉴턴의 역학 없이 천문학을 생각할 수 없게 된 것이다.

★ 중력의 힘

우리는 평생 중력의 영향을 받고 살아야 한다. 중력이 작용하지 않는 우주에선 인간을 포함한 모든 물체가 허공을 붕붕 떠다니게 되는데, 지구에서는 그 중력이 우리를 땅으로 끌어내려주니까 그나마 공중에 뜨지 않고 생활할 수 있는 것이다. 지구 중력의 불과 6분의 1밖에 안 되는 달에서는 잡아당기는 힘이 부족해서 지구보다 훨씬 높이 공중 점프를 할 수 있는 것과 같은 이치다.

이처럼 잡아당기는 중력의 힘이 약해지면 사람의 척추에 작용하는 힘도 약해져 지구에서보다 키가 커지며, 뼈는 약해지고 몸이 붕 떠다니니까 근육도 줄어든다고 한다. 그래서 우주인들의 대표적 신체 변화를 '새 다리' '달 얼굴'이라고 부른 것이다. 우주에선 피가 온몸으로 퍼지면서 다리가 가늘어지고 얼굴은 퉁퉁 부어오르기 때문이다. 또 중력이 작은 곳에 가면 위장의 활동성까지 떨어져 소화 장애까지 시달릴 수도 있단다.

그와는 반대로 지구의 2.528배의 중력이 큰 태양계 행성인 목성에서는 체중이 100kg인 사람은 252kg으로 늘어나게 되고, 중력에 눌려 키는 땅딸막해진다고 한다. 만약 목성보다 더 큰 중력이 작용하는 곳이 있다면 사람이 땅에 들러붙

다시피 해서 살아가야 할 거란다. 그만큼 중력의 영향이 두려울 정도다. 중력이
적당한 지구에 살아가게 된 것을 행운으로 여겨야 할 것 같다.

● 초신성

초신성Supernova, 超新星이란 태양 질량의 10배 이상의 질량을 갖는
별이 진화의 마지막 단계에서 붕괴하면서 대폭발하는 것을 말한다.
연료가 모두 동난 별은 순간 급격하게 수축하는데, 그 수축의 기세
가 몹시 센 탓에 물질들이 서로 격렬하게 부딪치며 격변적으로 폭발
한다. 이 폭발을 '초신성'이라고 부른다. 초신성이 폭발할 때는 그 온
도가 수십억 도에 이르게 되는데, 이 열핵 반응의 열풍 속에서 우라
늄Uranium과 플루토늄Plutonium 사이의 무거운 원소들이 만들어지며,
금, 은, 백금白金 등도 이 과정에서 만들어진다고 본다.

천문학자들은 백색왜성이 갑자기 수축해 중성자별이 되는 Ⅰ형 초
신성과, 초거성의 격변하는 폭발인 Ⅱ형 초신성이 있다고 본다.

▶ 탄생과 진화의 비밀

초신성 폭발에서 생긴 무거운 원소들은 버려지고, 나머지가 우주
로 퍼져나가 다시 새로운 별과 행성을 만드는 원료가 된다. 따라서
초신성은 별의 형성, 은하의 형성 등 우주 형성 과정의 실마리를 제
공하는 탄생과 진화의 비밀을 간직하고 있는 것이다.

★ 지구 생명체의 탄생

지구의 생명은 어디서 왔을까? 최초의 생명체가 구체적으로 어떻게 출현했는
지 아직도 의견이 분분할 뿐 정확한 답은 없다. 46억 년 전 무렵, 원시 지구가 탄

생한 지 얼마 지나지 않은 지구는 거대한 불구덩이의 고온 상태였으며, 대부분이 이산화탄소로 이루어진 짙은 대기의 지구에는 어떤 생명체도 존재할 수 없었을 것이다. 차츰 지표地表가 조금씩 차가워지고 대기의 온도도 내려가고 광대한 바다가 탄생하면서 최초의 생명체가 탄생한 것으로 추측할 뿐이다.

많은 과학자는 "지구의 생명은 우주에서 왔다"라고 주장한다. 운석이나 혜성에 의해 우주에서 전해졌다는 '생명의 종자'가 그 기원이라고 하는 견해는 아직도 그 뿌리가 깊다. 그러나 생명체의 탄생 과정을 최신 과학의 관점에서 모순 없이 그려내는 것도 지금은 어렵다. 그래서 그 실마리를 제공하리라 기대할 수 있는 것은 다른 행성을 탐색하는 일분이다. 생명의 흔적을 발견하기 위해서다.

● 블랙홀

블랙홀은 '암흑의 구멍'이란 뜻으로 미국의 존 휠러John Wheeler가 1969년에 붙인 이름이다. 영어로 '검은 구멍'이란 뜻이다. 거대한 항성이 최후를 맞이할 때 자신의 중력을 더 이상 지탱하지 못해서 갑자기 그 중심에 생기는 시공의 구멍이 바로 블랙홀의 정체다. 블랙홀은 그 주위의 공간과 시간을 휘게 하고, 물체를 끌어당기는 힘인 중력이 너무 강해서 빛을 포함한 세상 모든 물질을 빨아들이는 질량 덩어리란다. 초속 30만km의 빛전자파도 탈출할 수 없을 정도란다.

블랙홀이 SF 세계가 아니라, 실제로 그 존재가 확인된 분명한 천체의 일종이다. 우리 은하은하계 중심에도 태양의 400만 배나 되는 질량을 가진 초거대 블랙홀이 있다는 사실도 밝혀졌고, 우리 은하 안에 1억 개가량의 블랙홀이 존재한다는 사실을 밝혀낸 것은 엑스선 망원경이다. 그러나 우리의 지식으로는 그 내부에서 무슨 일이 일어나고 있는지, 별의 잔해가 우주로부터 왜 사라졌는지 아무것도 알 수 없다고 한다. 블랙홀에는 '일반 블랙홀', '거대 블랙홀', '소형 블랙홀'이 있다. 아인슈타인의 일반 상대성 이론이 1915년에 예언했던 블랙홀은 거의 100년 가까운 역사를 가지고 있다.

◆ 현대 천문학

인류가 처음 태양계를 여행할 때 그 역사를 보면 순탄치 않은 것 같다. 우여곡절이 많았음을 알 수 있다. 태양계를 여행하는 우주선은 목적지인 행성을 향해 직선으로 날아가는 것이 아니라 태양을 따라 공전하는 행성의 궤도를 따라가야 하기 때문이다. 따라서 정확한 우주 비행을 위해서는 중력이 강력한 태양은 물론, 주변 행성들의 중력까지 반영해서 정확한 궤도를 설계하고, 그 설계한 궤도에 진입하도록 정밀하게 발사해야만 하는 것이다. 만약 발사한 우주선이 궤도를 잘 따라가는지 추적하여 조금이라도 궤도를 벗어나면 추진 엔진을 써서 바로잡아야 한다. 이렇게 탐사선은 모든 과정이 매우 정밀하고 까다로워서 상당한 기술과 경험을 요한다.

1950년대 말에 인류 최초로 지구와 가장 가까운 달에 탐사선을 보냈는데, 첫 시도는 심지어 달을 맞추지도 못하고 빗나가 버렸다고 한다. 그 후 달을 넘어 금성과 화성을 탐사하면서도 수차례 발사 실패와 궤도 이탈을 겪었다는 것이다. 이런 경험 덕분에 1970년대에 들어 여러 우주탐사를 성공시킬 수 있었고, 목성과 토성을 넘어 명왕성까지 탐사선을 보낼 수 있게 된 것이다. 지금도 다양한 탐사선들이 활동 중이며, 탐사선들이 보내오는 사진과 자료를 통해서 태양계를 알아가고 있다. 이렇게 지구에서 다른 행성까지 여행한다는 것이 결코 녹록지 않았다는 사실이다.

● 우주선의 지구 탈출

우주선이 처음 지구를 박차고 날아오를 때부터 매우 힘든 과정을 거친다. 우주선이 지구 중력의 영향권을 벗어나야 하기 때문이다. 물체를 지상으로 던지면 잠깐 위로 올라가다 다시 아래로 떨어진다. 이는 지구의 중력이 아래로 잡아당기고 있기 때문이다. 따라서 쏘아 올릴 때는 우주선이 지구 중력을 벗어날 속력이 필요한 것이다. 그렇게 되는 최소의 속력을 탈출속력이라고 한다. 지구 표면에서의 탈출속력은 초속 11km란다. 총알의 속력이 초속 1km 내외이니 총알보다도 열 배 이상 빠르다. 그 큰 속력을 얻기 위해서 거대한 힘을 가진 로켓이 필요한 것이다.

▶ 우주선의 태양 탈출

어렵게 지구를 벗어나면 이제 태양의 중력이 문제가 된다. 지구는 태양의 중력에 의해 초속 30km로 공전을 하고 있다. 그래서 지구의 중력을 벗어나도 지구와 같이 공전하는 상태가 되는 것이다. 따라서 태양 쪽으로 가려면 브레이크Brake를 걸어서 속력을 늦추려고 해야 한다. 이때 브레이크를 거는데도 속력은 더 커지는 요상한 일이 일어난다고 한다. 그것은 태양의 큰 중력 때문이다. 그러다가 급브레이크를 걸어 공전을 완전히 멈추면 곧바로 태양으로 수직 낙하를 시작하는 위험이 따른다고 한다.

따라서 지구보다 더 바깥쪽에 있는 행성에 가려면 속력을 더 키워야 한다는 해석이다. 태양의 중력을 극복하기 위해서 더 큰 속력이 필요한 것이다. 지구궤도에서 태양 중력으로부터 탈출속력을 계산하면 그 크기는 초속 42km란다. 지구 표면에서 출발한다면 지구와 태양계를 모두 벗어나기 위해 초속 17km 이상의 속력이 필요하다는 결론이다.

▶ 태양계 천체 탐사선

지금까지 수많은 탐사선에 의해 태양계 천체의 조사가 이루어졌다. 지금까지 발사된 주요 탐사선으로는 태양 탐사선, 수성 탐사선, 금성 탐사선, 달 탐사선, 화성 탐사선, 소행성/혜성 탐사선, 목성 탐사선, 토성 탐사선, 천왕성/해왕성 탐사선 등이 발사되었다.

★ 보이저 우주선

현재까지 인류가 가장 멀리 보낸 물체는 '보이저' 우주선이다. 태양계 바깥쪽 행성들을 탐사하고 태양계의 물질적 경계선까지 통과한 보이저 프로그램의 발단은 1960년대 말에 시작된 행성 그랜드 투어 계획이었다고 한다. 목성, 토성, 천왕성, 해왕성 등 네 개의 외행성外行星을 탐사하려면 로켓의 추진력만으로는 어렵다. 그렇지만 네 개의 외행성이 특별한 형태로 정렬했을 때를 이용하면 목성과 토성으로부터 중력의 도움을 받아 우주선의 속력을 높임으로써 10년 내외의 짧은 시간 안에 네 개의 행성을 모두 탐사할 수 있다는 사실을 밝혀낸 것이다.

그런 우주선의 항로가 있다는 것을 NASA의 제트추진연구소에서 일하던 대학원생게리 플란드로이 발견했다. 그 특별한 정렬은 175년 만에 한 번씩 일어나는데, 1970년대 말에 있을 이 정렬을 이용하게 된 것이다. 그 결과로 발사된 우주선이 보이저 1호와 2호이다.

보이저 2호는 지구로부터 가장 먼 목성, 토성, 천왕성, 해왕성을 차례로 탐사한 유일한 우주선이다. 1977년 9월에 발사된 보이저 1호는 토성에 도착한 후 토성의 위성인 타이탄Titan까지 탐사했으며, 그 뒤 행성들의 궤도면을 벗어나 태

양계 바깥쪽을 향해 항해를 계속했으며, 사람이 만든 물체 중 가장 멀리 있는 물체가 되었다. 보이저 2호도 1호의 뒤를 이어 태양계 밖을 향해 계속 나아갔다. 2020년 현재 보이저 1호와 2호 모두 태양계의 물질적 경계선이라 할 수 있는 태양권계면太陽圈界面을 지나 그 바깥을 항해하고 있다고 한다.

태양계를 벗어나게 될 우주선 보이저호에는 혹시 만날 수도 있는 외계의 지적 생명체에게 보내는 인류의 메시지까지 실었단다. 보이저호에 탑재된 골든디스크Golden Disk에는 지구와 인류의 모습을 보여주는 사진 115장과 자연의 소리, 여러 문화권의 음악, 55개 언어로 된 인사말 등 지구의 소리가 담겨 있다고 한다.

● 외계 행성

우리 은하계 안에 있는 수천억 개의 별 중에 지구와 같은 행성계가 얼마나 존재할까? 그 행성 중 생명이 거주하는 행성의 수는 얼마나 될까? 2015년 미 항공우주국 NASA와 미국과 유럽 공동연구진, 한국의 천문계도 지구형 행성을 찾았다고 발표했다. 태양과 유사한 별로부터 생명체가 살 수 있을 만한 거리에 존재하는 행성이 발견된 것이다. 행성들은 표면 온도가 섭씨 0~100도 안팎이기 때문에 액체 상태의 물과 생명체가 있을 것으로 추정했다.

한국 천문연구원은 "지구형 행성 발견 중 최다"이며, 우주에 지구 같은 행성이 생각보다 흔하다는 의미라고 말했다. 다만 이번 행성들은 지구로부터 39광년光年 떨어져 있어, 지구와는 369조km 정도 거리에 있는 셈이다. 이제 허블 우주망원경보다 성능이 100배 뛰어난 제임스 웹 우주망원경이 발사되었으니 머지않아 〈스타워즈〉와 같은 세계가 현실이 될지 모른다는 기대에 부풀어 있다.

지구를 닮은 행성이라고 한다면 반드시 '지구형 행성'인 동시에 골디락스 행성Goldilocks Planet이어야 한다. 지구형 행성이란 지면이 단단한 암석으로 이뤄진 지구를 비롯해 수성과 금성, 화성이다. 목성, 토성처럼 가스로 이루어진 행성이 아니다. 여기서 골디락스 행성이란 '생명체가 살기에 온도가 적당한 행성'을 뜻한다. 물이 반드시 액체 상태를 유지하고 행성 온도가 섭씨 0도에서 100도여야 한다는 것이다.

● 우주 여행

① 화성 이주

NASA와 민간 업체까지 2030년 이내에 화성에 이주민을 보낼 계획이다. 화성의 남극에 액체 상태의 물이 존재한다는 2018년의 발표 이후 인류가 화성에 제2의 거처를 마련해야 한다며 박차를 가하고 있다. 다만 화성에서 생존하기 위해서는 산소와 물, 차세대 우주복이 필요하며, 중력이 지구의 3분의 1 정도 밖에 되지 않고, 평균 기온이 영하 63도인 화성의 험난한 환경을 견딜 만한 거주지를 마련하는 게 쉽지 않을 것이다. 의식주 해결 역시 마찬가지다. 그러나 우주 산업이 발달하면서 해외여행 가듯 장차 화성 가는 시대가 도래할 것이라는 점은 분명하다.

② 준궤도 우주 여행

준궤도 우주여행은 이미 현실이 되었다. 지상 고도 100km까지 올라가 5분간 무중력을 경험하고, 지구를 감상한 후 지상으로 복귀하는 프로그램이다. 우주 공간에 나아가 지구의 모습을 볼 수 있게 된 것이다. 우주와 대기의 경계선인 지상 100km 높이 공간에 잠시 머무르며 무중력無重力 상태를 경험하고 지구 모습을 바라본 뒤 귀환하는 프로젝트다. 준궤도 여행을 하는 것이다. 민간업체가 운영 중이다.

● 외계 생명체

지구형 행성을 찾았다는 잇따른 발표에서 우주의 신비를 엿볼 수 있는 순간이 돌아온 것 같아 이목이 집중되었다. 지금까지 관측결과를 추론해 본다면 생명체의 존재가 희귀한 현상도 아니며, 통계적으로 볼 때 어느 곳엔가 지능을 가진 생명체가 존재할 가능성까지 점쳐본다. 외계 생명체의 발견에 대해 희망을 품고 있는 것이다.

그러나 문명이 지구상에 탄생한 지 수천 년, 천체망원경이 발명된지 약 400년, 탐사선이 달과 행성에 간 지 50년이 지난 오늘날 인류가 하늘을 바라보기 시작한 이후 오랫동안 이어진 질문이지만, 외계 생명체에 대한 명확한 답은 발견되지 않았다. 현재로서는 태양계 내에서 지적 생명체는 지구 외에는 어디에도 존재하지 않는 것이 거의 확실하지만, 지금 태양계 내에 박테리아 같은 초기 생명체가 존재할지도 모른다고 확신하고 있다. 그 후보지는 화성, 목성의 위성인 유로파Europa와 가니메데 그리고 토성의 위성인 엔켈라두스와 타이탄 등이다. 그중에서도 화성은 생명체가 거주할 수 있는 최대 한계의 환경으로 친다.

1969년 호주에 떨어진 운석에서 지구 생명체의 기본 구성 단원인 아미노산이 발견됨에 따라 외계에 지적 존재가 있다는 가능성을 높여 주었다. 성간星間에 다양한 분자가 존재한다는 것은 생명이 우주 공간에서 태어날 가능성을 예측한다. 성간에 유기분자가 풍부하다는 것은 우주 도처에서 생명체가 존재할 가능성을 시사해 주기 때문이다. 따라서 태양과 같은 유형의 별에 행성계가 존재할 경우 조건만 갖추어진다면 생명은 자연스레 탄생할지도 모른다. 우리의 시야 너머에 또 다른 세상들이, 어쩌면 우리가 상상하는 것보다 훨씬 더 많은 세상이 있는지도 모른다.

① 외계 생명체의 존재

태양과 닮은 별 주위에는 행성들이 널려 있다. 따라서 과학자마다 지구 밖 생명체를 찾는데 시간문제로 본다. 2021년 발사된 '제임스 웹 우주망원경'을 통해 지구 외에도 생명이 존재하는 외계 행성을 찾아낼 가능성은 충분하다는 것. 많은 천문학자도 우리와 가까운 은하들 안에 거주 가능한 세상들이 존재할 것이라는 심증을 굳혀가고 있다. 은하계 내 별들의 10%인 약 200억 개의 항성은 태양처럼 행성을 거느리고 있을 것으로 여겨지며, 그들 중에는 지구와 같이 생명체가 진화되어 있는 곳도 있을 것으로 추측한다.

만일 생물이 있다면 어떤 종류이며, 지구의 생물과 어떻게 다를 것인가? 그들 중 일부는 지적 생명체로 진화하여 문명을 이루고 있을까? 앞으로 그들과 교신도 가능한가? 그러나 우주 안에 있을 생명체의 존재 여부는 별, 은하, 우주의 구조를 밝히는 것보다 더 어려운 과제일지도 모른다. 우주의 공간이 너무 커서, 그 문명들 사이의 평균 거리가 우리가 상상하지 못할 200광년이나 되기 때문이다.

② 외계 생명체에 따른 재앙

만약 외계 생명체가 존재한다면 지구에 재앙을 가져오지는 않을까? 외계의 미생물이나 박테리아가 지구로 유입되어 지구 생명체를 감염시켜 치명적인 타격을 줄 수도 있다는 우려도 있다. 이에 대해 대단히 심각하게 받아들인다는 견해까지 대두되고 있는 상황. 또 하나 우려의 밑바탕에는 외계인들이 호전적이고 적대적일 수 있다는 두려움 때문이다. 그래서 가장 우려스러운 것이 외계인들이 지구를 침공할 가능성이다. 호킹 박사도 외계인을 화나게 하면 그들이 지구를 멸망시킬 것이라고 경고한바 있다.

하지만 외계인이 실제로 지구로 올 수 있을지는 현재로서는 의문이다. 지구에서 가장 가까운 다른 행성에까지 가는 데 빛의 속도로 4년이 넘게 걸린다. 현재 우리의 우주선 성능으로는 5만~7만 년 정도가 걸린다. 따라서 아무리 과학기술이 발달했더라도 몇 년 만에 찾아올 수 있는 거리는 아니기에 긴 세월이 필요할 것이다. 아무튼 외계 생명체를 탐색하는 과정에서 나오는 우려의 목소리를 귀담아들을 필요는 있을 것 같다.

● 우주의 수수께끼 물질

① 암흑 물질

과학자들이 수십 년 동안 은하와 은하단의 움직임을 분석한 끝에 "보이지 않는 물질이 은하 곳곳에 퍼져서 모자라는 질량을 채우고 있다"라고 결론짓고, 이름조차 아는 것이 없어서 이 미지의 물질에 '암흑 물질'이라는 이름을 붙여 놓았다. 보이지 않는 질량이 분포되어 은하들이 흩어지지 않도록 붙잡고 있다고 생각한 것이다. 물리학자들도 우주 곳곳에서 빛이 휘고 공간이 일그러지는 모습을 발견하고 정체불명의 암흑 물질이 있을 것이라는 추측이다.

암흑 물질이란 정체불명의 중력원이다. 우주의 팽창을 일으키는 물질이 암흑 에너지라고 본 것이다. 태양계를 예로 들면 태양과 지구 사이 우리가 흔히 비어 있다고 생각하는 그곳을 암흑 물질과 암흑 에너지가 메우고 있다는 것이다. 최근 물리학계에서는 두 물질을 찾는 데 많은 과학자가 혈안이 되어 있다. 그렇다면 암흑 물질의 정체는 과연 무엇일까? 결론부터 말하자면 아직까지 아무도 모른다는 것이다. 이들의 두 물질을 중국은 지하 2.4km, 미국은 1.4km, 일본 1.0km, 한국도 지하 700m 지점에 검출기를 설치하여 찾기 시작하고 있다. 과학자들은 남극의 얼음 깊은 곳에서 찾고 있다.

② 암흑 에너지

우주를 팽창시키는 힘으로 확인된 암흑 에너지는 1990년대 초신성 관측으로 확인됐다. 2008년 탐사선에서 전송된 자료들로 암흑 에너지가 우주 에너지의 72.8%를 차지함이 확인됐다. 오늘날 암흑 에너지로 알려진 이 발견은 우주의 진화와 운명에 대한 우리의 생각을 혁명적으로 바꿔 놓은 것이다. 천문학자들은 이런 신비스러운 '암흑 에너지'의 참된 본성을 이해하기 위해 고군분투 중이다.

2008년 발표된 윌킨슨 마이크로파 비등방성 탐사선이 보내온 자료에 따르면, 우주 안에 있는 에너지는 아마도 암흑 물질 22.7%, 암흑 에너지 72.8% 그리고 4.5%의 보통 물질이 분포해 있을 것으로 판단한다.

◆ **우주·태양계의 종말설**

인류가 지구상에서 영원히 번영할 수는 없을 것이다. 핵전쟁이나 지구환경 파괴 등 인간의 잘못된 행위로 자멸할 수도 있고, 소행성의 충돌이나 태양의 폭발 등 피할 수 없는 천재지변, 태양 소멸설과 감마선 폭발설, 지구의 궤도 이탈 등으로 멸망하는 것도 예상할 수 있다. 그 실체가 과학이 발전하면서 보다 선명하게 나타날 것이지만, 앞으로 어떻게 될지는 아무도 모른다. 오랜 세월이 지난 먼 훗날이지만, 태양계의 종말이란 믿고 싶지 않은 과학이론을 따라가 본다.

· 태양계 종말

태양의 나이는 약 46억 년이다. 이제 태양은 이미 핵의 수소 에너지 가운데 거의 절반을 소모했다고 본다. 따라서 앞으로 약 50억 년밖에 쓸 수 없다는 설과 일부 전문가들은 태양이 점점 뜨거워지고 있기 때문에 10억 년이 채 못 되어 핵융합에서 방출된 에너지를 이기지 못하고 대책 없이 부풀면서 적색거성이 되어 '수성'과 '금성'을 삼켜버리고, 지구의 온도 역시 높아져 지구상에 있는 대부분의 생명체가 최후를 맞이할 것이라는 태양 소멸설이 바로 그것이다.

· 감마선 폭발

또 하나의 우려는 우주에서 날아오는 감마선 폭발GRB이다. 이 폭발은 천문학 분야에서 가장 광도가 높은 물리적 현상으로서, 이 폭발이 일어나면 몇 초에서 수백 초 동안 섬광閃光이 방출되어, 오존층의 파괴와 함께 지구상의 생명체가 대량 멸종을 일으킬 수 있다는 것이다. 어떤 과학자는 지구촌 동식물 99.9%가 사라질 것이라고 예고했다. 지구촌 멸종을 의미하고 있어서 끔찍하다.

우주에서 자연적인 천체가 갑작스럽고 격렬하게 고에너지 감마선을 방출할 수 있다는 사실에 대한 최초의 증거는, 1967년 핵실험으로부터 방출되는 감마선을 탐지하기 위해 설계된 미국의 군사위성에서 뜻밖의 신호를 탐지했을 때 발견됐다고 한다. 그 뒤 수많은 실험이 진행됐지만, 그 원천은 여전히 미스터리로 남아 있다가, 감마선 천문대가 발사되고 나서야 감마선 폭발의 방향을 측정할 수가 있었다는 것. 1999년도에는 감마선 폭발원 본체의 가시광선 사진까지 얻는 데 성공했다고 한다. 정확한 메커니즘이 무엇이든 간에 감마선 폭발이 아직 신비에 싸여 있으나, 과학자들도 그 추이를 예의 주시하고 있다.

· 또 다른 소멸설

- 은하계가 서로 분리되면서 태양계의 중력이 사라져 행성들이 태양계에서 떨어져 나가고, 원자가 파괴될 것이라는 우주 해체설
- 풍선처럼 우주가 가속 팽창하는 힘이 지나치게 크면 우주 공간이 터질 수도 있다는 빅립Big Rip
- 우주의 팽창, 혹은 수축설에서, 만약 은하계의 별들이 서로 부딪칠 정도로 우주가 작아진다면 커다란 블랙홀만 남게 될 것이라는 우주 수축설
- 또 우주를 구성하는 주요 원소인 수소H와 헬륨He이 끊임없는 별의 핵융합 과 정으로 인해 언젠가는 고갈되어 더 이상 별이 탄생하지 못함으로써, 은하에 백색왜성, 중성자별, 블랙홀 등으로 채워져 이것이 우주의 종말이 될 수도 있다는 가설들이 있다.

◈ 〈우주 이야기〉의 참고문헌

· 데이비드 베이커·토드 래프클리프 저, 김옥진 역, 《극한의 우주》, 북로드, 2011

· 빌 브라이슨 저, 이덕환 역, 《거의 모든 것의 역사》, 까치, 2020

· 미즈타니 히토시 감수, 《최신 태양계 대도감》, 아이뉴턴(뉴턴코리아), 2017

· 크리스 쿠퍼 저, 김충섭 역, 《누구나 알아야 할 모든 것 우주》, 지브레인, 2014

· 김충섭, 《우주의 발견》, 북스힐, 2002

· 마커스 초운 저, 꿈꾸는 과학 역, 《태양계의 모든 것》, 영림카디널, 2013

· 이형철 외 4명, 《별자리 이야기》, 살림, 2016

· 뉴턴프레스, 《우주 대도감》, 아이뉴턴(뉴턴코리아), 2020

· 제프리 베넷 외 2명 저, 김용기 역, 《우주의 본질》, 시그마프레스, 2015

· 칼 세이건 저, 홍승수 역, 《코스모스》, 사이언스북스, 2010

· 닐 디그래스 타이슨·에이비스 랭 저, 박병철 역, 《스페이스 크로니클》, 부키, 2016

· 카이클 벤슨 저, 맹성렬 역, 《우주 탐사의 역사와 탐사선이 바라본 우주》, 세용출
  판, 2010

· 앤드류 프랑노이 외 2명 저, 강용희 옮김, 《우주로의 여행 1, 2》, 북스힐, 2014

· 이광웅, 《Why? 우주》, 예림당, 2019

· 이강환, 《우주의 끝을 찾아서》, 현암사, 2014

· 크리스 임피·홀리 헨리 저, 김학영 역, 《스페이스 미션》, 플루토, 2016

· 이다 시게루·사사키 쇼 저, 오창식 역, 《태양계의 행성》, 지성사, 2017

· 김대호, 《우주 창조와 빅뱅론》, 도화, 2014

· 닐 디그래스·타이슨 저, 박병철 역, 《블랙홀 옆에서》, 사이언북스, 2018

우리시대
청소년들에게 전하는 메시지

1판 1쇄 발행 2022년 12월 05일

지은이 문승호

교정 윤혜원 편집 유별리
마케팅 박가영 총괄 신선미

펴낸곳 (주)하움출판사 **펴낸이** 문현광

이메일 haum1000@naver.com 홈페이지 haum.kr
블로그 blog.naver.com/haum1007 인스타 @haum1007

ISBN 979-11-6440-249-6 (03190)